Oppermann **Schwarzbuch Banken**

Christiane Oppermann

Schwarzbuch
BANKEN

Diederichs

Die Deutsche Bibliothek – CIP-Einheitsaufnahme
Oppermann, Christiane:
Schwarzbuch Banken / Christiane Oppermann. – Kreuzlingen ; München :
Hugendubel, 2002
(Diederichs)
ISBN 3-7205-2371-3

© Heinrich Hugendubel Verlag, Kreuzlingen/München 2002

Konzeption und Realisation: Ariadne-Buch, Christine Proske, München
Redaktionsschluss: 30.6.2002
Umschlaggestaltung: Zembsch' Werkstatt, München, unter Verwendung
einer Abbildung von IFA Bilderteam
Produktion: Maximiliane Seidl
Satz: EDV-Fotosatz Huber/Verlagsservice G. Pfeifer, Germering
Druck und Bindung: GGP Media, Pößneck
Printed in Germany

ISBN 3-7205-2371-3

Inhalt

Einleitung

Der alltägliche Ärger beim Blick auf die Kontoauszüge: Nicht erst ein unerwartet hohes Minus treibt vielen Bankkunden die Zornesröte ins Gesicht. Wütend wird man auch, wenn man die Beträge entdeckt, die die Bank für sich abgezweigt hat.

Dafür, dass man sie an sein Geld lässt, wird man von den Instituten zur Kasse gebeten, einfach so, ganz legal und pauschal. Kontogebühren – so heißt heutzutage der Wegezoll, den die Raubritter im modernen bargeldlosen Zahlungsverkehr stets und überall einfordern.

Wer dann noch auf Pump lebt, fühlt sich erst richtig geschröpft, wenn er den Zinsbetrag entdeckt, den das Kreditinstitut zusätzlich abgegriffen hat. Hatte Ihnen die Hausbank diesen Service nicht geradezu aufgedrängt? Hat sie, eben weil sie daran so gut verdient!

Zahlen Sie jetzt! Leben können Sie ja später – von Ihren mager verzinsten Spareuros oder den formidablen Vermögensanlagen, die Ihnen ein Bankberater wärmstens empfohlen hat. Falls sie dann noch da sind, ihre Rücklagen. Gegen eine winzige Gebühr, einen klitzekleinen Ausgabeaufschlag oder wie die selbstverständlich lächerlich geringen Abgaben sonst noch heißen, hat er Ihnen den Dachfonds XY oder die Aktien einer Neue-Markt-Klitsche – natürlich als absoluten Geheimtipp – eilfertig vermittelt. Damit auch Sie dabei sein können, wenn die Kugel im großen Geldkasino rollt. Das tut sie auch, nur leider an Ihnen vorbei. Dank der guten Bankberatung, landen die Chips genau dort, wo sie vorher schon waren: bei Ihrer Bank, allerdings nicht mehr auf Ihrem Konto. Ihrem Bankberater hat das Spiel aber ganz gut gefallen, deshalb wird er Sie wieder umwerben – so lange sie noch ein ordentliches Guthaben auf Ihren Sparkonten haben: Neues Spiel, neues Glück – die Bank gewinnt immer.

Wenn Sie dann mit Hilfe Ihres allwissenden Beraters völlig blank sind, dringend Geld brauchen von der Bank, die so glänzend an Ihnen verdient hat, heißt es plötzlich: Rien ne va plus.

9

Dann stehen Sie im Regen. Dann wird der sonst so hilfsbereite Bankberater Ihnen mit hoher Wahrscheinlichkeit keinen Schirm reichen, keinen günstigen Kredit vermitteln, dann werden Sie geteert und gefiedert. Und Sie müssen es begreifen: Nichts ist schwerer als einen Kredit von einer Bank dann zu bekommen, wenn man ihn wirklich braucht. Davon können Häuslebauer, Handwerksmeister und mittelständische Unternehmer ein garstig Lied singen.

An den Börsen taumeln die Aktienkurse immer neuen Tiefstständen entgegen. Frustriert sehen Anleger, wie die Kurse ihrer Wertpapiere ins Nichts fallen. Wer im Frühjahr 2000 Papiere von den damaligen Börsenlieblingen und Highflyers am deutschen Wachstumsmarkt gekauft hat, weiß heute, dass ihm Luftschlösser angedreht wurden.

Über der deutschen Wirtschaft kreist der Pleitegeier. Zigtausend Unternehmen stehen am Abgrund. Die meisten Opfer werden kleine und kleinste Betriebe sein: Handwerksfirmen, Bauunternehmen, Boutiquen und die Überflieger des Internetbooms, die dem ersten Exodus des Wachstumsmarktes gerade noch entkommen konnten. Neues Geld gibt es nicht, die Banken drehen den Kredithahn zu.

Traditionshäuser der Old Economy, große Konzerne werden zerschlagen oder dicht gemacht. In ihren Aufsichtsräten saßen Vorstandsmitglieder der großen Banken. Die Oberkontrolleure der großen Finanzinstitute haben mitentschieden – und mitverdient, wenn neue Kredite bewilligt, Aktien platziert, Firmen gekauft wurden. Die Bank gewinnt immer.

Doch wenn die Strategie, die die Bankvorstände als Aufsichtsräte mitbeschlossen haben, nicht aufgeht, dann sind sie auch diejenigen, die als erste den Daumen senken. Hätten die hoch bezahlten Banker nicht eingreifen müssen, rechtzeitig, bevor der Hammer fällt? Das fragen sich nicht nur geprellte Anleger und die entlassenen Arbeitnehmer, die jetzt als Neuzugänge in der Arbeitslosenstatistik der Nürnberger Bundesanstalt für Arbeit erfasst werden.

Die Manager, die die Firma heruntergewirtschaftet haben, die Aufsichtsräte, die nicht aufgepasst haben, die Banker, die vor allem darauf geachtet haben, dass die Interessen ihres Instituts nicht zu kurz kommen, müssen sich um ihren Arbeitsplatz und ihr Einkommen keine Sorgen machen. Wenn sie wirklich einmal gefeuert werden, warten millionenschwere Trostpflaster auf sie. Haftung oder Schadensersatzpflicht für die wenig kompetenten Ausfsichtsräte? Fehlanzeige. Nur bei grober Fahrlässigkeit könnten die Verursacher der Schieflagen zur Verantwortung gezogen werden. Die ist aber kaum einem Oberkontrolleur nachzuweisen.

Dem Würgegriff der Finanzinstitute entkommt keiner. Gegen den Willen der Banken geschieht in der deutschen Wirtschaft nichts. Und nicht nur dort: Längst haben die großen Finanzinstitute ihr Netz weltweit ausgeworfen. Sie sind allgegenwärtig. In aller Herren Länder, mit fast allen Regierungen, mit Demokraten, Diktatoren, Monarchen, Rebellen und Terroristen: Gedealt wird immer und in jeder Währung. Ihre Truppen marschieren rund um die Uhr und überall – total global.

Doch kann wirklich jede der deutschen und schweizerischen Großbanken die ganze Palette von Finanzdienstleistungen noch überblicken, wenn das Spektrum vom Einrichten eines Sparbuchs bis hin zur Anleihenemission für die argentinische Regierung reicht? Von der Vermögensberatung von Kleinanlegern bis hin zum Börsengang junger Internetunternehmen? Von der Finanzierung einer Zwei-Zimmer-Wohnung bis zur Beratung von Konzernchefs bei der Übernahme ganzer Konglomerate oder der Entwicklung hochkomplizierter Derivate für die internationalen Kapitalmärkte? Dürfen tatsächlich so viele völlig unterschiedliche Branchen, deren einziges gemeinsames Merkmal ist, dass sie alle mit Geld zu tun haben, unter einem Konzerndach zusammengefasst und gesteuert werden?

Kann der Vorstand eines Konzerns, der mit Milliardensummen im weltweiten Monopoly der Hochfinanz jonglieren muss, gleichzeitig über die Konditionen von Konsumentenkrediten oder die Finanzierung einer Ölpipeline im lateinamerikanischen Regenwald entscheiden?

Können sich die Vorstände, Bereichschefs und Abteilungsleiter der Geldkonzerne auch noch um branchenfremde Unternehmen kümmern oder gar konkursreife Konzerne sanieren?

Diesen Fragen sind die Herren in den Vorstandsetagen der Banken immer ausgewichen. Jetzt dürfen sie sich nicht mehr davor drücken. Denn nicht nur vielen Industrieunternehmen geht es schlecht, auch die Banken selbst stecken in einer schweren Krise. Schrumpfende Erträge, faule Kredite und sinkende Provisionseinnahmen aufgrund der Talfahrt der Kapitalmärkte haben viele kleinere Institute bereits an den Rand des Ruins geführt und bei den großen Geldkonzernen die Gewinne dramatisch zurückgehen lassen.

Schon das ist ein Indiz dafür, dass das Bankensystem in seiner alten Form eigentlich keine Zukunft hat. Wer tiefer in die Verstrickungen deutscher Banken in fast alle Bereiche von Wirtschaft und Politik einsteigt, kommt unweigerlich zu der Erkenntnis, dass es an der Zeit ist, die allgegenwärtige Macht der Banken und ihren Missbrauch, der für viele Bankkunden schon beim Studium der Kontoauszüge beginnt, zu brechen.

Die Abzocker

Ohne Konto läuft nichts. Ob der monatliche Empfang von Lohn und Gehalt oder die Abhebung am Geldautomaten – das Konto ist unverzichtbarer Teil unseres Daseins. Die Banken nutzen ihr Monopol auf den Umgang mit Geld nach Kräften und verdienen bei jeder Transaktion an den üppigen Gebühren und Provisionen.

Als »erste Adresse« empfahl sich die Deutsche Bank gern ihren Kunden in der Werbung. Doch Normalverdiener, die dem Lockruf von Deutschlands größtem Geldhaus folgten, wurden von der Bank kräftig verladen.

Jetzt müssen ihre Konten wieder einmal umziehen – von der Deutschen Bank 24 zurück zur Mutter Deutsche Bank. So hat es der neue Chef des Geldkonzerns, Josef Ackermann, befohlen. Aus guten Gründen: Die Bank will das Privatkundengeschäft, das bisher auf Mutter und Tochter aufgeteilt war, wieder zusammenfassen, um besseren Zugriff auf die wirklich lukrativen Kunden der Institute zu haben.

Dazu gehören junge Leute, die heute vielleicht noch wenig verdienen, aber durch Erbschaft und Karriere einst in die Kategorie der Reichen und Besserverdiener vorstoßen könnten. An dieser Klientel hat die Bank größtes Interesse, ihre Finanzgeschäfte und Vermögensanlagen eröffnen dem Geldinstitut viele Möglichkeiten zu verdienen – an Provisionen, Courtagen und dergleichen mehr.

Das Privatkundengeschäft ist die »entscheidende Gewinnquelle der Zukunft«, sagte Udo Reifner, Direktor des Hamburger Instituts für Finanzplanung, bereits Mitte der 90er Jahre. »Um lukrative Kunden anzulocken und zu halten, werden ihnen viele Vergünstigungen eingeräumt. Wer beispielsweise 100.000 DM auf der Bank hat, bekommt höhere Zinsen, bessere Beratung und muss keine Kontogebühren zahlen. Leute mit geringen Einkommen, Guthaben und Kleinkrediten sind für die Banken nicht interessant. Sie werden mit schlechtem Service bestraft«.[1]

Bei der Deutschen Bank wurden Konteninhaber mit Durchschnittseinkommen und ohne millionenschweres Wertpapierdepot wie Bauern auf dem Schachbrett hin- und hergeschoben: Erst im Jahr 1999 hatte man sie zu der Direktbank-Tochter, die eigentlich für junge Leute gegründet worden war, die ihre Geldgeschäfte am liebsten per Telefon oder Computer erledigen, abgeschoben. Gefragt wurde die Massenklientel – Arbeiter, Angestellte sowie Rentner mit bescheideneren Einkommen – damals so wenig wie heute. Auf diese Weise sendete die Bank auch ein deutliches Signal, dass ihr an dieser Kundengruppe nichts liegt: Wem diese rüde Abzockerei nicht passt, der kann ja das Konto kündigen.

Die Bank kann es verkraften. Rund zwölf Millionen Kunden vertrauten dem Marktführer des deutschen Kreditgewerbes 2001 ihr Geld an, mehr als eine halbe Million Kunden mit Vermögen von mehr als 500.000 Euro ließen ihr Depot von den Managern der Deutschen Bank verwalten. 24,7 Milliarden Euro verdiente die Deutsche Bank allein im vergangenen Jahr an Gebühren, Provisionen und durch den Handel mit Geld. Und das war nicht einmal ein Rekordergebnis – im Boomjahr 2000 wurden sogar 1,2 Milliarden Euro mehr kassiert.[2]

Frustrierte Deutsche-Bank-Kunden haben nun die Qual der Wahl: Mehr als 2.690 Geldinstitute gibt es derzeit in Deutschland, einschließlich Filialen und Zweigstellen der Postbank AG insgesamt 56.627 Bankstellen.

Egal an welches dieser Geldhäuser sich der Kleinkunde auch wendet, dem Würgegriff der Branche kann er nicht entkommen. Denn die Geldwirtschaft versucht allerorten, ihre Kundschaft nach allen Regeln der Kunst auszunehmen. Selbst Sparkassen, Volksbanken, Raiffeisenkassen und Genossenschaftsbanken – einst als Institute für den kleinen Mann gepriesen – versuchen im Wettbewerb der großen globalisierten Geldkonzerne mitzuhalten. Das geht auf Kosten ihrer Stammkundschaft, die den Ausflug in die Champions League des internationalen Bankgeschäfts, wo riskante Fusionen, waghalsige Transaktionen und Anlagen auf den internationalen Kapitalmärkten geplant und ausgeführt werden, schließlich bezahlen muss.

Aktionäre wie Sparbuchbesitzer, Rentner wie Unternehmer, Gehaltskonteninhaber wie Häuslebauer sind wütend auf die

Bankkonzerne. Sie fühlen sich schlecht behandelt, falsch beraten, abgezockt und im Stich gelassen.

Das Image der Banken ist schlecht – und daran haben die Geldmanager kräftig mitgearbeitet. »Kaum eine Branche geht so ruppig mit ihrer Kundschaft um, wie die Kreditwirtschaft«[3], mäkelten bereits vor einigen Jahren sogar Blätter wie die bankenfreundliche *Frankfurter Allgemeine Zeitung*.

Hohe Gebühren für miesen Service

Mieser Service und hohe Gebühren sorgen für ständigen Frust bei den Bankkunden. So kostet schon ein Girokonto, über das eine Familie ihre monatlichen Geldgeschäfte abwickelt, jährlich 100 bis 200 Euro. Diese Summe muss der Bankkunde zunächst einmal zahlen, um überhaupt über sein eigenes Geld verfügen zu können.

Die Hamburger Sparkasse berechnet den Konteninhabern pro Monat Mindestgebühren von 2,95 Euro. Darin enthalten sind nur die per Urteil des Bundesgerichtshofs vorgeschriebenen fünf Abbuchungen von Bargeld am Automaten oder an der Kasse, alles Weitere kostet extra: Für Überweisungen wurden im Mai/Juni 2002 noch pro Auftrag 0,25 Euro, für die Annahme von Schecks 0,35 Euro berechnet, die Ausführung von Daueraufträgen kostete jeweils 0,13 Euro.

Statt der Einzelabrechnung bietet die Bank aber auch komplette Servicepakete an. Da beträgt der Preis für das »Basispaket« mehr als das Doppelte des Grundpreises – 6,90 Euro – pro Monat. Dafür bekommt der Kunde nur die Kontoführung »Alles inklusive« – Abbuchungen vom Konto durch Überweisungen, Lastschriften, Barauszahlungen an der Kasse oder an den Automaten des Instituts – alle weiteren Dienstleistungen wie Scheckkarte, Geldkarte oder Kreditkarten werden gesondert berechnet. Die Kontoauszüge muss er sich am Drucker selbst ausdrucken und Zinsen auf sein Guthaben gibt es auch nicht.

Wer auf diese Leistungen Wert legt, der muss schon das »Top-Paket« zum monatlichen Pauschalpreis von 15,30 Euro nehmen.

15

Deftige Pauschalen

Für die Bank lohnt sich der Abschluss solcher Pauschalarrangements allemal: Die Preise sind schließlich so kalkuliert, dass der Durchschnittskunde immer draufzahlt und die Bank sich die lästige Einzelabrechnung sparen kann.

Bei der Postbank richten sich die Kontogebühren auch nach den monatlichen Eingängen. Kunden mit monatlichen Einkünften von weniger als 1.000 Euro mussten bisher 4,35 Euro zahlen. »Doch angesichts generell gestiegener Kosten müssen wir ab dem 1. April dieses Entgelt auf monatlich 5,90 Euro erhöhen«, zitierte die Schutzvereinigung von Bankkunden e. V. die Mitteilung der Postbank, die den »armen Schluckern« unter ihren Kunden immerhin eine Erhöhung um satte 35,6 Prozent zumutete.[4] Die Deutsche Bank 24 verlangt Mindestgebühren von 17 Euro pro Quartal. Darin enthalten sind alle Bankgeschäfte wie Überweisungen, Lastschriften, Scheckbelastungen und Barzahlungen vom eigenen Konto. Die Ausgabe von Geldkarten und Kreditkarten kostet weitere 2,56 Euro; Visa- und Mastercard gibt es ab 20,45 Euro für eine Standardkarte bis 81,81 Euro für beide Karten in der Goldversion. Auch das Porto für die Zusendung der Kontoauszüge wird natürlich extra berechnet. Guthabenzinsen gibt es allerdings nicht. Wer diese Dienstleistungspalette nicht nutzt, zahlt drauf. Der Kunde kann sich ausrechnen, wann sein Guthaben durch die Gebühren aufgezehrt ist.

Kein Leben ohne Konto

Entkommen kann der Kunde der Gebührenschneiderei der Geldwirtschaft nicht. Durch intensive Marktrecherche – etwa im Internet – lassen sich zwar durchaus preisgünstigere Institute finden, bei denen er Geld sparen kann. Aber meist muss der Kunde bei diesen Vergleichen via Internet den Anbietern seine Adresse und oft genug seine Vermögensverhältnisse preisgeben.

Die Banken sitzen am längeren Hebel: Die meisten Bundesbürger sind dem Bankgewerbe hoffnungslos ausgeliefert, ohne Girokonto bei irgendeinem Institut läuft nichts mehr im Wirtschaftsleben der westlichen Industriestaaten. Wer nicht wenigstens eine Kontonummer vorweisen kann, hat keine Chance, eine feste Arbeit zu bekommen, eine Wohnung zu mieten oder einen Telefonanschluss zu bestellen. Egal ob Gehaltsüberweisung, Sparbuch, Aktienkauf, Vermögensverwaltung oder die Hypothek fürs Eigenheim, der Kredit fürs Auto, ja nicht einmal Bafög, Arbeitslosengeld oder Sozialhilfe – ohne Bankverbindung ist der erwachsene Mensch nicht lebens- und handlungsfähig, weder als Arbeitnehmer noch als Student oder Konsument.

Wegen dieser hohen Abhängigkeit von einer Bankverbindung gab 1995 auch der Zentrale Kreditausschuss (ZKA) – ein Gremium, in dem alle seriösen Kreditinstitute in Deutschland organisiert sind – die Empfehlung an seine Mitglieder heraus, allen Antragstellern die Eröffnung eines Kontos zu gestatten. Damit sollte vor allem solchen Menschen geholfen werden, die arbeitslos, überschuldet und deshalb den Banken lästig sind. Die Sparkassen wurden durch die Sparkassenverordnung der einzelnen Länder sogar verpflichtet, in ihrem Zuständigkeitsbereich, ihrem »gewährträchtigem Gebiet«, auch für solche Personen, mit denen die Banken eigentlich nichts mehr zu tun haben wollen, ein Konto einzurichten – zumindest auf Guthabenbasis. Das heißt im Klartext: Ein Konto ohne Schecks und ohne Überziehungskredit – gegen die institutsübliche Gebühr.

Im Regelfall kann sich eine Sparkasse nur weigern, einen bestimmten Kunden zu bedienen, wenn es für sie »unzumutbar« ist, weil – so sieht es beispielsweise das Sparkassengesetz in Nordrhein-Westfalen vor – »Dienstleistungen bei anderen Kreditinstituten vom Antragsteller missbraucht« wurden.[5]

Der Weg in die Abhängigkeit: von der Lohntüte zum Gehaltskonto

Den Zwang zum Bankkonto und in den Würgegriff der Geldwirtschaft gibt es in Deutschland erst seit gut 30 Jahren. Noch Anfang der 60er Jahre war der bargeldlose Zahlungsverkehr per Scheck oder Überweisung vom Bankkonto ein Privileg der Reichen und Besserverdiener. Bezieher kleiner und mittlerer Einkommen erhielten ihre Löhne und Gehälter an der Firmenkasse bar in der Tüte oder auf die Hand. Monatliche Abgaben wie

Miete, Versicherungsprämien, Rundfunk- und Telefongebühren wurden per Postanweisung beglichen, das Haushaltsgeld im Küchenschrank verwahrt und was nicht gebraucht wurde, kam dann auf das Sparbuch, das meistens ebenfalls bei der Post geführt wurde.

Doch dann entdeckten die Banken diese Kleinkunden, die ein ungeheures Reservoir für die Zukunft versprachen. Allein die Millionensummen, die wochenlang unter Matratzen oder in Küchenschränken schlummerten, bis sie schließlich beim täglichen Einkauf ausgegeben wurden, stellten für das Bankgewerbe einen großen Schatz dar, den es zu bergen galt. Dieses Geld konnten die Institute gewinnbringend anlegen – zu ihren Gunsten.

Einträgliche Differenzen

Banken und Sparkassen leben schließlich davon, dass sie die Guthaben ihrer Kunden mit möglichst hoher Rendite investieren, sie beispielsweise als Kredite an andere Kunden ausleihen. Die Zinsen sind der Preis, der für diesen Transfer gezahlt wird. Der Sparer bekommt dabei immer einen deutlich niedrigeren Zinssatz als der Schuldner zahlen muss. Die Differenz – die Zinsmarge – ist der Verdienst der Bank. Im Frühjahr 2002 betrug diese Differenz acht bis zehn Prozentpunkte. So wurden Guthaben auf Sparbüchern mit gesetzlicher Kündigungsfrist von drei Monaten mit mickrigen 1,75 Prozent verzinst, für die Überziehung von Girokonten jedoch zwischen neun und 15 Prozent verlangt.

Ein lohnendes Geschäft für die Geldbranche: Über die Einführung von Lohn- und Gehaltskonten für alle Arbeitnehmer konnten die Banken ihr Anlagevolumen in den 70er Jahren erheblich steigern.

Die Erfindung des Eurocheques

Auf Initiative des Deutsche-Bank-Vorstands Eckardt van Hooven wurde in den 60er Jahren der Eurocheque eingeführt. Eine geniale Erfindung des Bankiers, um die Entwicklung des bargeldlosen

Zahlungsverkehrs zu beschleunigen. In Kombination mit einer Eurochequekarte garantierte die Bank, die das neue Zahlungsmittel ausgab, dem Empfänger des Eurocheques die Einlösung bis zu einem Betrag von zunächst 300 DM, ab den 90er Jahren bis zu 400 DM. Durch Abkommen mit europäischen Banken zunächst in den wichtigsten Ferienländern der Deutschen – Italien, Spanien, Österreich und der Schweiz – verschafften die Banken ihrer Kundschaft ein europaweit gebräuchliches Zahlungsmittel.

Diesen grenzüberschreitenden Service konnte bis zur Einführung des Eurocheques nur die Post ihren Sparern bieten. Die Inhaber von Postsparbüchern konnten in vielen Ländern über die lokalen Postämter an ihr Geld kommen. Diese Monopolstellung der damals noch staatlichen Behörde hatte van Hooven mit seiner Erfindung gebrochen. Zum Wohle des Bankgewerbes: Natürlich ließen sich die Geldinstitute die Ausgabe der Scheckkarte mit zeitlich begrenzter Gültigkeit bezahlen. Mit fünf DM war der Kunde dabei. Für das Einlösen der deutschen Schecks im Ausland oder oft auch im inländischen Handel – an Tankstellen beispielsweise – wurden ebenfalls bald Gebühren erhoben.

Dennoch war der Siegeszug des Eurocheques nicht aufzuhalten. Bis Ende des vergangenen Jahrhunderts nutzten die meisten Kontoinhaber dieses Zahlungsmittel, das erst im Januar 2002, als die Garantiefunktion aufgehoben wurde, seine Bedeutung verlor.

Kostenlos: aber nicht lange

Um den Lohntütenempfängern das Geld aus der Tasche zu locken und sie zur Eröffnung von Girokonten zu bewegen, versprach das Geldgewerbe seinen neuen Kunden die Konten kostenlos zu führen, ihnen sollte durch die neue Bankverbindung kein Schaden entstehen.

Die Zusage, das Geld der Kleinverdiener unentgeltlich zu verwalten, hielt nicht lange. Kaum hatten sich Arbeitnehmer und Verbraucher an den bargeldlosen Zahlungsverkehr gewöhnt, begannen die Geldinstitute Klagen über das mühsame Geschäft mit der Massenkundschaft anzustimmen. Allen voran die großen Privatbanken ließen keine Gelegenheit aus, um über die hohen Personalkosten zu jammern, die das arbeitsintensive Privatkundengeschäft verursache. Die vielfältigen Dienstleistungen, die zahlreichen Überweisungen, Abbuchungen von den Konten, der Versand der Kontoauszüge und Scheckformulare könnten nicht mehr zum Nulltarif erbracht werden. Holger Berndt, ein Vorstandsmitglied des Deutschen Sparkassen- und Giroverbands (DGS), verteidigte diese Gebührenpraxis 1994 gegenüber der Zeitung *Die Woche*: »Der Service von Sparkassen und Banken hat wie jede andere Dienstleistung in der Wirtschaft seinen Preis. Das einfache Privatgirokonto der früheren Jahre hat sich zum Zentrum einer breiten Palette von Finanzdienstleistungen entwickelt. Girokonten ersetzen heute weitgehend die private Haushaltsbuchführung. Mit Milliardeninvestitionen, zum Beispiel für über 50.000 Geldautomaten in Europa und ein umfassendes Eurocheque- und Eurocardangebot, werden den Kunden Wege und Zeit erspart. Das Serviceangebot der Sparkassen und Banken ist daher nicht zum Nulltarif zu haben.«[6]

Die Gebührenspirale dreht sich

Die Geldinstitute begannen Gebühren für Kontenführung und Zahlungsverkehr einzuführen. »Im Jahr 1977 gab eine Familie mit mittlerem Einkommen 22 DM für Bankdienstleistungen aus. 1992 betrugen die Kosten schon 122 Mark«[7], kritisierte die Verbraucherzentrale Nordrhein-Westfalen bereits Mitte der 90er Jahre. Die Gebühren für Kontoführung sind in den vergangenen 15 Jahren zehnmal schneller gestiegen als alle anderen Preise, die Spannen für diesen Basisservice sind enorm, stellte die Zeitschrift *Finanztest* bereits 1993 fest.[8] Im Laufe der Jahre wurde die Gebührenschraube immer fester angezogen. Wann immer eine DM von einem Konto zum nächsten wechselt – sei es als Überweisung, Dauerauftrag oder Lastschrift – verdient die Bank, der Kunde zahlt.

Doch obwohl sich die Geldinstitute jeden Handschlag, jeden Schritt im Dienste des Kunden bezahlen ließen, wurde der Bankbetrieb immer stärker automatisiert – mit einem überraschenden Ergebnis: Während in der Industrie durch den Einsatz von Maschinen und Robotern die Erzeugnisse billiger wurden, wurde der Service der Banken immer teurer.

Online abzocken

Bereits in der Mitte der 90er Jahre entdeckten die Banken einen neuen Köder, den sie für ihre preisbewusste Klientel nutzen konnten. Wieder wurde kostenlose Kontoführung angeboten, diesmal allerdings ohne Filialnetz und persönlichen Service. Direktbanken, bei denen die Kunden per Telefon und Computer ihre Bankgeschäfte erledigen konnten, schossen wie Pilze aus dem Boden. Der Grund für die Innovation bestehe darin, dass die Loyalität des Kunden zu seinem Geldinstitut abnimmt, sagte damals Thomas Holtrop von der Bank 24, der Direktbank der Deutschen Bank.

Vor allem Kunden mit gehobenem Einkommen und guter Bildung, die in einer Großstadt leben und sehr engagiert in ihrem Beruf sind, zeigten großes Interesse an diesem Service. Für den Entschluss, die Bank zu wechseln, bräuchten die Inhaber der schätzungsweise 80 Millionen Girokonten in Deutschland aber ein rationales Argument: den Preis.

Innerhalb weniger Monate gründete fast jede Großbank einen solchen No-Service-Ableger. Mit kostenlosen Girokonten sollten hauptsächlich Berufseinsteiger gewonnen werden. Zum Angebot gehörten eine ec-Karte, 50 kostenlose Buchungen pro Quartal, ein monatlicher Kontoauszug und Bargeld aus den Automaten.

Auch ein eher konventionelles Geldinstitut wie die Bank für Gemeinwirtschaft (BfG) machte bei diesem Trend mit. »Der Markt entwickelt sich in Richtung Kundenmacht, damit geht der Trend zu geringeren Kontogebühren«, erklärte im Jahr 1996 der damalige BfG-Sprecher Jürgen Kurz. »Wir haben uns damals an die Spitze dieser Bewegung gesetzt, gleich ganz auf Gebühren verzichtet. Zuvor hatten lediglich Schüler, Auszubildende und Studenten bei Banken kostenlose Girokonten eröffnen können.« Der Verlust von Einnahmen sei von der überraschend hohen Zahl neuer Kunden schnell wettgemacht worden, berichtete Kurz über die Erfolge nach Abschaffung der Gebühren. 60.000 Neukunden waren für 1996 geplant, mittlerweile sind es mehr als 100.000. Die Idee habe besser eingeschlagen als erwartet.[9]

Die neue Gebührenfreiheit währte jedoch nicht lange. Wettbewerbern waren die Billiganbieter ein Dorn im Auge, ihre

Kunden mussten es büßen. Sparkassen erhöhten für Direkt-bank-Kunden die Benutzungsgebühren an ihren Geldautomaten. Der in Bonn angesiedelte Deutsche Sparkassen- und Giroverband stand der kostenlosen Kontoführung der Konkurrenz äußerst skeptisch gegenüber. »Man muss sich auch fragen, wer letzlich die Kosten trägt, die bei der Führung eines Kontos nun einmal entstehen«, so ein Verbandsvertreter. Der Kunde solle genauestens prüfen, welche Leistungen die Bank ihm biete.[10]

Tatsächlich hatten die Angebote ihre Haken: So zahlten nur die comdirect Bank, die zur Commerzbank gehört, und die Advance Bank Guthabenzinsen für die gebührenfreien Konten. Comdirect und Bank 24 hatten die Gebührenfreiheit allerdings auf ein Jahr begrenzt. Nach Ablauf dieser Frist verzichtete die Bank 24 zwar weiter auf die Kontogebühr, der Inhaber musste jedoch über ein durchschnittliches Monatsguthaben von 2.000 DM verfügen oder seine Bankgeschäfte überwiegend online tätigen. Auch der BfG-Kunde musste pro Monat mindestens 2.000 DM, mittlerweile – nach der Übernahme der BfG durch die schwedische SEB-Gruppe – mindestens 1.250 Euro auf seinem Konto liegen haben, damit er in den Genuss der Gebührenfreiheit kommen konnte.

Die Banken im Visier der roten Richter

Mitte der 90er Jahre hatte das traditionelle Geldgewerbe seinen Goodwill und Respekt selbst bei den gutgläubigsten Kunden verloren: Auf jedes Bargeschäft, das am Schalter durchgeführt wurde, sollte eine Gebühr von fünf DM erhoben werden. Diese Geldstrafe sollte jedem aufgebrummt werden, der den anonymen Geldautomaten-Service mied, bei dem es Bares nur mit ec-Karte und Geheimnummer gibt, und sich sein Geld lieber an der Bankkasse auszahlen ließ.

Als die ersten Institute die Schaltergebühr kassierten, brach ein Sturm der Entrüstung los. Kunden und Verbraucherschützer klagten gegen diese Beutelschneiderei. Diesmal waren die Banken doch zu weit gegangen. Der Bundesgerichtshof kippte diese Abgabe.

73 DM für ein leeres Sparschwein

Die Banken sannen auf Abhilfe. Den sonst so distinguierten Damen und Herren war auch nach dieser Niederlage vor dem höchsten deutschen Zivilgericht kein Trick zu billig, keine Gebühr zu popelig: So verlangte die Stadtsparkasse Hannover wieder 1,50 Euro für Bargeschäfte am Schalter. Bei anderen Instituten wird für den Ausdruck von Scheckformularen kassiert, für die Ausgabe einer Rolle Münzgeld oder das maschinelle Zählen von Wechselgeld und Spargroschen. Die Dresdner Bank in Hamburg nimmt pro gezählter Münzrolle 25 Cent, die Commerzbank in München elf Cent, eine Raiffeisenbank in Sachsen-Anhalt 35 Cent. Die Deutsche Bank 24 berechnet bei Annahme und Ausgabe von Hartgeld pro Beutel zwischen zwei und fünf Euro, pro Rolle 20 Cent, mindestens aber einen Euro pro Auftrag. Das Entleeren eines Sparschweins kostete bei der Sparkasse Regensburg schon mal 73 DM bei einem Inhalt von – maschinell gezählt – 102 DM. Pro Münzrolle eben eine DM.

Die Folge ist »ein fast undurchdringlicher Gebührendschungel aus immer höheren Preisen und gebührenpflichtigen Positionen«, kritisierte Verbraucherschützer Rainer Metz bei einer Umfrage der Hamburger Zeitung *Die Woche*. »Die Unterschiede zwischen den angeblichen Wettbewerbern blieben auffällig gering. Sie können von den Kunden, unter anderem wegen der geringen Transparenz der Preismodelle, nicht genutzt werden. In den Chefetagen der Banken wird bereits an neuen und umfangreichen Anhebungen gebastelt.«[11]

Sittenwidrige Gebühren

Die Befürchtungen der Verbraucherschützer haben sich längst erfüllt. Bargeld, das aus einem Geldautomaten einer fremden Bank gezogen wird, kostet im Schnitt mittlerweile drei Euro – 1993 waren es nur drei DM! Für den Zugang zum eigenen Schließfach werden neben der Miete gelegentlich sogar »Wegezölle« erhoben: Eine Stadtsparkasse verlangte 1,50 DM ab dem fünften Tresorbesuch im Kalenderjahr – zuzüglich der Miete.

Für die Aufnahme einer Hypothek oder eines Ratenkredits fallen Bearbeitungsgebühren an. Sogar bei der Rückzahlung eines Darlehens vor Ablauf der vereinbarten Frist verlangt die Bank eine Vorfälligkeitsentschädigung, obwohl das Institut über das Geld wieder verfügen kann.

Immer wieder riefen Verbraucherschützer die Richter in den roten Roben an. Im Juli 1997 entschied der XI. Senat des Bundesgerichtshofs, dass bei einer vorzeitigen Rückzahlung von grundpfandrechtlich gesicherten Festzinsdarlehen (Hypothekendarlehen im Immobiliengeschäft), wenn also das Darlehen beim Verkauf des Objekts vorzeitig abgelöst werden soll, die Bank zwar eine angemessene Vorfälligkeitsentschädigung verlangen darf, nicht aber jeden beliebigen Preis bis hin zur Grenze der Sittenwidrigkeit. Danach sollte sich die Entschädigung an dem Zinssatz für Pfandbriefe orientieren. Der Kunde muss nur die Differenz zahlen zwischen den Zinsen, die die Bank während der Restlaufzeit für das Darlehen erhalten hätte und den Erträgen, die sie im gleichen Zeitraum erzielen kann, wenn sie das vorzeitig erhaltene Geld in Pfandbriefen anlegt. Bearbeitungsgebühren für die Bereitstellung des Kredits dürfen in die Vorfälligkeitsentschädigung eingerechnet werden. Verbraucherschutzverbände helfen mathematisch weniger versierten Kunden bei der Zinsberechnung – gegen eine Gebühr.

Teure Benachrichtigungen

Trotz der Eingriffe des BGHs bleibt der Kunde der Dumme: Die Bank kassiert. Erst recht nach dem Ableben des Kontoinhabers, die Bearbeitung des Nachlasses wird gesondert abgerechnet – bei der Deutschen Bank 24 mit mindestens 40 Euro. Bei umfangreicheren Leistungen werden Stundensätze in Rechnung gestellt.

Auch an der Einführung des Euro haben manche Institute kräftig verdient: Die Postbank beispielsweise verlangte von allen Kunden, die kein Konto bei ihr haben, eine Umtauschgebühr von fünf Euro (9,78 DM). Außerdem konnten in ihren Filialen pro Besuch höchstens 500 DM in Euro gewechselt werden.

Oft genug wurde aber auch Geld verlangt, obwohl der Kundenauftrag nicht abgewickelt werden konnte. So wurden bei-

spielsweise Gebühren erhoben, wenn Überweisungen, Daueraufträge, Lastschriften und Schecks nicht ausgeführt wurden,
weil das betroffene Konto nicht gedeckt war. Gegen diesen
Missbrauch schritt 1997 ebenfalls der Bundesgerichtshof ein. In
dem konkreten Fall hatte eine Volksbank in Nordrhein-Westfalen ihren Kunden für nicht ausgeführte Daueraufträge und
Überweisungen je drei DM in Rechnung gestellt; nicht eingelöste Schecks und Lastschriften bis zu 100 DM kosteten fünf DM,
Schecks mit Beträgen über 100 DM zehn DM (Aktenzeichen:
XI ZR 5/97 vom 21. Oktober).

Diese Abgaben wurden zwar untersagt, doch die Banken
waren erfinderisch. Nun wurde für die Benachrichtigung
des Kunden, dass seine Aufträge wegen Unterdeckung seines
Kontos nicht ausgeführt werden können, kassiert. Aber der XI.
Senat des BGH kippte auch diese Gebühr: »Wenn Kreditinstitute ihre Kunden über nicht eingelöste Schecks und Lastschriften
sowie über nicht ausgeführte Überweisungen und Daueraufträge informieren, dürfen sie dafür kein Entgelt einstreichen.« Auf
die Klage der Verbraucherzentrale Nordrhein-Westfalen erklärte der BGH entsprechende Klauseln der Volksbank für unwirk-
sam (Aktenzeichen: XI ZR 197/00 vom 13. Februar 2001). In
der Begründung des Urteils erklärte der »Bankensenat« des
BGH: Die Bank erfülle nur ihre eigene vertragliche Pflicht,
wenn sie ihren Kunden mitteile, dass bestimmte Aufträge
mangels Kontodeckung nicht ausgeführt werden konnten.
Dafür ein Entgelt zu erheben, benachteilige die Betroffenen in
unangemessener Weise und verstoße daher gegen das Gesetz
über die Allgemeinen Geschäftsbedingungen. Das Land- und
das Oberlandesgericht Düsseldorf hatten zuvor die Vorschrift
gebilligt.

Der Zentrale Kreditausschuss der deutschen Bankenverbände
mochte sich dem Urteil nicht beugen und hielt eine Gebühr als
Aufwendungsersatz weiter für zulässig. Unter Begriffen wie
Schadensersatz haben manche Geldinstitute trotz des Urteils
des Bundesgerichtshofs bei ihren klammen Kunden kassiert,
wenn Aufträge mangels Kontodeckung nicht ausgeführt wurden, beobachteten Verbraucherschützer in Nordrhein-Westfalen. Mit Wortklauberei werde versucht, bei den Kunden abzu-
kassieren, kritisierte Verbraucherexperte Hartmut Strube. Erst

als Verbraucherschützer mit einem Gerichtsverfahren drohten, hätten die Geldinstitute nachgegeben.[12]

Die Verbraucherverbände (AgV) empfehlen deshalb Bankkunden, von ihren Banken unrechtmäßig verlangte Gebühren zurückzufordern. Banken dürften weder Gebühren noch Aufwendungsersatz von ihren Kunden verlangen, wenn sie Überweisungen oder Daueraufträge nicht ausführten. Die Möglichkeit, die Gebühren zurückzufordern, gelte auch für Schecks oder Lastschriften, die wegen eines nicht ausreichend gedeckten Kontos von der Bank nicht eingelöst worden seien, betonte die AgV.[13]

Raubritter des bargeldlosen Zahlungsverkehrs

Zu dieser Zeit arbeiteten die Banken bereits an einem neuen Coup, der ihnen eine neue zuverlässig sprudelnde Geldquelle erschließen sollte. Die Bankgebühren beim bargeldlosen Kauf mit der ec-Karte sollten drastisch erhöht werden. Für das im Einzelhandel weit verbreitete und beim Verbraucher sehr beliebte elektronische Lastschriftverfahren mit ec-Karte plus Unterschrift sollte eine Pauschale von 35 Pfennig pro Transaktion von der Bank des Händlers verlangt werden. Das Mindestentgelt für das ec-Cash-Verfahren (ec-Karte plus Geheimnummer) sollte von 15 auf 25 Pfennig angehoben werden. Die Banken hatten sich bereits Mehreinnahmen bis zu 200 Millionen DM im Jahr ausgerechnet. Damit sollten die Verluste von jährlich rund 300 Millionen DM ausgeglichen werden, die den Banken durch den bargeldlosen Zahlungsverkehr entstehen würden.

Diesen Raubzug stoppte das Bundeskartellamt. Die obersten Wettbewerbshüter lehnten den geplanten Wegezoll des elektronischen Zahlungsverkehrs ab. Der bargeldlose Zahlungsverkehr werde mit den geplanten Gebühren von den Banken gemeinsam verteuert, und der Handel und letztlich die Verbraucher müssten dafür die Zeche zahlen, argumentierte das Kartellamt. Die Banken könnten nicht versuchen, ihre Kosten beim ec-Kartengeschäft über intransparente Gebühren auf Umwegen auf die Allgemeinheit abzuwälzen, erklärte Kartellamtspräsident Ulf Böge.[14]

Der Zentrale Kreditausschuss des Bankengewerbes konterte: »Durch diese Negativ-Entscheidung werde die Zukunft des bargeldlosen Zahlverfahrens in der heutigen Ausprägung in Frage gestellt.«[15] Bisher blieb es jedoch bei der Drohung.

Abzocken in Euroland

Druck auf das deutsche Kreditgewerbe kommt aber auch aus Brüssel. Die EU-Kommission hat Anstoß an der Gebührenpolitik der Banken bei Auslandsüberweisungen genommen. Wann immer Geld offiziell über die Landesgrenzen transferiert wird, werden besonders happige Gebühren fällig. So kostete 1999 eine Auslandsüberweisung selbst im Euroland noch durchschnittlich 24 Euro. Dieses Entgelt für eine simple Leistung in einer Branche, die sich wie keine andere der Internationalisierung ihrer Geschäfte und Globalisierung ihres Marktes verschrieben hat, ärgerte nicht nur Verbraucher und Unternehmer, sondern auch die EU-Kommission. EU-Präsident Romano Prodi machte die grenzüberschreitende Abzockerei zur Chefsache und verlangte eine Angleichung der Gebühren für Auslandstransfers an die Kosten für inländische Überweisungen. Falls das Bankgewerbe nicht von sich aus kooperieren werde, drohte die EU-Kommission mit gesetzlich festgesetzten Einheitsgebühren. Die deutschen Banken protestierten und lehnten dieses Vorhaben, sie könnten Dienstleistungen zum Nulltarif erbringen, empört ab. Der Bundesverband deutscher Banken verurteilte die Pläne als Preisdiktat.

Schließlich schritt Bundesfinanzminister Hans Eichel als Vermittler ein und forderte eine Selbstverpflichtung der Geldbranche. Die teils extrem hohen Tarife für grenzüberschreitende Transfers sollten bis Ende 2001 vor der Einführung der Euro-Münzen und -Banknoten auf ein Niveau reduziert werden, das annähernd den Gebühren für inländische Überweisungen entspricht, teilte er dem Bundesverband Deutscher Banken mit.

Was die Branche unter »annähernd« versteht, kann der Bankkunde in den Allgemeinen Geschäftsbedingungen nachlesen: Da werden dem Auftraggeber bei der Deutschen Bank für eine Auslandsüberweisung im Wert bis 250 Euro stolze elf Euro aufgebrummt, bei höheren Beträgen 1,5 Prozent der Summe oder mindestens 13 Euro in Rechnung gestellt. Dazu kommen Porto und 17,50 Euro Fremdspesen, wenn er die Kosten des Geldtransfers allein trägt. Wenn sich Auftraggeber und Empfänger die Gebühren teilen, bleibt dem Auftraggeber eine Gebühr von elf beziehungsweise 13 Euro oder 1,5 Promille der überwiesenen Summe. Für die Banken ist selbst diese Pauschale noch ein glänzendes Geschäft, für den Interbankentransfer der Kundengelder einigten sich die europäischen Kreditinstitute auf eine Pauschale von drei Euro für kleinere Überweisungsbeträge. Gleichzeitig wurden die Gebühren für Barauszahlungen an ausländischen Geldautomaten erhöht – im Schnitt von bisher fünf DM auf durchschnittlich sieben DM.

Beliebte Einnahmequellen für das Bankgewerbe sind auch der Umtausch fremder Währungen und die Ausgabe beziehungsweise Annahme von Reiseschecks. Für Kauf und Versand von Travellerschecks werden ein bis 1,75 Prozent des Betrags, mindestens aber 7,67 Euro kassiert. Die Rückgabe kostet dann oft noch einmal zwischen zwei und fünf Euro. Wer Dollar wechseln möchte, muss schon mit einer Gebühr in Höhe von drei Prozent des Betrags in Euro rechnen oder mit 4,50 Euro pro Posten.

Zu den größten Ärgernissen der Bankkunden zählte lange Jahre die zögerliche Bearbeitung ihrer Überweisungsaufträge durch die Banken. Zwischen Belastung des Auftraggebers und der Gutschrift auf dem Konto des Empfängers vergingen mehrere Tage, nicht selten sogar Wochen. Die Entdeckung der Langsamkeit im Bankenalltag war höchst profitabel – für die Kreditwirtschaft. In der Transferzeit arbeitete das Geld für die Bank. Das Nachsehen hatte der Kunde. Wenn durch die verzögerte Bearbeitung seine Zahlung zu spät beim Empfänger eintraf, bekam er den Ärger und musste womöglich noch Verzugszinsen zahlen. Wenn die Gutschriften zu spät auf den Kundenkonten eintrafen, die zu erwartenden Eingänge aber schon weiter transferiert worden waren, konnte die Bank unter Umständen auch noch Kreditzinsen beim Empfänger einstreichen.

Erst ein Urteil des Bundesgerichtshofs machte den bummeligen Bankern Beine. Im Mai 1997 erklärte der BGH die verzögerte Wertstellung von Überweisungen für unzulässig. Wenn der Betrag erst am Tag nach ihrem Eingang gutgeschrieben wird, erklärten die Richter des so genannten Bankensenats, entgehe dem Kontoinhaber der Zinsgewinn für einen Tag. Für Normal-

verbraucher sind das meist kleine Cent-Beträge, für die Kreditinstitute dagegen ein beachtlicher Posten auf der Habenseite.

Seitdem verpflichten sich die meisten Banken in ihren allgemeinen Geschäftsbedingungen zu zeitnaher Ausführung der
Kundenaufträge – allerdings nur im inländischen Zahlungsverkehr. Da werden Barauszahlungen und Überweisungsaufträge
am Tag der Ausführung belastet, Schecks und Lastschriften am
Tag der Vorlage. Gutschriften am Tag der Buchung und Scheck-
eingänge spätestens einen Arbeitstag nach Einreichung. Diese
Bearbeitungsfristen lassen noch immer einen gewissen Spielraum für einen kleinen Aufenthalt des Kundengelds zum Wohle
der Bank. Wer es wirklich eilig hat, muss eben zahlen – 2,56
Euro bei der Deutschen Bank pro Überweisung.

Im Auslandszahlungsverkehr gelten jedoch noch die alten
Regeln. Banken können zwar in Sekundenschnelle Milliarden Dollar oder Euro im Auftrag von Großkunden rund um den Globus
transferieren, haben weltweite Kooperationen und Allianzen
geschmiedet, Tochtergesellschaften an allen Handelsplätzen und
Kapitalmärkten eröffnet, doch eine Überweisung von Hamburg
nach Paris darf noch immer fünf, nach Lissabon sieben und nach
Athen acht Banktage unterwegs sein – trotz der stattlichen Gebühren, die dabei kassiert werden. Wenn es schneller gehen soll, muss
der Kunde extra zahlen: fünf Euro für die »Ausführungsart ›Eilig‹«

Der geschröpfte Anleger

Vor allem Kleinanleger, die »nur« 2.500 bis 5.000 Euro mitbringen, werden »über den Tisch gezogen, abgehäutet, durchge-
kocht und ausgelutscht«, schimpfte ein Münchner Kleinaktionär. Schon der Kauf oder Verkauf der Papiere hat seinen Preis:
Die Dresdner Bank nimmt sich 25 Euro für jeden Aktienkauf –
egal, ob es um ein Papier geht oder um 20. Deutsche Bank und
Commerzbank verlangen 15 Euro pro Order.

Die bankinterne Profitvermehrung treibt gerade bei der Geldanlage seltsame Blüten: Da gibt es »Provisionen«, »sonstige An-
und Verkaufsspesen«, »Depotkosten«, »Courtage«, und natürlich auch die bekannten Positionen »Kontoführung« sowie
»Verwaltung/Sonstiges«.

»Die Banken bezeichnen ihre Dienstleistung im Wertpapier-geschäft als »Gebühren«, als würde eine staatliche Gebühren-ordnung zu Grunde gelegt. Es handelt sich aber um Preise für die Abwicklung von Wertpapiergeschäften«, kritisierte Herbert Hansen von der Schutzgemeinschaft der Kleinaktionäre (Sdk) bereits Mitte der 90er Jahre gegenüber der Zeitung *Die Woche*. »Diese Preise sind für den Privatanleger deutlich überhöht.« Während institutionelle Anleger durchweg den halben Gebüh-rensatz zahlen, würden Privatanleger mit dem vollen Satz und hohen Mindestgebühren zur Kasse gebeten.[16]

Mehr Gebühren als Gewinne

Die Fantasie der sonst eher nüchternen Bankiers kennt wahrlich keine Grenzen: Beim Handel mit Auslandsaktien und -anleihen, die an einem ausländischen Börsenplatz ausgeführt werden, wer-den zusätzlich 19,99 Euro für die Abwicklung des Transfers ein-behalten – einfach so: pauschal. Hinzu kommen – laut Preisliste des Online-Investmenthauses maxblue, einer jüngst gegründeten Tochter der Deutschen Bank – noch »fremde Spesen« (Broker-provisionen und Liefergebühren, in New York beispiels weise 18 Dollar). Der Kunde kann froh sein, wenn er nicht mehr Gebühren zahlen muss, als er anlegen will. Und wenn bei Ak-tienverkäufen von seinem Kursgewinn noch etwas übrig bleibt.

Die Abzockerei hat Methode: Längst gibt es Depotgebühren auch für Investmentfonds, obwohl gerade diese Zertifikate einst mit dem Hinweis der Gebührenfreiheit angeboten wurden. Jetzt wer-den auch für diese Geldanlagen ebenso Gebühren berechnet wie für Aktien und festverzinsliche Anlagen: pro Stück 0,03 Prozent vom Kurswert und mindestens 12,78 Euro pro Depot und Jahr.

Manche Gebührenschneiderei – wie die Erhebung einer Gebühr von 20 DM für die Bearbeitung von Freistellungsanträ-gen – stoppte der BGH: Im Juli 1997 entschieden die Richter des XI. Senats, dass Bankkunden diese Gebühren nicht entrichten müssen. Die Banken würden durch das Zinsabschlaggesetz zur Einziehung der Kapitalertragsteuer herangezogen. Damit sei auch die Bearbeitung der Freistellungsaufträge eine unentgelt-lich zu erfüllende staatliche Aufgabe.

Direktanlagebanken ziehen nach

Ärgerlich für Kleinanleger ist, dass selbst die Direktanlageban-
ken und Onlinebrokerhäuser, die in der Mitte der 90er Jahre
angetreten waren, das Gebührenkartell der Großbanken im
Wertpapiergeschäft zu knacken, schon längst ihre Preise denen
der konventionellen Filialbanken angepasst haben.

So lockte die Direkt Anlagebank (DAB) mit Discountpreisen
einst Hunderttausende Anleger. Doch seit Sommer 2001, als
Aktien, Investmentfonds und Zinsen auf immer neue Jahres-
tiefststände abrutschten, ist es mit den Billigangeboten vorbei,
die Gebühren steigen wieder. Die Münchner DAB verlangt seit
dem 15. Oktober 2001 von Anlegern, die nur bis zu sechs Aufträge im Quartal erteilen, bei Telefonaufträgen eine Mindestpro-
vision von knapp 45 DM. Das ist eine Erhöhung von bis zu 60
Prozent.

Gleichzeitig wurde die Liste der Fonds, die im Rahmen von
Sparplänen erworben werden können, drastisch zusammengestrichen. Auch die Ausgabeaufschläge wurden für viele Fonds
erhöht, obwohl es sich um lang laufende Sparverträge handelt.
So werden für den Erwerb des DWS Deutscher Vermögensbil-
dungsfonds statt 3,75 nun fünf Prozent Ausgabeaufschlag verlangt. Beim früher kostenfreien Pictet Biotech-Fonds wird eine
Gebühr von fünf Prozent berechnet.

Konkurrent Consors geht zwar bisher deutlich vorsichtiger
vor als die HypoVereinsbank-Tochter DAB. Seit Anfang Oktober 2001 fallen beim Kauf von Aktien über das Internet mindestens 9,90 Euro statt 9,71 Euro an, bei telefonischer Ordererteil-
lung sind es mindestens 13,90 Euro. Außerdem müssen die
Kunden wie auch bei DAB und comdirect für den Versand von
Kontoauszügen per Post zahlen.

Investmentgesellschaften kassieren ab

Deutschlands größte Investmentfondsgesellschaft DWS langt
seit Januar 2002 auch bei den Depotgebühren kräftig zu, betroffen sind vor allem Kleinanleger: Die Mindestgebühr stieg von
5,04 Euro auf acht Euro. Dazu kommen Ausgabeaufschläge –

bei Aktienfonds im Schnitt drei bis sieben Prozent, bei Rentenfonds ein bis drei Prozent des Kaufpreises. Der Ausgabeaufschlag fällt jedoch nur einmal beim Kauf an. Deshalb erheben die Gesellschaften noch andere Abgaben, die dem Fondsvermögen direkt entnommen werden. Der größte Posten sind Verwaltungs- oder Managementgebühren. Bei Aktienfonds betragen sie meist ein bis zwei Prozent des Depotwerts, bei Rentenfonds sind es in der Regel zwischen 0,5 und 0,8 Prozent.

Bei der DWS kommt der Kunde auf eine Gebühr von durchschnittlich neun Euro pro Fonds, die neben der allgemeinen Verwahrung und Verwaltung der Fondsanteile die Erstellung der Einzelabrechnungen sowie die Jahresabrechnung nebst Ertragsaufstellung und die kostenlose Wiederanlage der Ausschüttung (Thesaurierung) einschließt.

Billiger wird es nur für Kunden, die ihre Aufträge online, per Computer, erteilen. Ihnen wird Ende des Jahres lediglich die Mindestgebühr in Rechnung gestellt. Wenn auch die Abrechnung elektronisch versandt wird, erhält der Kunde überdies zehn Prozent Rabatt auf den Betrag.

Andere Fondsgesellschaften sind hierbei nicht so vorsichtig. So hat die britische Fondsgesellschaft Invesco bereits im Frühjahr 2001 für ein halbes Dutzend ihrer Aktienfonds die alljährlich anfallenden Managementgebühren um 20 bis 100 Prozent erhöht.

Die großen deutschen Fondsgesellschaften, DIT (Dresdner Bank), Deka (Sparkassen) oder Activest (HypoVereinsbank), haben ebenfalls kräftig an der Gebührenschraube gedreht. Vor allem bei neuen Fonds wurde kräftig aufgeschlagen, zu diesem Ergebnis kam eine Untersuchung des Instituts für Marktbeobachtung (IMA) in Kelkheim bei Frankfurt am Main. Bei Neuauflagen fallen die kräftigen Gebührensteigerungen nicht so auf. Für die Fondsgesellschaften ist das besonders lukrativ, die Verwaltungsgebühren werden jedes Jahr kassiert und sorgen so für einen kontinuierlichen Geldfluss.

Obendrein sind diese Gebühren für den Kunden nicht ohne weiteres erkennbar, denn sie werden nicht extra in Rechnung gestellt, sondern direkt vom Fondsvermögen abgezogen. Früher betrugen diese Kosten bei Aktienfonds zwischen 0,7 und ein Prozent, nach den jüngsten Erhöhungen werden häufiger schon

1,25 Prozent, manchmal sogar mehr als 1,5 Prozent pro Jahr verlangt. Eine Anhebung der Managementgebühren um einen halben Prozentpunkt kann bei der Anlage von 5.000 Euro über 20 Jahre und länger schon einige Tausend Euro weniger Ertrag bedeuten.

Doppelt absahnen für die Performance

Doch die Managementgebühren sind nicht alles, was der Anleger zu zahlen hat: Bei vielen Fonds werden dem Kunden nun auch noch so genannte Performancegebühren abgeknöpft. Von 900 Fonds, die im Jahr 2000 auf den Markt kamen, sahen nach einer Untersuchung von IMA bereits 70 eine derartige Vergütung vor.

Diese Gebühren fallen an, wenn dem Fondsmanager das gelingt, was dem Anleger beim Verkauf ohnehin versprochen wurde: Wenn sich sein Fonds besser entwickelt als ein relevanter Vergleichsindex. Ein Fonds mit deutschen Standardaktien müsste danach besser abschneiden als der Deutsche Aktienindex DAX. Wenn das Selbstverständliche also eintritt, zweigt das Management einen Teil der zusätzlichen Rendite als Belohnung für sich ab. In einigen Fonds beträgt das Erfolgshonorar bis zu 20 Prozent der Wertsteigerung. Dass sie damit gut verdienen, zeigt eine Statistik des britischen Fondsanalyse-Unternehmens Fitzrovia. Danach griffen Investmentfonds im Jahr 2000 weltweit rund 3,6 Milliarden Dollar an erfolgsabhängigen Gebühren ab – zusätzlich zu der Summe aus den ohnehin fälligen Verwaltungsvergütungen. Fachleute betrachten diese Entwicklung eher kritisch.

»Eigentlich ist die gute Leistung eines Fondsmanagers schon mit der Verwaltungsgebühr, die mit der Wertsteigerung des Fonds ja auch zunimmt, genug entlohnt«, sagt Ulrich Harmssen, Geschäftsführer von Fonds Select Worpswede. Gleichzeitig bestehe die Gefahr, dass die erfolgsabhängige Vergütung den Fondsmanager »zu riskanten Manövern verleitet, für die allein der Anleger die Zeche zahlt«.[17] An den Verlusten, die durch Fehleinschätzungen entstehen, beteiligt sich das Fondsmanagement natürlich nicht.

Mit dem Ausgabeaufschlag, der Verwaltungs- und der Performance-Gebühr sind jedoch noch längst nicht alle Kosten gedeckt. Weitere Zusatzkosten können die tatsächliche jährliche Belastung nach Untersuchungen von Fitzrovia auf mehr als 20 Prozent des Depotwerts ansteigen lassen. Von diesen Entgelten sieht der Kunde aber meistens nichts. Sie werden häufig direkt vom Fondsvermögen abgezogen und oft gar nicht ausgewiesen. Der Gebührendschungel ist mittlerweile so dicht, dass nicht einmal Experten durchblicken können.

Wer mit seinem Depot zu einer anderen Bank umziehen will, bekommt den Gebührenhammer erst recht zu spüren.

Abtrünnige Kunden, die mit ihren Wertpapierdepots zu einer Direktbank wechseln wollen, werden mit überzogenen Gebühren bestraft. »Wenn bei einer Depotübertragung das Geldinstitut das Dreifache von dem verlangt, was sonst für die Depotführung für ein gesamtes Jahr berechnet worden wäre, dann ist das eine horrende Strafzahlung für den Kunden«[18], so der Finanzjurist Hartmut Strube von der Verbraucherzentrale Nordrhein-Westfalen. Die Gebühren seien sittenwidrig überteuert. Seit die Aktienkurse an der Börse auf immer neue Tiefststände taumeln, haben wechselwillige Anleger allerdings eine Chance, die Bußgelder zurück zu bekommen.

»Na gut – wir erstatten Ihnen 200 DM, wenn Sie zu uns kommen«[19], das versprach eine Beraterin des Nürnberger Direktbrokers Entrium im Frühjahr 2001 schon beim ersten Anruf dem potentiellen Neukunden. Die Kulanz war weniger überraschend, als es auf den ersten Blick aussah: Die frühere Quelle-Tochter versuchte, den Markt mit Kampfpreisen aufzumischen.

Da konnten die Branchenführer nicht tatenlos zusehen. Bei der Direkt Anlage Bank waren für Wechselwillige immerhin 150 DM (76,70 Euro) Kostenausgleich drin. Und auch bei Consors gab man sich nicht kleinlich: »Wir erstatten Ihnen alles, wenn Sie zu uns kommen«[20], hieß es am Telefon. Lediglich die comdirect zeigte sich gänzlich ungerührt: »Wir wollen die Gebührenpolitik der anderen doch nicht subventionieren, wir überzeugen lieber mit unseren Preisen«[21], so die Aussage des Kundenberaters.

Begehrte Online-Anleger

Die deutschen Online-Anleger sind derzeit umworben wie noch nie. Ob mit teurem Marketing oder Billigpreisen – neue Kunden müssen her. Denn die anhaltende Börsenflaute verdirbt zunehmend das Geschäft der Direktbroker, und neue Kundschaft wächst nur enttäuschend langsam nach. Gleichzeitig nimmt der Verdrängungswettbewerb zu. Allein im Jahr 2000 sind sieben neue Online-Discounter auf den deutschen Markt gekommen – und alle wollen einen Teil vom großen Kuchen.

Doch die Lieblingskunden der Online-Broker, die gut über 2,5 Millionen aktiven Trader, halten sich zurück. Für einen neuen Kunden müssen die Direktbroker zwischen 200 und 300 Euro ausgeben. Der Berliner Billiganbieter Systracom, der im Herbst 2000 mit seiner Flatfee von 9,95 Euro je Order begann, hatte im Frühjahr 2001 gerade mal 8.000 Depots. Um die Gewinnschwelle zu erreichen, braucht er aber 50.000 Depots. Ende 2001 hatte Systracom bereits Konkurs angemeldet.

Kostspieliges Private Banking:
Auch die Reichen werden zur Kasse gebeten

Keine Frage: Kleinkunden sind die Milchkühe in der Gebührenkalkulation der Banken. Aber auch ganz oben, bei den Reichen und Superreichen, lassen sich immer wieder ein paar Tausend Euros absahnen. Wer zu schnellem Geld gekommen ist – wie die Eisprinzessin Katarina Witt oder der Chip-Broker Cornelius Boersch von der Firma ACG – leistet sich einen speziellen Service der Deutschen Bank: Sie haben einen persönlichen Bankberater, der sich speziell um ihr Vermögen kümmert. Dies darf die Bank sogar per Anzeige verkünden und für ihren Luxusservice werben. »Private Banking« heißt diese Betreuung, die zu den Wachstumsbranchen im Bankgewerbe zählt. Denn das Segment der Reichen, Neureichen oder Superreichen nimmt stetig zu, unabhängig von Börsenkrisen und Wachstumsflauten. Das zeigt eine Vermögensstudie der US-Bank Merrill Lynch und der Consultants von Cap Gemini Ernst & Young: Von 1996 bis 1999 ist die Zahl der Euro-Millionäre in Deutschland jedes Jahr um mehr als fünf Prozent gewachsen. Rund 350.000 Deutsche verfügten Ende 2000 über ein privates Vermögen in Form von Geld, Aktien und Fonds von mindestens einer Million Euro. Das Immobilienvermögen wurde dabei nicht berücksichtigt. Im Schnitt wäre damit etwa jeder 230. Deutsche ein Euro-Millionär. Wirklich exklusiv ist dagegen die Gruppe der Ultrareichen: Ein Geldvermögen von mehr als 30 Millionen Euro besitzen in Deutschland nur etwa 3.500 Personen. Auf der ganzen Welt gab es am Ende des Jahrtausends rund sieben Millionen Dollar-Millionäre und über 55.000 Ultrareiche mit mehr als 30 Millionen Dollar (32 Millionen Euro) Finanzvermögen.

Das Geschäft mit den Reichen ist einträglich, denn die Banken lassen sich ihre persönliche Betreuung gut honorieren. Mit mindestens 17.895 Euro Gebühren jährlich, so der interne Richtpreis, muss beispielsweise der Kunde bei der Dresdner Bank rechnen, wenn er die individuellen Dienste des Instituts in Anspruch nehmen möchte. Auch bei anderen Banken gibt es ähnliche Kalkulationen. Für den Kunden lohne sich das Geschäft erst, wenn er eine halbe bis eine Million Euro Vermögen von den Private Bankern verwalten lässt, geben Bankvertreter zu.

Auf die deutschen Banken kommt dank umfangreicher anstehender Erbschaften eine Welle von Reichtum zu. In der ersten Dekade des neuen Jahrtausends werden etwa 2,25 Billionen Euro weitergereicht, davon fast die Hälfte als Geldvermögen, berechnete die Deutsche Vermögensberatung AG. Und diese Erbschaftsflut wird in den nächsten Jahrzehnten Tausende von jungen Deutschen zu Millionären machen. Für die Strategen des Private Banking sind das tolle Perspektiven. Anfang des Jahres 2000 besaßen die deutschen Euro-Millionäre zwei Billionen Euro Finanzvermögen. Ein Riesenpotenzial für die deutschen Banken.

Sie bereiten sich deshalb schon heute darauf vor, es auszuschöpfen. Weil die Reichen durchaus knauserig – im Bankenjargon »konditionensensibel« – sind, könnten auch in diesem Geschäft die Margen ins Rutschen kommen. Dann wird sich herausstellen, ob Kati Witt, wie sie liebevoll bei der Deutschen Bank genannt wird, ihrem privaten Vermögensberater die Treue hält.

Die Kredithaie

Viele Banken locken ihre Kunden mit bunten Kreditangeboten, die ein sorgloses Leben auf Pump ermöglichen sollen. Wer jedoch im Fall der Fälle dringend Geld braucht, wird schärfsten Kontrollen unterzogen und nicht selten übervorteilt.

Die Schuldenfalle

»Da steht er, der Traumwagen. Jetzt können Sie sich ihn leisten: Mit easyCredit, unserem Sofortkredit bis 50.000 Euro. Mit einem festen günstigen Zinssatz ab 5,9 Prozent, gleich bleibenden Raten und flexibler Laufzeit.« So umwirbt die HypoVereinsbank auf ihrer Homepage im Internet ihre Kunden. Dies bedeutet eine Aufforderung zum Leben auf Pump – frei nach dem Slogan der Kreditkartenorganisationen: »Leben Sie jetzt, zahlen Sie später.«

Die Münchner Großbank ist nicht das einzige Institut, das Ratenkredite wie Sauerbier anbietet. Auch andere Geldinstitute versuchen ihre Kundschaft zu großzügigem Umgang mit Geld zu animieren. »Verfügungskredit«, gurrt die Commerzbank auf ihrer Website, »beim Einkaufsbummel entdecken Sie das elegante Kleid oder die Dolby-Suround-Anlage zum Schnäppchenpreis. Chancen, die Sie sich einfach nicht entgehen lassen sollten. Warum auch! Mit einem Betrag bis zur dreifachen Höhe Ihres Monatsgehalts sind Sie flexibel. Schließlich ist die Inanspruchnahme Ihres Verfügungskredits vom laufenden Girokonto kein Thema, sondern ein Stück Lebensfreiheit.«

Viele Verbraucher bezahlen ihren Konsumrausch auf Kredit mit einem jahrelangen Kater. Sie sind überschuldet, wissen nicht, wie sie ihren Verpflichtungen nachkommen können.

Statistisch gesehen hat jeder Bundesbürger – vom Säugling bis zum Greis – Konsumschulden in Höhe von 11.451 Euro, jeder vierte Haushalt ist überschuldet, das heißt er kann Tilgung und

Zinszahlungen aus dem verfügbaren Einkommen nicht mehr begleichen. Gegen 1,2 Millionen private Schuldner wurden bereits Vollstreckungsverfahren eingeleitet – sie waren pleite.

Leben auf Pump

Sicher geht nicht jeder Privatkonkurs auf das Konto der Banken. Sicher ist aber, dass die Banken an dem Konsum auf Kredit gut verdienen. Zinssätze zwischen 9,5 bis 15 Prozent werden derzeit für die Überziehung eines Girokontos verlangt – oft mehr als das Doppelte des Zinssatzes für Ratenkredite und fast das Dreifache des Satzes, zu dem derzeit Hypothekenkredite vergeben werden. Die teuren Kontokorrentkredite werden üblicherweise bis zum Dreifachen der monatlichen Einkünfte gewährt.

Dass Banken selbst jugendlichen Kontoinhabern – Schülern, Lehrlingen und Studenten – schon teils erhebliche Überziehungsspielräume einräumen, wird immer wieder von Elternverbänden und Verbraucherschützern kritisiert. Eine Studie des Bundesfamilienministeriums ergab, dass von 1988 bis 1999 bereits 20 Prozent der Jugendlichen in Westdeutschland und 14 Prozent der Jugendlichen in Ostdeutschland verschuldet waren. Kräftig mitgeholfen an der Finanzmisere der Kids haben die Kreditinstitute. Sogar Schülern wurden Dispositionskredite eingeräumt, die den jugendlichen Kontoinhabern die Überziehung um 100 bis 200 Euro gestatten – oft ein Mehrfaches des monatlichen Taschengelds. Für die jungen Kunden, die dem Lockruf der Banken erliegen, folgt meist ein böses Erwachen. Das Geld ist weg, ausgegeben für Handyrechnungen, schicke Klamotten und Discobesuche, und dann verlangt die Bank den Kredit zurück. Viele der jungen Kreditnehmer bezahlen ihren Leichtsinn mit jahrelanger Abhängigkeit von der Kreditwirtschaft, bis sie ihre Schulden abgestottert haben.

Enteignung auf Raten: Kombikredite

Ein erhebliches Maß an Kreativität beweisen die Banken auch bei der Kreditvergabe. Neben den üblichen Ratenkrediten, die für eine Laufzeit von einem bis fünf Jahren abgeschlossen werden und bei denen der Schuldner einen monatlichen Festbetrag, der sich aus Zinsen und Tilgung zusammensetzt, an die Bank zahlt, werden bei größeren Summen auch gerne Kombikredite angeboten. Bei dieser Variante wird das Darlehen nach einer mehrjährigen Laufzeit durch einen auf diese Frist abgeschlossenen Sparplan oder eine Lebensversicherung getilgt. Der Schuldner muss dabei zwei Verträge erfüllen, einmal die Zinsen für den Kredit bezahlen und obendrein die monatlichen Prämien für die Versicherung oder den Sparplan aufbringen. Für die Bank sind diese Verträge, die vor allem für Hypotheken zum Hausbau und Immobilienerwerb abgeschlossen werden, ein lohnendes Geschäft. Sie kann auf Jahre hinaus mit festen Einnahmen aus beiden Verträgen rechnen.

Für den Kreditnehmer birgt diese Konstruktion jedoch ein erhebliches Risiko: Sollte er nicht mehr in der Lage sein, den Sparbetrag zu bedienen, sitzt er nicht nur auf dem Schuldenberg in alter Höhe, sondern muss auch noch mit erheblichen Einbußen bei seinem Sparguthaben rechnen, weil er bei einer vorzeitigen Kündigung dieser Prämienverträge auch die Sonderleistungen verliert.

Auf Kundenfang im Elsass

Wie schnell eine solche Kreditkonstruktion in den Ruin führen kann, beschrieb ein Beitrag der ZDF-Sendung *Frontal 21* vom 29. Mai 2001, der unter dem Titel »Schuldenfalle Commerzbank« ausgestrahlt wurde. Dem Bericht zufolge ist die Commerzbank in Frankreich auf Kundenfang gegangen und hat vor allem im grenznahen Elsass reiche Beute gemacht.

Kreditvermittler, die im Auftrag der Commerzbank unterwegs waren, drehten ahnungslosen Immobilienbesitzern und Bauherren Lebensversicherungshypotheken an. Weil es diese Kreditform bisher in Frankreich nicht gab, waren die neuen Commerzbank-Kunden sehr angetan von den niedrigen Zinsen, die ihnen die Kundenberater anboten. Die Risiken dieser Kombikredite hingegen blieben ihnen verborgen. Den Haken bei dieser Konstruktion, bei der der Kreditnehmer eine Lebensversicherung abschließen und dafür die Beiträge leisten, gleichzeitig aber auch die Zinsen für den Kredit über die gesamte Versicherungsdauer begleichen muss, haben die meisten der Betroffenen nicht erkannt.

Kommt der Kunde während der Versicherungsdauer durch Krankheit, Arbeitslosigkeit oder andere Schicksalsschläge in finanzielle Nöte und kann seine Beiträge nicht mehr aufbringen, droht der Zusammenbruch der Finanzierung. Die Versicherung kündigt den Vertrag, die Bank stellt das Darlehen fällig.

Wie ein Rentnerehepaar sein Haus verlor

So geschah es – wie *Frontal-21*-Autor Stefan Härtig berichtete – im Fall der Commerzbank-Kunden Albert und Louise W.: Das französische Rentnerehepaar verlor sein Haus, weil es sich auf die Lebensversicherungshypothek der Commerzbank verließ.

Dabei wollten die beiden Ruheständler nur einen neuen Kredit aufnehmen, um ihr Anwesen zu renovieren – für einen Ausbau von Garage und Dach, die Gartenanlage und eine neue Küche.

Bei der Zeitungslektüre stießen sie auf eine Anzeige der Kreditvermittlung Cofia. Auf ihren Anruf bekamen sie Besuch von einem Vertreter der Commerzbank Saarbrücken. Er pries ihnen einen Kredit an, der mit einer Lebensversicherung abgezahlt werden sollte. Für die Tilgung des Kredits über 167.000 DM sollten sie eine Lebensversicherung ansparen. Nach 22 Jahren würden sie dann 300.000 DM ausgezahlt bekommen. Von dieser Summe sollte dann auch die ganze Schuld auf einmal getilgt werden.

Doch bis zur Auszahlung der Versicherung müssten sie den vollen Zinsbetrag auf die gesamte Summe leisten. Im Fall des Rentnerpaars W. beliefen sich die monatlichen Verpflichtung aus diesem Kombikredit auf 1.677 DM: 460 DM für die Lebensversicherung und 1.217 DM an Zinsen. Als das Rentnerpaar nach zwei Jahren vorübergehend nicht die volle Monatsrate aufbringen konnte, platzte das Modell. Die Familie verlor ihre 300.000 DM von der Versicherung und ihr Haus, denn die Commerzbank forderte den Kredit zurück.

Gefährliche Kombination

Der Jurist Udo Reifner vom Institut für Finanzdienstleistungen kritisierte diese Konditionen mit folgenden Worten: »Scheitern ist tödlich bei dieser Konstruktion, die eigentlich einen legalen Betrug darstellt.«[1] Von einer Kapitallebensversicherung wird bei vorzeitiger Kündigung nur ein ganz kleiner Bruchteil der eingezahlten Beträge zurückerstattet. Trotzdem muss der Kredit von dem Betroffenen in voller Höhe bedient werden. Die meisten notleidenden Kreditnehmer landen dann unausweichlich in einer Schuldenfalle.

So erging es auch dem Ehepaar W.: Die Bank teilte ihren Kunden mit, wenn sie nicht bezahlen können, würde eben das Haus versteigert, sie könnten es aber auch selbst verkaufen. Unter Zeitdruck erzielte das Ehepaar für ihr Haus lediglich einen Preis in Höhe von 206.000 DM. Die Commerzbank nahm sich die ganze Summe, obwohl sie nur einen Kredit über 167.000 DM vergeben hatte.

Zusammen mit den bis dahin kassierten Zinsen und Prämien machten die Commerzbank und die Lebensversicherung ein Plus von 83.000 DM. Das entspricht einem sagenhaften Zinssatz von jährlich 16 Prozent, berichtete *Frontal-21*-Autor Stefan Härtig.[2]

Das Schicksal der Familie W. teilten viele Franzosen, denn die Commerzbank war ausgesprochen rührig bei der Akquisition von Kreditkunden.

In diesem Zusammenhang sind jetzt zahlreiche Verfahren vor Gericht anhängig. Die Verbraucherschützerin Anke De Villepin von Euro-Info e. V. wirft der Commerzbank vor, »dass sie nicht darüber aufgeklärt hat, welche Kosten und Belastungen auf die Kunden zukommen und welches Eigeneinkommen man haben muss, um solche Belastungen dauerhaft tragen zu können. Das war einfach Betrug.«[3]

23 Prozent Zinsen pro Jahr für eine Hypothek

Das ZDF-Magazin *Frontal* schilderte einen weiteren Fall: Eine Hausbesitzerin aus Lothringen hatte sich bei der Commerzbank 240.000 DM für ein Haus geliehen. Nach zwei Jahren wollte sie den Kredit schnell zurückzahlen und verkaufte ihr Haus. Die Bank verlangte nun zusätzlich zur Kreditsumme noch weitere 105.000 DM. »Das entspräche« – so der Bericht der *Frontal*-Autoren – »bei zwei Jahren, die der Kredit lief, 23 Prozent Zinsen im Jahr.«[4]

Für den deutschen Juristen Reifner handelt es sich »um ein Beratungsverschulden, wenn man die Kreditnehmer nicht über die enormen Risiken aufklärt, dass sie hinterher mit wahnsinnigen Schulden dableiben, nur weil sie diese schwachsinnige Konstruktion gewählt haben.«[5]

Ein brisantes Urteil

Der XI. Senat des Bundesverfassungsgerichts hat sich dieser Geschäftsgebahren, die auch in Deutschland in vielen Fällen eingesetzt wurden, angenommen und im Dezember des Jahres 2001 ein für die Finanzwelt brisantes Urteil gefällt (AZ: BGH XI ZR 156/01).

Das oberste Zivilgericht entschied, dass Darlehen in derartigen Finanzierungskonstruktionen – Kredit plus daran gekoppelten Bausparvertrag oder Lebensversicherung – immer die Gesamtbelastung für den Kreditnehmer enthalten muss. Der Kreditvertrag muss sowohl die Kosten des Darlehens als auch die Kosten des Bausparvertrags beziehungsweise der Lebensversicherung wiedergeben. Dies haben die Kreditinstitute in den meisten Fällen jedoch aus gutem Grund vermieden.

Doch damit nicht genug: Der Bundesgerichtshof hat in weiteren Ausführungen ergänzt, dass – sofern die Gesamtbelastung für den Kreditnehmer nicht angegeben ist – Paragraph 4 des Verbraucherkreditgesetzes Anwendung findet. Dort wird geregelt, dass dem Darlehensgeber nur ein verminderter Zinssatz von vier Prozent zusteht (§ 4 Abs. 1 Satz 4 Nr. 1 b a. F., § 6 Abs. 2 Satz 2 VerbrKrG, § 246 BGB).

Das bedeutet, dass Kombikreditnehmer Anspruch auf Neuberechnung der Darlehenszinsen und Rückerstattung zu viel gezahlter Zinsen haben. Die Höhe einer derartigen Rückzahlung ergibt sich aus der Differenz des Vertragszinses zum gesetzlichen Zinssatz von vier Prozent.

Für die Kreditwirtschaft stellt dieses Urteil eine empfindliche Niederlage dar. Viele Konsumentenkreditverträge müssen nun überprüft werden, bei denen das Darlehen aus einem gekoppelten Bausparvertrag oder einer Lebensversicherung getilgt werden soll. Das betrifft den Kauf von Aktien oder Fondsanteilen auf Pump ebenso wie den Erwerb eines Autos, bei dem das Darlehen durch einen parallel abgeschlossenen Sparvertrag zurückgezahlt wird. Bisher gilt die Regelung zwar nur für Konsumentenkredite, Experten schließen allerdings nicht aus, dass dieses BGH-Urteil viel größere Kreise zieht und auch Hypothekendarlehen einschließt.

Dieser Auffassung ist auch Prof. Udo Reifner vom Institut für Finanzdienstleistungen in Hamburg (IFF): »Die eigentliche Brisanz des Urteils liegt darin, dass das Urteil auch die Hypothekenkredite erfasst, die in Form der Lebensversicherungshypothek sowie der Bausparsofortfinanzierung vergeben werden. Dabei handelt es sich um einen Markt von rund 100 Milliarden Euro. Bei diesen Krediten muss zwar nicht der Gesamtbetrag angegeben werden, weil dies aus dem diesbezüglichen Gesetz gestrichen wurde, es muss jedoch ein repräsentativer Effektivzins angegeben werden.«[6]

Es ist dringend zu empfehlen, dass Schuldner mit Kombikrediten ihre Verträge von Verbraucherzentralen oder Rechtsanwälten überprüfen lassen. Fehlt der Hinweis auf die Gesamtbelastung, muss das Darlehen vom Kreditinstitut unter Anwendung des gesetzlichen Zinssatzes von vier Prozent neu berechnet werden. Daraus ergibt sich dann die Höhe der Rückforderung.

Fragwürdige Steuersparmodelle

Zu den höchst fragwürdigen Geschäften der deutschen Banken gehörte in den vergangenen zwölf Jahren der Verkauf von Immobilien als Steuersparmodelle und zur Kapitalanlage. Viele dieser angepriesenen Sahnestücke des Immobilienmarktes, die ihnen Vermögensberater – oft genug bei Hausbesuchen – so eilfertig offerierten, erwiesen sich nach Vertragsabschluss

schnell als echte Ladenhüter: es handelt sich oftmals um überteuerte Schrottimmobilien, mit denen der Eigentümer nie eine
vernünftige Rendite erzielen wird. Hunderttausende von
Anlegern wurden damit gelockt – und viele von ihnen sitzen
heute in einer Schuldenfalle.

Immobilie und Finanzierung aus einer Hand

Zu den Opfern dieser speziellen Abzocke zählte auch Lothar H.
Der Münchner ließ sich 1992 von einem Vermittler zum Kauf
einer Ferienwohnung bei Passau für rund 65.000 Euro überre-
den. Der Vermittler bot gleich eine Vollfinanzierung durch die
damalige Bayerische Vereinsbank, heute HypoVereinsbank, mit
an. Der gewiefte Kreditvermittler hatte auch eine Beispielrech-
nung parat. Danach hätte H. in den ersten drei Jahren Steuer-
rückerstattungen vom Finanzamt bekommen. In den folgenden
Jahren hätte er pro Monat knapp 100 Euro zusteuern müssen.
   Doch daraus wurde nichts. Erst ging der Bauträger pleite. H.
und die anderen Eigentümer mussten Geld nachschießen, um
den Bau fertig zu stellen. Dann kamen weniger Feriengäste als
versprochen. Traurige Bilanz: Die Wohnung kostet H. monatlich 500 Euro, die Einnahmen belaufen sich nur auf 75 Euro. Die
gesamte Finanzierung wird ihn 15 Jahre belasten. Verkaufen
kann er die Wohnung auch nicht, denn er würde gerade mal die
Hälfte des Kaufpreises erlösen, schätzt der geprellte Anleger.[7]

Kolonnen am Drücker

Ein ähnliches Schicksal ereilte eine Kundin der HypoVereinsbank, früher Bayerische Hypothekenbank. Auch ihr wurde von
einem Kreditvermittler eine »lohnende Kapitalanlage« zur
»Altersvorsorge«, die zudem »staatlich gefördert« sei, in Aussicht gestellt. Das Risiko sei gleich »null«, versicherte der Mitarbeiter eines Strukturvertriebs, spezieller Drückerkolonnen im
Finanzgewerbe, immerhin habe eine große deutsche Bank alles
geprüft. Als die Kundin zögerte, machte der Verkäufer Druck.
Die Anlegerin sollte nicht zu lange überlegen, für diese Immobi-

lien gäbe es viele Interessenten. Sie schlug ein und kaufte – ohne vorherige Besichtigung – eine Drei-Zimmer-Wohnung in der brandenburgischen Provinz.

Natürlich konnte der Verkäufer auch gleich die Finanzierung des »Filetstücks« arrangieren und den Vertrag über ein Darlehen von mehr als 300.000 DM unterschriftsreif vorlegen. Die Kundin unterschrieb auch dieses Formular.

Danach ging es bergab. Gleich nach dem Vertragsabschluss stellte sich heraus, dass das Schnäppchen in Wirklichkeit purer Nepp war.

Die Wohnung steckte voller Mängel und war schlecht vermietbar. Für dieses völlig überteuerte Objekt ist die junge Frau jetzt mit über 300.000 DM verschuldet. Statt Vermögen zu bilden, zahlt sie monatlich 2.000 DM an die Bank.

Prächtige Zinsen aus mittleren Einkommen

Insgesamt ist nach Schätzungen von Experten 300.000 Immobilienkäufern ein Schaden in Höhe von mehr als zehn Milliarden Euro entstanden.

Viele der geprellten Kunden sind Bezieher mittlerer Einkommen und stecken tief in den Miesen. Sie sind Opfer einer ausgeklügelten Geldschluckmaschine geworden, mit der Bankmitarbeiter und Vermittler gemeinsam ein Ziel verfolgen: an das Geld gutgläubiger Kunden heranzukommen und sich an überhöhten Krediten zu bereichern.

Bisher hatten die abgezockten Kunden keine Chance ihre missliche Lage zu ändern. Erst am 9. April 2002 hat der Bundesgerichtshof den Würgegriff der Banken gelockert. Die Richter des XI. Senats entschieden nicht nur, dass das Widerrufsrecht, das allgemein für Haustürgeschäfte gilt, auch auf Finanzgeschäfte anzuwenden sei, die bei Vertreterbesuchen abgeschlossen werden. Sie gingen sogar noch einen Schritt weiter und hoben die Befristung des allgemeinen Rücktrittsrechts für Kreditvermittlungen auf.

Danach ist der Widerruf des Kreditvertrags unbefristet möglich, wenn eine so genannte Haustürsituation vorlag und wenn keine korrekte Widerrufsbelehrung erfolgte.

Umstritten ist allerdings noch, ob nur der Darlehensvertrag oder auch der Immobilienkauf widerrufen werden können. Die Hypovereinsbank ist der Ansicht, dass die Widerrufsmöglichkeit nur für den Darlehensvertrag, nicht aber für den Kaufvertrag gelte.

Träfe dies zu, wären die betroffenen Kunden in einer misslichen Lage, sie müssten bei einem Widerruf das Darlehen auf einen Schlag zurückzahlen, blieben aber auf ihrer überteuerten Immobilie sitzen. Der Bankrechtexperte Professor Hans-Peter Schwintowski ist deshalb der Meinung, »dass die Verträge rückwirkend widerrufen werden dürfen, das gilt für den Immobilienverkauf einerseits und andererseits auch für das Darlehensgeschäft, jedenfalls dann wenn beide Verträge in einer Haustürsituation wurzeln.«[8]

Rechtsbeistand aufsuchen

Vielen Anlegern ist oftmals nicht klar, ob sie das Opfer eines Haustürgeschäfts wurden. Der Bundesverband der Verbraucherzentralen empfiehlt deshalb betroffenen Bankkunden, sich juristisch beraten lassen. Es könne auch dann eine Haustürsituation vorliegen, wenn der Vertrag nicht in der Wohnung des betroffenen Verbrauchers zustande gekommen ist, sondern an seinem Arbeitsplatz oder bei einer öffentlichen Veranstaltung.

Nach diesem BGH-Urteil können die geprellten Anleger ein wenig Hoffnung schöpfen, aus ihrer Schuldenfalle glimpflich – ohne allzu große Verluste – herauszukommen.

Im deutschen Geldgewerbe sorgte dieses Urteil für erhebliche Unruhe. Die betroffenen Banken, allen voran die HypoVereinsbank, müssen nun Massenrücktritte und Rückzahlungsforderungen in Milliardenhöhe fürchten.

Die Angst macht allerdings auch erfinderisch. Die HypoVereinsbank versuchte mit Abgeltungserklärungen die geprellten Anleger nochmals über den Tisch zu ziehen. Wird eine solche Erklärung unterschrieben, verzichtet der Investor darauf, seine Ansprüche gegen die Bank geltend zu machen. Diese Erklärungen sind allerdings verboten.

Albtraum Hausbau

Den Traum vom eigenen Heim hegen rund 80 Prozent aller Bundesbürger. Und viele haben sich auf das Abenteuer eines Hausbaus eingelassen. Niedrige Zinsen und scheinbar günstige Finanzierungen lassen die eigenen vier Wände in greifbare Nähe rücken. Doch für mehr als zwei Drittel aller privaten Bauherren wird das Traumhaus schnell zum Albtraum.

Sie kommen schon während der Laufzeit der ersten Hypotheken in massive Finanzprobleme.

Schuld daran sind, so fand die Stiftung Warentest heraus, unseriöse Beratungen durch Banken und Bausparkassen. Im Oktober 1999 ließen sich Mitarbeiter der Stiftung Warentest in 140 Filialen von 20 Kreditinstituten zur Finanzierung eines Eigenheims beraten. Die Gespräche wurden minuziös protokolliert und anschließend von Finanzierungsexperten der Stiftung Warentest ausgewertet.

Das Ergebnis ist für die Kreditinstitute wenig schmeichelhaft: Schlampige Finanzierungspläne, falsche Belastungsberechnungen und mangelndes Fachwissen – jeder dritte Bank- und Bausparkassenberater ist beim Test durchgefallen. Nur in jeder fünften Filiale erhielten die Tester eine gute, in Einzelfällen auch sehr gute Beratung. Jede vierte Beratung war schlicht und einfach mangelhaft.

Zahlreiche Beratungsfehler

Zu den gröbsten Versäumnissen gehörte, dass die günstigen öffentlichen Förderungsdarlehen nicht berücksichtigt wurden – an denen verdienen die Banken ja auch nichts. Häufig wurde auch die Belastung nach Ende der Zinsbindung nicht berechnet oder die Restschuld nicht angegeben. Die ist jedoch das entscheidende Kriterium, um verschiedene Finanzierungsangebote miteinander vergleichen zu können. Auch daran scheinen die Kreditinstitute kein Interesse zu haben. Die Finanzierung wurde darüber hinaus oft nicht richtig berechnet, so dass entweder Finanzierungslücken bestanden oder über den Bedarf hinaus finanziert wurde. So wurden Kredite vergeben, die 20.000 bis 50.000 DM zu niedrig oder zu hoch angesetzt waren, in einem Fall sogar um 70.000 DM über dem erforderlichen Betrag lagen. Nebenkosten wurden nicht berücksichtigt und das Eigenkapital der Käufer nicht optimal eingesetzt.

Neutralen Rat einholen

Das Testergebnis ist niederschmetternd: Die Experten der Stiftung Warentest empfehlen Bauherren daher dringend sich noch vor dem ersten Spatenstich oder dem Notartermin für den Wohnungskauf bei einer neutralen Stelle zu informieren. Verbraucherberatungen bieten individuelle Baufinanzierungsberatungen an – gegen eine Gebühr kann sich der Häuslebauer von neutraler Stelle über seine Möglichkeiten informieren lassen. Das ist allemal günstiger als einer überteuerten Bankfinanzierung aufzusitzen.

Hypothekenkredite, mit denen der Bau eines Hauses oder der Erwerb einer Immobilie finanziert werden soll, bieten den Banken immer wieder neuen Spielraum für schnödes Abkassieren. In den vergangenen zwei Jahren – als die Zinsen auf ein historisch niedriges Niveau gesunken waren – boten Kreditberater ihren Kunden gerne so genannte Forward-Darlehen an. Mit diesen Überbrückungsdarlehen sollte jenen Kreditnehmern, deren Hypotheken erst in den darauf folgenden zwölf Monaten zur Umschuldung oder Verlängerung anstanden, die Möglichkeit gewährt werden, von dem niedrigen Satz langfristig zu profitieren. Natürlich lassen sich die Banken auch diese Fürsorge kräftig bezahlen – mit einem speziell berechneten Zinsaufschlag, obwohl das Geld noch nicht in Anspruch genommen wird.

Die Geldvernichter

Die Banken haben sich am Börsenboom der vergangenen Jahre eine goldene Nase verdient und dabei zahlreiche Unternehmen aufs Parkett geführt, die heute kurz vor dem Konkurs stehen oder schon pleite sind. Die Aktienkurse sind im Keller und zahlreiche Anleger können ihre Investments abschreiben, während die Banken auf fetten Einnahmen an Emissions- und Depotgebühren sitzen.

Frage: »Wie verdient man an der Börse ein kleines Vermögen?« Die Antwort: »Indem man seinem Anlageberater ein großes Vermögen anvertraut!«

Es gibt Menschen, die über diesen Witz überhaupt nicht mehr lachen können. Vielen Aktionären des einstigen Börsenlieblings EM.TV beispielsweise ist das passiert: Wer erst im Frühjahr 2000 Aktien des damaligen Überfliegers gekauft hat, kann sein Kapital mittlerweile zu 99 Prozent abschreiben. Vom Höchststand im März 2000 von 115 Euro rauschte die Aktie des 1996 gegründeten Merchandising-Unternehmens in die Tiefe. Im Mai 2002 kostete sie gerade mal 1,40 Euro.

Die EM.TV-Geschädigten sind keineswegs die einzigen Opfer des brutalen Börsenspiels am Neuen Markt. Sie befinden sich in bester Gesellschaft: Auch den Aktionären von Infomatec, Intershop, Kabel New Media, Metabox, Comroad und vielen, vielen anderen Firmen geht es nicht besser. Selbst die Anteilseigner des »Moorhuhn«-Erfinders Phenomedia haben kürzlich einen finanziellen Blattschuss bekommen. Die Firma, die das wohl populärste Computerspiel der vergangenen Jahre entwickelt hat, ist pleite.

Fassungslos mussten die Anleger zusehen, wie innerhalb weniger Monate ihr Vermögen, ihre Ersparnisse dahinschmolzen. In enger Kooperation mit ihren Banken haben sich die Infomatec-Gründer Gerhard Harlos und Alexander Häfele, der Hamburger Medienunternehmer Peter Kabel, Internet-Pionier

Stephan Schambach, der Metabox-Gründer Stefan Domeyer und viele andere als wahre Meister im Abkassieren von Privatkapital erwiesen. Insgesamt 200 Milliarden Euro wurden seit dem Frühjahr 2000 bis zum selben Zeitpunkt 2001 an der deutschen Wachstumsbörse »verbrannt«, das ergab eine Studie der Unternehmensberatung Accenture.

Das Milliardenfeuer hat viele Brandstifter. Die Banken haben glänzend verdient – an den Provisionen, die sie beim Aktienkaufrausch ihrer Kundschaft einstreichen konnten und besser noch an den Börsendebüts von jungen Unternehmen. Für die Vorbereitungen des Börsengangs und bei der Aktienemission wurden Millionenbeträge kassiert. Für die Kreditinstitute wurde der Neue Markt zum Goldesel.

Fondsverwalter haben ihre Kunden mit hochspekulativen Anlagen in immer riskantere Engagements gelockt. Allein im Jahr 1999 flossen 110 Milliarden DM in Fonds – mehr als im Jahr 1994 in diesem Segment insgesamt angelegt war, schreibt der ehemalige Fondsmanager Bruno Wagner in seinem Buch »Burn Rate«[1]. Analysten lieferten immer gewagtere Empfehlungen und Prognosen, die von den zahlreichen neuen Börsenmagazinen und Finanzmarktpostillen begierig verbreitet wurden. Wer im März 2000 seine Spargroschen nicht in Aktien oder wenigstens in Fonds investiert hatte, galt als hoffnungsloser Versager.

Der große Crash am Neuen Markt

Bei dieser Börsenmania hatten die Kundenberater der Banken leichtes Spiel. Der alte Grundsatz, dass hohe Kursgewinne und Zinsen eine Entschädigung für hohe Risiken sind, geriet angesichts der rasanten Höhenflüge an den Börsen schnell in Vergessenheit. Genauso fix wurden bewährte Kennziffern der Unternehmensbewertung als Ballast der verschlafenen Old Economy über Bord geworfen: In der New Economy, bei den Internet-Start-ups und E-Business-Firmen, waren Gewinne spießig, Umsatzsprünge hipp und Verluste keine Schande, sondern Ausweis von dynamischem Wachstum. Die so genannte Cash-Burn-Rate – die Zeitspanne, in der ein Unternehmen eine

Million Euro Anlegerkapital vernichten kann – wurde zur internen Messlatte der jungen Unternehmer. Die eingespielten Seilschaften zwischen Banken, Fondsgesellschaften und Brokern lieferten schließlich bei Bedarf immer wieder frisches Geld.

Im Geldrausch wurden auch Richtlinien im Bankgewerbe großzügig ausgelegt. So sind die Kundenberater von Sparkassen, Banken und Brokern eigentlich per Gesetz verpflichtet, den Anleger genau über die Risiken von Geldanlagen aufzuklären und auch seine finanzielle Lage, die Vermögensverhältnisse und die längerfristigen Anlageziele zu erkunden. Für jeden Kunden in diesem Segment soll ein möglichst detailliertes Risikoprofil erstellt werden. Dabei werden die Anleger einer von fünf Kategorien zugeordnet, die dann auch die Anlagestrategie für den speziellen Kunden bestimmt. Darum scherten sich die Anlageberater in der Boomphase hingegen nicht, sondern empfahlen bedenkenlos die gewagtesten Aktien zum Kauf.

Die fünf Risikoklassen bei Geldanlagen

In der Risikoklasse 1 geht es vor allem darum, das investierte Vermögen zu sichern. Dem Kunden werden Bundesschatzbriefe, Geldmarktfonds und festverzinsliche Unternehmensanleihen angeboten. In der Risikoklasse 2 kann auch in Rentenfonds, offene Immobilienfonds und Anleihen investiert werden.

Risikoklasse 3 verheißt dem Anleger höhere Gewinne, aber auch größere Gefahren. Es dürfen international gestreute Rentenfonds, spekulative Eurorentenfonds, internationale Standardaktienfonds geordnet werden und der Kunde darf selber bei einem Online-Broker europäische Standardaktien kaufen.

Risikoklasse 4 gewährt fast alle Freiheiten, Geld am Aktienmarkt einschließlich europäischer Nebenwerte und internationaler Standardaktien zu investieren. Nur Rentenfonds und Aktien von Schwellenländern müssen außen vor bleiben.

Risikoklasse 5 schließlich ist die eigentliche Lizenz zum Zocken. Wer diese Kategorie wählt, muss damit rechnen, dass sein Geld in allen Börsensegmenten angelegt werden kann. Spekulative Geschäfte mit Massenprodukten auf Termin sind

ebenso erlaubt wie Optionen und Futures, Anleihen auf Index-
zertifikate. Das gesamte Arsenal der schnellen Geldvermehrung
und Vermögensvernichtung steht diesen Kunden offen.[2]

In der Praxis dürfte sich die Aufklärung über die Risiken allerdings vor allem auf die schlichte Frage konzentriert haben, ob der
Kunde mehr am »Einkommen« interessiert sei oder am »Wachstum« seines Investments. Für die meisten Börsenanfänger war
diese Gretchenfrage des Geldgewerbes schnell beantwortet.
Wachstum klang gut für die unerfahrenen Erstaktionäre, deutlich
besser als Einkommen. Schließlich ist immer von »Wachstum«
die Rede, wenn es um Wirtschaft, Arbeitsplätze, Bruttosozialprodukt und Konjunktur geht. Was für die Unternehmen gut ist,
kann für die eigene Geldanlage nicht schlecht sein.

»Einkommen« – Risikoklasse 1 und 2 – roch für viele vom
Börsenfieber Infizierte hingegen nach Mittelmaß, Steuern, Sozi-
alabgaben und anderen unerfreulichen Dingen. Also lieber in
die Vollen gehen und in Klasse 4 oder gar 5 einsteigen.

Blind ins Risiko

Eine intensive Belehrung über die Risiken, die bei den wachs-
tumsstarken Titeln, die meistens von jungen Unternehmen
stammen, viel größer ist als bei soliden Unternehmenswerten
fand in den meisten Fällen nicht statt. Geblendet von den Kurs-
sprüngen der vergangenen zwölf Monate waren im Frühjahr
2000, als die Boomphase an den Aktienmärkten ihren Höhepunkt erreicht hatte, viele Anleger blind für die Gefahren ihrer
Engagements. Jetzt stehen die Schlauen von einst dumm da –
und sind aufgebracht.

Der Diplombetriebswirt Jürgen K. ist Mitglied eines privaten
Investmentclubs, der ebenfalls vom Crash gebeutelt wurde:
»Man könnte weinen, wenn man die Kurse anschaut. Wir hatten
in unserem Aktienclub überall Verluste, bei Technologiewerten,
aber auch DaimlerChrysler, LVMH oder Biotech. Und man versteht es alles nicht, diese ganzen Sprünge in den Kursen sind
überhaupt nicht mehr nachvollziehbar, und dass die Unternehmen am Neuen Markt nun nur noch Pennys wert sein sollen,
begreift man auch nicht.«[3]

Der Verlagsmanager Frank B. aus Essen, der ebenfalls zu den Opfern des Börsendebakels zählte, ist nach den erheblichen Vermögensschäden klüger geworden und fasst seine Erkenntnis so zusammen: »Mit dem Neuen Markt ist eine ganz gute Sache ins Leben gerufen worden, aber die haben das nicht zu Ende gedacht. Denn es gibt keine richtige Haftung für Falschinformationen. Da werden von Banken und Unternehmen Umsatzprognosen und Gewinnmöglichkeiten genannt, und das auf reine Geschäftsmodelle. Die Geschäfte laufen ja noch gar nicht. Und einen Monat, nachdem so eine Firma an der Börse ist, wird alles wieder zurückgenommen. Wo bleibt da die Seriosität? Es gibt keine Rechtssicherheit für Kleinanleger.«[4]

Erfolglose Fondsmanager feuern Anleger

Eine besonders dreiste Geschichte erlebte der Hamburger Pensionär Jürgen H. mit der Hamburger Niederlassung der Credit Suisse. Der Diplomvolkswirt wollte mit den Renditen aus seinen Aktienanlagen sein Alterseinkommen aufbessern. Davon kann nun jedoch keine Rede mehr sein. H. wurde von seiner Bank nach allen Regeln der Kunst über den Tisch gezogen. Der frühere EU-Beamte ist wütend: »Ich habe von der Börse die Nase voll. Im Dezember 1998 habe ich 735.000 DM angelegt – mit äußerst mangelhaftem Erfolg: Allein im Jahr 2000 habe ich 26 Prozent meines Investments verloren.

Zu den größten Flops gehörten die Aktien eines kanadischen Softwareunternehmens, dessen Namen ich nie vorher gehört hatte, dessen Aktien mir aber von meinem Berater bei der Crédit Suisse wärmstens empfohlen wurden. Ich stieg mit knapp 42.000 DM im Dezember 1999 ein und Ende 2000 mit rund 1.900 DM wieder aus. Drei Wochen nach dem Aktienkauf war der Kurs um 50 Prozent abgesackt, als er später für einen Tag um 50 Prozent nach oben schnellte, verpasste mein Berater den Ausstieg. Natürlich war ich auch Besitzer von Katastrophenpapieren wie Micrologica oder Freenet, die ich Ende 2000 mit Verlusten von 88 oder 98 Prozent abgestoßen habe. Da hatte mein Berater sogar wohlfeilen Rat parat: Zehn Jahre lang könnte ich die Verluste gegen Gewinne aufrechnen lassen und so Steuern sparen. Der Mann hat wirklich Humor! Ich bin fast 70 Jahre alt.«[5] Als H. seine Erfahrungen mit Bank und Börse in der Hamburger Wochenzeitung *Die Woche* veröffentlicht und wegen eines verlustreichen Optionsverkaufs Schadensersatz gefordert hatte, erhielt er Post von der Bank. Der Brief enthielt nicht etwa eine Entschuldigung der Banker für die schlechten Leistungen des Kundenberaters, sondern die Kündigung.

Die Credit Suisse eröffnete ihrem geschröpften Kunden, er möge sich nach einer neuen Bankverbindung umsehen. Begründet wurde der Rausschmiss mit dem »Vertrauensbruch«, den H. begangen habe, als er seine Erlebnisse als Bankkunde in einer Zeitung veröffentlicht habe und wegen seines Begehrens auf Entschädigung.

Aktien auf Pump

In vielen Fällen sind »nur« die Ersparnisse dahin, doch so mancher Aktionär steht jetzt zudem bei der Bank, die ihn so eilfertig in den Abenteuerpark Börse mitgenommen hat, tief in der Kreide. Weil die Gewinne so sicher schienen, haben sich Anleger für ihre Aktienkäufe verschuldet und müssen nun auch noch Kredite abstottern. Viele der Geschröpften trauen sich nicht einmal, über ihre Verluste zu reden. Der Gastwirt aus einem bayerischen Dorf fürchtet den Spott seiner Kundschaft, wenn bekannt wird, dass er eine sechsstellige Summe mit EM.TV-Aktien in den Sand gesetzt hat. Der Gerichtsvollzieher aus einer westdeutschen Kleinstadt hat Angst vor beruflichen Konsequenzen, wenn herauskommt, dass er die Ersparnisse seiner Eltern nicht – wie versprochen – durch Aktienkäufe zur Aufbesserung der schmalen Renten vermehrt, sondern am Neuen Markt schlicht versenkt hat.

Der Börsencrash hat mittlerweile so manchen Aktionär an den Rand seiner Existenz getrieben. Ein solcher Härtefall ist der Fleischermeister Frank P. aus Dortmund. Wegen schwerer Allergien kann der Vierzigjährige seinen Beruf nicht mehr ausüben. Um seinen Lebensunterhalt zu sichern, hat er seit 1996 sein Erspartes am Aktienmarkt investiert und Papiere der Deutschen Telekom, Aktien von VW, DaimlerChrysler und Schering gekauft, nichts Exotisches, sondern konservative Standardwerte. Im Mai 1999 wurde er dann durch einen Börsenbericht des Nachrichtensenders n-tv auf die Firma Infomatec aufmerksam. Die Augsburger IT-Firma hatte gerade einen 55 Millionen DM-Auftrag des Telekommunikationsanbieters Mobilcom bekannt gegeben.

Planeck begann sich für den kleinen Anbieter von Software zur Vernetzung von TV und Computer zu interessieren. Er studierte die einschlägigen Finanzmarktmagazine und holte Informationen bei seiner Sparkasse und der Dresdner Bank ein. Anlageberater und Medienberichte bescheinigten der Firma eine glänzende Zukunft. Im Juli 1999 – nach weiteren Jubelmeldungen von Infomatec – orderte P. schließlich 230 Aktien der Firma – zum Gesamtbetrag von 90.945,70 DM. Weil seine Ersparnisse fest angelegt waren, erwarb er die Aktien auf Pump, und zwar mit einem Kredit der Bank, die ihm auch die Infomatec-Anlage vermittelte.

Eigentlich hätten bei dem Kreditinstitut alle Alarmglocken läuten müssen, denn Aktienspekulation auf Pump gilt als äußerst riskant – noch dazu bei Papieren von jungen Unternehmen, die am Neuen Markt notiert sind. Doch im Sommer 1999 waren auch bei den Kundenberatern schon die Sicherungen durchgebrannt, das Warnsystem funktionierte nicht.

P. geriet mitten hinein in den Schlamassel: Im Juli 2000 begann der Kurs zu fallen, im November stürzte er ab. Sein Kapital war fast weg, der Kredit nicht. Die Schulden musste er weiter bedienen. Erst ein Urteil des Augsburger Landgerichts im September 2001 linderte den größten Verlust. Die Richter der 3. Zivilkammer sprachen ihm im September 2001 Schadensersatz von 100.000 DM zu. Das Urteil war allerdings im Sommer 2002 noch nicht rechtskräftig, weil die Herren Harlos und Häfele gegen die Entscheidung des Augsburger Landgerichts Berufung eingelegt hatten.

Infomatec: die Pleite eines Börsenlieblings

Wie schlampig, ja geradezu fahrlässig Banken, Börsenaufsicht, Wirtschaftsprüfer und Analysten die Börsendebütanten bisweilen geprüft haben, wird mit jeder Pleite am Neuen Markt deutlicher. Ob die Firmen ihr Geld wert waren, wurde in jenen Tagen des Börsenhypes nicht abgeklopft. Kaum einer der Börsenprofis kam offenbar ins Grübeln, als der Film- und Markenrechtehändler EM.TV, eine junge Firma ohne unternehmerische Erfolgsbilanz und mit ein paar Hundert Mitarbeitern, gemessen am Börsenwert damals mehr wert war als die Deutsche Lufthansa, einer der Branchenführer mit einer Luftflotte neuester Jets und 70.000 Mitarbeitern.

Die Analysten der Investmentabteilungen, die eigentlich zu kritischer Überprüfung der börsennotierten Unternehmen verpflichtet sind, beriefen sich für ihre Kaufempfehlung oft nur auf Informationen der Unternehmensleitung. Der Zulassungsausschuss der Deutschen Börse AG prüft die geforderten Unterlagen auf Vollständigkeit, aber nicht auf ihre inhaltliche Richtigkeit.

Anschließend wird kassiert: Die Bank gibt ihre Anteile zu Vorzugskursen an die Alteigentümer zurück und streicht ihre Provision ein, Fondsmanager, die das »Wertpapier« in ihre Portfolios nehmen, verdienen an den Ausgabeaufschlägen und Verwaltungsgebühren, und die Altaktionäre sind plötzlich nicht mehr Inhaber einer fragwürdigen Pleitefirma, sondern an einem viel versprechenden Millionenunternehmen beteiligt. Wenn dann noch die Finanzmarktmedien Gefallen an der Aktie fanden, ließ sich der Strom von Anlegerkapital kaum noch aufhalten.

Wie leicht es Firmengründern gemacht wurde, sich durch Aktienplatzierungen am Neuen Markt zu bereichern, enthüllt der Fall der Augsburger Infomatec AG, bei der Hunderte von Kleinanlegern insgesamt 300 Millionen DM verloren haben.

Wettlauf in die Pleite

Der Fall Infomatec AG geriet zu einem Lehrstück für Kleinaktionäre und Wirtschaftsjuristen: Selten konnte bisher in einer Aktiengesellschaft eine ähnliche Häufung von dubiosen Machenschaften, peinlichen Pannen sowie Schlampereien bei den Firmengründern, ihren Wirtschaftsprüfern und den beteiligten

Banken beobachtet werden. Der Krimi um die Firma, die sich in dem Augsburger Vorort Gersthofen angesiedelt hatte, begann Mitte der 90er Jahre. Bei einem Stammtisch für Unternehmensgründungen erhielten die beiden Unternehmer Alexander Häfele und Gerhard Harlos wohl die entscheidenden Tipps zur Kapitalbeschaffung und zur Mehrung ihres persönlichen Wohlstands. Ein Finanzberater bot sich an, ihnen einen Businessplan für den Börsengang auszuarbeiten. Ein Geschäftsmann mit besten Kontakten zur WestLB war auch zur Stelle.

Danach war alles ganz einfach. Die Bank übernahm die fünf Firmen, die Harlos und Häfele bereits gegründet hatten, zahlte die bisherigen Gesellschafter aus und schoss einen Kredit für den Börsengang vor. Die Wirtschaftsprüfungsgesellschaft Haarmann, Hemmelrath & Partner wurde beauftragt, ein Gutachten zu erstellen. Darin sollten die Experten untersuchen, ob der Wert von fünf kleineren Beratungs- und Internetfirmen, die Harlos und Häfele in die Dachgesellschaft Infomatec (Integrated Information Systems AG) eingebracht hatten, eine Kapitalerhöhung um rund 16,5 Millionen DM durch Ausgabe von 5,4 Millionen neuer Aktien absichert.

Risiken klein gerechnet

Ende 1997 kamen die Kontrolleure zu dem Schluss, dass die fünf Gesellschaften, die die Infomatec-Chefs Harlos und Häfele als Sacheinlage einbringen wollten, durchaus einen Wert von 207,575 Millionen DM darstellen könnten – allerdings nur bei sehr günstigem Geschäftsverlauf.

»Bei Zugrundelegung eines pessimistischen Szenarios, in welchem die Erträge und Aufwendungen des Geschäftsbereichs ›Internet‹ unberücksichtigt blieben, die Entwicklungsaufwendungen auf zehn Prozent des Umsatzes festgelegt wurden, die durchschnittliche Auslastung der Mitarbeiter im Beratungs- und Schulungsbereich von 200 auf 180 Tage reduziert wurde sowie die durchschnittlichen Personalaufwendungen von 106.000 DM pro Jahr auf 120.000 DM pro Jahr erhöht wurden«, ergab sich nach Rechnung der Wirtschaftsprüfer nur noch ein Unternehmenswert von 92 Millionen DM.[6]

Nach Ansicht der Gutachter war das aber genug, um »weiterhin den Umfang der Kapitalerhöhung von 16,5 Millionen DM abzudecken.«[7] Doch potenzielle Infomatec-Anleger hätte eine Herabstufung des Unternehmenswerts um rund 50 Prozent bei geringfügiger Verschlechterung der Geschäftsentwicklung wohl eher abgeschreckt – wenn sie diese Risiken denn gekannt hätten.

Die Bank hielt Informationen zurück

Im Verkaufsprospekt, in dem die WestLB als Emissionspartner potenziellen Anlegern die wirtschaftliche Lage des Unternehmens schilderte und die Bedingungen für den Erwerb von 5,64 Millionen Inhaber- und Stückaktien erklärte, werden die unterschiedlichen Prognosen aber nicht erwähnt. Für die Wirtschaftsprüfer kein ungewöhnlicher Vorfall: »Da wäre ja die Bank verrückt, wenn man Aussagen über den Unternehmenswert reinschreibt«[8], so Hansjörg Zelger, Wirtschaftsprüfer bei Haarmann, Hemmelrath & Partner und einer der Verfasser der Infomatec-Expertise.

Daran hatten die WestLB und die von ihr protegierten Infomatec-Chefs auch kein Interesse. Die Platzierung von 4,7 Millionen Aktien sollte mindestens 240 Millionen DM einspielen. Bei dem ursprünglich anvisierten Aktienkurs von 60 DM wären sogar 282 Millionen DM zusammengekommen. Tatsächlich lag der Emissionspreis bei 53 DM. Die WestLB hat dabei gut verdient: Ihre Provision aus dem Börsengang betrug rund 8,5 Millionen DM.

Zweifel an der Arbeit von Haarmann, Hemmelrath & Partner hatte keiner der Beteiligten. Die Banken nicht, die Analysten nicht und auch nicht die Börsenaufsicht. Man ziehe bei der Bewertung von Unternehmen die »üblichen Planungsverfahren wie Cashflow-Entwicklung und dergleichen« heran, die auch Analysten bei der Bewertung von Unternehmen für ihre Kursprognosen nutzen.[9] Diese Experten wiederum verließen sich auf die Informationen, die die Infomatec-Führung ihnen zur Bewertung präsentierte. So konnte das Blendwerk prächtig funktionieren.

Fahrlässige Gutachter

Erst knapp vier Jahre später wurden die Ergebnisse der Wirtschaftsprüfer zur Lage der Unternehmensgruppe vor dem Börsengang noch einmal untersucht. Zu diesem Zeitpunkt hatte Infomatec längst Konkurs angemeldet, und gutgläubige Anleger hatten ihre Einsätze verloren. Im Auftrag der Augsburger Staatsanwaltschaft, die gegen die Infomatec-Gründer Harlos und Häfele wegen Kapitalanlagebetrugs ermittelte, wurde der Münsteraner Betriebswirtschaftsprofessor Klaus Röder mit dieser Aufgabe betraut. Röder kam zu überraschenden Erkenntnissen: Die Infomatec AG, die im Mai 1998 durch Zusammenführung von fünf kleineren Firmen entstanden war, hätte schon damals als ein hoffnungsloser Kandidat für den Gang an die Börse – im Börsenjargon auch Initial Public Offering (IPO) genannt – angesehen werden müssen: »Mit zwei insolventen beziehungsweise der Insolvenz nahe stehenden Gesellschaften wäre ein Börsengang nicht möglich gewesen.«[10] Die gesamte Firmengruppe habe wegen ihrer Kapitalverflechtungen und zahlreicher Scheingeschäfte vor dem Konkurs gestanden.

Zu diesem für die verantwortlichen Banker und Wirtschaftsprüfer vernichtenden Urteil kommt der Finanzwissenschaftler nach einer Analyse des Gutachtens, das die Wirtschaftsprüfungsgesellschaft Haarmann, Hemmelrath & Partner angefertigt hatte. In diesem Schriftstück, auf das sich auch die Infomatec-Emissionsbank WestLB in ihrem Börsen- und Verkaufsprospekt beruft, hatten die Wirtschaftsprüfer dem Unternehmen wie bereits erwähnt noch einen Gesamtwert von 207 Millionen DM attestiert.

Die Rechnung geht nicht auf

Röder kommt bei seiner Rechnung nur auf einen Firmenwert von 5,324 Millionen DM. Durch Scheingeschäfte, unzulässig niedrige Risikozuschläge und allzu optimistische Prognosen der künftigen Zahlungsströme seien die Unternehmenswerte der fünf Firmen aufgebläht worden. »Die Berechnungen im Gutachtenentwurf weisen einen Rechenfehler auf, der auf der Basis des prognostizierten Cashflows zu einer Überbewertung der Gesellschaften um 192.000 DM führt.«[11]

Dabei hätten die Wirtschaftsprüfer von Haarmann, Hemmelrath & Partner die Angaben der Firmenchefs Harlos und Häfele zur Entwicklung der Zahlungsströme (Cashflow) ab 2001 »ohne Plausibilitätsprüfung« übernommen, obwohl diese Kennziffer »im Kalenderjahr 2001 bei allen Gesellschaften durch einen starken Anstieg gegenüber dem Vorjahr gekennzeichnet« ist, so das Resümee des Betriebswirtschaftlers Röder: »Dadurch bleibt nach Berechnung im Gutachtenentwurf ein wesentlicher Wertbeitrag in Höhe von insgesamt 191,778 Millionen DM ungeprüft.«

Schwere Mängel entdeckte Röder auch in der Bewertung des Risikos, das in den kalkulatorischen Zinsen ausgedrückt wird. Die Gefahr, dass die prognostizierten Geschäfte, Umsätze und Gewinne nicht erzielt werden können, spiegelt sich normalerweise im reduzierten Unternehmenswert wider. Die Wirtschaftsprüfer von Haarmann, Hemmelrath & Partner hätten lediglich mit einem Zins von rund zwölf Prozent diskontiert, üblich wären bei Neugründungen aber 25 Prozent gewesen. Röders Fazit: »Die im Gutachtenentwurf angesetzten Kalkulationszinsen spiegeln das Risiko der prognostizierten Cashflows nicht angemessen wider.«[12]

Um die vernichtende Kritik von Professor Röder an ihrer Arbeit zu entkräften, hatte die Wirtschaftsprüfungsgesellschaft Haarmann, Hemmelrath & Partner ein neues Gutachten in Auftrag gegeben. Prof. Dr. Dr. h.c. Wolfgang Ballwieser vom Seminar für Rechnungswesen und -prüfung im Department für Betriebswirtschaft an der Ludwig-Maximilians-Universität in München kam in seinem 48 Seiten umfassenden »Gutachten zur Bewertung von Unternehmen der Infomatec-Gruppe durch Haarmann, Hemmelrath & Partner am 8. Mai 1998« zu dem folgenden Ergebnis: »Die wesentlichen Vorwürfe von Röder sind nicht berechtigt; seine eigenen Rechnungen sind nicht begründet.«[13]

Wie zwei Experten zu so unterschiedlichen Bewertungen kommen, zeigt sich am Beispiel der von Röder monierten kalkulatorischen Zinsen, die seiner Ansicht nach bei einem Venture-Capital-Projekt mit rund 25 Prozent angesetzt werden müssten, aber von Haarmann, Hemmelrath nur mit zwölf und 12,5 Prozent berechnet wurden. Ballwieser führt nun aus, dass in der Literatur höchst unterschiedliche Sätze für junge Unternehmen in ihren einzelnen Entwicklungsstadien angegeben werden, die zwischen 15 und 50 Prozent liegen können, je nach der Höhe des Risikos. Nach detaillierter Abwägung kommt der Gutachter dann zu dem Schluss, dass ein Satz von 13,5 Prozent durchaus angemessen sei und »von den in drei Fällen im HHP-Gutachten verwendeten Diskontierungssätzen von zwölf Prozent und 12,5 Prozent nicht sehr weit entfernt.« [14]

Ebenso akribisch beschäftigt sich Ballwieser mit der Fragestellung, ob es sich bei der Gründung der Infomatec Information Systems AG überhaupt um ein Venture-Capital-Projekt gehandelt habe, wovon Röder in seinem Gutachten noch ausgeht: »Die Geschäftsbeziehung zwischen der WestLB und Infomatec weist die klassischen Merkmale einer Venture-Capital-Beziehung auf. Ein externer Kapitalgeber beteiligt sich mit Eigenkapital an einer jungen Gesellschaft, mit dem Ziel mit einem Ertrag auszusteigen, der eine Vergütung für das eingegangene Risiko erwarten lässt.« [15]

Ballwieser sieht das anders, seine Argumentation gibt aber auch interessante Hinweise auf die wahren Absichten der Unternehmensgründer Häfele und Harlos: »Die WestLB wurde nach Auskunft von Herrn Zelger aus steuerlichen Gründen als Eigentümer an der neu zu gründenden IIS AG eingeschaltet. Harlos und Häfele sollten ihre Anteile in die IIS AG einbringen, hierbei jedoch keine steuerschädliche Aufdeckung stiller Reserven erleiden. Um die Einbringung handelsrechtlich zu höheren als Buchwerten, steuerlich jedoch nur zu Buchwerten zu realisieren, hat man die IIS AG mehrheitlich von der WestLB gegründet. Von den 20.400 Stückaktien im Nominalwert von fünf DM hielt die WestLB 20.000, Häfele und Harlos hielten je 200 Stück. Der Emissionsvertrag für Aktien der IIS AG sah vor, dass die von der WestLB bei Gründung übernommenen Aktien wieder verkauft werden sollten. Ankauf- und Verkaufskurs wurden nach Auskunft von Herrn Zelger als identisch geplant. Das passt zu der Absicht zum damaligen Zeitpunkt, eine steuerschädliche Aufdeckung stiller Reserven zu vermeiden, nicht aber zu dem Verhalten von Venture-Capital-Gebern.« [16]

Vom Landgericht Augsburg wurde im Sommer 2002 noch ein Obergutachten bestellt.

Das verschwundene Gutachten

Erstaunlich ist allerdings, dass die Luftbuchungen der Infomatec-Gründer beim Börsendebüt dem Zulassungsausschuss der Deutschen Börse AG nicht aufgefallen sind. Verwirrend ist auch, dass das Haarmann-Hemmelrath-Gutachten im Original nicht aufzufinden war. Selbst das emittierende Bankhaus – die WestLB – hat erst im Januar 2001 ein testiertes Exemplar des ursprünglichen Gutachtens erhalten. Der HHP-Prüfer Zelger schrieb dazu: »In der Anlage erhalten Sie unser Gutachten zum Unternehmenswert der Infomatec Gesellschaften zum Bewertungsstichtag 31. Dezember 1997/1. Januar 1998. (…) Ich möchte darauf hinweisen, dass die Durchsicht unserer Korrespondenz ergeben hat, dass das Gutachten uns als Entwurf, d. h. nicht in einer unterschriebenen Form, an Infomatec ausgeliefert wurde.«[17]

Im Prospekt zum Börsendebüt von Infomatec berief sich die WestLB aber auf »ein Gutachten vom 15. Mai 1998 der Haarmann, Hemmelrath & Partner GmbH, Wirtschaftsprüfungsgesellschaft und Steuerberatungsgesellschaft, München«. Tatsächlich gibt es nur ein Gutachten vom 8. Mai 1998. Haarmann, Hemmelrath & Partner behauptete aber, dass es nur dieses Gutachten vom 8. Mai gebe und dass die Datumsangabe im Börsenprospekt »ein Tippfehler« sei.

»Gepflegte« Kurse

Dies waren nicht die einzige Ungereimtheit im Fall Infomatec. Kaum hatten die Unternehmensgründer die Aktien ihrer Klitsche am Neuen Markt platziert, als sie auch massive »Kurspflege« betrieben – so nennen Börsianer Maßnahmen zur Stützung des Aktienwerts. Die Infomatec-Chefs schossen jedoch über das Ziel hinaus. Sie schürten das Interesse der Anleger immer wieder mit falschen oder völlig übertriebenen Meldungen: So hatte Infomatec am 29. Dezember 1998 in einer Ad-hoc-Mitteilung einen Großauftrag über die Lieferung von 30.000 Lizenzen an die neu gegründete Schneider Cybermind Systems AG verkündet. Am 20. Mai 1999 wurde – ebenfalls »ad hoc« – »der größte Deal der Firmengeschichte«, ein »Millionenauftrag von Mobilcom«, angekündigt: Für 55 Millionen DM (28,1 Millionen Euro) habe »Deutschlands zweitgrößter netzunabhängiger Mobilfunkanbieter per Rahmenabkommen Surfstationen und JNT-Lizenzen geordert.«

In einer dritten Ad-hoc-Meldung verkündete Infomatec dann einen weiteren »Großauftrag« über »rund 55 Millionen DM« mit der »Global Wellcom AG, einer Vertriebsorganisation mit über 5.000 Mitarbeitern, die in den Bereichen Telekommunikation und Internet tätig ist.« Am 16. November 1999 wurde ein vierter Deal veröffentlicht. Diesmal sollte die »Worldwide Database Company Ltd. für 50 Millionen DM JNT-Lizenzen« bestellt haben.

Die Meldungen verfehlten nicht ihre Wirkung auf den Börsenkurs: Vom Ausgabepreis von 27,10 Euro am 7. Juli 1998 stieg er auf 126,55 Euro Anfang November 1998 und erreichte mit 263 Euro im Februar 1999 seinen Höchststand. Nach dem Aktiensplit im Verhältnis von 1:5 im August 1998 attestierten Analysten dem Unternehmen »nach ausführlichen Gesprächen« mit der Firmenleitung noch im März 2000 ein Kurspotenzial von 60 Euro, was einem ungesplitteten Kurswert von 300 Euro entsprach.

Die glänzenden Aufträge wurden jedoch nie realisiert. Im August 2000 kursierten vielmehr Gerüchte, dass die Verträge gar nicht existierten oder aber die Auftragssummen deutlich überzogen seien. Erst am 29. August 2000, nachdem längst Presseberichte die Jubelmeldungen entzaubert hatten, entschloss sich schließlich auch das Infomatec-Management zu einer Korrektur der »Megadeals«. Der Mobilcom-Auftrag schrumpfte von 100.000 Surfstationen auf magere 14.000 Geräte, der Vertrag mit Global Wellcom entpuppte sich als vage Vereinbarung, »100.000 Surfstationen gemeinsam zu vermarkten.«[18] Und die Bestellung von Worldwide Database im Wert von 50 Millionen DM zerplatzte gar wie eine Seifenblase. »Aus diesem Projekt sind keine weiteren Umsätze mehr zu erwarten«, ließ das Unternehmen am 29. August 2000 lapidar mitteilen – zusammen mit der Nachricht, dass »für das Jahr 2000 nun mit einem Umsatz von 50,1 Millionen Euro und einem Ergebnis von minus 25,9 Millionen Euro zu rechnen sei.«

Die Folge: Der Börsenkurs sackte weg, die Infomatec-Anleger sahen ihre Investitionen dahinschmelzen. Die Vorstände Harlos und Häfele hatten da bereits vorgesorgt und ansehnliche Batzen ihres Vermögens beiseite geschafft: Im Februar 1999 – also beinahe zum Höchstkurs – hatten sie jeweils 62.500 Aktien verkauft und knapp 29 Millionen DM erlöst. Im Juli 2000 veräußerten sie noch jeweils 39.500 Aktien für eine Million DM pro Nase.

Die Staatsanwaltschaft ermittelt

Weder die Aktionäre noch die Analysten wurden im Sommer 2000 darüber informiert, dass die Augsburger Staatsanwaltschaft schon seit Mai 2000 gegen die beiden Firmengründer ermittelte – wegen Insiderhandels, Kursmanipulation und unrichtiger Darstellung von Firmendaten.

Im November 2000 wurde schließlich Haftbefehl gegen die beiden Unternehmer erlassen, umfangreiche Kapitalanlagen auf Schweizer Bankkonten legten nach Meinung der Ermittler den Verdacht nahe, dass sich die beiden Manager ins Ausland absetzen wollten. Erst im Mai 2002 wurden die Unternehmer auf Beschluss des Münchner Oberlandesgerichts – zum Ärger der Augsburger Ermittlungsbehörden – wieder aus der Untersuchungshaft entlassen, allerdings nur gegen Kaution und mit der Auflage strenger Meldepflicht. Die Firma hatte mittlerweile Konkurs angemeldet.

Die Wirtschaftsprüfer von Haarmann, Hemmelrath & Partner, die das erste Prüfgutachten erstellt hatten, hatten nach der Hauptversammlung von Infomatec im Sommer 1999 das Mandat niedergelegt. Die Begründung, so sagte HHP-Prüfer Hansjörg Zelger, der Infomatec für den Börsengang begutachtet hatte, im Jahr 2001: Die Infomatec-Chefs Harlos und Häfele »waren sich ihrer Verantwortung den Aktionären gegenüber nicht bewusst.«[19] Heute füllt das einst so begehrte Unternehmen unzählige Aktenordner bei Anwälten sowie bei Ermittlungsbehörden. Frustrierte Anleger, die den Prognosen von Firmenchefs und Anlageberatern geglaubt und ihnen ihre gesamten Ersparnisse anvertraut haben, wollen jetzt ihr Geld zurück. So mancher hat bereits gegen die

Manager des abgewirtschafteten Unternehmens Klage auf Schadensersatz erhoben. Zu Recht, wie der Münchner Rechtsanwalt Klaus Rotter meint: »Wie mit dem Kapital der Kleinaktionäre umgegangen wurde, ist die moderne Form der Geldvernichtung.«[20]

Leidgeprüfte Kleinanleger

Rotter weiß, wovon er redet, er vertritt Hunderte geschröpfter Kleinaktionäre, die bei Infomatec und EM.TV zum Teil ansehnliche Vermögen eingebüßt haben. Rund 120 Mandanten haben allein bei dem Augsburger Geräte- und Softwareentwickler Infomatec rund 4,3 Millionen DM (2,2 Millionen Euro) verloren. Im Einzelfall reicht die Bandbreite der entstandenen Vermögensschäden von 900 bis 518.000 DM, berichtet Rotters Sozius Bernd Jochem.

Zu den Geprellten gehört auch der Rundfunk- und Fernsehtechniker Adam E. Die Infomatec-Gründer Harlos und Häfele hat er beim Augsburger Oberlandesgericht auf Schadensersatz für seine Investition von 12.000 DM (6.136 Euro) verklagt. Aufgrund von falschen Informationen über die zukünftige Geschäftsentwicklung bei Infomatec habe er im April und Mai des Jahres 2000 noch 300 Aktien des Unternehmens zum Preis von 26 Euro gekauft. Den Ausschlag für den Aktienkauf hätten die Meldungen gegeben, in denen das Management den Abschluss von lukrativen Kaufverträgen bekannt gegeben und damit eine glänzende Geschäftsentwicklung in Aussicht gestellt habe.

Am 23. April 2002 hat die Augsburger Staatsanwaltschaft Anklage gegen die einstigen Vorzeigeunternehmer Harlos und Häfele erhoben – wegen Kapitalanlagebetrug, Insiderhandel und Kursmanipulation.

EM.TV: wie »Kermit« Haffa die Profis narrte

»Das ganze Analystengequatsche im letzten Jahr war kompletter Schwachsinn, da hat ja nichts gestimmt«, erkannte Peter K., gebeutelter Aktienbesitzer und Geschäftsführer einer Vermögensberatung in München, im Januar des Jahres 2001 – zu spät.

»Es nützt nämlich nichts, wenn einer zehn Jahre Analyst ist und 18 Jahre studiert hat: Der weiß auch nicht, wie es werden wird an der Börse. Wenn so einer Recht behält mit seiner Prognose, ist er der Guru, und wenn er falsch lag, hat er nächste Woche eine andere Meinung. Die Banken gaukeln den Anlegern vor, die Börse sei eine Gelddruckmaschine, die werben aggressiv und bescheißen die Leute. Das Geld, das man in Aktien steckt, kann sofort weg sein, da braucht man Reserven, um die Verluste wieder reinzuholen. Und selbst wenn man wie ich neun Jahre im Geschäft ist, kann man Pech haben: Ich habe in meinem privaten Depot jetzt auch 70 Prozent minus (vor allem durch Internetfirmen). Der amerikanische Broker, mit dem ich zusammenarbeite, hat dieses Mal von mir das Buch ›Club der Diebe‹ für 19,80 DM zu Weihnachten gekriegt, im Jahr davor gab es noch ein goldenes Feuerzeug für 1.000 DM.«[21]

Unfähige Analysten

Ks. Kritik an der Professionalität der Experten trifft ziemlich ins Schwarze. Viele der jüngeren Analysten sind von den Horrorbotschaften, die seit Mitte des Jahres 2000 in schier endloser Serie auf sie hereinprasseln, ebenso überfordert wie sie es in der Hausse waren. Die meisten von ihnen haben in ihrem Beruf bisher nur steigende Kurse und boomende Kapitalmärkte kennen gelernt und in der Endphase des Aktienbooms wie die Anleger den Kopf verloren. Abweichungen von der Ideallinie der mehr als zehnjährigen Hausse und die Orientierung an realen Daten der Unternehmen wurden entweder zu spät erkannt oder schlichtweg vernachlässigt, wie die Pleiten der Unternehmen am Neuen Markt zeigen.

Jetzt sind viele genauso frustriert wie viele ihrer Kunden, von denen die meisten erst nach dem Kursverlust ihrer Wertpapiere begonnen haben, sich überhaupt für fundamentale Zusammenhänge von Unternehmensführung und Börse zu interessieren. Die Empfehlungen und Warnungen der Analysten können sie jetzt so wenig einordnen wie in der Boomphase. Wie ahnungslos in der Jahrhunderthausse Analysten zu Werke gingen, zeigt auch der Fall EM.TV.

Geblendete Banker

Zu den Investoren, die der flamboyante Chef des Münchner Filmrechte- und Merchandisingunternehmens EM.TV, Thomas Haffa, abgezockt hat, gehören auch Profis. Die Investmentbank Morgan Grenfell, eine Tochterfirma der Deutschen Bank, ist wie viele tausend Kleinanleger auf die überzogenen Gewinnprognosen des Münchner Unternehmers und seines Bruders Florian, der als Finanzchef des einstigen Börsendarlings fungierte, hereingefallen. Die Bank hat Millionenverluste durch die Machenschaften der Haffa Brüder erlitten.

Ins Geschäft mit den Haffas kam Morgan Grenfell im März 2000, als der Kauf von 50 Prozent des Formel-1-Renngeschäfts abgewickelt wurde. Zusammen mit der US-Investmentbank Hellmann & Friedman hatte Morgan Grenfell dieses Aktienpaket im Wert von 1,7 Milliarden Dollar von Formel-1-Promoter Bernie Ecclestone übernommen und an EM.TV weiterverkauft. Bezahlt hatte Haffa die Banken aber nicht nur in bar, sondern vor allem mit Aktien seines Unternehmens. Während die Amerikaner ihre EM.TV-Papiere schleunigst weiterverkauften, nahm Morgan Grenfell die damals so hoch bewerteten Aktien auf eigene Rechnung ins Depot. Nach dem Kursverfall um 90 Prozent steht EM.TV nun als satter Verlust von fast einer Milliarde DM in den Büchern der düpierten Banker.

Blamage für die Profis

Für die Profis stellte der Vorgang ein mehr als peinliches Debakel dar, mit dem sich die honorigen Londoner Banker, die in der größten deutschen Bank als die Koryphäen im Investment Banking gelten, gründlich blamiert haben.

Die skandalösen Vorgänge im Hause EM.TV mochten vielleicht für unerfahrene Kleinanleger schwer zu durchschauen gewesen sein, professionelle Berater dagegen hätten die Fehlentscheidungen, die überteuerten Einkäufe und inflationären Umsatz- und Gewinnprognosen der Gebrüder Haffa eigentlich durchschauen müssen.

Schon die Übernahme der Henson Company, die EM.TV die Rechte an Sesamstraße und Muppetshow einbrachte, hätte die Aufmerksamkeit der Experten erregen müssen. Allein 1,2 Milliarden DM (614 Millionen Euro) zahlte Thomas Haffa Mitte Februar 2000 für den »Sesamstraße«-Produzenten – ungefähr doppelt so viel, wie andere Interessenten für Kermit, Ernie und Miss Piggy ausgeben wollten.

Wenige Tage bevor dieser Deal bekannt wurde, hatte sich Haffa zudem erst rund 780 Millionen DM (399 Millionen Euro) durch die Platzierung einer Anleihe beschafft. Dass der EM.TV-Chef zu diesem Zeitpunkt bereits über die Übernahme des Henson-Imperiums verhandelte, wurde in dem Prospekt, der für die Anleihe werben sollte, mit keinem Wort erwähnt. Für Analysten wäre es aber wohl ein Leichtes gewesen, die beiden Vorfälle zu entdecken und zu monieren.

Unseriöses Finanzgebahren

Auch die Art und Weise, wie Haffas kleiner Bruder Florian, der bei EM.TV als Finanzchef agierte, auf Konferenzen der Firmenleitung auftrat, bei denen Analysten die Chancen und Risiken des Unternehmen bewerten und Empfehlungen für die Vermögensberater und Aktionäre geben sollten, stärkte nicht gerade das Vertrauen in die Firma. So konnte Finanzmann Florian Haffa Anfang 2000 nicht einmal verhältnismäßig schlichte Fragen nach Abschreibungsmodalitäten und Cashflow-Entwicklung bei EM.TV beantworten. »Es war klar, dass er nicht wusste, worum es eigentlich ging«[22], sagte ein Analyst der französischen Bank Crédit Lyonnais der renommierten US-Wirtschaftszeitung *The Wall Street Journal* nach dem Meeting.

Im Mai 2000, als der EM.TV-Kurs nach dem Kauf von Ecclestones Formel-1-Paket und der Übernahme der Henson Company erstmals zu bröckeln begann, luden die Haffas die Analysten sogar zu einer Sause nach Kitzbühel ein. In der grandiosen Show mit Frosch Kermit und per Video gezeigter Grußadresse von Ecclestone gingen die dürftigen Zahlen, die Florian Haffa den Aktienexperten zur Zukunft von EM.TV präsentierte, offenbar glatt unter. Die Zahlencracks gaben sich mit bloßen

Prognosen zu Umsatz und Gewinnentwicklung zufrieden, berichtete *The Wall Street Journal*. Kritische Fragen nach der Liquidität der Firma sollen nicht gestellt worden sein: »Zahlreiche Investmentbanken empfahlen weiterhin den Kauf der EM.TV-Aktien.«[23]

Erst als Haffa Ende August 2000 die Halbjahreszahlen vorlegen musste, begannen auch die Analysten aufzuwachen: Die Umsätze von EM.TV hatten gerade mal ein Drittel der Plandaten erreicht, der Gewinn sogar nur 25 Prozent. Im Spätsommer 2000 hat der damalige Controller der Firma den Finanzchef Florian Haffa auf die katastrophale Lage hingewiesen und gewarnt, die alten Prognosen weiter unkorrigiert zu verbreiten. Dennoch soll Florian Haffa noch im Herbst bei einer Präsentationstour durch die USA weiter die längst überholten Planzahlen als aktuelle Prognose vorgetragen haben. Selbst im Oktober 2000, als eine weitere Korrektur des Halbjahresergebnisses vorgenommen werden musste, blieb Finanzchef Haffa bei seinem optimistischen Jahresausblick.

Am 1. Dezember ließen die beiden Superunternehmer die Katze endlich aus dem Sack: Der Jahresgewinn für 2000 werde nicht 302 Millionen Euro betragen, sondern nur 26 Millionen Euro. Erst jetzt reagierten die Aktiengurus mit Verkaufsempfehlungen auf breiter Front. Die Folge: Der EM.TV-Kurs sackte ab. Im April 2001 war aus der einst so glänzenden Prognose ein Riesenunternehmensverlust von 1,38 Milliarden Euro geworden.

Firmengründer rechtzeitig abgesprungen

Während die Anleger ihre Investments weitgehend abschreiben konnten, standen die Haffas glänzend da. Firmengründer Thomas hatte seine Millionen durch verschiedene Aktienverkäufe im Sack. So hatte der Unternehmer am 16. und 17. Februar 2000 still und heimlich jeweils 100.000 EM.TV-Aktien aus seinem eigenen Besitz verkauft, obwohl er dies zu diesem Zeitpunkt, während der »Lock-up-Periode«, nur mit Zustimmung der Emissionsbanken WestLB und Credit Suisse Group (CSG), die EM.TV im Oktober 1997 mit großem Gewinn an die Börse gebracht hatten, hätte tun dürfen. Die Institute wurden aber gar nicht erst gefragt, sondern nur nach dem Deal informiert. Dennoch sah keines der beiden Institute die Notwendigkeit, den nicht genehmigten Aktiendeal öffentlich zu kritisieren. Insgesamt haben die Haffa-Brüder über 70 Millionen DM (35,8 Millionen Euro) in die eigene Tasche gescheffelt.

Auch ein anderes Risiko wussten die Unternehmer lange vor Analysten und Anlegern zu verbergen. Mit dem Einstieg in die Formel-1-Gesellschaft von Bernie Ecclestone waren die Haffas eine weitere Verpflichtung eingegangen. Neben dem astronomisch hohen Kaufpreis von 1,7 Milliarden Euro für 50 Prozent der SLEC übernahmen sie noch einige »Zeitbomben«[24] – wie *The Wall Street Journal* berichtete. Dazu gehörte eine Call-Option, die EM.TV verpflichtete, bis 28. Februar 2001 für rund eine Milliarde Dollar einen weiteren 25-Prozent-Anteil an der Formel-1-Vermarktungsgesellschaft zu übernehmen. Zudem gab es eine Put-Option, mit der Ecclestone die Münchner zu einem späteren Zeitpunkt hätte zwingen können, diesen Anteil zu kaufen – und zwar zu einem Preis, der noch um 100 Millionen Dollar höher war als der für die Call-Option fixierte.

Zeit für die Ermittler

Bereits im Dezember des Jahres 2000 nahm die Staatsanwaltschaft beim Landgericht München I unter der Leitung von Staatsanwalt Stephen Kroner die Ermittlungen auf. Drei Tage vor Weihnachten 2000 statteten Staatsanwalt und zwei Polizisten der Medienfirma einen Besuch ab, vernahmen Zeugen und beschlagnahmten Unterlagen.

Im Herbst 2001 wurde vor der IV. Strafkammer des Landgerichts München I Anklage erhoben. Die Vorsitzende Richterin Huberta Knöringer wird Mühe haben, das Milliarden-Monopoly von »Kermit« Haffa, wie sich Firmengründer Thomas gern von Freunden nennen lässt, auseinander zu fieseln. Und das noch unter den Augen der geprellten Anleger.

Immerhin hat der einstige Vorzeigeunternehmer mittlerweile reichlich Zeit, sich auf seine neue Rolle als Angeklagter vorzubereiten. Seine frühere Firma wurde zerschlagen, er selbst musste im Sommer 2001 seinen Posten als Vorstandschef räumen.

Deutsche Telekom: wie Investmentbanker zum Absturz der T-Aktie beitrugen

»Ich wär so gerne Aktionär«, sang 1996 Manfred Krug in der millionenschweren Werbekampagne, die die Deutsche Telekom für ihr Börsendebut geschaltet hatte. Die Deutschen, ein Volk von Sparbuchinhabern, sollten sich an der Privatisierung des Staatskonzerns beteiligen und zum Volk von Aktionären werden – mit Hilfe der Volksaktie Telekom. Begleitet wurde der spektakuläre globale Börsengang – die Aktien des größten deutschen Telekommunikationsunternehmens wurden gleichzeitig an den Börsen in New York und Tokio eingeführt – von den ersten Adressen des internationalen Kapitalmarktes. Die deutschen Großbanken waren dabei und auch die internationalen amerikanischen Investmenthäuser.

Der Run auf die Volksaktie

Zum ersten Mal in der deutschen Börsengeschichte wurde eine Aktienplatzierung nach dem so genannten Bookbuilding-Verfahren durchgeführt. Dabei müssen große internationale Investmentgesellschaften wie die Pensionsfonds, die über Milliarden von Anlegerkapital verfügen, Gebote abgeben, zu welchem Preis sie T-Aktien in ihre Portfolios nehmen würden. Die Präsentationstour – im Börsenjargon »Roadshow« genannt – wurde von einem wahren Medienrummel begleitet, in Deutschland wurde das TV-Publikum allabendlich mit dem Werbespot berieselt – der Erfolg ließ nicht auf sich warten. Als der Ausgabekurs von 14 Euro bekannt gegeben wurde, war die Volksaktie vielfach überzeichnet, der größte Teil ging an die institutionellen Anleger wie Banken und Versicherungen. Dennoch kamen auch viele private Käufer zum Zuge und erhielten ihr magentafarbenes Wertpapier.

Heute wünscht sich so mancher Volksaktionär, er wäre bei der Aktienzuteilung nicht zum Zuge gekommen. Nach den anfänglichen Höhenflügen der T-Aktie und einer weiteren Aktienplatzierung im Boomjahr 2000 begann knapp zwölf

Monate später der freie Fall: Bei der Hauptversammlung im Mai 2002 stand sie nur noch bei 11,46 Euro, weit unter dem Emissionskurs der ersten Tranche. Und im Juli 2002 wurde sogar die Zehn-Euro-Grenze unterschritten. Der Streit um die Bewertung von Immobilien, die hohen Schulden durch die Ersteigerung der UMTS-Lizenzen, die künftige Handy-Generationen internetfähig machen sollen sowie teure Unternehmensübernahmen haben kräftig am Wert des einstigen Börsenüberfliegers gezehrt.

Auf Schleuderkurs: der verpatzte Blocktrade der Deutschen Bank

Aber auch die Banken, die die T-Aktien an die Börse gebracht und am Handel mit den Papieren kräftig verdient haben, leisteten sich Pannen, die dem Kurs der Aktie erheblich schadeten. Die größte Blamage dieser Art unterlief im Spätsommer 2001 der Deutschen Bank.

Am 6. August war die Welt der T-Aktionäre noch halbwegs in Ordnung. Nach den heftigen Kursverlusten der vergangenen zwölf Monate schien das Papier wieder den Boden für einen neuen Aufstieg gefunden zu haben.

Selbst die Analysten der Deutschen Bank gaben eine nachdrückliche Kaufempfehlung ab. Mit Erfolg: Der Kurs legte an diesem Tag um 1,93 Prozent auf 24,26 Euro zu.

Einen Tag später, am Dienstag den 7. August, war wieder Heulen und Zähneklappern angesagt. Die T-Aktie war um 3,47 Prozent auf 23,37 Euro abgesackt und führte die Liste der Verlierer im Deutschen Aktienindex DAX an. »Die Papiere werden von institutioneller Seite aggressiv um jeden Preis verkauft«[25], versuchte ein Händler einer Frankfurter Großbank den abrupten Kursverlust zu erklären. Und die Talfahrt ging weiter: Am darauf folgenden Freitag hatte die Volksaktie fast 20 Prozent ihres Werts vom Montag verloren. Als Schlusskurs der schwarzen Börsenwoche für die Papiere des magentafarbenen Riesen wurden noch 19,37 Euro notiert, nachdem die T-Aktie zeitweise sogar auf 18,75 Euro abgestürzt war, den tiefsten Stand seit drei Jahren.

Die Aktionäre waren verärgert: »Ron Sommer raubt mir meine Rente«, schimpfte ein frustrierter Kleinaktionär auf den Telekom-Chef. Da war er dieses Mal aber an der falschen Adresse.

Nach den Kursabstürzen der vergangenen zwölf Monate erhielten die Kleinanleger eine weitere bittere Lektion – jedoch nicht von der Konzernleitung der gebeutelten Telekom, sondern von der Deutschen Bank. Sie zeigte den Volksaktionären wieder einmal deutlich, wie sie im weltweiten Milliardenmonopoly von den großen Spielern abgezockt werden. Der Hintergrund: Nur einen Tag nach der von ihrem Haus herausgegebenen Kaufempfehlung hatten die Investmentbanker versucht, im Auftrag des Telekommunikationskonzerns Hutchinson Whampoa 44 Millionen T-Aktien im Markt unterzubringen – zu einem vereinbarten Kurs von 23,60 Euro.

So genannte Blocktrades, Verkäufe großer Aktienpakete, sind keine Seltenheit an den internationalen Kapitalmärkten. Im Jahr 2000 wurden solche Wertpapierdeals im Wert von knapp 40 Milliarden Dollar abgewickelt. Von Januar bis Anfang August 2001 wurden sogar Pakete für knapp 32 Milliarden Dollar verschoben, hat die britische Beratung Thomson Financial Securities Data, die derartige Wertpapierverkäufe erfasst, ermittelt. Allein vom britischen Telekommunikationskonzern Vodafone wechselten 2001 Aktien im Wert von 6,4 Milliarden Dollar in mehreren Tranchen die Besitzer. Im März wurden 420 Millionen Papiere des Konzerns, der im Jahr 2000 Mannesmann übernommen hatte, veräußert, im Mai noch einmal 182,5 Millionen und im Juni weitere rund 6,65 Millionen.

Gemessen an diesen Volumina nehmen sich die Telekom-Transaktionen mit einem Wert von knapp zwei Milliarden DM fast bescheiden aus. Dass dieser Deal dennoch ein Kursdebakel der Sonderklasse verursachte, liegt an den groben Pannen, die den Investment Bankern der Deutschen Bank bei dem hochsensiblen Geschäft offenbar unterliefen.

Blocktrades müssen »schnell, vertraulich und marktschonend«[26] abgewickelt werden, erklärt Ulrich Ramm, Chefökonom der Commerzbank, die erst Mitte Mai 2001 zusammen mit der US-Investmentbank Merrill Lynch im Auftrag des Energiekonzerns RWE sechs Millionen Aktien von Heidelberger Druckmaschinen im Wert von rund 360 Millionen Euro platziert hat.

In den meisten Fällen gelingt es erfahrenen Aktienhändlern und Investment Bankern selbst Millionen von Wertpapieren innerhalb weniger Stunden per Telefon, Fax oder E-Mail an institutionelle Anbieter zu veräußern. Die Papiere werden zu festen Preisen angeboten oder aber zu Kursen, die in einem beschleunigten Bookbuilding-Verfahren ermittelt werden. Dabei können die Investoren erklären, zu welchem Preis sie eine bestimmte Menge Aktien übernehmen wollen. Danach werden die Aufträge abgewickelt, und die Banker können sich über eine stattliche Provision freuen.

Die Deutsche Bank, die gerne mit dem Slogan »Vertrauen ist der Anfang von allem« wirbt, hat an dem T-Aktien-Paket rund 150 Millionen DM verdient. Viel Geld für ein schnelles Geschäft.

Von einem Blocktrade kann in vielen Fällen aber auch der Käufer profitieren. Nicht selten führen solche Transaktionen dazu, dass der Kurs des heimlich in großen Stückzahlen gehandelten Papiers in den darauf folgenden Tagen auch im öffentlichen Handel steigt. So kletterte der Kurs der Sonera-Aktie zwei Tage nach einer derartigen Pakettransaktion von 15,6 Millionen Stück, die einen Erlös von 754 Millionen Euro brachte, von 51,10 Euro am 18. April 2000 auf 56,51 Euro am 20. April und lag damit sogar über dem Wert vom Vortag des Deals. Der französische Pharma- und Kosmetikkonzern Sanofi-Synthelabo konnte ebenfalls kurz nach der Platzierung von 15,69 Millionen Papieren einen Kursgewinn von 3,25 Euro pro Aktie verbuchen. Selbst bei dem größten Deal der jüngsten Wirtschaftsgeschichte, dem Verkauf von 564 Millionen Aktien der Firma Vodafone Air Touch PLC, der am 22. März 2000 mehr als drei Milliarden Dollar einbrachte, stieg der Kurs der Vodafone-Aktie am 23. März zunächst um 2,50 Pfund.

Abstürze wie im Fall Telekom sind gerade beim Verkauf von Blue-Chip-Aktienpaketen außerordentlich selten. Und dennoch gelang der Deutschen Bank genau dies mit ihrem Alleingang. Die Käufer des Pakets hatten sich zwar auf einen Kurs von 23,60 Euro geeinigt. Weil die Researchabteilung der Deutschen Bank am Vortag jedoch noch eine Studie veröffentlicht hatte, in der die Telekom-Aktien zum Kauf empfohlen wurden, fand der Paketverkauf plötzlich nicht mehr im Hinterzimmer, sondern auf offener Bühne statt. Fondsmanager und Privatanleger fühlten sich genarrt, weil die Deutsche Bank wider ihre eigene Kaufempfehlung Aktien verkaufte, und versuchten ebenfalls ihre Telekom-Aktien loszuwerden. Der T-Kurs brach ein.

150 Millionen DM verdient, 40 Milliarden DM vernichtet

»Die Banken müssen bestraft werden, wenn sie Interessenkonflikte in der Complianceabteilung nicht lösen können«, kritisierte Wolfgang Gerke, Professor für Bank- und Börsenwesen der Universität Erlangen, den Vorfall. Die Complianceabteilung ist die interne Aufsichtsabteilung einer Bank, die beispielsweise Interessenkonflikte zwischen dem Investment Banking und der Vermögensanlage verhindern und Insidergeschäften oder Geldwäschedelikten nachspüren soll. Im Fall des T-Aktien-Pakets hätte sie entweder den Bericht der Analysten vor der Veröffentlichung stoppen oder aber auf den Verkauf des Pakets samt der Provision verzichten müssen. »Wir müssen verhindern, dass solche Konflikte in dieser Form auf uns Anleger zukommen«[27], sagte Gerke.

Ulrich Lissek, der Pressesprecher der Deutschen Telekom, die von dem Deal der Deutschen Bank völlig überrascht wurde, brachte das Kursdebakel der T-Aktie auf eine griffige Formel: »Aktien für zwei Milliarden DM verkauft, 100 bis 150 Millionen DM verdient und 40 Milliarden DM vernichtet.«[28]

Die großen Investmentgesellschaften fürchteten schlimme Folgen für den Konzern und seine Aktie: »Vielleicht war das sogar der Dammbruch für die Flucht aus der Aktie«[29], orakelte damals einer der Chefmanager der Investmentfondsgesellschaft DWS. Der Mann hatte Recht. Im Mai 2002 notierte die T-Aktie sogar unter ihrem ersten Emissionskurs.

In einem internen »vertraulichen« Bericht vom 15. August 2001 gibt die Complianceabteilung der Deutschen Bank, die dafür zuständig ist, dass keine Interessenkonflikte auftreten, die Schuld an dem Kursabsturz den amerikanischen Investmentbanken Goldman Sachs und Merrill Lynch. Beide Häuser hätten am 8. August 2001 das Kursziel für die T-Aktie deutlich nach unten korrigiert: Goldman Sachs habe »Marktgerüchten« zufolge das Kursziel bei 17 Euro gesehen und Merrill Lynch sei in einer »ausführlichen Analystenstudie« zu einem Kursziel von 18 Euro zum Jahresende 2001 gekommen und habe den Verkauf dieser Aktien empfohlen. »An diesem und den folgenden Tagen gaben im übrigen auch die Kurse praktisch aller anderen europäischen Telekommunikationswerte erheblich nach«[30], schreibt die Complianceabteilung in ihrem Bericht.

Der interessierte Leser dürfte sich jetzt fragen, wie der Deutsche-Bank-Analyst Stuart Bird zu einem so deutlich positiveren Kursziel kam, das er in seiner Studie mit 31 Euro angegeben hatte. Auch in dieser Hinsicht vermittelt der Bericht interessante Einblicke in die Arbeitsweise der Analyse- und Researchabteilung der Deutschen Bank: »Der die DT (Deutsche Telekom, Anm. d. Autorin) beobachtende Analyst verfasste seine Studien ausschließlich unter Verwendung öffentlich zugänglicher Informationen und war deshalb kein Insider. Von der Geschäftsabteilung wurde er zuweilen gebeten, bei diesen Kundengesprächen seine Einschätzung zur DT-Aktie zu erläutern. Bevor diese Gespräche sich dann möglichen Geschäften zuwandten, wurde der Analyst ausgeschlossen. An den Gesprächen mit Hutchison Whampoa hat er nie teilgenommen. Von der bevorstehenden Transaktion wurde er erst im Rahmen der Unterrichtung am 07.08.2001, um 7.15 Uhr ins Bild gesetzt.«[31]

So beschreibt der Brief der Complianceabteilung die Aufgabe des Analysten und seine Beteiligung an dem Fall. Interessant ist aber auch, dass der Aktiendeal nicht nur von Deutsche-Bank-Mitarbeitern der Abteilung Equity Capital Markets »aus unseren Filialen in London und Hongkong«, die »am 03.08.2001 zu einem Kundengespräch bei Hutchinson Whampoa zu Gast« waren, besprochen wurde, sondern dass dieses Treffen »an eine Begegnung hochrangiger Vertreter beider Häuser im Juni d.J. in Frankfurt anknüpfte. In dem Gespräch wurde eine Reihe unterschiedlicher Themen diskutiert, wie die Finanzierung des Hafengeschäfts von Hutchinson Whampoa durch eine Aktienemission und die Möglichkeiten, die Rendite der im Besitz von Hutchinson Whampoa befindlichen Pakete an Vodafone- und DT-Aktien zu erhöhen, z. B. als Absicherung von Umtauschanleihen. Zu diesen Themen wurden Präsentationen unter Verwendung unverbindlicher Preisindikationen gegeben. Im Zusammenhang mit dem DT-Paket wurde noch das von dem Analysten in der Kurzstudie vom

24.07.2001 formulierte Preisziel 32 Euro und nicht die im späteren Verlauf dieses Tages veröffentlichten 31 Euro erwähnt.«[32] So weit der Rechtfertigungsbrief der Complianceabteilung.

Wie gut, dass der Analyst, der von nichts wusste – erst recht nicht von dem Treffen hochrangiger Vertreter beider Firmen in Frankfurt –, bei seiner im Juli 2001 begonnenen umfassenden T-Aktien-Studie – völlig unabhängig natürlich – zu einem überaus positiven Ergebnis kam. Dass der Bank-Analyst nur ein ganz leicht abweichendes Kursziel von 31 Euro zum Ende des Jahres 2001 prognostizierte statt 32 Euro und die Aktie zum Kauf empfahl, dürfte dem Zustandekommen des Deals sicher geholfen haben. Ob es sich nun um einen Fall von ziemlich unprofessioneller Naivität handelt oder aber besonders raffinierter Kursmanipulation, bleibt dem Urteil des Lesers überlassen.

Nicht nur für die Anleger, auch für den deutschen Branchenprimus war der Schaden erheblich. Nur zu gern möchte die Deutsche Bank in der Champions League der internationalen Großfinanz, wo die großen Deals eingefädelt und die dicken Provisionen verdient werden, ganz vorne mitmischen. Die meisten dieser lukrativen Geschäfte werden von den großen US-Investmenthäusern wie Goldman Sachs, Merrill Lynch, Morgan Stanley oder Lehman Brothers abgewickelt. Die deutschen Konkurrenten werden höchstens als Juniorpartner von den Amerikanern mit in die Konsortien aufgenommen. So hat der internationale Marktführer Goldman Sachs bei der Platzierung des riesigen Vodafone-Pakets auch mit der Deutschen Bank kooperiert.

Allein kam die Deutsche Bank nur dann zum Zuge, wenn Aktienpakete der Deutschland AG, der deutschen Großkonzerne, verschoben wurden. 1999 platzierte sie 3,7 Millionen Allianz-Aktien für mehr als eine Milliarde Dollar. Nach dem Debakel des T-Aktien-Pakets dürfte es mit solchen Soloauftritten erst mal vorbei sein.

Der Fall des Gurus: Fondsmanager Kurt Ochner

Im Sommer 2000 hatte Michael Müller (Name von der Autorin geändert) noch rund 205.000 Euro in seinem Investmentfondsdepot bei der Züricher Privatbank Julius Bär. Ein Jahr später waren es nicht einmal mehr 115.000 Euro. Dabei hat Müller nicht etwa wie manch ein geldgieriger Zocker der New Economy, geblendet von den rasanten Kursgewinnen, alles auf eine Karte gesetzt und Aktien von EM.TV gekauft oder von Infomatec und Gigabell.

Müller war eher fürs Solide: Investmentfonds statt Aktien, um das Risiko zu streuen, und auch die nur in Branchen, in denen er sich auskennt. Als Unternehmensberater hat er oft mit Firmen der New Economy zu tun. Da lag es nahe, dass der Mittvierziger auch einen Teil seines Vermögens in diese Wachstumsmärkte investieren wollte. Müller stieg über die Consors-Direkt-Broker 1999 in die Fonds ein, die ihm nach Lektüre von Anlegermagazinen und Börsenberichten als die erfolgreichsten erschienen.

Im Juli 1999 kaufte er für 35.000 Euro Anteile des JB Special German zu einem Ausgabekurs von 107 Euro und am 1. Oktober desselben Jahres für 78.000 Euro Anteile des JB Special Europe Fund – Ausgabekurs 253 Euro. Der Special German Stock wurde von Kurt Ochner gemanagt, dem damals gefeierten Star des Neuen Marktes, der Special Europe Fonds von seinem Nachfolger Carlo Seregni.

Der Fondsguru steigt aus

Michael Müller war zunächst zufrieden: »Das ging ganz gut los.«[33] Im Juli 2000 notierten die Fondsanteile des Special German bei 397 Euro – doch dann ging's bergab: Anfang April 2001 waren es gerade noch 105,50 Euro, der Wert seiner Fondsanteile war um 72,41 Prozent abgesackt auf 14.800 Euro.

Der Special Europe war ebenfalls abgerutscht: Von seinem Höchststand 423,70 Euro im Juli 2000 auf 144 Euro im April 2001 – ein Minus von knapp 63 Prozent. Weil seine Fonds auch im Vergleich zu Konkurrenzprodukten im gleichen Segment schlechter dastanden, fühlte Müller sich von seinen Fondsmanagern – allen voran von Kurt Ochner – über den Tisch gezogen.

Als Müller Aufklärung von seinem Fondsmanager bei der renommierten Schweizer Bank verlange, musste er zu seiner Überraschung feststellen, dass Kurt Ochner nicht mehr da war. Offiziell hat sich die Julius Bär Kapitalanlagegesellschaft von ihrem Topmanager getrennt, weil dieser seine Beratungstätigkeit nicht aufgeben wollte. Unter seinen zusätzlichen Verpflichtungen als strategischer Berater von Unternehmen, die am Neuen Markt debütieren wollen, könnten seine eigentlichen Aufgaben als Fondsmanager leiden, erklärte die Bank den Rausschmiss.

Das Schneeballsystem bricht zusammen

Insider sehen den wahren Grund für die Trennung eher in Ochners Anlagestrategie, einer Art Schneeballsystem, mit dem er die Kurse der Fondsaktien manipulieren konnte. Das Vermögen des Special German betrug im Jahr 2000 noch rund 2,6 Milliarden Euro. Dieser große Batzen wurde vorwiegend in einige kleinere Unternehmen im Technologiesektor angelegt. Zwar sei Ochner, wenn er sich mit Aktien seiner Lieblingsfirmen eindeckte, unter dem für Fonds gesetzlich zulässigen Limit von zehn Prozent geblieben, aber er kaufte oft Papiere eines Unternehmens für drei verschiedene Fonds, die er managte. Das ist zwar in der Branche üblich, bei marktengen Werten jeoch eine hochriskante Strategie.

Jeder Kauf katapultiert den Wert der Papiere nach oben. Umgekehrt schlägt sich jeder Verkauf in sinkenden Kursen nieder, die dann auch den Wert des Fondsportfolios mindern. Ochner musste also immer wieder zukaufen, er brauchte ständig frisches Kapital, um seine Geldmaschine am Laufen zu halten und seine eigene Performance als erfolgreicher Guru des Neuen Marktes nicht zu gefährden. Als im Sommer vergangenen Jahres die Kurse am Neuen Markt aber auf breiter Front einbrachen und der Kapitalstrom versiegte, platzte Ochners künstlich aufgeblähtes Fondsgebilde wie eine Seifenblase. Anleger, die erst spät eingestiegen waren, konnten zusehen, wie sich ihr Kapital auflöste.

Verbranntes Kapital

Für die Masse der gebeutelten Aktionäre ist eine Besserung ihrer Lage nicht in Sicht. Die Werte der 50 größten Firmen dieses Wachstumssegmentes pendelten im Juli 2002 unter der 500-Punkte-Marke – Welten vom Höchststand von 8.500 Punkten entfernt. An der Börse für junge Unternehmen floriert vor allem die Angst der Akteure. »Das Segment Neuer Markt hat versagt«, resümiert ein Händler. In den nächsten drei bis fünf Jahren werden »50 bis 100 Unternehmen durch Übernahmen und Insolvenz nicht mehr am Markt notiert sein«[34], prophezeite Rainer Gerdau von der Investmentbank Dresdner Kleinwort Wasserstein schon 2001 weitere Pleiten. Einen »massiven Vertrauensverlust«[35] beklagte Norbert Empting, Börsenmakler bei der Düsseldorfer Schnigge AG.

Mit schwerwiegenden Folgen: Die Bundesbank warnte bereits im Februar 2001 vor den Folgen des internationalen Kursdesasters: »Von der Talfahrt der Aktienkurse an den großen Börsen gehen retardierende Einflüsse aus, bei einer Kumulation abrupter Marktkorrekturen kann ein erhebliches Risikopotenzial für die realwirtschaftliche Entwicklung entstehen.«[36]

Wie schnell Kursabstürze am Aktienmarkt auf die Konjunktur durchschlagen können, zeigt die Studie, die die Ökonomen Laurence Boone, Claude Giorno und Pete Richardson im Auftrag der OECD durchgeführt haben: Bei einem Kurssturz von zehn Prozent an der Börse schrumpft der Konsum in den USA um 0,45 bis 0,75 Prozent, um 0,5 Prozent in Großbritannien und um rund 0,2 Prozent in Deutschland.

Das sind alarmierende Zahlen, wenn man bedenkt, dass die Aktien-Indizes Dow Jones und DAX im Jahr 2001 erheblich geschrumpft sind; bei den Technologiebörsen Nasdaq und Neuer Markt betragen die Kursverluste sogar bis zu 90 Prozent. Innerhalb eines Jahres wurden allein in den USA 4,9 Billionen Dollar Vermögen an der Börse vernichtet. Zum ersten Mal seit 50 Jahren ist das Nettovermögen amerikanischer Haushalte geschrumpft, von 42,3 auf 41,4 Billionen Dollar.

Das große Unternehmensterben

In Deutschland fällt die so genannte Cash-Burn-Rate der privaten Haushalte zwar niedriger aus, weil bisher nur etwa jeder Vierte Wertpapiere besitzt. Aktien haben sich erst seit Ende der 90er Jahre zum populären Anlageinstrument gemausert. Weil viele Newcomer aber erst recht spät und zu Höchstkursen eingestiegen sind, fallen die Verluste umso stärker ins Gewicht.

Aktionäre und Fondsanleger haben im Vergleich zum März 2000 zwischen 20 und 50 Prozent ihres Einsatzes verloren. Am Neuen Markt wurde sogar Anlegerkapital bis zu 90 Prozent »verbrannt«.

Doch nicht nur die Zurückhaltung der Verbraucher belastet die Konjunktur, schwerer fallen die Auswirkungen der Börsenkrise auf die Wirtschaft ins Gewicht. Mittelständische Unternehmen und Gründerfirmen in Wachstumsbranchen haben seitdem Mühe, sich das dringend benötigte Kapital für Wachstum und Überleben zu beschaffen. Zehn Prozent der Firmen, die erst in den vergangenen vier Jahren am Neuen Markt notiert wurden, werden nach Ansicht von Experten die Börsenkrise nicht überleben. Und das bedeutet: Weitere Pleiten und Arbeitsplatzverluste sind unvermeidlich.

Hinzu kommt, dass die jungen Aufsteiger den etablierten Konzernen der Old Economy als Kunden verloren gehen: Der Boom der Informationstechnologiebranche wurde auch durch den hohen Bedarf der New Economy an Computern, Software und Telekommunikationsgeräten genährt. Der Ausfall dieser einst zahlungskräftigen Klientel, die die Erlöse aus ihren Börsendebüts häufig in erstklassige Hightechanlagen investierte, schlägt sich bei etablierten Unternehmen wie IBM, Apple, Intel, Cisco Systems, Siemens und anderen IT-Konzernen in sinkenden Absatzzahlen nieder. Die einst vollmundig verkündeten Gewinnerwartungen müssen immer weiter zurückgenommen werden. Das ist wiederum Gift für die Börse, die Aktienkurse können sich nicht erholen.

Wie geht es weiter?

Nicht nur Unerfahrenheit und Unwissenheit, Misstrauen und enttäuschte Hoffnung verhindern bisher eine Trendwende. Pessimisten schüren die miese Stimmung mit historischen Vergleichen. So sei es nach dem weltweiten Börsencrash vom November 1929 noch bis 1932 stetig bergab gegangen, die Talsohle erreichte der Dow-Jones-Index erst bei 41 Punkten – da hatte er im Vergleich zum Höchststand von September 1929 mehr als 82,2 Prozent verloren. Danach kam die Börse nur langsam in

Fahrt: Erst 1949 tanzten wieder die Bullen auf dem amerikanischen Parkett. Das Jahreshoch von 381 Punkten vom September 1929 erreichte der Dow Jones erst wieder 1954 – nach 25 Jahren.

Wasser auf die Mühlen der Bärenfans unter den Börsianern ist auch die Entwicklung in Japan. Mehr als zehn Jahre nach den ersten Kursabstürzen 1990 strebte der Nikkei-Index – von einigen technischen Erholungen abgesehen – noch immer neuen Tiefstständen entgegen. Nicht einmal die Senkung der Zinsen auf null Prozent konnte die japanischen Anleger über einen längeren Zeitraum beeindrucken.

Die Plattmacher

Die Zahl der Firmenpleiten nimmt bisher ungekannte Ausmaße an und immer wieder sind die Banken im Spiel, wenn Unternehmen in den Ruin getrieben werden. Nahezu ungeprüft werden großzügig Millionenkredite vergeben, während mancher vielversprechende Mittelständler wegen 100.000 Euro in die Pleite gerissen wird. Doch nicht nur Unternehmen sind betroffen, nach der Deutschen Wiedervereinigung wurde ein ganzes Land gnadenlos geplündert.

»Die Pleite gehört nun einmal zur Marktwirtschaft«[1], sagte Bernd Thiemann, damals noch der Vorstandsvorsitzende der DG-Bank, in einem Interview mit der Zeitung *Die Woche*. Das war im Dezember 2000, als die Kurse an den deutschen Aktienmärkten bereits auf Talfahrt programmiert waren.

Die Dachorganisation der deutschen Genossenschaftsbanken hatte wie die privaten Großbanken und Landesbanken vielen Mittelständlern zu ihrem Debüt am Neuen Markt verholfen und an den Aktienplatzierungen wie am -handel kräftig verdient. Mit diesem Engagement wollte die Bank endlich das angestaubte Image der Bank des kleinen Mannes, der Landwirte und Handwerksmeister abschütteln und zum Kreis der Big Players aufschließen. Doch kaum hatte sie auf dem neuen Terrain Morgenluft geschnuppert, wurde sie wieder zu ihrem eigentlichen Geschäft, der Betreuung von kleinen und mittelständischen Betrieben, zurückgeholt.

Basel II: das Damoklesschwert über dem Mittelstand

Die schwache Konjunktur, scharfer Wettbewerbsdruck und knappe oder gar keine Reserven bringen viele kleine und mittlere Betriebe um ihre unternehmerische Existenz. »Wenn sich die

Lage nicht entspannt, dann steht dem Mittelstand in der Tat eine Pleitewelle ins Haus«[2], erklärte der Vorstand der DZ Bank Friedrich-Leopold von Stechow.

Der Deutsche Industrie- und Handelstag (DIHT) rechnet mit 40.000 Unternehmenspleiten allein für das Jahr 2002. Zusammen mit einer wachsenden Zahl von Verbraucherinsolvenzen wird ein volkswirtschaftlicher Schaden von 32 Milliarden Euro erwartet. »Jede Stunde macht ein Betrieb Pleite«[3], bringt der Jurist des Verbands Axel Nitschke die traurige Prognose auf eine griffige Formel.

Der Grund für die drohende Konkurswelle liegt in der schlechten Kapitalausstattung der kleinen und mittleren Betriebe. »Kleinunternehmen bis zu 20 Beschäftigten verfügen durchschnittlich nur über zehn Prozent Eigenkapital. Bei Unternehmen mit bis zu 100 Beschäftigten liegt die durchschnittliche Eigenkapitalquote nur wenig höher«[4], beschreibt Nitschke die desolate Lage des deutschen Mittelstands.

Geringe Ertragskraft

Ein Grund für die hohe Abhängigkeit vieler Unternehmen von Bankkrediten besteht in der niedrigen Umsatzrendite. So haben deutsche Betriebe selbst im Boomjahr 1999 gerade mal eine Umsatzrendite von 3,1 Prozent erzielt, amerikanische Unternehmen schafften immerhin noch 4,4 Prozent, britische Firmen 5,5 Prozent und spanische Betriebe konnten mit 7,8 Prozent glänzen. Diese Daten sind vom Institut der Deutschen Wirtschaft ermittelt worden.

In der derzeitigen Konjunkturflaute ist die Rendite noch einmal erheblich abgesackt. Dietrich Hoppenstedt, der Präsident des Deutschen Sparkassen- und Giroverbands, warnt, dass fast ein Drittel der Betriebe ohne jeden Gewinn arbeite. Mehr als die Hälfte der mittelständischen Unternehmen mit einem Jahresumsatz von bis zu fünf Millionen Euro besitze überhaupt kein Eigenkapital.

Die in der Vergangenheit schon schwache Ertragskraft ist aber nicht nur ein Grund für das schlechte Abschneiden Deutschlands in der EU-weiten Wachstumsliste, schlimmer sind die Folgen für die Unternehmensfinanzierung: Bei so geringen Gewinnen bleibt kaum etwas übrig, um Reserven für schlechte Zeiten zu bilden und auf diese Weise auch den Eigenmittelanteil zu stärken.

Hohe Bankenabhängigkeit

Andere Wege zur Reduzierung des Fremdfinanzierungsanteils, etwa der Gang an die Börse, waren bis in die späten 90er Jahre des vergangenen Jahrhunderts bei Banken und Unternehmern der Old Economy wenig populär. Jetzt, nach dem Börsencrash, winken Anleger frustriert ab, wenn ihnen Aktien von Parkettneulingen angeboten werden. Den Unternehmern bleibt nur der Gang zur Bank.

»Der heiße Draht zu den Krediten der Hausbank entwickelt sich fast zur wichtigsten Nabelschnur für den Unternehmenserfolg«, erklärt DSG-Präsident Hoppenstedt, und »immer mehr Unternehmer suchten in dieser Lage die Volksbank oder Sparkasse als sicheren Hafen.«[5]

Viele geraten allerdings auch dort in Seenot. Denn selbst die Volksbanken und Raiffeisenkassen sowie Genossenschaftsbanken und Sparkassenorganisationen geben sich mittlerweile eher zugeknöpft. Nach einer Studie der Universität Hamburg klagt jedes vierte Unternehmen über die rigiden Methoden bei der Kreditvergabe der Banken.

Der Mittelstand am kurzen Zügel

Tatsächlich haben die Geldhäuser die Zügel bei der Kreditvergabe gerade in jüngster Zeit kräftig angezogen. Die Banker fallen wie Rollkommandos über die kleinen und mittleren Unternehmen her. Die drei- bis vierköpfigen Teams der Kreditinstitute drehen in den Firmen jedes Blatt Papier um, wie Drogenfahnder nach Crack und Koks sind Bankbeamte in Werkstätten und Produktionsanlagen auf der Suche nach Schwachstellen und Mängeln. Im Anschluss daran wird die Geschäftsführung in einem mehrstündigen Verhör in die Mangel genommen. Die

85

rigorose Suche nach potenziellen Krisenherden in den Betrieben begründen die Bankangestellten gern mit dem Hinweis auf die Folgen des Basel-II-Abkommens, das den Banken eine Neubewertung ihrer Kreditengagements auferlegt.

Basel II: Neubewertung der Kreditrisiken

»I love the Mittelstand«, erklärte der Vorsitzende des Basler Ausschusses William McDonough im Januar 2002 auf einer Konferenz der Deutschen Bundesbank.[6] In diesem Gremium, dem sowohl Notenbanker als auch Regierungsvertreter der führenden Industriestaaten angehören, sollen die Sicherungsvorschriften innerhalb der Kreditwirtschaft verbessert werden. Bisher haben die deutschen mittelständischen Unternehmer jedoch große Zweifel an der Zuneigung des Kommissionschefs. Vielmehr argwöhnen sie, dass ihnen künftig der Geldhahn zugedreht werden soll.

Tatsächlich geht es beim Basel-II-Abkommen auch um neue Eigenkapitalvorschriften für Kreditinstitute, um die Bewertung von Kreditrisiken der Banken durch externe Prüfer – so genannte Ratingagenturen – und um die Veröffentlichung der dabei erarbeiteten Ergebnisse.

Derzeit müssen die Banken bei Firmenkrediten acht Prozent der verliehenen Summe mit eigenem Kapital besichern. Wenn also eine Bank einem Unternehmen einen Kredit von 100.000 Euro bewilligt, muss sie 8.000 Euro aus ihrem Eigenkapital dafür zurücklegen.

Kunden erster und zweiter Klasse

Künftig soll diese Eigenkapitalbeteiligung der Banken nicht mehr pauschal ermittelt werden, sondern nach dem Risiko des jeweiligen Kreditengagements. Für Kredite an solide, erfolgreiche Unternehmen müssten die Banken weniger Eigenmittel aufbringen als für Engagements bei Unternehmen mit schlechter Bonität. Für diese Kredite müssten dann deutlich mehr Sicherheiten hinterlegt werden.

86

Die unterschiedliche Risikobewertung schlägt sich natürlich auf die Konditionen nieder, die die kreditnehmenden Unternehmen hinnehmen müssen. Für die Bank sichere Ausleihungen an solide Unternehmer würden niedriger verzinst als riskante Kredite an unsichere Kantonisten. Obendrein sollen künftig langfristige Kredite mit einem höheren Risikoaufschlag bewertet werden.

Für Kleinunternehmen soll allerdings weiterhin eine Art Pauschale bei der bankinternen Risikosicherung gelten. Sie sollen mit den Privatkunden in einem so genannten Retailportfolio gebündelt werden, für das es dann einen einheitlichen Prozentsatz gibt. Offen ist bisher noch, wie »Kleinunternehmen« definiert werden.

Krisenstimmung beim Mittelstand

Bisher ist zwar noch nichts entschieden, der Basler Ausschuss will erst in der zweiten Hälfte 2002 ein drittes Konsultationspapier vorlegen, über das dann in den beteiligten Ländern beraten wird. In Kraft treten könnte das Abkommen und das neue Regelwerk frühestens 2006.

Dennoch sind die Unternehmer in Deutschland schon jetzt in Alarmstimmung. Sie fürchten, dass ihre Hausbanken sie künftig noch schneller abservieren, wenn sie in einer Absatzflaute finanzielle Unterstützung zum Weitermachen brauchen. Der DIHT und andere Unternehmerverbände versuchen deshalb ihre Mitglieder in Crashkursen in der Krisenprävention zu schulen, damit sie künftig rechtzeitig und möglichst noch vor den Prüfern der Banken die wahre Lage ihres Unternehmens erkennen und gegensteuern können.

Diese Nachhilfe kommt wahrlich nicht zu früh, denn die Banken haben voreilig ihre eigenen Schlüsse aus den Entwürfen zum Basel-II-Abkommen gezogen und suchen bereits den Mittelstand heim. »Gute Unternehmensführung reicht nicht mehr«[7], klagte der Geschäftsführer der alteingesessenen und erfolgreichen Armaturenfabrik Hans Grohe nach einem Verhör durch seine Hausbank gegenüber dem Magazin *Der Spiegel*.

Suche nach Schwachstellen

Die Verunsicherung, die die Kreditwirtschaft mit zahlreichen Razzien dieser Art ausgelöst hat, beunruhigt sogar Bundeswirtschaftsminister Werner Müller. Er warnte die Banken, die neuen Richtlinien für das Kreditgewerbe nicht zu eng auszulegen, zumal sie noch nicht einmal in Kraft gesetzt worden sind. Die Kreditwirtschaft hingegen, die schon vorher gern schnell und hart durch gegriffen hat, wenn es ihren Interessen diente und der Kunde sich nicht recht wehren konnte, lässt sich durch diese Appelle kaum bremsen.

Schwachstellen, die zur Kreditverweigerung führen können, finden sich gerade bei jungen Kleinbetrieben immer wieder. Rund die Hälfte aller Existenzgründer muss schon in den ersten fünf Jahren den Betrieb einstellen, klagen die Unternehmerverbände. Mal fehlen schon rudimentäre kaufmännische Kenntnisse, mal kippt die Konjunktur oder neue, größere Wettbewerber besetzen die Nische, die der Jungunternehmer für sein Geschäft erobern wollte. Immer aber sind es die Banken, die entweder keinen Kredit für die Gründung geben wollen oder aber schon bei ersten Turbulenzen oft ohne Vorwarnung plötzlich die Reißleine ziehen.

»Am liebsten finanzieren Banken nur Sachen, die todsicher sind«, klagt ein Unternehmensberater. Das seien dann »langweilige Investitionen, die nur eine mäßige Rendite bringen.« Auch da steigen die Banken jedoch nur ein, wenn sie den Kredit durch Sachwerte wie Immobilien absichern können.

Wenn dann die Firma pleite geht, hat der Gründer alles verloren – oft bleibt ihm von seinem Traum vom freien Unternehmertum nur ein Berg Schulden.

Börsenflaute am Neuen Markt

Für Jungunternehmer in der Hightechindustrie ist es vor allem bitter, dass sie derzeit kaum eine Chance haben, der Abhängigkeit von ihren Kreditgebern zu entkommen. Nach dem Kursgemetzel und der Pleitewelle an der Wachstumsbörse Neuer Markt lassen sich dort kaum noch Aktien von Start-up-Unternehmen unterbringen. Gerade mal 26 neue Firmen hatten sich 2001 zum Debüt an der Börse angemeldet – im Jahr 2000 waren es noch 152, 1999 sogar 168.

Schlimmer noch ist allerdings, dass die Banken die heute in ihrer Existenz gefährdeten Unternehmen des Neuen Marktes schnöde fallen lassen. Diese rüde Behandlung der einstigen Börsenlieblinge kritisieren nicht nur die betroffenen Unternehmen, sondern auch Anlegerschützer. Die Institute hätten an den Provisionen für die Börsengänge gerne verdient und Firmen, die noch nicht börsenreif gewesen seien, zum Gang aufs Parkett ermutigt. Jetzt kommt es darauf an, den Unternehmen Liquidität zur Verfügung zu stellen, wenn man schon einmal dran verdient hat, sagte Ulrich Hocker, Hauptgeschäftsführer der Deutschen Schutzvereinigung für Wertpapierbesitz (DSW). Häufig säßen Bankenvertreter schließlich auch im Aufsichtsrat der Firmen. Dennoch würden die Institute den Geldhahn oft einfach zudrehen und das Tafelsilber verkaufen, während die Aktionäre ihre Investments abschreiben können.

Düpierte Anleger

Besonders ärgerlich für Anleger und Mitarbeiter ist es, wenn die Banken gerade dann aussteigen, wenn ein Unternehmen auf gutem Wege ist, der drohenden Pleite zu entgehen.

Zu den Opfern dieser rigorosen Stop-Loss-Politik der Banken zählt die Ufa-Theater GmbH. Die Münchner HypoVereinsbank drehte Deutschlands drittgrößter Kinokette den Geldhahn zu. Weitere Kredite will die HVB als Hausbank nicht mehr geben. Für das Unternehmen kommt das Veto von Deutschlands zweitgrößter Bank ziemlich überraschend, weil die Sanierung deutliche Fortschritte gezeigt hatte: 40 Kinos der Gruppe wurden geschlossen, die Kosten für Personal und Mieten sanken erheblich. Die operativen Verluste seien von 23 Millionen DM (1999) und rund 21 Millionen DM (2000) im vergangenen Jahr auf nur noch 536.000 DM gesunken. In diesem Jahr sollte ein Gewinn von gut 300.000 Euro erzielt werden. Das Überleben der Kinokette scheiterte letztlich an einer Liquiditätsspritze von drei Millionen Euro. Diese Summe bräuchte die Firma, um die

Einbußen, die aufgrund des flauen Sommergeschäfts entstanden waren, auszugleichen.

Erstaunlich für die düpierten Anleger dürfte sein, dass erst im Februar des Jahres 2002 die HypoVereinsbank zusammen mit Mercer Management Consulting die »Medien-Studie 2006« herausgegeben hat: Darin wird der Kinobranche die Fortsetzung »der fundamentalen Wachstumsphase« bescheinigt. Die Ufa gehört nun wohl nicht mehr dazu – ihr droht ein Insolvenzverfahren, falls nicht noch andere Banken oder die Gesellschafter neues Geld nachschießen.

Abgeheftet: der Niedergang der Herlitz AG

Millionen von Schulkindern kennen diesen Namen, er prangt auf Schulheften, Ringbüchern, Schreibpapier und Zeichenblöcken. Seit 1904 beliefert die Berliner Firma Herlitz ABC-Schützen wie Gymnasiasten mit ihren Erzeugnissen. Erst als Großhandlung, seit 1953 aus eigener Produktion.

Seit dem 3. April 2002 ist das Traditionsunternehmen pleite, der bisher letzte Vorstandschef Christian Supthut hat einen Insolvenzantrag beim Amtsgericht Berlin-Charlottenburg gestellt.[8] Jetzt prüft der vom Gericht bestellte Insolvenzverwalter, der Rechtsanwalt Peter Leonhardt, ob die fast 100 Jahre alte Firma wenigsten in Teilbereichen gerettet werden kann. 3.000 Mitarbeiter bangen um ihre Arbeitsplätze.

Der Aktienkurs des seit 1977 an der Börse notierten Unternehmens sank bereits im Verlauf Vortages, als die Gerüchte über die drohende Zahlungsunfähigkeit des einstigen Familienunternehmens immer konkreter wurden, um 35 Prozent auf 0,90 Euro. Vor einem Jahr kostete das Papier noch knapp fünf Euro. Im Jahr 1994 notierte der Kurs noch bei mehr als 100 Euro.

Managementfehler

Der Absturz kam auf Raten: Allzu großzügig hatte der größte deutsche Schreibwarenhersteller expandiert, Tochtergesellschaften gegründet und in neue Vertriebswege investiert. Doch dann ruinierten neue Konkurrenten wie der US-Anbieter Staples die Margen in einem ohnehin schrumpfenden Markt. Schwer zu schaffen machte Herlitz aber auch der Verlust der Berlin-Beihilfen, die das Unternehmen bis zur Einstellung der Subventionen Ende 1994 kassiert hatte. Ein Jahr später begann der Absturz in die Miesen. Der Bau eines überdimensionierten Logistikzentrums, das jährlich 20 Millionen Euro an Leerstandskosten verursacht, beschleunigte die Talfahrt. Obendrein schwächten häufige Wechsel in der Chefetage die Verhandlungsposition des Managements gegenüber den Banken und behinderten immer wieder die Sanierungsarbeit.

Im März 2001 hatte schließlich ein Bankenkonsortium 70 Prozent der Herlitz-Aktien übernommen. Die Schulden beliefen sich auf insgesamt 350 Millionen Euro bei einem Umsatz von rund 500 Millionen Euro.

Zu den größten Kreditgebern gehörten die HypoVereinsbank mit 17 Prozent, und die schwer angeschlagene Bankgesellschaft Berlin mit 15,15 Prozent. Die Deutsche Bank ist mit 13,10 Prozent beteiligt, die Westdeutsche Landesbank mit 9,14 Prozent und die Bayerische Landesbank mit 7,72 Prozent. Weitere Kreditgeber sind die Dresdner Bank, das Bankhaus Delbrück, die DZ Bank sowie Trinkaus & Burkhardt.

Im Februar 2002 wurden einige der Geldgeber unruhig und drohten die Kreditlinien zu kappen. Den Vorwand für den Ausstieg lieferten die Unternehmensergebnisse des Geschäftsjahres 2001. Der Verlust war mit 50 Millionen Euro mehr als doppelt so hoch ausgefallen wie das vorher prognostizierte Minus von 20 Millionen Euro. Der Umsatz war durch die schlechte Konjunkturlage sowie den Verkauf von Tochtergesellschaften in Portugal und Frankreich um rund 20 Prozent auf 438 Millionen Euro eingebrochen.

Wurde die Reißleine zu früh gezogen?

Als die Banken die Reißleine zogen, war Herlitz bereits – so jedenfalls die Stellungnahme von Vorstandschef Supthut in der *FAZ* – auf dem Wege der Besserung: Der Insolvenzantrag sei bedauerlich, weil er zu einem Zeitpunkt komme, in dem Herlitz erstmals positiv vom Plan abweiche. Herlitz habe sich von Geschäftsbereichen getrennt. Im ersten Quartal sei das Ertragsziel um vier Millionen Euro übertroffen worden, wird HerlitzVertriebsvorstand Norbert Strecker in der Zeitung zitiert. Saisonbedingt sei allerdings ein – nicht bezifferter – Verlust entstanden. Dennoch waren die beiden Herlitz-Manager zuversichtlich, dass der Schreibwarenhersteller trotz eines operativen Verlustes für das Gesamtjahr, 2003 eine Umsatzrendite von zwei bis drei Prozent schaffen könne – wenn die Firma von ihren Altlasten befreit würde.[9]

Soweit mochten die Kreditinstitute jedoch nicht mehr gehen. Unter der Führung der Deutschen Bank forderte das Konsortium vom Berliner Senat und der Landesregierung Brandenburgs eine Bürgschaft über 20 Millionen Euro. Als die Politik nur neun Millionen Euro anbieten konnte, senkten die Banker den Daumen.

Jetzt versucht der Insolvenzverwalter zu retten, was noch zu retten ist. Für die Banken ist eine Verwertung der Firma, wenn sich bereits erste Sanierungserfolge abzeichnen, keine unprofitable Lösung. Die Filetstücke können leichter und zu besseren Preisen abgestoßen werden. Die restlichen Verluste werden ohnehin vergesellschaftet, sie helfen mit, die Steuerlast der Banken zu senken.

Für Management und Belegschaft des Traditionshauses Herlitz bleibt die bittere Erkenntnis, dass die Banken mit zweierlei Maß messen. Während einige Unternehmer mit luftigen Sicherheiten und windigen Prognosen Kredite in Milliardenhöhe abgreifen konnten, werden mittelständische Unternehmen mit handfesten Produkten und langer Firmengeschichte kurzgehalten und schneller fallen gelassen.

Erst nachdem der Berliner Senat mit einem Massekredit von 15 Millionen Euro die Fortführung der laufenden Geschäfte gesichert hatte, waren auch die Banken bereit, Herlitz eine weitere Chance zu geben.

Ausgeschaltet: das Ende des Kirch-Imperiums

Wenn sich mittelständische Unternehmer über die knauserige Kreditvergabe der Sparkassen beschweren, lässt Siegfried Naser,

Präsident des Sparkassenverbands Bayern, sie gerne abblitzen: »Es wäre aber strafbar, an Firmen Geld zu geben, die erkennbar nicht in der Lage sind, Kredite zurückzuzahlen.«[10]

Zu den Unternehmern, die lange vom Kreditgewerbe und vor allem von der Bayerischen Landesbank gehätschelt und verwöhnt wurden, zählt der Münchner Filmhändler Leo Kirch. So mancher Kleinunternehmer, dessen Existenz gefährdet ist, weil ihm ein Überbrückungskredit von 50.000 oder 100.000 Euro verweigert wird, kann sich über die Großzügigkeit, mit der deutsche Banken die ehrgeizigen Geschäfte des Leo Kirch finanziert haben, nur wundern. Als die Kirch-Gruppe im April 2002 kollabierte, war der Schuldenberg, den der Medienmogul nur mit Hilfe der Banken angehäuft hatte, auf mehr als sieben Milliarden Euro angewachsen.

Damit hatte Kirch sie alle getoppt, die Spitzenpleitiers der deutschen Wirtschaft. Mit seinen riskanten Engagements in der Medienbranche – dem Abofernsehen Premiere, dem Einstieg in den Formel-1-Rennzirkus, den Handel mit Film- und Sportrechten sowie dem Aufbau eines der größten Filmarchive – hatte Kirch mehr Geld verzockt als die bisherigen Rekordhalter, der Frankfurter Immobilienjongleur Jürgen Schneider und die Managerriege des einstmals größten deutschen Baukonzerns Philipp Holzmann.

Vor allem in den vergangenen zwei Jahren hatte Kirch den Schuldenstand seiner Gesellschaften von rund zwei Milliarden Euro auf über sechs Milliarden Euro hoch getrieben, um die Verluste von zwei Milliarden Euro, die der Abonnementsender Premiere jährlich einspielte, zu finanzieren. Dazu kam noch die milliardenschwere Übernahme der Formel-1-Rechte von EM.TV und dem Formel-1-Gründer Bernie Ecclestone.

Banktübliche Geschäfte

Der mit Abstand größte Kreditgeber ist die halbstaatliche Bayerische Landesbank, bei der Kirch vor allem für das Formel-1-Engagement allein rund zwei Milliarden Euro aufgenommen hatte. Die Landesbanker waren Anfang 2001 in letzter Minute als Geldgeber eingesprungen – und das erst nach einem deutlichen Hinweis aus der bayerischen Staatskanzlei, wie Insider immer wieder versichern. Siegfried Naser, Präsident des Sparkassenverbands Bayern, verteidigte das ungewöhnlich hohe Engagement in der *Frankfurter Allgemeinen Zeitung* vom 13. April: »Dazu kann ich nur sagen: Auch das war für uns ein bankübliches Geschäft mit besten Sicherheiten und einem klaren unternehmerischen Hintergrund.«[11]

Ohne den Einsatz der Landesbank wäre der Formel-1-Deal vermutlich gescheitert, denn die deutschen Großbanken hatten dem Medienmogul bereits Absagen erteilt. Bei der Deutschen Bank steht Kirch mit 650 Millionen Euro in der Kreide, bei der Dresdner mit 450 Millionen Euro und bei der Commerzbank mit 350 Millionen Euro.

Der Weg in die Pleite

Den ersten Stein, der das Kirch-Imperium schließlich zum Einsturz brachte, warf im Januar 2002 Mathias Döpfner, Chef des Springer-Konzerns. Das Verlagshaus bestand darauf, eine Option einzulösen und ein Aktienpaket der Pro-Sieben-Sat.1-Media AG zurückzugeben und zwar zum im Jahr 2000 fixierten Preis von 767 Millionen Euro. Das war ein geschickter Schachzug des Springer-Chefs, mit dem er einerseits Geld in die Kassen des angeschlagenen Verlagskonzerns bekommen und andererseits möglicherweise auch einen ungeliebten Partner loswerden konnte. Kirch besaß zu dem Zeitpunkt noch 40 Prozent der Anteile am Springer-Konzern.

Kirch versuchte diesen für ihn höchst unvorteilhaften Deal, denn zum damaligen Börsenkurs war das Paket nicht einmal 100 Millionen Euro wert, mit juristischen Winkelzügen zu verhindern. So erklärte der Passauer Jura-Professor Holger Altmeppen den Vertrag für nichtig, weil einige kleinere Nebenvereinbarungen nicht geklärt werden konnten.

Bevor dieser Streit beigelegt werden konnte, warnte Deutsche-Bank-Chef Rolf E. Breuer am 4. Februar in einem Interview mit dem US-TV-Sender Bloomberg die Banken, Kirch weitere Kredite zu gewähren. Damit hatte der Bankchef, dessen Institut auch als Hausbank von Springer fungiert, indirekt bestätigt, was bisher in der Branche und in den Medien nur spekuliert wurde: Kirch hat sich übernommen und ist finanziell am Ende. Von da an ging es Schlag auf Schlag, immer neue Enthüllungen über weitere Schulden und Zahlungsverpflichtungen verdichteten sich zu einem düsteren Bild und ließen ein sich anbahnendes Desaster erahnen. Der Kollaps des Kirch-Imperiums war nicht mehr aufzuhalten.

Die Kreise, die der Kirch-Zusammenbruch zog, wurden immer größer. Die Deutsche Bank stellte einen 650-Millionen-Euro-Kredit fällig, Rupert Murdoch drohte den 20-Prozent-Anteil an Premiere zurückzugeben und dafür die vereinbarte Summe von 1,7 Milliarden Euro zu kassieren. Kirch hatte seinem Rivalen beim Einstieg in das defizitäre Pay-TV-Geschäft zusichern müssen, dass der amerikanische Medienmogul bei schlechtem Geschäftsverlauf im Oktober 2002 sein Investment zum Einstandspreis zurückerhält. Die Dresdner Bank wollte ihren 450-Millionen-Euro-Kredit bereits im Dezember 2001 zurückgezahlt haben und gewährte nur gegen die Übertragung einer Beteiligung, die Kirch am spanischen TV-Sender Telecinco hielt, einen Aufschub bis April 2002. Außerdem erwartete der Deutsche Fußball-Bund im Frühjahr die Zahlung der vereinbarten Rate von 100 Millionen Euro für die Übertragungsrechte an der Bundesliga. Auch der internationale Fußballverband FIFA bekam noch Geld von Kirch für die WM-Rechte. Obendrein stand Kirch bei allen namhaften Banken und Investmentbanken in der Kreide.

Unter dieser enormen Belastung brach Kirchs Kartenhaus schließlich zusammen. Als erste Gesellschaft in dem äußerst verschachtelten Medienkonzern traf es die Rechteverwertungsfirma Kirch Media am 8. April 2002: Für sie wurde der Insolvenzantrag gestellt. Die Juristen Wolfgang van Betteray und Hans-Joachim Ziems wurden vom zuständigen Insolvenzverwalter als neue Geschäftsführer bei Kirch Media eingesetzt. Zunächst als Sanierer zur Kirch-Gruppe geholt, leiten sie die Geschäfte des Kernunternehmens mit den Film- und Sportrechten sowie der Senderfamilie von Pro Sieben und Sat.1. Die hochdefizitäre Pay-TV-Tochter mit dem Bezahlfernsehsender Premiere erklärte rund vier Wochen später die Zahlungsunfähigkeit, danach folgte auch die Dachgesellschaft Taurus Holding.

Insolvenzverwalter und Banken stehen vor einem unüberschaubaren Trümmerfeld. Schon die Ermittlung des Gesamtumsatzes und die Zuordnung zu den einzelnen Geschäftsfeldern und Tochtergesellschaften bereitet den neuen Geschäftsführern offenbar erhebliche Mühe. Im Juni 2002 bezifferte die *Süddeutsche Zeitung* in einem Bericht, der sich auf ein geheimes Gutachten der Schweizer Bank UBS stützt, den Gesamtumsatz mit 3,398 Milliarden Euro, was einem Plus von 2,1 Prozent entsprechen soll. Davon entfallen 645 Millionen Euro auf den Sportrechtehandel, der sich durch die Veräußerung der Übertragungsrechte an der Fußballweltmeisterschaft im vergangenen Jahr ausgehend von 372 Millionen Euro fast verdoppelt hatte.[12] Und da hört die Bilanzklarheit auch schon auf. Im Dunkeln bleiben die internen Umsätze der Kirchgruppe: Wie viel beispielsweise die Kirch-Media-Tochtergesellschaft der Pro-Sieben-Sat.1-Media AG abkaufte. Keine Angaben werden auch zu dem Umsatzanteil der insolventen Kirch Pay-TV gemacht, zu der Premiere gehört. Nach Schätzungen der WestLB-Investment-Banking-Tochter Panmure soll es sich hier um rund 600 Millionen Euro handeln.

Firmengründer Leo Kirch und sein Vertrauter Dieter Hahn, der die operativen Geschäfte der Kirch Media, der größten Gesellschaft der Gruppe steuerte, weigern sich, Insolvenzverwalter und neuer Geschäftsführung bei der Puzzlearbeit zu unterstützen. Ein Beratervertrag mit den einzigen beiden wirklichen Insidern des Imperiums, das sich in mehr als 100 Tochtergesellschaften und Beteiligungen mit unterschiedlichen Partner aufteilt, kam nicht zustande, weil die Insolvenzverwalter und Gläubigerbanken verlangten, dass Kirch und Hahn eine Konkurrenzausschlussklausel unterschreiben sollten. Dies lehnten die beiden Pleitiers ab – trotz eines fürstlichen Honorars von fünf Millionen Euro allein für Kirch.

Die Verweigerung ist eine weitere schwere Schlappe für die Banken. Nicht nur weil ihnen jetzt der einzige fachkundige Rat fehlt, der ihnen helfen könnte, in verhältnismäßig kurzer Zeit Kirchs Firmendschungel zu durchdringen. Es entstand ihnen auch neue Konkurrenz.

Kirch schlägt zurück

Schon Ende 2001 hatte der alte Fuchs etliche Vorratsgesellschaften gegründet und sie unter Namen wie Blitz 01 – 826 GmbH, Blitz 01 – 857 GmbH und Blitz 01 – 893 sowie Blitz 02 – 104 GmbH und Blitz 02 – 105 GmbH ins Handelsregister eintragen lassen. Als Geschäftszweck wurde »Veräußerung eigenen Vermögens sowie Halten und Verwalten von Beteiligungen von in- und ausländischen Gesellschaften sowie Übernahme der persönlichen Haftung und Geschäftsführung in Handelsgesellschaften, die insbesondere im Bereich Medien im weitesten Sinne tätig sind«[13], angegeben. Drei Blitzfirmen wurden noch im November 2001 umfirmiert in Taurus Vermögens- und Beteiligungs GmbH und Taurus Retro GmbH, sowie in Albert Asmussen GmbH, bei der der Kirch-Anwalt Ronald Frohne als Geschäftsführer auftritt. Insgesamt sollen laut Medienberichten bis Mai 2002 acht solcher Blitzunternehmen gegründet worden sein.[14]

Damit war lange vor dem Zusammenbruch eingetreten, was die Banken durch ein Wettbewerbsverbot für Kirch und Hahn verhindern wollten: Dass der Unternehmer und sein Topmanager als Konkurrenten mit eigenen Firmen die möglichst gewinnbringende Verwertung der einzelnen Vermögenspositionen stören würden.

Ungedeckte Kredite

Schon die erste oberflächliche Durchsicht der Ruinen des Kirch-Imperiums erweckte den Verdacht, dass es mit den Sicherheiten der Banken nicht allzu weit her sein könnte. Herbert Kloiber, Chef der Tele-5-Gruppe, warnte die Kreditinstitute sogar vor zu hohen Erwartungen. Vor allem die Kredite, die mit Filmrechten aus dem Kirch-Archiv besichert waren, dürften kaum gedeckt sein: »Die Banken haben das Inventar vielleicht zu hoch beliehen. Früher, als ständig neue Sender gegründet wurden, gab es einen großen Bedarf an dieser Ware. Das ist vorbei. Jetzt sind wir in einer Talsohle.«[15]

Eine Geheimstudie der Schweizer Bank UBS, mit der Investoren angelockt werden sollten, analysierte das Filmlager von

Leo Kirch, das von seinen Fans stets für eine gigantische Schatz-
kammer, von seinen Kritikern aber für eine Schrotthalde von
bestenfalls mittelmäßigen Filmchen gehalten wurde. Letztere
scheinen der Wahrheit näher gewesen zu sein. Nach einer internen Aufstellung vom Januar 2001 ist jeder dritte der 9.801 Filme
schwer verkäuflich. 17 Prozent sind »C-Filme«, die nur zu
schlechten Sendezeiten abgespult werden können, 19 Prozent
fallen in die Kategorie »Z-Filme«, für die kaum jemand Lizenz-
gebühren zahlen würde; 35 Prozent des Bestands gelten als »B-
Filme«. Der Topkategorie »Mega 1«, zu der beispielsweise der
US-Kinohit »Der Patriot« gehört, werden nur 122 Filme zugeordnet, weitere 213 Filme gelten noch als »Mega 2« – darunter
auch Filme wie die »Comedian Harmonists«. Außerdem hortet
Kirch Media noch über 40.000 Stunden TV-Serien. Von den
1.447 TV-Movies sind 22 Prozent als nicht sendefähiger Schrott
anzusehen.[16]

Keine gute Nachricht für betroffene Banken wie die Commerzbank, die rund 350 Millionen Euro gegen ein Paket von
Filmrechten verliehen hat. Um den Zelluloidberg überhaupt
loswerden zu können, sollen jetzt Pakete geschnürt werden,
denen die Ladenhüter beigemischt werden.

Ungeklärte Vermögensverhältnisse

Auch die anderen Vermögensteile der Kirchgruppe lassen sich
nicht ohne Weiteres versilbern. Um den 25-Prozent-Anteil am
spanischen Fernsehsender Telecinco streiten sich die Dresdner
Bank, die HypoVereinsbank und die Bayerische Landesbank
sowie weitere Kreditgeber. Die Dresdner Bank will die Anteile,
die gesellschaftsrechtlich zur insolventen Kirch Media gehören,
als Sicherheit für einen Großkredit von 500 Millionen Euro
erhalten haben, der der Kirch Dachgesellschaft Taurus Holding
gewährt wurde. Dieser Kredit war bereits im Dezember fällig
und wurde nur nach Verpfändung des Telecinco-Pakets bis
April 2002 verlängert.

Von der Taurus Holding will auch Rupert Murdoch seine 1,7
Milliarden Euro zurückhaben, die Kirch für ein Aktienpaket
an dem Abosender Premiere erhalten hatte. Wenn diese Forde-

rung tatsächlich fällig wird, ist wohl auch die Taurus Holding zahlungsunfähig.

Poker um die Springer-Anteile

Auch der 40-Prozent-Anteil, den Kirch am Axel Springer Verlag hält, wurde offenbar als Sicherheit für mehrere Kredite bei unterschiedlichen Instituten verpfändet. Die Deutsche Bank, die mit diesem Aktienpaket einen Kredit von 650 Millionen Euro gesichert hat, muss sich bei der Verwertung des Springer-Anteils nicht nur mit der Hauptäktionärin des Verlagskonzerns Friede Springer einigen, sondern auch mit den drei nachrangigen Pfandgläubigern Bayerische Landesbank, JPMorgan und Lehman Brothers. Erschwert wird der Verkauf durch die spezielle Form der Aktien. Es handelt sich bei den Springerpapieren nicht um Inhaberaktien, die an jeden Interessenten weiter verkauft werden können, sondern um so genannte vinkulierte Namensaktien, bei denen der Vorstand der Gesellschaft bestimmen darf, wer in die Firma einsteigt. Springer hatte diese Sonderform gewählt, um zu verhindern, dass andere Medienkonzerne Einfluss auf das Verlagshaus ausüben könnten.

Käufer gesucht

An der Vinkulierung waren bereits zwei Versuche gescheitert, das Paket gewinnbringend zu veräußern. Der Vorstoß der HypoVereinsbank, zusammen mit der Dresdner Bank die Springer-Anteile für 1,1 Milliarden Euro zu übernehmen und dann an die WAZ-Gruppe zu verkaufen war ebenso fehlgeschlagen wie der Plan eines Bankenkonsortiums unter Führung der Commerzbank. Die wollte im Auftrag von Kirch vorher schon den Anteil verkaufen und einen besseren Preis erzielen, als den, den er von der Deutschen Bank zu bekommen erwartete. Die Commerzbank hatte alle Vorbereitungen für den Aktienverkauf getroffen – mit der Dresdner Bank und der Bayerischen Landesbank sowie den Investmentbanken JPMorgan und Lehman Brothers, die alle Anspruch auf das Paket erhoben, soll sogar eine Übereinkunft über die Verwendung des Erlöses erreicht worden sein. Von den angestrebten 870 Millionen Euro sollten 150 Millionen an die Bayerische Landesbank und die beiden Investmentfirmen gehen, der Rest an Kirch, die Commerzbank und die Dresdner Bank. Vermutlich hätte Kirch seinen Anteil an die Deutsche Bank weiterreichen müssen, um den fälligen Kredit abzulösen. Wegen der Vinkulierung war eine breite Platzierung der Springer-Aktien an der Börse aber nicht möglich. Kirch versuchte bei Springer vergeblich durchzusetzen, dass die Vinkulierung nach einer Haltefrist von höchstens 36 Monaten aufgehoben wird. Für das Verlagshaus kam dieses Ansinnen nicht in Frage: Von vornherein habe Klarheit darüber bestanden, dass die Vinkulierung unter keinen Umständen aufgehoben werde, hieß es in einer Pressemitteilung von Springer.

Als es sich abzeichnete, dass nun die Deutsche Bank den Zuschlag für die Verwertung der Springer-Anteile erhalten würde, versuchte Kirch per einstweiliger Verfügung beim Landgericht München den Zugriff zu verhindern. Doch vergebens: Er konnte nur einen Aufschub bis August 2002 erwirken, dann kann die Deutsche Bank den Springer-Anteil versilbern – allerdings nur mit Zustimmung von Seiten des Springer-Vorstands. Der wird sich bei der Deutschen Bank vermutlich weniger sperrig zeigen – schließlich ist sie Hausbank bei Springer und das Verlagshaus kämpft gerade mit Verlusten.

Abgestürzt: die Pleite der Swissair

Am 28. Oktober 2001 ging ein Stück Schweizer Nationalstolz zu Bruch. An diesem Tag erklärte die eidgenössische Fluggesellschaft Swissair ihre Zahlungsunfähigkeit. Die Verluste hatten die Rekordhöhe von 15 Milliarden Franken erreicht. Nach nur sieben Monaten im Amt musste der Chef der Fluggesellschaft, Mario Corti, den Gang zum Konkursrichter antreten. Die Banken, der Branchenriese UBS und die Credit Suisse Group, hatten der flügellahmen Schweizer Fluggesellschaft, die einst zu den besten Unternehmen der Welt zählte, einfach den Geldhahn zugedreht.

Der Sinkflug der Swissair begann bereits 1995 mit der Übernahme von 49,5 Prozent an der abgewirtschafteten belgischen Fluggesellschaft Sabena. Zwei Jahre später gründete der damalige Swissair-Chef Philippe Brugisser die SAirGroup und schlug einen verhängnisvollen Kurs ein. Mit Kapitalbeteiligungen versuchte Brugisser ein weltweites Netz zu knüpfen. Damit sollte die Swissair im weltweiten Kooperationsprozess aufholen und mit einer eigenen internationalen Allianz gegen die Star Alliance von Lufthansa und United Airlines sowie die anderen Bündnisse in der internationalen Luftfahrt bestehen.

Swissair-Passagiere sollten innerhalb der von den Schweizern dominierten »Qualifyer-Group« mit einem Ticket rund um die Welt reisen können, ohne sich bei Zwischenstopps um ihr Gepäck kümmern zu müssen – und bei den Partnergesellschaften Bonuspunkte und Meilen sammeln können. Für die Fluggesellschaften gelten diese Kooperationen seit den 90er Jahren als wichtige Maßnahme, um ihre Maschinen auslasten zu können.

Fehlinvestitionen

Was bei der Lufthansa zu funktionieren scheint, brachte der Swissair kein Glück. Die Zusammenarbeit mit Sabena, der österreichischen Airline AUA, die Beteiligung von 37,6 Prozent an der polnischen Fluglinie LOT, von 49,9 Prozent an dem deutschen Charterflieger LTU sowie weitere finanzielle Beteiligungen an italienischen, französischen und portugiesischen Partnern konnten den Absturz nicht verhindern. Als im September 1998 eine Swissair-Maschine mit 229 Menschen an Bord vor der Küste Kanadas in den Atlantik stürzte, hatte auch der lange entscheidende Wettbewerbsvorteil der Swissair, die sicherste Fluggesellschaft der Welt zu sein, seine Zugkraft verloren.

Vom Imageschaden konnte sich die Swissair nur schwer erholen. Zudem wirkte die Beteiligung an der Sabena wie ein Bremsklotz. Im Januar 2001 konnte die Sabena nur durch einen umfangreichen Sanierungsplan vor dem drohenden Konkurs gerettet werden, der die Swissair viel Geld kostete. Wenige Tage nach den Verhandlungen am 23. Januar trat Swissair-Chef Brugisser zurück.

Umstrukturierungspläne

Sein Nachfolger Mario Corti musste knapp drei Wochen nach seinem Amtsantritt das schlechteste Ergebnis in der fast 70-jährigen Geschichte der Fluggesellschaft verkünden. Im Jahr 2000 hatte die SAir-Group bei einem Umsatz von 16,2 Milliarden Franken einen Verlust von knapp 2,9 Milliarden Franken eingeflogen. Insgesamt türmte sich der Schuldenberg auf 15 Milliarden Franken. Am 25. April 2001 bewilligten Schweizer Banken zwar noch einen weiteren Kredit von einer Milliarde Franken, allerdings nur mit der Auflage, die zahllosen verlustreichen Beteiligungen abzustoßen. In den folgenden Wochen trennte sich die Swissair von Engagements in Frankreich und verkaufte die Swissôtel-Hotelkette an die Luxushoteliers der Raffles-Gruppe. In Frankreich ging die Swissair-Tochter AOM/Air Liberté in Konkurs. Eine weitere französische Beteiligung an der Air Littoral wurde an den früheren Chef und Mehrheitsaktionär Marc Dufour zurückgegeben. Mit der hochdefizitären Sabena wurde ein Deal ausgehandelt, der die Swissair aus der Verpflichtung entließ, die Mehrheit an der belgischen Fluggesellschaft zu übernehmen. Der Preis für die Befreiung betrug 650 Millionen Franken, die Swissair musste 60 Prozent dieser Ablösesumme berappen.

Rückschläge

Mit den Terroranschlägen vom 11. September 2001 in New York und Washington wurden alle Sanierungsbemühungen bei der Swissair zunichte gemacht. Durch das Flugverbot im amerikanischen Luftraum in den ersten Tagen nach dem Terrorangriff und dem darauf folgenden dramatischen Rückgang der Passagierzahlen waren bei der Swissair Ausfälle von über drei Milliarden Franken entstanden. »Die Gruppe war nicht in der Lage, einen Schock dieser Größenordnung zu verkraften«[17], erklärte Swissair-Chef Corti.

Dem Sanierer, der vor seinem Amtsantritt bei der notleidenden Fluggesellschaft als Finanzchef des Weltkonzerns Nestlé viel Lob und Anerkennung erfahren hatte, lief die Zeit davon. Die Chance zur Umsetzung seines neuen, schärferen Umstrukturierungskonzepts, das er am 24. September vorgestellt hatte und mit dem er Kosteneinsparungen von 4,5 Milliarden Franken zu erzielen hoffte, gaben ihm die Banken nicht mehr.

Am 1. Oktober 2001 übernahmen die Banken den Steuerknüppel der zahlungsunfähigen Traditionsgesellschaft. Die Muttergesellschaft Swissair sollte Ende Oktober 2001 von ihrer bisherigen Tochterfirma, dem Basler Regionalflieger Crossair, aufgefangen werden, um der Schweiz auch weiterhin eine internationale Fluggesellschaft zu erhalten. Auch der Name Swissair und das Firmenemblem sollten weiter geführt werden. 1,3 Milliarden Franken wollten die beiden Schweizer Großbanken UBS und CSG in die Reorganisation des Schweizer Luftverkehrs investieren.

Düpierte Passagiere

Was dann geschah, hätte sich kein Eidgenosse träumen lassen. Von diesem Geld gaben die Banken nur 250 Millionen Franken für den Kauf der Crossair frei. Als Mario Corti die Banken als neue Eigentümer der Fluggesellschaft um eine weitere Finanzspritze von 125 Millionen Franken angehen wollte, stieß er auf verschlossene Türen. Der UBS-Chef Marcel Ospel war für den Bittsteller nicht zu sprechen: »Ich hätte mir nie träumen lassen, dass ich auf Knien um Geld betteln müsste«[18], sagte der ehemalige Nestlé-Finanzchef, dem früher die Banken die Türen eingerannt hatten, um mit ihm als obersten Kassenwart des erfolgreichen Weltkonzerns ins Geschäft kommen zu können. Doch jetzt lernte er wie es ist, wenn man gegenüber Banken in der schwächeren Position ist. Genauso wie die 19.000 Swissair-Passagiere in aller Welt. Am 2. Oktober 2001 wurden 262 Flüge gestrichen, weil die Fluggesellschaft kein Geld mehr hatte zum Betanken ihrer Jets. Der Flugverkehr des einstigen Flaggschiffs der eidgenössischen Wirtschaftsnation war dadurch fast völlig eingestellt worden.

Das Nachsehen hatten die Passagiere, ihre Flugscheine waren wertlos, keine andere Gesellschaft nahm sie an. Wer dennoch reisen wollte, musste sich ein neues Ticket bei einer anderen Fluggesellschaft kaufen.

Banken am Pranger

Diese rüde Behandlung argloser Swissair-Kunden schadete allerdings auch dem Bankgewerbe, das bisher als einer der wichtigsten Wirtschaftszweige der Schweiz besondere Protektion genossen hatte. Jetzt standen die großen Kreditinstitute am Pranger. Ein Sturm der öffentlichen Empörung brach los – in den auch die Politik, die sich von den Banken über den Tisch gezogen fühlte, einstimmte. Der Bundespräsident und sein Finanzminister drängten den Banken eine Beteiligung der Eidgenossenschaft an der dringend benötigten Finanzspritze geradezu auf: Die Hälfte der zur Aufrechterhaltung des täglichen Flugbetriebs fehlenden 250 Millionen Franken wollten sie zur Verfügung stellen.

Der UBS-Chef reagierte erst, als es zu spät war, um die letzte Blamage für die Swissair doch noch zu verhindern. In den Schweizer Medien entlud sich die Wut von Volk und Regierung auf die Banken, allen voran auf die UBS, die allein im Jahr 2000 einen Gewinn im operativen Geschäft von 7,8 Milliarden Franken erzielt hatte. Damit wäre auch die Zahlung der 125 Millionen Franken für die Aufrechterhaltung des Flugbetriebs der Swissair dringewesen, meinten die Kommentatoren in der Schweizer Presse.

Der in Zürich erscheinende *Tagesanzeiger* kommentierte am 3. Oktober das Ereignis: »Noch nie seit Bestehen des Bundesstaates ist eine demokratisch gewählte Regierung in der Schweiz von einem Bankier so gedemütigt worden wie am 2. Oktober. (...) Die Öffentlichkeit wurde hinters Licht geführt. Die Banken nahmen das in Kauf – was vielleicht umso leichter fiel, als damit gekaufte Tickets von bis zu einer Milliarde Franken in der Konkursmasse versinken. (...) Man fragt sich, wo leben diese Menschen? Dass sie politisch längst Abschied genommen haben von diesem Land, ahnte man. Doch mit einer solch brutalen Offenheit haben sie es dem Stimmvieh noch nie vermittelt. Dass sie aber auch als Unternehmer in andere Dimensionen aufgestiegen sind, wo keine Kunden mehr leben, sondern bloß nützliche Idioten, war weniger bekannt.«[19] Die Schweiz sei jetzt »eine Bananenrepublik«[20] befand das Boulevard-Blatt *Blick*.

Natürlich waren nicht nur die Passagiere vom harten Kurs der Banken betroffen. Die 63.000 Aktionäre erlitten ebenfalls einen Totalschaden. Als der Handel der Swissair-Aktien am 3. Oktober wieder aufgenommen wurde, war das Papier gerade mal 1,27 Franken wert. Im Juni 2001 wurde der einstige Blue Chip der Schweizer Börse noch mit 140 Franken bewertet. Der Verlust hatte eine Größenordnung erreicht, wie es sie sonst nur am Neuen Markt bei Internetpapieren gab: satte 91 Prozent.

Auch die Swissair-Mitarbeiter mussten nicht nur um ihre Jobs bangen – etwa ein Drittel der Stellen bei der Fluggesellschaft sollen wegfallen –, sondern auch um ihre Ersparnisse. Jahrelang hatten sie ihre Löhne bei der hauseigenen Depositenkasse angelegt. Nach der Übernahme ließen die neuen Eigentümer UBS und CSG die Gelder bis auf 5.000 Franken pro Person blockieren. Die Vereinigung des Cockpitpersonals schätzt das aktuelle Guthaben der Depositenkasse auf rund 90 Millionen Franken.

Abgesahnt: wie die Banken Ostdeutschland plünderten

Zwischen den Bildern liegen Welten: Berlin im November des Jahres 1989 – jubelnde Menschenmassen am Brandenburger Tor, Bananen, Rotkäppchen Sekt und Freudentränen. Vier Jahre später in Bischofferode – verbitterte Mienen, Protestmärsche, Hungerstreik, Trauer und Wut.

So hatte sich keiner der Kumpel sein Leben im gelobten Land, im vereinten Deutschland, vorgestellt. Und bis heute hat sich die Wirtschaft in Ostdeutschland nicht von dem Schock nach der Wende erholt.

Mit dem Zusammenbruch des Zeppelin-Bauers Cargolifter ist im Sommer 2002 wieder ein Hoffnungsträger im industrieschwachen Osten ausgefallen. Der Niedergang des jungen ostdeutschen Unternehmers Stefan Schambach, dessen Unternehmen Intershop binnen eines Jahres vom Börsenliebling zum Schmuddelkind des Neuen Marktes mutierte, bestärkt die Menschen dort nur in ihrer Überzeugung, dass sie kaum Chancen haben, im Haifischbecken der westdeutschen Industriegesellschaft mitzuschwimmen.

Das verkaufte Land

Viele Ostdeutsche haben mittlerweile begriffen, dass sie heute in einem verkauften Land leben, dass ihre Fabriken entweder geschlossen wurden oder aber westdeutschen Unternehmern und Banken gehören, dass ihre Wohnungen von westdeutschen Besserverdienern mittels Steuerabschreibungen finanziert werden, dass sie strampeln müssen, um auf einen grünen Zweig zu kommen. Gerade mal 26 Prozent der Ostdeutschen leben in den eigenen vier Wänden – im Westen sind es 44 Prozent.

Zu den finstern Kapiteln der deutschen Wiedervereinigung zählt die Abwicklung der maroden DDR-Wirtschaft durch die eigens für diesen Zweck geschaffene Treuhandanstalt. Von Oktober 1990 bis Dezember 1994, als das offizielle Ende der Privatisierungsbehörde gekommen war, wurden 75 Prozent der volkseigenen Betriebe und Kombinate zerschlagen, verscherbelt oder platt gemacht.

Insgesamt 40.000 Vereinbarungen zur Privatisierung von ganzen Unternehmen oder Betriebsteilen wurden abgeschlossen, 3.700 Betriebe abgewickelt oder liquidiert. Viele mussten sterben, weil die westdeutsche Industrie keine neue Konkurrenz wünschte oder die Banken kurzen Prozess machten.

Kahlschlag im Osten

Die Zahl der Beschäftigten in den Unternehmen, die die Treuhand übernommen hatte, war zwischen Ende 1990 und Ende 1993 von über drei Millionen auf unter 380.000 gefallen – ein Rückgang um knapp 90 Prozent. Wenn alle ausgegliederten, umstrukturierten und neu geschaffenen Arbeitsplätze in privatisierten und neu gegründeten Firmen gegen gerechnet werden, bleibt immer noch ein Beschäftigungsdefizit von 40 Prozent.

Von den Unternehmen, die die Radikalkur der Treuhandprivatisierung überlebt haben, gehörten Ende der 90er Jahre gerade mal sechs Prozent ostdeutschen Unternehmern, etwa 85 Prozent gingen an westdeutsche und gut neun Prozent an ausländische Investoren – vor allem an Europäer: Franzosen, Schweizer, Briten, Österreicher und Niederländer. Aber auch US-Firmen haben sich im Osten eingekauft.

Im Rückblick gilt der Abbruch der ostdeutschen Volkswirtschaft bei Unionspolitikern, Liberalen und der Wirtschaft im Westen als beispiellose Erfolgsgeschichte. Für den Münchner Wirtschaftswissenschaftler Hans-Werner Sinn hingegen war die Privatisierung der maroden DDR-Betriebe »die größte Demontage einer Industrienation in Friedenszeiten«.[21] Die Industrieproduktion in Ostdeutschland wurde auf ein Drittel reduziert, das Sozialprodukt fast halbiert.

Die Währungsunion im Juni 1990 und die Last der Altschulden minderten die Attraktivität der Ost-Betriebe. Einer Gesamtentschuldung aller Unternehmen mochte die Bundesregierung Anfang der 90er Jahre nicht zustimmen – trotz heftiger Kritik von Wirtschaftsexperten wie dem FDP-Ehrenvorsitzenden Otto Graf Lambsdorff. Der wollte verhindern, dass den Betrieben der DDR eine gewaltige Verschuldung von 400 Milliarden DM aufgeladen wurde, die ihre Wettbewerbsfähigkeit nur weiter verschlechterte. Doch Finanzminister Theo Waigel blieb bei seinem Veto, »um eine stärkere Anpassung an die Wettbewerbsfähigkeit rechtzeitig herbeizuführen«[22]. So trug die kompromisslose Haltung der Bundesregierung dazu bei, dass die ostdeutschen Arbeitnehmer von ihrer 40-jährigen Aufbauarbeit gar nicht profitieren konnten, und genau genommen ein zweites Mal enteignet wurden.

Ausverkauf im großen Stil

Nur 2.800 Firmen aus dem Treuhandbesitz wurden im Rahmen eines Management-Buy-outs (MBO) von den heimischen Führungskräften übernommen. »Die Ostdeutschen sind doch nicht in der Lage, die Investments aufzubringen«[23], befand der liberale Bundeswirtschaftsminister Günter Rexrodt 1994. »Kapital gab es nur im Westen«[24], erklärte Manfred Schüler in seiner Funktion als Verwaltungsratspräsident der Bundesbehörde für

Vereinigungsbedingte Sonderaufgaben (BVS), die das Erbe der Treuhandanstalt übernommen hat.

Dabei war an Geld kein Mangel – wenigstens nicht zu Hochzeiten der Treuhandanstalt. Zwischen 1990 und 1993 wurden pro Tag 170 Millionen DM für Sanierung und Abwicklung ausgegeben. Die Einnahmen beliefen sich hingegen im Schnitt auf 25 Millionen DM, wie der damalige Finanzchef Heinrich Hornef seinen Vorstandskollegen vorrechnete. Westdeutsche und ausländische Investoren konnten bei ihren Vorhaben von ansehnlichen Staatszuschüssen profitieren.

Ostdeutsche Bewerber durften die 22.000 Kleinbetriebe, Gaststätten und Einzelhandelsgeschäfte übernehmen, wenn es jedoch um die großen Brocken ging, hatten sie kaum eine Chance.

Die frisch gebackenen Unternehmer scheiterten oft schon an der ersten Krise, weil ihnen Reserven fehlten. Nach Angaben der Deutschen Ausgleichsbank hatte fast ein Viertel der ostdeutschen Unternehmen 1994 eine ständig existenzgefährdende Eigenkapitalquote von ein bis neun Prozent, jeder zweite dieser Betriebe sei »überfordert«.[20]

Raubzug der Banken

Den größten Gewinn aus der Wiedervereinigung zogen allerdings die westdeutschen Banken. Eine fettere Beute gab es wohl nie zuvor in der deutschen Nachkriegswirtschaftsgeschichte: Das komplette Bankensystem eines ganzen Staates – rund 180 Milliarden Ostmark Spareinlagen und die Schulden der Deutschen Staatsbank in Höhe von 233 Milliarden Ostmark – war im Schnäppchenmarkt der Deutschen Einheit im Angebot. Die westdeutschen Kreditinstitute ließen sich nicht lange bitten.[25]

Die Staatsbank-Nachfolgerin Deutsche Kreditbank teilten sich Deutsche Bank und Dresdner Bank. Um die Berliner Bank nicht zu benachteiligen, wurde das Hauptstadtgeschäft der einstigen DDR-Zentralbank dem Berliner Institut zugeschanzt. Die Provinzbank mutierte von einem Tag zum andern zur Großbank. Für zwölf Milliarden DM Bilanzsumme mussten die Berliner die lächerlich geringe Summe von 49 Millionen DM bezahlen. Der Kaufpreis war in wenigen Wochen wieder eingespielt.

Die WestLB brachte die DDR-Außenhandelsbank Daba in ihre neue Tochtergesellschaft, die Deutsche Industrie- und Handelsbank, ein. Schon in den ersten sechs Monaten der Währungsunion kassierte die junge Banktochter über 20 Millionen DM an Zins- und Provisionsüberschuss. Die ehemalige gewerkschaftseigene Bank für Gemeinwirtschaft, die mittlerweile vom Skandinavischen Geldkonzern SEB übernommen wurde, durfte über 60 Prozent der Deutschen Handelsbank mit einer Bilanzsumme von 14 Milliarden DM nebst Beteiligungen einheimsen – zum Spottpreis von 225 Millionen DM.

Unglaubliche Geschäfte

Wie derartige Übernahmen dann abliefen, schilderte das Hamburger Nachrichtenmagazin *Der Spiegel* am Beispiel der DG Bank. »Schon zu Jahresanfang 1990 hatte die Frankfurter Großbank, Spitzeninstitut der westdeutschen Volks- und Raiffeisenbanken, ihren Fang geortet: die frisch umgetaufte Genossenschaftsbank Berlin (GBB), bis dahin als Bank für Landwirtschaft und Nahrungsgüterwirtschaft im deutschen Osten aktiv.«[26]

In bester Eintracht wurde damals ein positiver Saldo der GBB von rund 700 Millionen DM bilanziert. Das sollte der Kaufpreis sein. Davon zahlten die Frankfurter 100 Millionen DM in bar. Für den Rest schoben sie Anteile am Eigenkapital über den Tisch. Die Papiere, Nennwert 120 Millionen DM, wurden auf einen Marktwert von 600 Millionen DM geschätzt. Alle Aktiva und Passiva, die 14 Bezirksdirektionen und etwa 800 Mitarbeiter der GBB waren damit bezahlt.

»Wegen unseres Förderauftrags zugunsten der Landwirtschaft«, behauptete DG-Bank-Vorstandsmitglied Heiko Bruns im *Spiegel*, »gewissermaßen aus Menschlichkeit«, habe man »das Ganze übernommen«.[27] In Wahrheit war es ein unglaubliches Geschäft.

16 Milliarden DM an Forderungen gingen an die DG Bank, für die sie ab sofort (Ziffer 2 des Übernahmevertrags: »Mitabgetreten werden sämtliche Zinsansprüche«) zehn bis elf Prozent Zinsen kassieren konnte.

Die Spareinlagen auf der anderen Seite der Bilanz wurden mit fünf Prozent abgefunden.

Bereicherung auf Staatskosten

Die westdeutschen Kreditinstitute haben die Banken der ehemaligen DDR nicht nur zu allerbesten Konditionen geschluckt, der wirkliche Reibach lag in der Übernahme der Kreditforderungen der Institute gegenüber den alten Kombinaten und Betrieben in Milliardenhöhe. Die Forderungen, die die westdeutsche Kreditwirtschaft von den Nachkommen der sozialistischen Planwirtschaft eintreiben konnte, bewegten sich in der beträchtlichen Größenordnung zwischen 150 und 200 Milliarden DM.

Diese Kredite versuchten die Banken einzufordern oder sie zu marktüblichen Zinsen weiterlaufen zu lassen. Ein glänzendes Geschäft: Bei einem Kreditzinssatz von damals zehn Prozent brachten 150 Milliarden DM Altschulden, bei Refinanzierungskosten von sechs bis sieben Prozent einen »Zinsüberschuss« von mehr als fünf Milliarden DM im Jahr. Das Risiko war gleich Null, weil Forderungsausfälle – wenn etwa der Kreditnehmer den Schuldendienst nicht mehr leisten konnte – die Bundesregierung übernahm. Diese Garantie musste der damalige Bundesfinanzminister Theo Waigel den westdeutschen Geldhäusern einräumen, um die Banken von der Sorge vor faulen Krediten zu befreien. Den Banken wurde die Bezahlung der Außenstände samt aufgelaufener Zinsen über den Ausgleichsfonds des Bundes zugesichert.

Die Banken hatten mit der Übernahme der DDR-Altlasten »eine Lizenz zum Gelddrucken«[28] erhalten, wie *Der Spiegel* süffisant anmerkte.

Mängel im Einigungsvertrag ausgenutzt

Nach Ansicht vieler westdeutscher Kritiker war dies einer der schwerwiegendsten Fehler im Einigungsvertrag: Westdeutsche Banken wurden begünstigt, die ostdeutschen Betriebe hingegen abgezockt.

Im Nachhinein ist vielen Beteiligten klar geworden, dass die Ost-Schulden nicht mit den West-Schulden vergleichbar waren und deshalb auch anders hätten behandelt werden müssen. In der sozialistischen Planwirtschaft waren Kredite Steuerungsinstrumente der Regierung. Staatsbankkredite wurden auf die Konten von Industriekombinaten verbucht. Die ehemalige DDR-Regierung kassierte die erwirtschafteten Gewinne der Staatsbetriebe, Rücklagen für Investitionen waren nicht gestattet. Wenn die Kombinate neue Maschinen brauchten, mussten sie Kredite aufnehmen, oft mussten sie sich aber auch verschulden, obwohl sie keinen Kapitalbedarf hatten.[29] So konnte sich der Finanzminister im real existierenden Sozialismus direkt am Volksvermögen bedienen, wenn er Geld brauchte. Nach der Währungsunion wurden Kredite, die eigentlich Staatsschulden waren, zu Lasten der Betriebe verbucht, weil die westdeutsche Bundesregierung ihre offizielle Schuldenlast klein halten wollte.

Ein gigantischer Schuldenberg

Nach diesem Prinzip wurde auch im ostdeutschen Wohnungsbau verfahren: Nur ein Fünftel der Kosten kam über die staatlich fixierten Mieten herein. Die Differenz wurde über Zuschüsse aus dem DDR-Haushalt und Kredite bei der Staatsbank ausgeglichen. Zins und Tilgung für diese Schulden übernahm – bis auf ein Prozent – der Staat.[30]

Bis zur Wende mussten sich die kommunalen oder genossenschaftlichen Wohnungsunternehmen nicht um ihre Schulden kümmern – zuletzt waren insgesamt 72 Milliarden DDR-Mark aufgelaufen. Doch nach der Währungsumstellung wurden diese Lasten im Verhältnis eins zu zwei in harte DM umgetauscht. Die ostdeutsche Wohnungswirtschaft stand auf einmal mit 36 Milliarden DM bei der Deutschen Kreditbank und der Berliner Stadtbank in der Kreide. Die verlangten nun die damals üblichen Marktzinsen – über zehn Prozent. Für die betroffenen Unternehmen war das ein kaum zu verkraftender Schock, im real existierenden Sozialismus waren nur 2,5 Prozent berechnet worden.

Die Folge: Viele Betriebe in den neuen Ländern hatten wegen der alten Schulden keine Chance, die westdeutschen Banken dagegen konnten satte Gewinne vorweisen: So konnte die DG-Bank ihren Zinsüberschuss von 362 Millionen DM im Jahr 1990 binnen zweier Jahre bis 1992 auf 692 Millionen fast verdoppeln.

Der ausgewiesene Zinsüberschuss der Dresdner Bank kletterte in den Jahren von 1990 bis 1992 um über eine Milliarde DM, bei der Branchenführerin Deutsche Bank gar um mehr als zwei Milliarden DM.

Solidaritätszuschlag für die Banken

Im Osten wuchsen derweil die Schulden. Wer zahlungsunfähig war, konnte seine Schulden stunden lassen, da verhielten sich die Banken großzügig. Schließlich erhöhten sich ihre Forderungen durch die laufenden Zinsen stetig und der Staat garantierte zudem noch die Rückzahlung. Die Lage der Schuldner wurde immer trostloser.

Abgezockt wurden allerdings nicht nur die Ost-Unternehmen, sondern auch die Steuerzahler. Was die westlichen Kreditinstitute bei einem Pleitebetrieb der Ex-DDR nicht mehr herausholen konnten, wurde ihnen aus der Staatskasse, das heißt dem Steueraufkommen, erstattet. So alimentierten die Deutschen nach der Einführung des Solidaritätszuschlags mit dieser Sondersteuer weniger die Wirtschaft in Ostdeutschland als die Gewinne der Großbanken.

An der Rechtmäßigkeit dieses Systems gab es zumindest juristisch keine Zweifel, der Bundesgerichtshof stellte Ende Oktober 1993 fest: Es sei Sache des Gesetzgebers gewesen, grundsätzlich darüber zu entscheiden, welchen Einfluss der Wechsel des Wirtschaftssystems auf die Verbindlichkeiten aus DDR-Zeiten haben sollte.

Ein Jahr später, im Wahljahr 1994, dämmerte es sogar dem in Wirtschaftsfragen wenig bewanderten Bundeskanzler Helmut Kohl, wie gnadenlos die Bundesregierung vom westdeutschen Kreditgewerbe über den Tisch gezogen worden war. Bei einem Treffen der westdeutschen Konzernbosse mit Kanzler und Ministern griff Kohl die Herren aus der Geldwirtschaft frontal an: Sie sollten sich auf ihre Verantwortung gegenüber dem Gemeinwesen besinnen und sich stärker in Ostdeutschland engagieren, forderte Kohl. Gegenüber der Deutschen Bank wurde er noch deutlicher: »Das gelte vor allem für die Bank, die den Namen unseres Volkes trägt.«[31] Genützt hat die Kanzler-Schelte herzlich wenig.

Pleitewelle im Osten

Die Lage der jungen ostdeutschen Firmen ist noch heute fragiler als im Westen. Viele der rund 500.000 Neuunternehmer, die sich nach der Wende mit viel Idealismus, großen Hoffnungen und wenig Eigenkapital selbstständig gemacht haben, gibt es nicht mehr.

Die Pleitewelle erfasste alle Bereiche, doch am härtesten schlug sie über der Bauwirtschaft zusammen. Darlehen für ostdeutsche Baufirmen gelten als sehr riskant und werden offenbar nur noch in Ausnahmefällen gewährt.

Unternehmensberatern sowie Industrie- und Handelskammern bereitet die restriktive Kreditvergabe des Bankgewerbes erhebliche Sorgen: »Da gehen unter Umständen mehr Unternehmen als nötig kaputt.«

Nachdem viele Kredite notleidend geworden und viele Baufinanzierungen zusammengebrochen sind, rücken die Banken nicht nur weniger Kredite heraus, immer häufiger werden auch Umschuldungen verweigert. Viele Institute haben sogar noch an der Notsituation ihrer Kunden verdient – und zwar mit immer neuen Erfindungen bei der Kreditvergabe. Eine davon heißt »Tilgungsstreckungskonto«.

Dieses Folterinstrument wurde Mitte der 90er Jahre erfunden, als viele öffentliche Darlehen wie die ERP-Kredite, für die in den ersten zehn Jahren fast nur Zinsen zu zahlen und wenig Tilgung zu leisten war, mit hohen Tilgungsraten zurückgezahlt werden mussten. Die ursprüngliche Annahme, dass sich die Gewerbetreibenden nach zehn Jahren etabliert hätten und dann auch die hohen Tilgungsraten leichter verkraften könnten, hatte sich nicht erfüllt. Die meisten Betriebe im Osten konnten sich Ende der 90er Jahre nur mit Mühe über Wasser halten. Damit sie nicht sofort pleite gingen, boten ihnen die Banken an, die Tilgung ganz oder teilweise zu übernehmen. Dafür freilich häufen sich wiederum neue Schulden inklusive Zinsen an – auf dem so genannten Tilgungsstreckungskonto.

Die Zinsknechtschaft – wie der Finanzwissenschaftler Wilhelm Hankel das Geschäftsgebaren der westdeutschen Banken einst nannte – wird dadurch fortgesetzt – bis der Insolvenzverwalter sie eines Tages dann doch beendet.

Die überforderten Kontrolleure

Wer zählt die Posten, wer kennt die Honorare, die deutsche Bankmanager in zahlreichen Unternehmen abkassieren. Die Ämterfülle der Banker führt entweder zu mangelnder Aufsicht oder zu einem gefährlichen Hineinregieren in die Unternehmensführung und manchmal zu Insiderwissen, das schamlos ausgenutzt wird. Die Folge sind immer mehr Unternehmensschieflagen, die bei besserem Management und sorgfältigerer Aufsichtsrattätigkeit hätten vermieden werden können. Die Zeche zahlen am Ende die Arbeiter und Angestellten, die durch Firmenpleiten ihren Arbeitsplatz verlieren.

Als der frühere Deutsche-Bank-Chef Rolf E. Breuer am 4. Februar 2002 in einem Interview des Börsensenders Bloomberg TV die deutsche Kreditwirtschaft warnte, weitere Kredite an den Münchner Medienmogul Leo Kirch zu geben, war es wieder einmal so weit: Der Primus im deutschen Kreditgewerbe hatte ein Tabu gebrochen, einen Skandal ausgelöst. Als in den Wochen danach die Kirch-Gruppe wie ein Kartenhaus einstürzte, erhielt die alte Diskussion über die Rolle der Banken in der deutschen Wirtschaft neue Nahrung.

Angesichts des Medienrummels erklärte Breuer, dass er missverstanden und das Zitat aus dem Zusammenhang gerissen worden sei. Überdies habe er nicht in seiner Eigenschaft als Chef der Deutschen Bank gesprochen, sondern als Präsident des Bundesverbands Deutscher Banken. Doch die nachgeschobenen Rechtfertigungen halfen nicht. Die Deutsche Bank war wieder einmal ins Fettnäpfchen getreten. Der Chef höchstpersönlich hatte das oberste Gebot im Geldgewerbe, absolute Diskretion über Kundenbeziehungen zu wahren – und Kirch war als Kreditnehmer nun einmal Kunde der Deutschen Bank – verletzt. Das war, darin bestand weitgehende Einigkeit in der deutschen Wirtschaft, ein grober Fehler, ein unverzeihlicher Faxpas.

So etwas kann einem erfahrenen Banker eigentlich nicht passieren. Schon gar nicht einem Spitzenmann wie Breuer, der nach dem Abschied aus dem aktiven Managerleben seine steile Karriere sogar mit dem Vorsitz im Aufsichtsrat von Deutschlands bedeutendstem Bankhaus krönen darf. Flugs unterstellten viele Kommentatoren dem Banker eine Absicht. Er habe Kirch vorsätzlich diskreditiert, um noch einmal ordnend in das deutsche Wirtschaftsgefüge einzugreifen, in diesem Fall um die Medienbranche von einem unsicheren Kantonisten zu befreien und die Medienmacht des konservativen Kirch zu brechen.

Eine waghalsige Theorie, die den Banker Breuer in die Rolle eines industriepolitischen Strategen manövriert. Doch wie die darauf folgenden Wochen zeigten, wollte keiner das überschuldete Kirch-Imperium zerschlagen oder gar retten. Weder der gefürchtete Kirchrivale Rupert Murdoch, dessen Konzern auch mit Morgan Grenfell, der Investmentbank-Tochter der Deutschen Bank, zusammenarbeitet, noch irgendein anderer erzkonservativer Potentat wie der italienische Staatspräsident und Medienmagnat Silvio Berlusconi. So war Breuers Lapsus doch nur eine Panne. Ein Fehltritt wie er eben passiert, wenn Manager großer Konzerne durch ihre Aufgabenfülle überfordert sind.

Gierige Postensammler

Dass es gerade im deutschen Bankgewerbe viele überforderte Manager gibt, daran besteht wohl kaum ein Zweifel. Denn Deutschlands Spitzenbanker regieren nicht nur ihre Konzerne mit Tausenden von Mitarbeitern in aller Welt, schieben Milliardensummen von Anlegerkapital rund um den Globus und reden auch sonst überall mit – mal über Aufsichts- oder Beiratsmandate, mal über verschleierte oder direkte Beteiligungen. Kaum ein Großunternehmen, in dem sie nicht mit der mächtigen Versicherungswirtschaft im Hintergrund mitbestimmen, wer die Firma führen darf, in welche Bereiche investiert wird oder welche Zukunftstechnologien erforscht werden. Sie verdienen mit, wenn Kredite gebraucht oder Aktien ausgegeben werden. Nur zu gern sind sie dabei, wenn Firmen akquiriert oder verkauft werden.

Weil sich diese Geschäfte so bequem und honorig aus der Position eines Aufsichtsrats heraus anbahnen lassen, sind alle Banker auf diese Posten erpicht. Besonders eifrig aber sammeln die Vorstände der Deutschen Bank die teilweise ansehnlich dotierten Kontrollmandate ein. Die Führungspitzen des größten deutschen Finanzinstituts sitzen in mehr als 500 Aufsichts- und Beiräten. Das Spektrum reicht von Daimler-Benz und Volkswagen über Siemens, Lufthansa, Thyssen und Krupp-Hoesch bis hin zu Linde oder der Metallgesellschaft (MG). Breuers Vorgänger Hilmar Kopper hatte sogar gelegentlich Mühe, sich seine einzelnen Verpflichtungen zu merken.

Nicht nur der frühere Chef der Deutschen Bank war bisweilen mit dem Behalten und Verwalten seiner Mandate überlastet. Auch seine Kollegen waren gut beschäftigt mit ihren Kontrollaufgaben in der Industrie – zusätzlich zu ihren Aufgaben in der Bank. Als den Duisburger Handelskonzern Klöckner & Co. riskante Ölspekulationsgeschäfte in die Schieflage trieben, saß der damalige Deutsche-Bank-Vorstand Ulrich Cartellieri im Aufsichtsrat. Als die Stahlfirma Klöckner-Werke AG vor dem Konkurs stand, war sein Kollege Rolf E. Breuer im Kontrollorgan.

Unheimliche Aufgabenfülle

Neben seinen Aufgaben als Vorstandssprecher der Deutschen Bank leitete das CDU-Mitglied Breuer auch den Aufsichtsrat der Deutschen Börse AG, kontrollierte den Energieversorger e.on AG, Europas größten Medienkonzern, die Bertelsmann AG, die Siemens AG, die Deutsche Lufthansa AG sowie die Münchner Rückversicherungsgesellschaft AG. Zudem ist er Mitglied im Board of Trustees der internationalen Unternehmensvereinigung »The Conference Board« und Präsident des Bundesverbands deutscher Banken.

Doch mit der Kontrolle geben sich die Banker nicht zufrieden. So richtig in ihrem Element sind sie erst, wenn sie über Beteiligungen im großen Stil Industriepolitik betreiben können. Zu den Stars in dieser Sparte gehörte auch der frühere WestLB-Chef Friedel Neuber, der einst die Chartergesellschaft LTU, die Kaufhaus-Tochter ITS und den größten europäischen Reiseveranstalter TUI kontrolliert hatte. In der Wachstumsbranche Tourismus ging nichts mehr ohne ihn.

Insgesamt hielten deutsche Kreditinstitute Ende der 90er Jahre bei 4.310 branchenfremden Unternehmen Beteiligungen von zehn Prozent und mehr. Die Versicherungen beteiligten sich an rund 1.000 Firmen. Um das Machtgefüge dicht und die Zahl der Beteiligten klein zu halten, sind Überkreuzverbindungen die Regel. Schon vor der Übernahme der Dresdner Bank durch die Allianz waren die personellen Verflechtung eng. So saß der ehemalige Allianz-Chef Wolfgang Schieren im Aufsichtsrat der Dresdner Bank. Ex-Dresdner-Boss und MG-Aufsichtsratsvorsitzer Wolfgang Röller kontrollierte Europas größten Versicherungskonzern mit. Die Allianz war an der Bank beteiligt.

Geschlossene »Deutschland AG«

Gegen solche Klammergriffe muckt die deutsche Großindustrie nicht auf – im Gegenteil: »Zwischen der deutschen Industrie und der Kreditwirtschaft hat sich ganz überwiegend eine fruchtbare Zusammenarbeit und Machtbalance herausgebildet«[1], erklärte der Bundesverband der Deutschen Industrie (BDI).

Doch welcher Topmanager, Unternehmer oder Verbandspräsident kann es sich schon leisten, gegen die Götter des Geldes zu opponieren? Beteiligte wie Betroffene wissen, dass Schweigen Gold, Reden aber schnell das Ende einer Karriere bedeutet.

Kritik an dem Kuschelclub der Kontrolleure kam in den vergangenen Jahren dagegen aus Politik, Medien, von Aktionärsschützern und Wirtschaftswissenschaftlern sowie aus dem Ausland: »Das undurchschaubare Netz zwischen Wirtschaft, Banken und Versicherungen«[2] schade dem Ansehen Deutschlands in der Welt, fürchtet etwa der Hamburger Professor Michael Adams. Im Ausland gibt es längst einen Namen für die allzu engen Verflechtungen zwischen Geldgewerbe und Industrie. Das wenig schmeichelhafte Wort von der »geschlossenen Gesellschaft« oder der »Deutschland AG« hat vor allem im Ausland einen bitteren Beigeschmack.

Dass der Einfluss der Banken auch im Inland keine segensreiche Wirkung entfaltet, zeigen die großen Pleiten, Beinahekon-

kurse und Pannen der vergangenen zehn Jahre: Die Namen
Holzmann, Deutsche Börse AG (DBAG), Metallgesellschaft,
Schneider und Thyssen/Krupp stehen für die Schattenseiten der
von den Banken dominierten Deutschland AG.

Auf Sand gebaut:
der Einsturz der Philipp Holzmann AG

So manchem Banker, der am 21. März 2002 einen Blick aus seinem eleganten Hochhausbüro im Frankfurter Finanzdistrikt
riskiert hat, dürften die Szenen, die sich unten auf der Straße
abspielten, ein Déjà-vu-Erlebnis beschert haben. Sie blickten auf
einen Zug von rund 500 verzweifelten Bauarbeitern der Philipp
Holzmann AG, die mit Trillerpfeifen und Fahnen noch einmal
die Aufmerksamkeit der Geldmanager auf ihre Existenznöte
lenken und an das Gewissen der Frankfurter Banker appellieren
wollten: »Holzmann muss leben«, beschworen die Demonstranten immer wieder. »Bei so vielen bedrohten Arbeitsplätzen
darf es nicht nur um das Geld gehen«, mahnte der stellvertretende Betriebsratsvorsitzende des angeschlagenen Baukonzerns bei
einer Kundgebung vor dem Portal der Dresdner Bank.

Die Banken senken den Daumen

Das gab es schon einmal: Im November 1999 hatten sich die Holzmann-Mitarbeiter ebenfalls bis zur Höhle der Kreditlöwen vorgewagt und für den Erhalt des Traditionsunternehmens demons-
triert. Auch damals hatten sich die Kreditmanager der deutschen
Großbanken stur gestellt. Erst als der Kanzler kam und 250 Millionen DM als Sonderkredite und Bürgschaften aus Steuermitteln
zur Verfügung stellte, konnten sich die Banker an ihre soziale Verantwortung erinnern: Holzmann durfte weitermachen.

   Doch dieses Mal war alles anders. Gerhard Schröder kam
nicht und die Banken – allen voran Commerzbank, Dresdner
Bank und HypoVereinsbank senkten am 20. März 2002 den
Daumen. Um 17.09 Uhr des folgenden Tages stellte der Baurie-
se, der vor mehr als 153 Jahren gegründet wurde, den Antrag auf

Insolvenz wegen Zahlungungsunfähigkeit. 23.000 Arbeitsplätze im In- und Ausland stehen auf der Kippe.

Die Belegschaft ist wütend und frustriert. Viele von den 10.000 in Deutschland Beschäftigten haben kaum Chancen auf einen neuen Job, die Bauwirtschaft steckt in einer schweren Krise. 85.000 Arbeitsplätze sind allein im vergangenen Jahr durch Pleiten von kleinen und mittleren Betrieben verloren gegangen.

Besonders bitter für die Holzmann-Mitarbeiter ist, dass das Überleben des Konzerns an einer Finanzspritze von nicht einmal 200 Millionen Euro hing. Rund 100 Millionen Euro hatten ausländische Investmenthäuser bereits zugesagt. Den von Bundeskanzler Schröder 1999 versprochenen Kredit und die Bundesbürgschaft hatte der Konzern nicht einmal in Anspruch genommen. Das von der Kreditanstalt für Wiederaufbau bereitgestellte Darlehen von 150 Millionen DM ist verfallen. Die Bundesbürgschaft von 100 Millionen DM konnte Holzmann nicht in Anspruch nehmen, weil erst die laufenden Bankkredite ausgeschöpft werden müssen.

Ein Denkzettel für die Deutsche Bank?

Viele Mitarbeiter des einstigen Branchenführers werden deshalb den Verdacht nicht los, dass sie zum Spielball eines besonders perfiden Machtgerangels in der deutschen Bankenwelt geworden sind. So wollte die Deutsche Bank dem Konzern, der 2001 einen Verlust von 237 Millionen Euro erwirtschaftet hat, noch eine Überlebenschance gewähren und hatte sogar ein weiteres Sanierungskonzept vorgelegt. Doch Commerzbank, Dresdner Bank und die HypoVereinsbank ließen den Branchenführer im Geldgewerbe hängen.

War die Verweigerung der Konkurrenten am Ende gar ein Denkzettel für das Debakel um Kirch, bei dem die Deutsche Bank das Startsignal für die Zerschlagung des Imperiums gegeben hatte? Nach dem Motto: Schlägst du unseren Kirch, hauen wir deinen Holzmann? Die Deutsche Bank handelte im Fall des Münchner Medienunternehmens aus einer relativ gut gesicherten Position: Sie hatte ihre Kredite an den Medienmogul mit dessen Anteil am Springer-Verlag abgedeckt. Die anderen Kirch-Gläubiger-Banken stehen weniger gut da.

Bei Holzmann hingegen steckt Deutschlands größtes Geldhaus in der Bredouille: Die Bank hat nicht nur die meisten Kredite gegeben, insgesamt sollen es 320 Millionen Euro gewesen sein, sie ist mit einem Anteil von 28 Prozent auch der Großaktionär bei Holzmann – der belgische Gevaert-Konzern hält noch einen Anteil von 13 Prozent.

War die Rettungsaktion im November 1999 nicht doch nur ein Aufschub gewesen, um den drohenden Zusammenbruch noch so lange hinauszuzögern, bis sich ein Käufer für den Anteil gefunden hat und die Bank aus dem Schneider gewesen wäre? Sollte im März 2002 also vor allem die Deutsche Bank in ihre Schranken gewiesen werden oder geht es vielleicht doch um eine aus rationalen Erwägungen notwendige Korrektur einer Fehlentscheidung?

Diese Fragen drängen sich nicht nur den Mitarbeitern der Philipp Holzmann AG auf. Zu viele Ungereimtheiten machen den Fall Holzmann auch zu einem Exempel für nachlässige Aufsicht und Kontrolle von Unternehmen und den Missbrauch von Bankenmacht.

Die Pleite bahnt sich an

Anzeichen für den Niedergang des alteingesessenen Baukonzerns gab es schon lange. Bereits 1995 geriet Holzmann in die Schlagzeilen: Schieflagen im Immobiliengeschäft mit leichtsinnig hohen Mietgarantien erforderten erhebliche Wertberichtigungen, Risikovorsorge und Ergebniskorrekturen von rund einer halben Milliarde DM, die den operativen Gewinn bei weitem übertrafen.

Ein Jahr später trübten Verluste bei der Holzmann-Tochtergesellschaft Deutsche Asphalt, den Niederlassungen in Sachsen und Thüringen sowie den Auslandsfirmen Nord France S.A. und Philipp Holzmann (Thai) Ltd. das Ergebnis. Die angekündigte Wende blieb aus. Der Konzern rutschte weiter ins Minus: Zum Betriebsverlust von rund 300 Millionen DM kamen noch weitere 700 Millionen DM an Abschreibungen, Forderungsverzichten, Wertberichtigungen und Strukturaufwendungen. Der Erlös aus dem Verkauf von Beteiligungen, Anlagevermögen und rund 4.000 Wohnungen konnte den Verlust nicht auffangen. Deshalb wurden Bewertungsspielräume von 432 Millionen DM genutzt. Durch diese Bilanzkosmetik wollte man Zeit gewinnen, um weitere Immobilien zu besseren Bedingungen veräußern zu können.

1997 beschleunigte sich die Talfahrt: Neue Verluste aus Frankreich und Thailand sowie Bilanzvorsorge addierten sich zu einem Defizit von 1,52 Milliarden DM. Der neue Aufsichtsratsvorsitzende Carl Ludwig von Boehm-Bezing, der immerhin seit 1992 als einfaches Mitglied in dem Gremium gesessen hatte, versprach den Aktionären, bei Holzmann aufzuräumen. Doch Boehm-Bezing war ein viel beschäftigter Mann, er gehörte insgesamt 19 Aufsichts- und Kontrollgremien an – darunter auch den Gremien von Schwergewichten wie dem italienischen Autobauer Fiat, dem neu fusionierten Stahlriesen Thyssen-Krupp und dem Energiekonzern RWE.

Zum Zeichen des Kurswechsels besetzte Boehm-Bezing, im Hauptberuf Vorstandsmitglied der Deutschen Bank und dort zuständig für die Immobiliengeschäfte, die Führungsspitze neu. Heinrich Binder, ein ehemaliger Manager der Deutsche-Bank-Beteiligung Metallgesellschaft wurde an die Spitze des Baukonzerns berufen. Ein fataler Missgriff, wie sich bald zeigen sollte.

Das Nachrichtenmagazin *Der Spiegel* schilderte Binders Wirken in dem schwer angeschlagenen Baukonzern folgendermaßen: »Auf Baustellen haben die Holzmänner ihren Vorstandschef Heinrich Binder nur selten gesehen … Den Respekt der Belegschaft verspielte der Jurist schon in den ersten Wochen seiner Amtszeit mit peinlicher Protzerei. Für seine Sekretärin belegte er ein ganzes Vorstandszimmer im teuer renovierten Stammsitz – trotz Platznot. Bei Dienstreisen bevorzugte er gern das erste Haus am Platz, mokieren sich Mitarbeiter.«[3]

Binder und seine Vorstandskollegen hätten – so *Der Spiegel* weiter – auch peinlich darauf geachtet, »in dem maroden Konzern nicht zu kurz zu kommen. Deshalb sicherten sie sich nach ihrem Eintritt in die Gesellschaft einen schönen Zusatzverdienst. Rainer Klee kassierte 1998 für Aufsichtsratsposten bei Holzmann-Töchtern 80.000 DM und 24.000 Dollar. Bei Johannes Ohlinger waren es noch 5.000 DM mehr. Je 30.000 DM strichen beide allein von der Philipp Holzmann Grundbesitz GmbH ein – dabei war die erst im Dezember gegründet worden. Bei der völlig maroden Bauprojekt GmbH gab es das gleiche Salär – ihre Vorgänger im Aufsichtsrat waren dagegen noch leer ausgegangen. Noch im Sommer bat auch Binder seinen Aufsichtsrat um mehr Geld. Die Kontrolleure gewährten ihm eine stattliche Tantieme – gerade noch rechtzeitig vor Bekanntwerden des 2,4-Milliarden-Lochs.«[4]

Und der Aufsichtsrat wusste von nichts

Während es sich Binder und seine Kollegen wohl ergehen ließen, kam der angeschlagene Konzern in immer größere Nöte. Die angekündigte Kehrtwende fand nicht statt. 1998 schließlich engagierte Aufsichtsratschef Boehm-Bezing die Wirtschaftsprüfungsgesellschaft Schitag Ernst & Young für ein Sondergutachten zur Lage von Holzmann.

Doch bevor die Ergebnisse öffentlich bekannt wurden, kam es am 15. November des Jahres 1999 zum ersten Crash bei dem Bauriesen. Per Ad-hoc-Meldung an die Börsen berichtete der Vorstand der Philipp Holzmann AG, dass es eine bedrohliche finanzielle Schieflage gäbe, die nur durch weitere Bankkredite behoben werden könne. Der Fehlbetrag belief sich auf 2,4 Milliarden DM, der Konzern war überschuldet, frisches Kapital von drei Milliarden DM war nötig, um den Riesen weiterhin am Leben zu halten.

Boehm-Bezing zeigte sich von der Entwicklung überrascht. Der damals 59-jährige Bankier lehnte jede Mitschuld am Desaster ab. Die Wirtschaftsprüfer seien zu kurz gesprungen, monierte der Jurist, sie hätten in ihrem im Mai 1999 präsentierten Zahlenwerk nicht die jüngsten Zahlen und Ergebniserwartungen, sondern nur die Verluste aus den Holzmann-Geschäften bis Ende 1997 geprüft. Das seien jedoch die bekannten Altlasten gewesen.

Die Prüfer kamen hingegen zu einem anderen Ergebnis, als sie auch die jüngsten Geschäfte der Holzmann AG begutachteten. Sie entdeckten weitere Fehlbeträge von 2,4 Milliarden DM, von denen der Aufsichtsratsvorsitzende trotz seiner langjährigen

Mitgliedschaft im Kontrollgremium nichts mit bekommen haben wollte.

Kein Hinweis auf Fehlbeträge?

Das konnten selbst gutwillige Kollegen kaum glauben, denn an Hinweisen auf erhebliche Verluste in dreistelliger Millionenhöhe hatte es bereits im Sommer 1999 nicht gefehlt. Dennoch wurden dem Kontrollgremium auf der Sitzung am 17. September nur die Geschäftsergebnisse bis 30. Juni 1999 vorgelegt, aber keine Prognosen über den Verlauf des restlichen Jahres und auch keine Hinweise über mögliche Fehlbeträge. Auf Nachfragen nach konkreteren Informationen hätte es keine Antwort gegeben, sagten Aufsichtsräte nach der Sitzung.

Auch zu jenem Zeitpunkt will der Aufsichtsratschef nichts von dem sich anbahnenden Desaster erfahren haben. Erst im November sei schließlich die gesamte Wahrheit auf den Tisch gekommen, weil er »sich so intensiv um Aufklärung gekümmert habe«, wie der Banker nicht müde wurde, immer wieder zu betonen. Nun sei, Holzmann aber »durchgeputzt, die Untiefen ausgelotet, der Unrat gefunden«[5], versprach der Oberkontrolleur den Vertretern der Banken, als sie am 19. November 1999 über die Lage des Konzerns berieten. Das Sanierungskonzept, das Vorstandschef Binder vorlegte, lehnten die Banken nach heftiger Diskussion jedoch ab. Binder musste am 23. November den Insolvenzantrag stellen. Die Mitarbeiter von Holzmann gingen auf die Straße.

Der Kanzler springt in die Bresche

Am 24. November 1999 nahte die Rettung: Bundeskanzler Gerhard Schröder versprach die Sonderkredite sowie eine Bundesbürgschaft. Die Banken beugten sich dem politischen Druck. Holzmann-Chef Binder zog den Insolvenzantrag zurück und trumpfte sofort wieder auf: »Holzmann ist kerngesund«, erklärte er auf die Frage von Commerzbank-Vorstand Klaus-Peter Müller nach einem Sanierungskonzept. Am 9. Dezember 1999 wurde Binder endlich gefeuert. Boehm-Bezing blieb allerdings – noch.

Den neuen Vorstandschef Konrad Hinrichs hatte der Baulöwe Ignaz Walter im Auftrag von Boehm-Bezing in Südfrankreich aufgestöbert. Dorthin hatte sich der frühere Chef der Baufirma Züblin, einer Tochtergesellschaft von Walterbau, schon mit 59 Jahren zurückgezogen, um seinen Ruhestand zu genießen. Dennoch ließ sich der Bauingenieur noch einmal verpflichten – für eine eher hoffnungslose Aufgabe.

Auf einer außerordentlichen Hauptversammlung, die am 30. Dezember 1999 stattfand, mussten zunächst die Aktionäre bluten: Um die ausgezehrte Gesellschaft mit frischem Kapital zu versorgen, wurde ein radikaler Kapitalschnitt mit gleichzeitiger Nachschusspflicht für die Aktionäre vorgenommen. Das brachte 1,265 Milliarden DM in die Konzernkasse.

Doch schon damals wussten alle Beteiligten, dass bei der Generalabrechnung nicht sämtliche Verluste gebeichtet worden waren, ein weiterer Fehlbetrag von 300 Millionen musste aus dem frisch aufgefüllten Eigenkapital gedeckt werden. Am 31. Januar 2000 wurde auch Boehm-Bezing durch den ehemaligen RAG-Vorstandsvorsitzenden Gerhard Neipp abgelöst.

Unentgeltliche Mehrarbeit: für die Mitarbeiter

Hinrichs Sanierungsplan sah den Abbau von 6.000 Arbeitsplätzen allein in Deutschland vor, außerdem musste die Belegschaft fünf Stunden pro Woche mehr arbeiten – unentgeltlich. Das undurchschaubare Geflecht von 600 Tochterfirmen und Beteiligungsgesellschaften im In- und Ausland wurde auf die Hälfte reduziert und die Leitung der US-Töchter von New York wieder nach Deutschland verlegt – ohne Erfolg. Obwohl Hinrichs immer wieder schwarze Zahlen versprach, am Jahresende stand immer ein Minus, das immer viel größer ausfiel als erwartet – im Februar 2002 waren es wieder 237 Millionen Euro.

Für erfahrene Manager sind solche Fehlprognosen ein klares Indiz für grobe Mängel im Controlling einer Gesellschaft. Hinrichs hielt sich mit diesen Finessen nicht mehr auf, er vollzog im Februar den bereits im September 2001 angekündigten Wechsel an die Spitze des Aufsichtsrats. Als Holzmann Insolvenzantrag stellte, war Hinrichs nicht zu erreichen.

Diese Aufgabe musste der Finanzmanager Johannes Ohlinger übernehmen. Einen neuen Vorstandschef gab es nicht.

Hinter den Kulissen hatte die Deutsche Bank noch im Herbst versucht, ihre Anteile an dem maroden Konzern zu veräußern oder mit einem profitableren Konkurrenten zu verschmelzen. Dieser Plan schlug fehl, die schwache Baukonjunktur machte den Bankern einen Strich durch die Rechnung.

Der Primus auf der Anklagebank

Für die Deutsche Bank hat das Holzmann-Debakel neben dem bereits entstandenen Imageverlust noch ein gerichtliches Nachspiel. Die belgische Gevaert-Gruppe hat Klage gegen die Bank erhoben. Die Belgier hatten 1998 über die Tochterfirma Gebema einen Anteil von rund 30 Prozent an Holzmann erworben – ein Jahr vor der Beinahepleite im November 1999. Als die Hintergründe der Existenzkrise, die Schlampereien im Aufsichtsrat und die Machenschaften des Vorstands ans Licht kamen, fühlte sich Gevaert von der Deutschen Bank, dem anderen Großaktionär und Hauptkreditgeber des Konzerns, falsch informiert, erklärte der ehemalige Chef des belgischen Konglomerats, Andre Leysen, das Vorgehen gegenüber dem *Handelsblatt*. Leysen gehörte bis zum 27. Mai 2000 selbst dem Holzmann-Kontrollgremium an und hat die Deutsche Bank und Holzmann im März 2000 auf Prospekthaftung verklagt und fordert 165 Millionen Euro Schadensersatz.

Bisher hatte der auch in Deutschland geschätzte Manager mit seiner Klage wenig Erfolg. Erst wurde der Beginn des Verfahrens um mehrere Monate verzögert, weil die Zuständigkeit nicht geklärt werden konnte, dann beschloss das Gericht im Juni 2001 ein Sachverständigengutachten einzuholen. Seit Ende Dezember 2001 – und nicht erst seit dem Insolvenzantrag – liegt das Verfahren auf Eis, berichtet ein Mitarbeiter der BDO Deutsche Warentreuhand, die das Gutachten erstellen sollte. Zunächst wollte das Frankfurter Landgericht den Parteien Gelegenheit geben sich zu äußern. Nun verweist es auf den

Insolvenzantrag, dadurch sei die Teilklage gegen Holzmann unterbrochen und müsse abgekoppelt werden. Ein für Wirtschaftsanwälte nicht gerade übliches Vorgehen. »Denn das eigentliche Verfahren gegen die Deutsche Bank ist von der Insolvenz völlig unberührt«[6], zitiert das *Handelsblatt* einen Wirtschaftsjuristen.

Ein außergerichtlicher Vergleich ist auch nicht in Sicht. Mit Verwunderung hat Leysen indessen registriert, dass sich die Deutsche Bank Ende 2001 mit sechs Altvorständen von Holzmann verglichen habe. Den Herren waren kriminelle Machenschaften wie Falschinformation des Aufsichtsratsvorsitzenden und Deutsche-Bank-Vorstands Boehm-Bezing vorgeworfen worden. Leysens Kommentar zu diesem Vorfall: »Mit den Tätern vergleicht man sich, mit dem Opfer nicht.«[7]

Die Pannen der Deutschen Börse AG

Zu den vornehmsten Pflichten des früheren Deutsche-Bank-Chefs Rolf E. Breuer zählte der Aufsichtsratsvorsitz bei der Deutschen Börse AG. An Deutschlands größtem Wertpapiermarkt ist Europas größte Bank mit einem Anteil von 10,7 Prozent als gewichtigster Einzelaktionär beteiligt. Europas führender Versicherungskonzern, die Allianz, hält 8,6 Prozent, die Bayerische HypoVereinsbank 6,2 Prozent und die Commerzbank 4,6 Prozent.

Dabei handelt es sich um ein profitables Engagement, denn die Börse verdient immer – unabhängig davon ob die Kurse von Aktien, Anleihen, Optionen und anderen Wertpapieren steigen oder fallen. Gebühren für Transaktionen fallen immer an – beim Erwerb der Papiere wie bei ihrer Veräußerung. Nur wenn der Markt »auf der Stelle tritt«, die Kurse der Papiere sich »seitwärts« bewegen, wird der Strom der Einnahmen dünner, weil dann das Interesse der Anleger nachlässt. Doch eine solche Entwicklung ist derzeit nicht zu befürchten. Denn Investmentfonds, die aus Sorge um ihre Performance jede Kursbewegung ausnutzen, sorgen für ein stetiges Geschäft für die Deutsche Börse AG.

Frankfurter Fusionspläne mit London

Als die Deutsche Börse mit ihren eigenen Aktien am 5. Februar 2001 aufs Parkett ging, achtete das internationale Geldgewerbe unter der Führung des Großaktionärs Deutsche Bank, die damals noch eine Beteiligung von 14,6 Prozent hielt, darauf, dass der Newcomer nicht wieder ausrutschte.

Gerade ein Jahr vor ihrem Debüt am Aktienmarkt hatte sich die Deutsche Börse AG grobe Schnitzer geleistet. Im Mai 2000 verkündete der Chef der DBAG, Werner Seifert, die Fusion der Frankfurter Gesellschaft mit der London Stock Exchange (LSE). Gemeinsam mit seinem Oberkontrolleur hatte Seifert mit dem LSE-Chef Don Criuckshank über den Zusammenschluss der beiden wichtigsten Handelsplätze verhandelt. Mit der Fusion sollte der Wertpapierhandel in Europa rationalisiert und eine starke Börse für den Wettbewerb mit den US-Börsen geschaffen werden. Die Posten und Pfründe hatten die beiden Börsenchefs bereits untereinander verteilt, Seifert sollte Chief Executive Officer der neuen Firma iX (eine Abkürzung von international exchange), der LSE-Mann Chairman werden.

Es sollte eine Fusion unter Gleichen werden, doch die Aufgabenteilung sah vor, dass die LSE das elektronische Handelssystem Xetra übernehmen sollte, weil die Londoner ein deutlich schlechteres eigenes System hatten, dass den heutigen Bedingungen einer schnellen Orderabwicklung nicht gewachsen war. Wichtiger war den Verhandlungsstrategen Breuer und Seifert jedoch die Aufteilung des Handelsgeschäfts: Die Standardwerte und Blue Chips, die Aktien der Old Economy also, sollten in London, die Hightech- und Wachstumsaktien, der Neue Markt, der von 1997 bis Frühjahr 2000 einen Raketenstart in astronomische Höhen von 9.000 und mehr Punkten hingelegt hatte, in Frankfurt gehandelt werden. Um dieses Ziel zu erreichen, sollte die britische Wachstumsbörse techMark zum Neuen Markt an den Main umsiedeln. Dadurch würden sie – so hatten sich das die iX-Manager ausgerechnet – 80 Prozent aller Handelsumsätze am Wachstumsmarkt auf sich vereinen. Um die Konkurrenz zu beruhigen, hatten Seifert und Breuer versprochen, sich nach weiteren Partnern umzusehen. Als möglicher Partner könnte, so Börsenchef Seifert, die amerikanische

Technologiebörse Nasdaq ins Gespräch kommen, aber auch eine Kooperation mit dem europäischen Rivalen Euronext, einem Zusammenschluss der Börsen von Paris, Brüssel und Amsterdam sei denkbar. Die verhandelte wegen der Fusionspläne der Frankfurter und Londoner Wettbewerber bereits mit der größten amerikanischen Börse, der New York Stock Exchange (NYSE), über eine Allianz.

Die Fusion kommt ins Stocken

Geblendet von der irrwitzigen Kursexplosion am Neuen Markt waren die beiden Fusionsstrategen Breuer und Seifert sicher, dass sie mit der Übernahme der Wachstumswerte die Sonnenseite des internationalen Börsengeschäfts ergattert hätten. Schon mit den Aktieneinführungen von Börsenneulingen ließ sich trefflich verdienen.

Dieser Optimismus wurde allerdings nicht überall geteilt. In London wuchs der Widerstand in der Finanzwirtschaft und in der Politik, weil der Wachstumsmarkt an die Frankfurter abgegeben werden sollte: »Die ganze New Economy soll nach Deutschland verschifft werden, ich verstehe nicht, wie uns das in Großbritannien nützen soll«, erklärte eine Parlamentsabgeordnete der Konservativen. Vielen missfiel auch die Wahl der deutschen Handelsplattform Xetra. Selbst seriöse britische Zeitungen warnten vor einer »Invasion« der »Teutonen«.

Auch in Deutschland nahm die Kritik an dem Börsendeal zu. Der stellvertretende Aufsichtsratsvorsitzende der Deutschen Börse AG, Manfred Zaß, sorgte sich, dass die Fusion in Wahrheit eine Übernahme Frankfurts durch London sein könnte und drohte sein Veto gegen den Zusammenschluss an. Außerdem, so monierte der Vorstandschef der DGZ DekaBank, seien wichtige Fragen nicht geklärt, – neben dem Handelssystem gehörten dazu auch die Abrechnungswährung und die Londoner Bankfeiertage. Die Zusammenführung von Finanzplätzen sei wegen der technischen und finanziellen Probleme ein »dickes Brett« – noch schwieriger als eine Bankfusion. Ärgerlich fand Zaß auch, dass die Aufsichtsräte kaum schriftliche Informationen erhalten hätten.

Die Fusion scheitert

Tatsächlich fehlten in den Fusionsvereinbarungen noch viele wichtige Details wie der Rechtsstatus, den die Standardwerte im künftigen Blue-Chip-Index haben sollten, was mit dem Aktienindex der Deutschen Börse, dem DAX, geschehen und wie der Neue Markt künftig organisiert werden sollte.

Doch kurz bevor die offenen Fragen beantwortet werden und die Aufsichtsräte in Frankfurt über den Zusammenschluss abstimmen konnten, war die Fusion schon geplatzt. Die schwedische OM-Gruppe – ein Zusammenschluss der Börsen von Stockholm, Kopenhagen, Oslo, Reykjavik, Riga, Wilna und Tallinn – hatte der Londoner LSE ein feindliches Übernahmeangebot vorgelegt. Die Skandinavier boten den LSE-Anteilseignern für jede Aktie 0,65 neue OM-Papiere und sieben Pfund in bar. Die Abstimmung im Aufsichtsrat der Deutschen Börse AG musste verschoben werden: Aufsichtsratschef Breuer glaubte allerdings noch immer, dass sich die Deutsche Börse alle Optionen offen gehalten habe.

Ein Trugschluss wie sich bald zeigen sollte, denn auch der Wunschpartner Nasdaq wechselte die Seiten und begann mit der OM-Gruppe über eine Kooperation zu verhandeln.

Das Ergebnis der ganzen Aktion war recht blamabel: Die Schweden scheiterten in London, aber auch die Frankfurter kamen nicht zum Zug. Glücklicherweise, denn wäre Breuers und Seiferts Plan realisiert worden, wäre der gesamte Finanzplatz Frankfurt nach der Abwanderung der Standardwerte zur Zockerbörse verkommen, an der vor allem Pennystocks, also Billigaktien gescheiterter Jungunternehmer, gehandelt würden.

Neuer Markt auf Talfahrt

Über ihren Wachstumsplänen und Fusionsträumen hatten Aufsichtsrat und Vorstand der Deutschen Börse AG offenbar ihre eigentlichen Pflichten auf dem heimischen Parkett vernachlässigt. Der hochgelobte Neue Markt rauschte immer schneller in die Tiefe, erste Pleiten von einstigen Überfliegern weckten immer größere Zweifel an der Seriosität der notierten Unternehmen und vor allem an der Kontrolle und Aufsicht der Deutschen Börse AG selbst. Bereits Anfang September 2000 erklärte der Aufsichtsratsvorsitzende und Chef des Börsenrats Breuer mit für Banker seltener Offenheit, dass die Deutsche Börse als Hausherr in den Anfangsjahren des 1997 ins Leben gerufenen Marktsegments mit einem unzureichenden Regelwerk operiert habe. Allerdings verteilte Breuer die Schuld am Desaster des Neuen Marktes auch auf die übrigen Beteiligten: Bei der Begleitung von Börsengängen der Unternehmen habe das Geldgewerbe oftmals »mangelnde Sorgfalt« walten lassen, er mahnte die Kreditinstitute an die »Pflicht einer sorgfältigen Kontrolle« bei der Auswahl von Börsenkandidaten, und selbst die Medien kritisierte der Börsenoberkontrolleur: sie hätten nicht vor den Folgen der Börseneuphorie gewarnt. Trotz des offenkundigen Versagens im Börsenmanagement forderte Breuer »eine zweite Chance für den Neuen Markt«.[8] Und lieferte wenige Monate später einen Misstrauensbeweis der besonderen Art.

Als die Deutsche Börse im Februar 2001 sich selber auf das Parkett wagte, ging sie natürlich nicht wie ursprünglich geplant an die Pleite- und Zockerbörse. Die Deutsche Börsen AG debütierte im seriösen amtlichen Handel.

Erfolgreicher Börsenstart

Trotz aller Pannen wurde der Börsengang der DBAG ein voller Erfolg. Zu einem Ausgabekurs von 335 Euro wurden die 3,2 Millionen Aktien vor allem an Großinvestoren und institutionelle Anleger von Fondsgesellschaften und Versicherungen abgegeben. Der deutsche Kleinaktionär war nicht gefragt. Börsen-Aufsichtsratsvorsitzer Breuer hatte zwar bei der Ankündigung des Börsengangs noch versprochen, dass diese Aktie »auch etwas für den Kleinanleger sei«, doch nur sechs Prozent der DBAG-Papiere wurden Privatinvestoren zugeteilt. Wer vorab zwischen fünf und 39 Aktien gezeichnet hatte, bekam drei Aktien zugeteilt. Order, die unter fünf Papieren lagen, wurden nicht berücksichtigt.

Gute Geschäfte machen die Profis lieber unter sich aus. Und die Deutsche Börse AG war ein gutes Geschäft. Schon vor der Bekanntgabe des Ausgabekurses war das Papier 23-fach überzeichnet. Der erste Kurs nach Handelsbeginn notierte bei 362 Euro. Die Erstaktionäre konnten ein sattes Plus von zehn Prozent verbuchen – im Rückblick zeigte sich, dass ein solcher Kursgewinn bei den Börsendebüts im Horrorjahr 2001 einsame Spitze war.

Bei einem Ausgabekurs von 335 Euro, den die Konsortialbanken unter der Führung des Global Coordinators Deutsche Bank erzielt hatten, war die Deutsche Börse 3,4 Milliarden Euro wert, mehr als dreimal so viel wie der Londoner Konkurrent, der beim Handelsvolumen knapp hinter den Frankfurtern liegt.

Börsenehe scheitert

Seitdem hat DBAG-Chef Seifert aber offenbar Mühe, das Geld, das ihm der Börsengang beschert hat, zu investieren. Noch immer sucht der Börsenchef nach neuen Alternativen für Kooperationen mit anderen Wertpapiermärkten:»Niemand ist so gut aufgestellt wie wir, niemand besitzt so viele Synergiepotenziale wie die Deutsche Börse«[9], brüstete er sich.

Aber nicht nur die LSE-Fusion scheiterte, auch die Zusammenarbeit der Deutsche-Börse-Beteiligung Eurex mit dem Chicago Board of Trade zur Bildung der weltweit größten Terminbörse stagniert. Ein Partner in Asien, mit dem der Terminhandel rund um die Uhr stattfinden könnte, fehlt. Über ein Engagement an der amerikanischen Technologiebörse Nasdaq gibt es bisher nur Absichtserklärungen der deutschen Seite, die Nasdaq-Manager verhandeln lieber mit den Briten, denken aber auch über eine eigene Tochterfirma in Deutschland nach.

So will die europäische Tochter der US-Technologiebörse Nasdaq lieber mit der Berliner und der Bremer Börse eine Allianz eingehen als mit den Frankfurtern. Von dieser Kooperation sollen vor allem Privatanleger profitieren. Der Börsenhandel »wird auf jeden Fall günstiger«, sagt die Sprecherin der Berliner Börse, Eva Klose. Konkretere Angaben mag die kleine Regionalbörse, die sich von den Frankfurtern übervorteilt fühlt, nicht machen. Sicher ist aber, dass die für 2003 geplante Handelsplattform Nasdaq Deutschland einen Frontalangriff auf die Deutsche Börse AG darstellt. Die Frankfurter versuchen derzeit, den Banken ihr neues Handelssystem Xetra-Best schmackhaft zu machen. Offenbar mit zweifelhaftem Erfolg, denn nach Medienberichten wollen Dresdner Bank, Commerzbank und comdirect lieber dem amerikanisch-deutschen Neuling den Rücken stärken.

Krieg der Handelssysteme

Nach den Plänen der Berliner Börse sollen künftig alle Orders für Nasdaq-Aktien an die neue Handelsplattform Nasdaq Deutschland gegeben werden. Dafür sollen die deutschen Geldinstitute Partner werden und im Vorstand über die Geschäftspolitik und Konditionen des Handels mitreden. Deutsche Anleger neigen dazu, den Handel auch internationaler Werte über deutsche Börsenplätze abzuwickeln, so Nasdaq-International-Chef John Hilley. Durch die Allianz werde die Berliner Börse mit einem elektronischen Handelssystem nach US-Vorbild zum Tor für den deutschen Handel in US-Werten. Die Berliner Börse soll dabei den Status eines regulierten Handelsplatzes garantieren, die Amerikaner liefern das Image der größten Technologiebörse der Welt. Den Kunden werden mehr Transparenz und billigere Transaktionen durch mehr Liquidität geboten.

Die Schutzgemeinschaft der Kleinaktionäre warnt vor zu großen Erwartungen an ein größeres Angebot handelbarer Titel: Der Kuchen werde nicht größer, er werde nur unter mehreren Handelssystemen aufgeteilt. Geringe Volumina könnten nicht im Interesse der Anleger sein, sagten die Aktionärsschützer. Ideal wäre vielmehr, wenn sich die Banken auf ein einziges System einigen könnten, betonte auch die Deutsche Schutzvereinigung für Wertpapierbesitz. Diese Chance hat die Deutsche Börse AG mit ihren erfolglosen Übernahmeversuchen verspielt.

Die DBAG versucht nun mit ihrem neuen Xetra-Best-System den Amerikanern den Auftritt zu vermasseln. Der Vorteil für die Banken sei, dass sie die Wertpapieraufträge ihrer Kunden im eigenen Haus abwickeln können, statt sie wie bisher an die Börse weiterzuleiten. Dadurch könnten die Makler- und Abwicklungskosten eingespart werden. Die Banken werden daran sicher verdienen, glauben Aktionärsschützer. Privatanleger sollen mit dem Argument der sofortigen Ausführung ihrer Wertpapieraufträge zu Xetra-Preisen oder noch besseren Konditionen geködert werden. Ob die sofortige Orderausführung für den Privatanleger ausschlaggebend ist, dürfte zu bezweifeln sein, der Preis spielt für viele von ihnen eine wichtige, wenn nicht größere Rolle, so die Einschätzung der Schutzgemeinschaft.

Konkurrenz in den Startlöchern

Günstige Konditionen verspricht die Berliner Börse und sichert den Anlegern durch die Zusammenarbeit mit der Nasdaq den »besten Preis beider Börsen« zu, so der Berliner-Börse-Vorstand Jörg Walter. An der Nasdaq Deutschland sollen erst einmal die wichtigsten Aktien der amerikanischen Hightechbörse gehandelt werden – darunter auch Schwergewichte wie Microsoft oder Intel. Damit könnten der Deutschen Börse lukrative Werte entgehen, denn diese Werte wurden bisher in Frankfurt gehandelt. Im nächsten Schritt wollen die Berliner das Monopol der Deutschen Börse am Neuen Markt durch Technologieneuemissionen endgültig knacken.

Obendrein wachsen der Deutschen Börse durch alternative Handelssysteme der großen amerikanischen Investmentbanken und die außerbörsliche elektronische Internetbörse (ECN) neue Konkurrenten heran, die ihr Kunden und Marktanteile abjagen. Der schärfere Wettbewerb würde sich in niedrigeren Umsätzen, Erträgen und Renditen niederschlagen.

Die Deutsche Börse steht also derzeit ziemlich isoliert da. Auch Euronext, der Zusammenschluss der Börsen von Paris, Brüssel und Amsterdam, hat im Juli 2001 die eigenen Aktien notieren lassen, um Geld für gezielte Übernahmen zu erhalten. Immerhin haben die Euronext-Manager gezeigt, dass sie mit anderen Partnern nicht nur fusionieren, sondern sie auch integrieren können.

Fehlende Sicherheit durch mangelnde Kontrolle

Anlegerschützer fürchten, dass die größte deutsche Wertpapierhandelsgesellschaft künftig – wie andere Industrieunternehmen auch – das Streben nach einem möglichst hohen Shareholder

Value über ihre hoheitlichen Aufgaben nach dem Börsengesetz stellen könnte. Die Ausrichtung auf das eigene Umsatz- und Gewinnwachstum kollidiert schon heute mit den Aufsichts- und Kontrollpflichten, wie die unaufhaltsame Geldvernichtung am Neuen Markt zeigt. Besonders makaber ist dies, weil sich die Deutsche Börse AG selber prüft und in erster Instanz den Handel ihrer eigenen Aktien überwacht. Für Wolfgang Gerke, Professor für Bank- und Börsenwesen, ist das ein »pikantes Detail«, mit dem sich Juristen näher befassen müssten. Für Anleger eher ein abschreckender Mangel an Sicherheit.

Spätestens jetzt müsste allen Verantwortlichen klar sein, fordert die Deutsche Schutzvereinigung für Wertpapierbesitz, dass eine unabhängige Börsenaufsicht nach dem Vorbild der amerikanischen Securities and Exchange Commission (SEC) mit umfassenden Eingriffs- und Strafverfolgungsbefugnissen dringend gebraucht wird.

Das hatte Aufsichtsratschef Breuer auch schon einmal festgestellt, geändert hat es wenig. Zwar hat die Deutsche Börse AG nach langem Hinsehen einige Regeln verschärft, doch der schwer angeschlagene Ruf des Neuen Marktes wurde damit nicht wiederhergestellt. Konsequenzen aus den Pannen der Deutschen Börse AG gab es bisher nicht. Im Gegenteil, der Vertrag von Börsenchef Seifert wurde Ende 2001 um fünf Jahre verlängert.

Abgeschmiert:
die Schieflage der Metallgesellschaft

Erstklassige Ausbildung, Promotion, Lehr- und Wanderjahre bei den ersten Adressen in den USA, von Kindesbeinen an vertraut mit dem Geschäftsleben, auf jedem Parkett zu Hause, rhetorisch gewandt, analytisch begabt, kommunikativ, jung, dynamisch, mit langjähriger Führungserfahrung ...

Solche Kräfte braucht die Wirtschaft. Sie sind rar wie weiße Raben. Ihre Karrieren und Einkommen kennen nur eine Richtung: aufwärts – in immer mächtigeren Schritten. Sie bewerben sich nicht. Sie werden umworben. Kopfjäger kassieren für ihre Vermittlung Höchstprämien.

Diesen Stars traut man alles zu. Sie kennen die Welt, die Märkte, die Restaurants, die wichtigen Clubs und ihresgleichen. Die Rede ist von Männern wie Ronaldo Schmitz, Vorstandsmitglied der Deutschen Bank und Aufsichtsrat der Metallgesellschaft, Henning Schulte-Noelle, Chef von Europas größter Versicherung, der Allianz AG, und ebenfalls Aufseher bei MG, sowie von Heinz Schimmelbusch, Aufsichtsrat bei Schulte-Noelles Allianz AG und Chef der Metallgesellschaft. So war es noch im Frühjahr 1993.

Damals war Heinz Schimmelbusch noch ein gefragter Mann. Der eitle wie ehrgeizige Mann beriet die russische Regierung und den österreichischen Bundeskanzler. Mit dem deutschen Regierungschef fuhr er im Frühjahr 1993 noch nach Fernost.

Nur zu gern nahm er für seine Leistungen Preise, Ehrungen und Ämter entgegen. 1991 wurde er zum »Manager des Jahres« gekürt. In der Jury des Münchner Magazins *Top-Business* – früher *Industriemagazin* – saßen die Chefredakteure und Ressortleiter von renommierten Blättern wie *Capital*, *Der Spiegel*, *Stern* und *Die Zeit*. Die Meinungsmacher ehrten den »unkonventionellen« Schimmelbusch für die »grüne« Neuausrichtung der Metallgesellschaft. »Seine herausragende unternehmerische Leistung besteht darin, den einstigen Rohstoffhändler konsequent zu einem hervorragenden Umweltspezialisten herauszuputzen«, schrieb das Magazin in der Laudatio.[10]

Vorstandschef im Kaufrausch

Ein dickes Extralob gab es sogar für einen Deal, der Schimmelbusch ausgerechnet von dem Institut angetragen wurde, dessen Repräsentanten ihn drei Jahre später mit Schimpf und Schande vom Hof jagten: den Kauf der Rest-Feldmühle-Nobel-AG, zu der die Heizkesselfirma Buderus, der Sprengstoffhersteller Dynamit Nobel und die Feldmühle-Keramiksparte gehörten. Diesen Coup, der den Umsatz der Metallgesellschaft auf einen Schlag von 20 auf 25 Milliarden DM puschte, fädelte Deutsche-Bank-Chef Hilmar Kopper höchstpersönlich ein. Deutsche-Bank-Vorstand und MG-Aufsichtsrat Ronaldo Schmitz leitete die Verhandlungen.

Ein Superdeal – »einmalig in der deutschen Geschichte von Firmenübernahmen«, feierten die Beteiligten die Akquisition, allen voran die Deutsche Bank, die an der Übernahme gut verdient hatte. Schimmelbusch kaufte, was ihm in den Weg kam, steckte ungeheure Summen in den Umweltschutz bestehender Werke.

Einen Mischkonzern von 258 teils lose verknüpften, teils miteinander verschachtelten Firmen hatte er zusammengekauft, rund 60.000 Arbeitsplätze und etwa neun Milliarden DM Schulden angehäuft. Doch gleichzeitig steuerte er die Metallgesellschaft immer tiefer in die Miesen: Mit einem Minus von 1,8 Milliarden DM, die – wie sich später zeigte – allein 1993 aufgelaufen waren, stand die Metallgesellschaft in einer schweren Liquiditätskrise.

Die Erfolge von Schimmelbuschs Einkaufspolitik, die viel beschworenen Synergieeffekte, hatten sich nicht eingestellt. Der Superstar war gezwungen, bereits im März 1993 für das Vorjahr einen herben Umsatzeinbruch und deutlich geschrumpfte Gewinne zu verkünden.

Riskante Ölgeschäfte

Wenigstens den MG-Anteilseignern und Hausbanken hätte zu diesem Zeitpunkt auffallen müssen, dass viele, viel zu viele Zukäufe mit Verkäufen von Aktienpaketen finanziert worden waren, die Konzernstruktur windig, das ganze Gebäude ziemlich brüchig war. Gewinne hatte bis Mitte 1993 allein die Tochtergesellschaft MG Corporation in New York erzielt.

Die US-Firma war in kurzer Zeit zu einem der bedeutendsten Ölgroßhändler aufgestiegen. Von Oktober 1992 bis Ende 1993 wurde der Umfang der Ölkontrakte von 19 Millionen auf 160 Millionen Barrel katapultiert. Der Preis für das rasante Wachstum waren ungewöhnlich riskante Verträge, die das amerikanische Unternehmen abgeschlossen hatte. MG Corporation hatte fünf bis zehnjährige Liefervereinbarungen zu festen Preisen abgeschlossen und dabei sogar einigen Abnehmern gestattet neu zu verhandeln, falls der aktuelle Preis unter den vereinbarten Betrag von 17 Dollar pro Barrel sinken würde. Diese Klausel würde zwar den Gewinn für die MG Corporation schmälern, doch gemessen am Profit, den die Gesellschaft einstreichen könnte, wenn der aktuelle Marktpreis für kurzfristige Kontrakte stieg, schien das ein vertretbares Risiko zu sein.

Wegen der ungewöhnlich langen Vertragsdauer musste die MG Corporation ihre Geschäfte an der Warenterminbörse durch kurzfristige Kontrakte absichern. Diese Positionen wurden kurz vor Fälligkeit auf Kontrakte mit späteren Terminen überschrieben. Solange der Preis für kurzfristige Verträge stieg, verdiente die MG Corporation gut.

Doch im Herbst 1993 fiel der Ölpreis auf 14 Dollar pro Barrel und damit begann der Absturz. Der Wert der revolvierenden Terminkontrakte sank und deckte nicht mehr die langfristigen Positionen. Die Aufsicht der Warenterminbörse Nymex verlangte zusätzliche Sicherheiten. Schimmelbusch brauchte Geld.

Die größten Einzelaktionäre der Metallgesellschaft, Deutsche Bank und Dresdner Bank, eröffneten eine zusätzliche Kreditlinie von 1,5 Milliarden DM. Als Sicherheit ließen sich die beiden Banken für diesen Dienst die Firmen Dynamit-Nobel und Buderus übereignen – die besten Unternehmen der Metallgesellschaft, von deren Verkauf die Deutsche Bank schon einmal profitiert hatte.

Dennoch machten in New York und Frankfurt Gerüchte die Runde, die Metallgesellschaft habe Liquiditätsprobleme. Am 7. Dezember versuchten Deutsche-Bank-Chef Hilmar Kopper und sein Vorstandskollege Ronaldo Schmitz, der den Aufsichtsrat bei der Metallgesellschaft leitete, die Finanzspritze zu rechtfertigen und das Vertrauen in die Metallgesellschaft zu stärken. Kopper erklärte den Eingriff mit »einem plötzlich aufgetretenen, technisch bedingten Liquiditätsproblem«[11], Schmitz versicherte, dass man die Probleme im Griff habe und dass sein Vertrauen in MG-Chef Schimmelbusch ungebrochen sei.

Milliardenverluste realisiert

Auf der außerordentlichen Aufsichtsratsversammlung am 17. Dezember 1993 war davon keine Rede mehr. Dem Kontrollgremium führte Schmitz seinen Duzfreund Schimmelbusch als Sündenbock vor. Der MG-Chef und sein Finanzchef Meinhard Forster wurden, so erklärte es Schmitz den Räten, fristlos gefeuert.

Schimmelbusch war der Versager, der Blender. Seine früheren Kollegen ließen kein gutes Haar an ihm. Hatte er nicht seine Dienstvilla auf Firmenkosten zum Luxusdomizil ausbauen, sogar mehrfach die Badezimmer umgestalten lassen? Hatte der Zögling von Ex-Metallgesellschaftschef Karl-Gustaf Ratjen, der von vielen ebenfalls zu den Missmanagern gerechnet wird, nicht nur aus Selbstsucht das viel zu große Rad gedreht? Überhaupt, wurde der Jesuitenschüler nicht schon früher wegen seiner rabiaten, arroganten Auftritte der »Rasputin vom Reuterweg«, wo das Hauptquartier der Metallgesellschaft lag, genannt?

Schimmelbusch setzte sich nach seinem Rausschmiss mit Frau und Kindern nach New York ab und begann an seiner Rechtfertigung zu arbeiten. In Frankfurt rief die Deutsche Bank derweil den Mann, den sie immer holt, wenn es in ihrem unmittelbaren Einflussbereich brennt: Kajo Neukirchen, der bei Hoesch und KHD bewährte Ausputzer der deutschen Industrie, übernahm das Kommando bei der Metallgesellschaft. Zusammen mit dem Oberkontrolleur Ronaldo Schmitz sollte Kajo Neukirchen retten, was noch zu retten ist.

Für das schwer durchschaubare, hoch komplizierte Ölgeschäft wurde die Ölhändlerin Nancy Kropp angeheuert, die der Deutschen Bank bereits früher, bei der Schieflage des Handelshauses Klöckner & Co, aus der Patsche geholfen hatte. Kropp löste zügig die Absicherungspositionen auf. Diese Strategie hatte sie zuvor mit dem Aufsichtsrat der Metallgesellschaft abgesprochen. Die Folgen waren fatal: Durch die Liquidierung wurde der Buchverlust von 770 Millionen DM realisiert, der kurze Zeit später auf 1,5 Milliarden DM hochschnellte. Neukirchen deckte noch weitere faule Geschäfte auf: Rund eine Milliarde DM hatte der Konzernchef Schimmelbusch im Industriegeschäft in den Sand gesetzt.

Ein scheinbar geniales Geschäft

Am 5. Januar 1994 kam es zum Aufstand der Gläubigerbanken. Im Hauptquartier der Metallgesellschaft fand das entscheidende Treffen der 120 Kreditinstitute statt, die dem Konzern Geld geliehen hatten. Neukirchen präsentierte die Horrorbilanz und das

Sanierungskonzept. Die Großaktionäre Deutsche Bank und Dresdner Bank legten das Finanzierungskonzept vor. Danach sollte die dringend benötigte Finanzspritze von 3,4 Milliarden DM durch eine Kapitalerhöhung von nominal 280 Millionen DM aufgebracht werden. Die neuen Aktien im Nennwert von 50 DM sollten für 250 DM emittiert werden.

Als Zeichnungsberechtigte sollten die Großaktionäre Deutsche Bank, Dresdner Bank, die Allianz, Daimler-Benz sowie das Scheichtum Kuwait gelten – entsprechend der Höhe ihrer Anteile. Die übrigen Gläubigerbanken sollten neue MG-Papiere in Höhe ihrer Forderungen übernehmen und alle Großkreditgeber ihre Forderungen in Genussscheinkapital umwandeln, das ab 1996 in Aktien der Metallgesellschaft umgewandelt werden sollte. Zudem sollten weitere 700 Millionen DM in Form neuer Kredite von den Gläubigerbanken zur Verfügung gestellt werden, dabei würden die Aktionäre außen vor bleiben. Ein geniales Geschäft für Deutsche Bank und Dresdner Bank – sie hatten zwar als Großaktionäre und Aufsichtsratmitglieder die Schieflage mitverantwortet, doch an der Sanierung wollten sie mit möglichst geringem Risiko davon kommen. Eine Woche Bedenkzeit wollten die MG-Großaktionäre den Gläubigern gewähren, wenn dann keine Einigung erzielt worden sei, würden sie die MG in den Konkurs fallen lassen.

Als dann auch noch bekannt wurde, dass sich die beiden Großbanken schon für ihre Finanzspritze im Dezember von 1,5 Milliarden DM unter den Firmen der MG bedient hatten und sich zwei der profitablen Töchter als Sicherheit übereignen ließen, brach ein Sturm der Empörung los.

Ein banküblicher Sanierungsvorschlag

Als erster protestierte Manfred Bodin, Chef der Norddeutschen Landesbank Nord/LB, gegen das Diktat der Frankfurter Geldindustrie. Er sei nicht derjenige, der die Metallgesellschaft in den Konkurs treiben wolle, erklärte der Landesbanker aus Hannover, »wir wollen einen Beitrag leisten, nicht aber in diktierter Form«.[12] Bodin schlug stattdessen vor, der Gesellschaft durch einen Kapitalschnitt und gleichzeitige Kapitalerhöhung neues

Geld zu kommen zu lassen. Die Abschreibung des Aktienkapitals auf zehn Prozent, und die Heraufsetzung auf den alten Wert durch eine Zahlung von 250 DM pro Aktie würde der Metallgesellschaft sogar rund zwei Milliarden DM einbringen und die Beteiligung der großen Kreditbanken erheblich verringern. Doch genau diese in Sanierungsfällen durchaus übliche Finanzoperation wollten die Großaktionäre verhindern, weil dann nur sie belastet worden wären und die Gläubigerbanken ihre Darlehen hätten zurückbekommen können.

Deutsche-Bank-Vorstand Carl von Boehm-Bezing, der die Gläubigerbanken koordinieren sollte, reagierte auf den Widerstand der Nord/LB, dem sich auch die WestLB anschloss, mit »äußerstem Befremden«. Doch es sollte noch schlimmer kommen: Auch die Repräsentanten der sechs französischen Banken unter der Führung der Crédit Lyonnais forderten eine finanzielle Schadensbegrenzung für ihre Institute. Die beiden größten privaten Geldhäuser der Republik, die Deutsche Bank und die Dresdner Bank, sollten sich, wie alle anderen Gläubigerinstitute, an der 3,4 Milliarden DM schweren Kapitalspritze für die ruinierte MG beteiligen. Als Anteilseigner, Kreditgeber und oberste Kontrolleure hätten sie das Desaster mit zu verantworten, zumal sie sich obendrein – so der Vorwurf der Franzosen – zusätzliche Sicherheiten zugeschanzt hätten. Besonders verärgert waren die Franzosen über die »German rules«, die in anderen Industriestaaten – vor allem in den USA – als unerträglicher Interessenkonflikt sogar strafbar wären, hierzulande aber legaler Bestandteil eines Systems sind, das dem Geld- und Kreditgewerbe auf vielfältige Weise Erträge, Einsicht und Einfluss sichert. Deshalb sollten sie nicht auch noch anderen Instituten, die ohne Vertretung im Aufsichtsrat mit in die Misere gezogen worden sind, rücksichtslos und rüde die Bedingungen diktieren.

Zehn Stunden tobte der Kampf der Banker. Der sonst eher distinguierte Banker von Boehm-Bezing verlor immer wieder die Contenance. Schließlich war klar, dass der Versuch der Deutschen Bank, andere für die eigenen Fehlleistungen zahlen zu lassen, gescheitert war. Mit rund 350 Millionen DM mussten sich Dresdner Bank und Deutsche Bank an den Neukrediten beteiligen und auch einen höheren Anteil bei der Kapitalerhöhung übernehmen.

Doch damit war der Fall nicht erledigt. Die Schieflage der Metallgesellschaft beschäftigte noch lange Rechtsanwälte und Gerichte. Die geschassten Manager Schimmelbusch, sein Finanzmann Forster, aber auch der Chef der MG Corporation, Arthur Benson, der die spekulativen Ölgeschäfte eingefädelt hatte, klagten gegen ihren ehemaligen Arbeitgeber und dessen Aufsichtsratschef Schmitz. Die wiederum verklagten die Missmanager auf Schadensersatz.

Doch Schimmelbusch und seine ehemaligen Kollegen im Ölgeschäft bekamen Schützenhilfe von prominenten Experten. Amerikanische Wirtschaftswissenschaftler hatten die Ölgeschäfte der amerikanischen MG-Tochter untersucht. Ihr Fazit: Das Frankfurter Traditionsunternehmen sei im Februar nicht, wie die Aufsichtsräte immer behaupteten, durch spekulative Ölgeschäfte und kriminelle Machenschaften an den Rand des Konkurses manövriert worden. Für die Schieflage von 2,3 Milliarden DM seien vielmehr Panikreaktionen, Dilettantismus und Fehlentscheidungen der Deutsche-Bank-Aufsichtsräte verantwortlich.

Statt im entscheidenden Augenblick durchzustarten und neues Geld nachzuschießen, hätten sie befohlen, ein im Prinzip profitables Geschäft vorzeitig abzubrechen. »Sie hatten wohl den Überblick verloren«[13], meinte in diesem Zusammenhang Merton Miller, emeritierter Professor der renommierten Chikagoer Universität und Nobelpreisträger.

Auch wenn Millers Kritik in erster Linie den Aufsichtsratschef der MG und Deutsche-Bank-Vorstand Schmitz traf, es stand längst viel mehr auf dem Spiel als das Ansehen des ehemaligen Finanzchefs der BASF.

Was wusste der Aufsichtsratschef?

Schlimmer war, dass der Fall für Deutschlands größtes Geldhaus zu einem peinlichen Debakel zu werden drohte. Es passte – wie Hans Martin Bury und Thomas Schmidt in ihrem Buch »Bankenkartell« beschrieben haben – »vieles in der Geschichte der Metallgesellschaft nicht zusammen«[14]. Zweifel bestehen beispielsweise an der Unwissenheit des Aufsichtsratschefs und Deutsche-Bank-Vorstands Ronaldo Schmitz. Die Frage, was Schmitz wusste, trieb auch das Autorenteam um. Ihre Recherchen warfen neue Fragen auf. So habe das Vorstandsmitglied Schmitz nicht gewusst, dass die Deutsche Bank Research seit geraumer Zeit vor Bekanntwerden der Schieflage vom Kauf der Metallgesellschaftsaktie abgeraten habe, weil das Papier fundamental überteuert sei. Auch die dramatische Expansion der Öltermingeschäfte der New Yorker MG-Tochter sei den Bankern im MG-Aufsichtsrat nicht aufgefallen. Dabei sei sogar im Geschäftsbericht der MG von 1991/92 angekündigt worden, »dass das Energiegeschäft in New York stark ausgebaut werden sollte«. Anfang 1993 ließ die Deutsche Bank per Pressemitteilung erklären, dass sie beabsichtige, »gemeinsam mit der Metallgesellschaft spezielle Dienstleistungen im Risikomanagement für Ölprodukte anzubieten«.

Schwere Vorwürfe gegen den Aufsichtsratchef Schmitz und die Deutsche Bank habe auch der gefeuerte MG-Corporation-Chef Benson erhoben. Danach soll Schmitz durch seine hektischen Aktivitäten die Verluste im Ölgeschäft verursacht haben. Darüber hinaus hätten die Bank und die Wirtschaftsprüfungsgesellschaft KPMG auch Druck auf die Prüfer von Arthur Andersen, die die Bücher der US-Tochter kontrollierten, ausgeübt, damit zum 30. September 1993 statt eines Gewinns bereits ein Verlust von 291 Millionen Dollar ausgewiesen wurde.

Dass die Vorwürfe nicht aus der Luft gegriffen sind, zeigt nach Ansicht von Bury und Schmidt auch die Ölpreisentwicklung im Jahr 1994. Im April 1994 stieg der Preis für ein Barrel Rohöl wieder über 16 Dollar, im Frühjahr 1995 lag er über 20 Dollar und im Sommer 1996 betrug er sogar 23 Dollar. Bensons Spekulationsgeschäfte hätten der MG ab 1995 satte Gewinne beschert.

Ein einträglicher Vergleich

Interessant ist, dass die Deutsche-Bank-Repräsentanz in New York offensichtlich mit dem Ex-Metallgesellschaftschef Schimmelbusch ins Gespräch und ins Geschäft kommen wollte, falls er bereit sei, ein »Vertraulichkeitsabkommen« zu schließen. Die Autoren Bury/Schmidt: »Besonders pikant an der dubiosen Angelegenheit: Verantwortlich für das gesamte Nordamerika-Geschäft ist niemand anderes als Ronaldo Schmitz«.[15]

Die Klage gegen den früheren Finanzchef Forster wurde fallen gelassen, weil er sich »zur Zusammenarbeit bereit erklärt hatte«, verkündete Schmitz der Hauptversammlung der Metallgesellschaft 1996.

Auch mit Schimmelbusch wollte Schmitz Frieden schließen. Der Bankier versuchte den Aufsichtsräten die Zustimmung abzuringen, Schimmelbusch eine Abfindung und eine Pension zu zahlen sowie durch eine Ehrenerklärung seinen Ruf wieder herzustellen. Schmitz erweckte dadurch den Anschein, auf jeden Fall ein Gerichtsverfahren verhindern zu wollen. Um Druck auf die Deutsche Bank und Schmitz auszuüben, hatte Schimmelbusch auf mehr als 845 Seiten zu der Klage, die die Deutsche Bank und die Metallgesellschaft gegen ihn erhoben hatten, Stellung genommen und detailliert die Vorgänge in der Metallgesellschaft und die Einbindung des Aufsichtsratsvorsitzenden in den Entscheidungsprozess dargelegt. Die Bank wies alle Behauptungen als unwahr zurück.

Dennoch wurde einige Monate später ein Vergleich geschlossen – nach zweimaliger Ablehnung durch die Aufsichtsräte und einiger Nachbesserung wurde Schimmelbusch mit 1,5 Millionen DM sowie einer Pensionszusage abgefunden. Auf die Ehrenerklärung musste er allerdings verzichten.

Auch sonst haben einige aus dem Desaster ordentlich Profit geschlagen: Wie *Der Spiegel* berichtete, übernahmen die US-Investmentbank Stanley Morgan und die amerikanische Niederlassung des britischen Investmenthauses Morgan Grenfell zum Preis von 15 Dollar die Ölkontrakte der MG Corporation, die die Ölhändlerin Nancy Kropp auf Anweisung der Deutschen Bank verscherbelt hatte.[16] Die beiden Banken konnten so die Gewinne einfahren, auf die MG-Corporation-Chef Benson für die Metallgesellschaft spekuliert hatte. Nancy Kropp hatte früher für Morgan Stanley gearbeitet und Morgan Grenfell ist eine Tochtergesellschaft der Deutschen Bank.

Auf der Verliererseite standen, wie üblich in solchen Fällen, wenn die Konzerne Kasse machen, die Arbeitnehmer: Rund die

Hälfte der mehr als 700 Firmen wurden verkauft oder geschlossen, erklärte der MG-Chef Neukirchen 1999 gegenüber der Zeitung *Die Woche*.[17] Von den rund 60.000 Arbeitsplätzen sind weniger als die Hälfte übrig geblieben.

Der Fall Schneider: alles nur Peanuts?

Das ist der Stoff, aus dem die wahren Krimis sind: Ein Bauunternehmer, Ende 50, Familienvater mit bürgerlichem Hintergrund, zockt die Großbanken eines Landes ab, das zu den führenden Industrienationen der Welt zählt. Rund sechs Milliarden DM hatte der Baulöwe Dr. Jürgen Schneider bei ihnen lockergemacht, knapp eine viertel Milliarde DM hat er bei seinem eiligen Abgang im Frühjahr 1994 mitgenommen. Denn Jürgen Schneider war schon auf der Flucht, als die Geldhäuser in Frankfurt von einem neuen Beben erschüttert wurden.

Knapp vier Monate nach der Milliardenschieflage der einst renommierten Metallgesellschaft standen die Banken wieder vor einem Milliardenloch. Mit Krediten im Volumen von 1,3 Milliarden DM standen die Vorstände der Deutschen Bank peinlicherweise auch bei den Schneider-Verlusten dort, wo sie immer gern sein wollen: an der Spitze.

Wie schon bei der Metallgesellschaft hielten sich die Bankiers auch beim Konkurs des Baulöwen an die bekannte Verteidigungsstrategie: »Wir haben keine Erkenntnisse für gravierende Fehler«[18], sagte Georg Krupp, Vorstandsmitglied der Deutschen Bank, Aufsichtsratschef der DB-Tochter Centralboden und nun auch Koordinator der Bank im Fall Schneider. Schuld sind wieder einmal die anderen, die Schimmelbuschs und Schneiders, die mit »krimineller Energie« gutgläubige Banker bösartig über den Tisch gezogen haben.

Doch so einfach war es schon damals nicht mehr. Zu Beginn des Falls Schneider mochte nicht einmal der Frankfurter Generalstaatsanwalt Hans-Christoph Schaefer glauben, dass die Deutsche-Bank-Vorstände arglistig übers Ohr gehauen wurden. »Kann man wirklich jemanden täuschen, der bei der Kreditvergabe zu jedem Risiko bereit ist?« Diese rhetorische Frage stellte sich nicht nur der oberste Ankläger des Landes, auch in Politik und Öffentlichkeit wurde gerätselt, wie es möglich war, dass die Deutsche Bank so leichtfertig Kredite in Milliardenhöhe herausgerückt hat.

Ein Unternehmer vom Scheitel bis zur Sohle

Schneider war ein Mann, wie ihn Banker und Bürgermeister mögen, »kein Aufschneider, kein Nouveau Riche«[19], erinnerte sich Leipzigs Wirtschaftsdezernent Christian-Albert Jacke. Er ließ sich auch in den Stiftungsrat der Dr. Jürgen Schneider Stiftung berufen, die unter anderem junge Unternehmer und Umweltschutzprojekte förderte. Schneider hatte die richtigen Verbindungen, eine Nase fürs Geschäft und ein Auge für Stadtverschönerung, die bei Bürgermeistern und Stadtdirektoren immer gut ankam, die sie sich aber wegen leerer Kassen nicht leisten konnten. Und er war ein Pfennigfuchser, der gnadenlos jede Handwerkerrechnung kürzte, wenn er nur den Hauch eines Mangels entdecken konnte – eben ein Mann ganz nach dem Geschmack der Bankiers.

Dazu war Schneider ein gewiefter Geschäftsmann, der schon mit dem Verkauf eines seiner früheren Objekte, dem »Fürstenhof« in Frankfurt, einen um 80 Prozent höheren Erlös einfuhr, als die Abteilung zentrale Baufinanzierung der Deutschen Bank berechnet hatte. Weil sich Banker nicht gerne von ihren Kunden über den Tisch ziehen lassen, wurde diese Abteilung aufgelöst – auch wegen dieser »verheerenden Fehleinschätzung«. Schneider hatte sich mit diesem Deal den Ruf erworben, einer der bedeutendsten »Immobilienentwickler« zu sein. »Es gab keine interne Sitzung, die sich mit Projektentwicklungen auseinandersetzte, die nicht in irgendeiner Form, zu irgendeinem Zeitpunkt auf den Vorzeigekunden der Bank, Dr. Jürgen Schneider, zu sprechen kam«[20], erinnerte sich 1997 Joachim Plesser, damals noch Vorstandsmitglied bei Schneiders größtem Finanzier, der Tochtergesellschaft Deutsche Centralbodenkredit AG (DCB), als er als Zeuge im Prozess gegen Schneider aussagte.

In jenen Tagen, als alles noch gut schien, sah man schon mal über ein paar Eigenheiten wie den gemieteten Lear-Jet oder die nächtens taghell beleuchtete Königsteiner Villa hinweg. Wer, wie der damalige Commerzbank-Aufsichtsratschef Walter Seipp, Anstoß an Schneiders vergoldeten Zaunspitzen nahm, wurde von den international denkenden Geldmanagern als Kleingeist belächelt. Für solche Bedenkenträger war im globalen Geldgewerbe kein Platz mehr. Da waren schnelle Entscheidungen und Durchsetzungsfähigkeit gefragt, schließlich ging es täglich um Milliarden und der Wettbewerb unter den Banken wird immer härter, wie der damalige Deutsche-Bank-Chef Hilmar Kopper immer wieder gern betonte.

Ein feines Managementteam

Schneider erschien als ein grundsolider Kunde, mit dem jeder gern ins Geschäft kommen wollte. Dass der Unternehmer sein Firmenimperium als Closed Shop nur um sich und seine Frau gruppiert hatte, wurde als typische Mittelständlerattitüde abgetan. Nur Claudia Schneider-Granzow war noch als Mitgesellschafterin in der alles entscheidenden Dr. Jürgen Schneider GbR, also einer Gesellschaft bürgerlichen Rechts, geduldet. Gemeinsam mit Schneiders Bruder Joachim und den beiden Kindern Ysabel und Nicolai gehörte ihnen die Dr. Jürgen Schneider AG für Immobilien und Grundbesitz, die mit zehn Millionen DM atemberaubend unterkapitalisiert war – auch das schien das Kreditgewerbe nicht zu beunruhigen. Er ließ keinen Banker in den Aufsichtsrat und achtete bei seinem kleinen Managementteam auf feine Namen: Gabriele Eick, die ehemalige Chefin der Frankfurter Wirtschaftsförderung, gehörte ebenso dazu wie Ralf Graf Lambsdorff, ein Neffe des renommierten Wirtschaftspolitikers der FDP Otto Graf Lambsdorff. Die meisten Banker störte nicht einmal, dass Schneider eine drohende Pleite gerade noch mit einem Vergleich abgewendet hatte. Das war mindestens zehn Jahre her, wer konnte sich daran schon noch erinnern? Ein Geldhaus wusste es bestimmt, die Hessisch-Thüringische Landesbank: Sie hat sich aus allen Schneider-Engagements herausgehalten.

Nicht so die anderen, wie die Dresdner Bank, bei der Schneider immerhin mit 600 Millionen DM in der Kreide stand – von der Deutschen Bank ganz zu schweigen. Wenn Schneider Geld brauchte, musste er nur mit den Auszügen seiner Festgeldkonten wedeln. Guthaben von über 500 Millionen DM, wie er sie vorweisen konnte, sind bei Immobilien-Developern – wie sich die Projektentwickler heutzutage nennen – so selten wie die Chance, einen zweiten Hope-Diamant zu finden. »Wenn die anderen gerade einmal eine Million auf dem Konto haben, fangen sie schon das nächste Projekt an«, erklärte ein Investmentbanker. Verzückt über so viel Geld, das jedoch bei den Instituten geparkt wurde, bei denen Schneider keine Kredite laufen hatte, vergaßen die vom Wettbewerb gestressten Finanzmanager sogar die einfachsten Sicherheitsbarrieren, die im Kreditgeschäft zu beachten sind.

Millionenkredite für die Frankfurter Zeil-Galerie

Bestes Beispiel für Schneiders Geschäftsprinzip und die Beihilfe der Banken ist die Zeil-Galerie in Frankfurt am Main. »Les Facettes« waren vom ersten Tag der Ausschreibung an umstritten. Immobilienexperten bezweifelten, dass sich das Gebäude mit Boutiquen, Fachgeschäften und Restaurants auf sieben Stockwerken überhaupt rechnen würde. Mehrgeschossige Ladengalerien ziehen keine Laufkundschaft an, das zeigten Beispiele aus anderen Großstädten. »Wenn er das schafft, ist er der Größte«, sagten die Skeptiker. Schneider steckte 250 Millionen DM in den Luxusbau. Von der Deutschen Bank und ihrer Hypothekentochter Deutsche Centralboden AG bekam er gleichwohl 451 Millionen DM Kredit auf das Objekt.

Dafür sorgte letztlich die Deutsche Bank. Hypothekenbanken dürfen nur Darlehen bis zu 60 Prozent des Objektwerts geben. Solche Hypotheken sichert die Bank mit festverzinslichen Pfandbriefen ab. Bis zu zehn Prozent ihrer gesamten Hypothekenkreditsumme darf sie dann noch als Zusatzfinanzierung auf von ihr ausgewählte Objekte draufschlagen. So können einige Projekte in voller Höhe finanziert werden. Gedeckt werden diese Darlehen durch ungesicherte Schuldverschreibungen, für die bei der Centralboden die Muttergesellschaft Deutsche Bank bürgen, im Bankjargon: eine Patronatserklärung abgeben muss.

Als Kaufpreis von Immobilien wie Einkaufspassagen und Bürohäusern in bester Lage galt Anfang der 90er Jahre, als die Planung der Zeil-Galerie begann, noch der 16 bis 17fache Satz der jährlichen Mieteinnahmen – 1994 lag der Multiplikator nur noch bei zwölf bis 13. Ursache dafür war die sinkende Nachfrage nach Laden- und Büroflächen, eine Folge der Wirtschaftskrise und auch des geänderten Steuerrechts. Skandinavier und Japaner hatten sich aus dem deutschen Immobilienmarkt zurückgezogen, nachdem sie seit Januar 1994 ihre in Deutschland erzielten Gewinne auch hier versteuern müssen. All das führte schließlich zu einem Überangebot an Gewerbeflächen und zu dramatischen Preiseinbrüchen.

Utopische Mieteinnahmen

Bei »Les Facettes« ging Schneider bei Baubeginn noch von einer Quadratmetermiete von 300 DM aus. So viel mussten auch Besitzer von Boutiquen in der 300 Meter entfernten Goethe-straße bezahlen. Im Frankfurter Flughafen wurden sogar bis zu 500 DM pro Quadratmeter Ladenfläche verlangt. In Schneiders Galerie wurden aber nur etwa 75 DM erzielt.

Die von Schneider für Les Facettes kalkulierten Mieteinnahmen waren aber nicht nur wegen der veränderten Marktlage reine Utopie. Zwar hatte die Galerie eine Bruttogebäudefläche von mehr als 20.000 Quadratmetern. Ohne Untergeschoss, Aufzüge, Lobby, Wege und sonstige Leerflächen blieben aber nur 9.000 Quadratmeter übrig. »Wer das nicht erkannt hat, kann eben Bruttogebäudefläche und Nutzfläche nicht voneinander unterscheiden«, sagte ein Manager der Deutschen Bank, als die Pannen offenkundig wurden. Denn die Kreditsumme wurde tatsächlich auf der Basis der Bruttogebäudefläche bewilligt. Zudem war die Lage der Galerie nicht gerade erstklassig. Die Frankfurter Zeil war zwar Deutschlands umsatzstärkste Einkaufsmeile, aber dort macht die Masse das Geschäft und nicht, wie etwa in der piekfeinen Goethe-Straße, die Klasse.

Diese Mängel hätten die Banker ohne große Mühe erkennen können, wenn sie sich je unters Einkaufsvolk gemischt hätten. Der kurze Spaziergang vom Bankenviertel zur Zeil-Galerie hätte sich möglicherweise ausgezahlt. 1994 war die Zeil-Galerie nur etwa 110 Millionen DM wert. Wenn sich Schneiders 300-DM-Mieten sowie der Multiplikator von 16 bis 17 aus Boomzeiten hätte realisieren lassen, würde der Verkaufspreis bei 550 Millionen DM gelegen haben. »Schneider und seine Finanziers haben darauf gesetzt, dass schnell eine Hausse kommt, und die Objekte dann in die beliehene Größenordnung hineinwachsen«[21], meinte denn auch der Hamburger Immobilienunternehmer Robert Vogel.

Betrogene Banker

Weil die Baisse am Immobilienmarkt jedoch hartnäckig anhielt, musste Schneider das Rad immer schneller drehen. Er brauchte dringend neue Objekte, um an frisches Geld zu kommen und die alten Kredite bedienen zu können. So griff er in Leipzig, Hamburg und Berlin zu – immer nach seinem alten Grundsatz: nur beste Lage, nur mit dem Segen der Bürgermeister – und nur auf Pump.

Und weil das immer noch nicht reichte, wurde schließlich der Wert alter Immobilien nach oben korrigiert. Die Zeil-Galerie stand plötzlich mit knapp einer Milliarde DM in Schneiders Bilanz. Solche Manipulationen erklären unbeteiligte Banker mit Panik. »Wer in Not gerät, neigt auch zu Betrügereien«, lautet ein goldenes Wort im Geldgewerbe.

Bei der Deutschen Bank war es offenbar in Vergessenheit geraten. Vorstand Krupp sowie sein Kollege Ulrich Weiss, im Deutsche-Bank-Vorstand für die Mannheimer Filiale zuständig, die auch die Schneider-Kredite abwickelte, mussten sich die Frage gefallen lassen, ob sie wirklich getäuscht wurden oder ob sie sich nicht einfach verspekuliert haben.

»Merkwürdig« fand Hessens Generalstaatsanwalt Schaefer auch die ersten Reaktionen der Banker. Die Deutsche Bank, der Schneider in einem Abschiedsbrief vom 7. April 1994 sein Milliardenimperium anvertraut hatte, nahm den Schaden erst mal klammheimlich und vor allen anderen in Augenschein, filzte die Schneider-Büros in Königstein und erstattete erst eine knappe Woche später Anzeige wegen Betrugs. Die ermittelnde Staatsanwaltschaft in Frankfurt reagierte auf diese Detektivarbeit des Kreditinstituts verärgert:»Es ist nicht erfreulich, wenn derjenige, der Anzeige erstattet, nicht die Karten auf den Tisch legt.« Die eilige Razzia in Königstein mag zur bankinternen Schadensbegrenzung beigetragen haben – dem Ansehen des Instituts hat sie zweifellos geschadet. Das größte deutsche Kreditinstitut verhielt sich wie die Handwerker, die nach Bekanntwerden der Pleite hastig ihre Kabel, Waschbecken und Kloschüsseln von den Schneider-Baustellen geholt haben.

Das Unwort des Jahres: Hilmar Koppers »Peanuts«

Das war nicht der einzige Fauxpas, den sich die Herren der Deutschen Bank bei der Aufarbeitung des Falles Schneider geleistet haben. Den GAU im Hinblick auf Image und öffentliche Darstellung der Bank richtete der Vorstandssprecher Hilmar Kopper höchstpersönlich an. Auf einer Pressekonferenz am 21. April 1994, die ihn – wie er später bekannte – »grässlich gelangweilt« hatte, wischte er die Sorgen der Handwerker, die nach dem Konkurs von Schneiders Immobilienimperium um ihre Existenz bangten, weil sie massive Forderungsausfälle befürchteten, mit einer abfälligen Bemerkung weg. »Das sind doch Peanuts«[22], erklärte der Chef des milliardenschweren Geldhauses aufs Höchste gereizt. Den anwesenden Journalisten verschlug es ob dieser unerträglichen Arroganz fast die Sprache.

Die PR-Abteilung konnte den Schaden nicht mehr gutmachen. Selbst nachgeschobene Erklärungen zum Gemützustand des Bankers halfen nicht: »Er ist irritiert«, berichteten Vertraute über den Zustand von Hilmar Kopper, Vorstandssprecher der Deutschen Bank. Was den Herrn des Geldes aus der Fassung gebracht habe, sei die »öffentliche Aufgeregtheit« über einen Fall, der vom Umfang her für das größte deutsche Kreditinstitut eigentlich keiner sein dürfte. Schließlich ginge es nur um die Pleite eines Bauunternehmers, der bei deutschen Banken insgesamt mit rund sechs Milliarden DM – bei der Deutschen Bank allein mit 1,3 Milliarden DM in der Kreide stand und Handwerkern gut 250 Millionen DM – 50 Millionen DM davon entfielen auf die Deutsche Bank – schuldete.

Für den Banker mögen das in der Tat Petitessen gewesen sein: Bei einem gigantischen Kreditvolumen von 400 Milliarden DM und einer Risikovorsorge von knapp 3,3 Milliarden DM war das Schneider-Engagement des Instituts auf den ersten Blick wirklich kein Grund, »kübelweise Häme« – wie Hilmar Kopper auf der Pressekonferenz beklagte – auszuschütten. Aber wie schon bei der Metallgesellschaft reagierte die Bank auch im Fall Schneider zu spät, hilflos und – vor allem – beleidigt.

Der Fall Schneider vor Gericht

Was den Fall Schneider zum Fall Deutsche Bank werden ließ, war der Mangel an Professionalität auf allen Ebenen des größten deutschen Kreditinstituts. Deshalb war »Schneider« viel mehr als ein Patzer des »Klassenprimus«. Er weckte Zweifel an der Kompetenz und Führung des Vorstands. Er machte deutlich, dass Kopper und seine Kollegen längst »out of touch«, wie es ein amerikanischer Journalist formulierte, mit ihrem Institut und dem realen Leben geraten waren. Kopper konnte zwar das damals beste Jahresergebnis und den höchsten Gewinn, den das Geldhaus bis dahin je erzielt hatte, vorweisen. Aber noch nie hatte die Bank einen derartigen Imageverlust erlitten: Fast jeder zweite Bundesbürger gab damals an, das Vertrauen zu Instituten wie der Deutschen Bank verloren zu haben.

Deswegen wurde auch der Prozess gegen Jürgen Schneider, der am 30. Juni 1997 vor dem Frankfurter Landgericht eröffnet wurde, zu einem öffentlichen Spektakel. Journalisten aller Medien, aber auch die Kabarettisten und Spaßvögel dieser Republik konnten noch einmal aus dem Vollen schöpfen.

Die Gerichtsreporterin des Nachrichtenmagazins *Der Spiegel*, Gisela Friedrichsen, schildert Szenen aus der Vernehmung der Banker vor dem Landgericht: »Der Vorsitzende Richter Heinrich Gehrke wundert sich bei jedem Zeugen aus dem Bankgewerbe, manchmal bissig, manchmal grimmig. Er sagt zum Beispiel: ›Also wenn ich eines hier gelernt habe, dann ist es die sehr untertreibende Ausdrucksweise von Bankern. Bis ein Banker mal ein klares Wort sagt!‹ Ein Zeuge sollte seinerzeit prüfen, was es mit ›physisch‹ möglicherweise ›nicht existenten Mietverträgen‹ auf sich habe. Der Zeuge, ehemaliger Mitarbeiter der Deutschen Centralboden, versichert, dass er nicht den geringsten Zweifel an der Existenz der Verträge gehabt habe. ›Aber im Klartext heißt das doch, man befürchtete, die Verträge gibt es nicht!‹ – der Vorsitzende fasst sich an den Kopf. ›Ich ging davon aus, dass es sie gibt, selbstverständlich‹, sagt der Zeuge.«[23]

Hilmar Kopper im Zeugenstand

Der Auftritt von Deutsche-Bank-Chef Hilmar Kopper wurde zum besonderen Medienereignis, doch Richter Gehrke ersparte ihm nichts – wie *Der Spiegel* schilderte: »Kopper wird etwas harsch gefragt: ›Wie stehen Sie zu Ihren Revisionsberichten?‹ ›Nun ja, da sind wohl Dinge eingerissen‹, räumt er ein. ›Zum Teil habe man erschütternde Feststellungen treffen müssen, zum Teil aber auch menschlich verständliche. Im übrigen sei die Diktion eines Revisionsberichts immer überzogen, das erwarte man, das müsse so sein. Wir lesen das mit anderen Augen, Herr Vorsitzender, als ein Außenstehender.‹ Welchen Eindruck er, Kopper, von Schneider gehabt habe? ›Das weiß ich nicht‹, antwortet Kopper, ›bis auf einen Kollegen im Vorstand hat niemand Herrn Schneider gekannt.‹ ›Was? Niemand hatte einen Eindruck von dem Mann, der zum größten Kreditnehmer aufgestiegen war mit astronomischen Vermögenszuwächsen? Der in neun Monaten angeblich eine Milliarde DM verdient haben soll?‹ ›Nein, das ist auch nicht unsere Aufgabe. Wir nahmen wahr, wie Schneider in den Medien gesehen wurde. Man wundert sich ja manchmal über das Hochgejuble. Und dann kommt der tiefe Fall. Aber was heißt das auch schon, einer ist ganz oben ...‹ Der Vorsitzende will es nicht fassen: ›Sie werden doch auf seine Vermögenslage aufmerksam gemacht worden sein! Es gibt jubelnde Bewertungen aus Ihrem Haus!‹ Kopper bleibt gelassen: ›Die Person ist völlig uninteressant. Wichtig ist nur das Objekt, das Objekt, das Objekt. Von der Person haben Sie am Ende – wie hier – nichts zu erwarten.‹ Er macht eine kurze Handbewegung hin zum Angeklagten, ohne diesen anzusehen. ›Es gibt eine Labilität der Märkte‹, fährt Kopper fort, ›die nicht vorauszusagen ist. Mein Beruf beschäftigt sich mit der Zukunft. Wir müssen Jahre zuvor wissen, was Jahre später sein wird. Immer wenn ein Kind in den Brunnen gefallen ist, weiß man es besser.‹ Es hätte ›trotz der kleinen Fehler‹ gutgehen können mit Schneider. ›Das wäre aber ein Wunder gewesen‹, protestiert der Vorsitzende. ›Auch Wunder gibt es manchmal‹, Kopper lächelt.«[24]

Pleite ohne Folgen

Konsequenzen für die im Fall Schneider letztlich Verantwortlichen, die Vorstände der Deutschen Bank, gab es nicht. Dafür sorgte schon der bankinterne Verhaltenskodex – »Comment des Hauses« genannt. Er verlangte bis zum Mai 2002 unter anderem einstimmige Vorstandsbeschlüsse. Auf diese Weise wurden Leistung wie Fehlleistung einzelner auf alle zwölf Mitglieder dieses Gremiums verteilt. Koppers Verweis auf den Aufsichtsrat des Instituts, der bei Entscheidungen über Vorstandsmitglieder das letzte Wort habe, klang schon damals nach Satire. Im obersten Kontrollrat saßen die Vorgänger und vom amtierenden Vorstand selbst handverlesene Repräsentanten befreundeter Unternehmen. Ernsthafte Opposition war da nicht zu befürchten.

Eine Frage der Ehre: die Pleite der KHD

Kaum hatte Deutsche-Bank-Chef Hilmar Kopper in der letzten Maiwoche des Jahres 1996 seinen Aktionären die glänzenden Ergebnisse des Geschäftsjahrs 1995 präsentiert, verfinsterte auch schon wieder ein langer Schatten das strahlende Bild von Deutschlands größtem Kreditinstitut: Der Kölner Anlagenbauer KHD, eine Industriebeteiligung des Frankfurter Geldkonzerns, stand vor der Pleite. Die Ursache: Verluste in Höhe von 650 Millionen DM bei der KHD-Tochter Humboldt-Wedag. Entstanden war diese Schieflage, die mehr als das Doppelte des Grundkapitals der Dachgesellschaft KHD ausmachte, durch Bilanzmanipulationen und unter Preis verkaufte Zementanlagen für Saudi Arabien.

Die Aufsichtsräte unter dem Vorsitz von Deutsche-Bank-Vorstand Michael Endres wollen von den Machenschaften erst im Mai 1996 durch die Beichte eines Wedag-Managers erfahren haben. Der Schock für Belegschaft, Politiker und Öffentlichkeit: Weder die Repräsentanten des größten Einzelaktionärs noch die Wirtschaftsprüfer der CL Deutsche Revision, eine Tochterfirma der internationalen Wirtschaftsprüfungsgesellschaft Coopers & Lybrand, die die Jahresabschlüsse testierten, haben etwas von den Bilanzmanipulationen mitbekommen.

Während die Staatsanwaltschaft noch ermittelte, stand bei der Deutschen Bank und der Deutschen Revision bereits fest, dass beide Institute Opfer krimineller Vorgänge geworden sind. Per Telefax ließen die Wirtschaftsprüfer verbreiten: »Wir sind uns mit dem Vorstand von KHD darüber einig, dass es sich im vorliegenden Fall um ein Betrugsmanöver durch Vorstand und Mitarbeiter der Tochtergesellschaft Humboldt-Wedag sowie außenstehende Dritte handelt, für das es im Rahmen der gesetzlichen Abschlussprüfung beim KHD-Konzern keine Hinweise gab.« Auch der damalige Deutsche-Bank-Presse-Sprecher Hellmut Hartmann berief sich auf kriminelle Vorgänge, die Aufsichtsräte nicht erkennen könnten.

Warnungen in den Wind geschlagen

Wirklich nicht? So mancher Bankkunde, der für einen kleinen Betriebsmittelkredit oder ein Hypothekendarlehen seine Einkommens- und Finanzlage bis ins kleinste Detail offenlegen muss, wundert sich, dass die Deutsche Bank – mit einer 47,6-Prozent-Beteiligung zugleich größte Einzelaktionärin und Kreditgeberin – die Bücher und Auftragslage der KHD-Tochtergesellschaften nicht genauer prüfte. Zumal es sich bei der Wedag um eine der wichtigsten Säulen für die Restrukturierung des Motoren- und Anlagenbauers handelte. An Hinweisen auf eine drohende Schieflage hatte es nicht gemangelt. Nicht nur die Vorstände von Konkurrenzunternehmen wie der Krupp-Tochter Polysius, sondern auch renommierte Unternehmensberater hatten die Aufsichtsräte, allen voran den Vorsitzenden des Kontrollgremiums, Deutsche-Bank-Vorstand Michael Endres, immer wieder vor den mit Verlusten akquirierten Aufträgen der Wedag gewarnt. Wie ein Berater erklärte, seien seine Warnungen bei dem Banker jedoch auf taube Ohren gestoßen. Die Ignoranz der Räte war um so verwunderlicher, als es sich bei KHD um ein mehrfach krisengeschütteltes Unternehmen handelte.

Verfehlte Akquisitionen

Mitte der 80er Jahre hatte der frühere KHD-Chef Bodo Liebe dem 1864 gegründeten Traditionsunternehmen einen verheerenden Expansionskurs verordnet. Er wollte die Kölner Motoren- und Landmaschinenbauer durch Zukäufe von angeschlagenen Firmen, wie dem US-Konzern Allis-Chalmers, zur Nummer eins auf dem Weltmarkt machen. Sein ehrgeiziges Vorhaben kostete KHD etwa eine Milliarde DM und endete 1987 in einem riesigen Schuldenberg.

Liebes Nachfolger Kajo Neukirchen, heute Chef der in MG Technologies umbenannten Metallgesellschaft, gelang es durch den Verkauf der Tochter Deutz-Allis die größten Verlustquellen zu schließen. Er baute die Belegschaft von über 24.000 Mitarbeitern auf die Hälfte ab. Doch die unter seiner Führung für 600 Millionen DM errichtete Motorenfabrik in Köln war zu groß ausgefallen. Die Überkapazitäten belasteten das Ergebnis von KHD. Neukirchens Nachfolger, Werner Kirchgässer, verkaufte die einst hoch angesehene Landtechnik, musste aber dennoch für das Geschäftsjahr 1994 ein Minus von 308 Millionen DM melden und verließ das Unternehmen. Seit 1995 steuert der ehemalige Manager der Bremer Vulkan-Werft, Anton Schneider, den Konzern. Schon in jenem Jahr musste die Deutsche Bank KHD vor dem Untergang bewahren, mit Finanzhilfen, die »deutlich über 500 Millionen DM liegen«[25], wie KHD-Aufsichtsratschef Endres erklärte.

Die Rettung schien damals Ehrensache: Schließlich hatte der Frankfurter Geldkonzern den Niedergang des rheinischen Familienkonzerns, der einst zum Imperium der Brüder Henle gehörte, sozusagen von Anfang an begleitet. Vorstandssprecher Hilmar Kopper hatte sogar sechs Jahre – bis 1994 – den Vorsitz im Aufsichtsrat innegehabt, danach hatte Endres die Führung des Gremiums übernommen.

Auch wenn die Aufsichtsräte von den Managern der Wedag besonders arglistig getäuscht wurden, bleibt ein Makel an der Bank haften. Wieder hatten die Bankvorstände die aktuellen Entwicklungen in einer Firma, für das sie als oberste Kontrolleure Verantwortung trugen, nicht rechtzeitig mitbekommen.

Das Ende der KHD

»Früher konnte ein Manager damit rechnen, dass seine Fehler erst seinem Nachfolger auf den Schreibtisch fallen, heute holen sie ihn noch zu seinen Amtszeiten ein«[26], erklärte ein ehemaliger Industriemanager, den der frühere Deutsche-Bank-Chef Alfred Herrhausen bei Industriesanierungen gern um Rat gefragt hatte. Das trifft auch auf Aufsichtsräte zu. Immer häufiger werden die obersten Kontrolleure mit den Folgen ihrer Entscheidungen noch während ihrer Amtszeit konfrontiert.

Die Deutsche Bank kostete die Rettung weitere 450 Millionen DM. Für Deutschlands größtes Kreditinstitut, das 1995 einen Gewinn von 2,1 Milliarden DM erwirtschaftete, war das kein Problem. Deutsche-Bank-Chef Kopper beruhigte seine Aktionäre auf der Hauptversammlung: »Wir werden unseren Anteilsbesitz und unser Kreditengagement mit der gebotenen Sorgfaltspflicht bewerten.«

Die Mitarbeiter mussten mit Gehaltskürzungen, Verzicht auf Weihnachts- und Urlaubsgeld für das Missmanagement von Konzernleitung und Aufsichtsrat büßen. Das damals mehr als 132 Jahre alte Unternehmen wurde in Deutz AG umbenannt und zerschlagen. Die bisher rechtlich selbstständigen Konzerntöchter Deutz Motor GmbH, Deutz Service International GmbH, Deutz Service Center Übersee GmbH, KHD Techno-Transfer GmbH und KHD Personaldienste Gesellschaft für Personalbetreuung mbH wurden zum 1. Januar 1997 in die Deutz AG integriert.

Die Motoren-Werke Mannheim AG (MWM) blieben als selbstständige Tochter erhalten, wurden aber in die Marktstrategie der Deutz AG einbezogen. Die Konzerntöchter im Industrieanlagenbau – die KHD Humboldt Wedag AG und die Indumont Industrie-Montage GmbH – wurden verkauft.

Thyssen-Krupp: Interessenkollision im Revier

Nach der Hauptversammlung der Thyssen AG am 14. März 1997 bat der nordrhein-westfälische Finanzminster Heinz Schleußer (SPD), der auch im Aufsichtsrat des größten deutschen Stahl- und Anlagenkonzerns saß, den Chef des Kontrollgremiums, Heinz Kriwet um ein kurzes Gespräch unter vier Augen. Krupp bereite eine feindliche Übernahme des Thyssen-Konzerns vor, raunte der altgediente Politiker dem Topmanager zu. Mit dieser Nachricht brachte Schleußer nicht nur den Aufsichtsratschef in Rage, sondern wenige Tage später auch die Deutschland AG ins Wanken.

Der Konzern, dem Kriwet seit Jahrzehnten in unterschiedlichen Funktionen gedient hatte, sollte von dem kleineren Rivalen im Revier, der Krupp-Hoesch-Gruppe übernommen werden. Unfassbar. Ein Kampf wie David gegen Goliath – mit einem Unterschied: Der Düsseldorfer Riese zog in Topform ohne überflüssiges Fett und mit modernen Anlagen in den Kampf, der Essener David war ausgepowert, mit schlaffen Muskeln und altem Gerät angetreten. Im Klartext: Thyssen erwirtschaftete mit 123.746 Mitarbeitern einen Umsatz von 38,67 Milliarden DM und erzielte dabei durch geschickte Produktstrategie Gewinne, Krupp kam mit 66.300 Mitarbeiter zwar auf einen Umsatz von 24 Milliarden DM, doch der Profit der Gesamtgruppe wurde von den Verlusten der höchst unrentablen Stahlsparte aufgezehrt.

Die Übernahmeschlacht beginnt

Am Mittag des 15. März 1997, einem Samstag, alarmierte Kriwet per Telefon den Vorstandschef der Thyssen AG, Dieter Vogel. Beide mochten das Unglaubliche nicht so recht begreifen. Sollte der Krupp-Hoesch-Chef Gerhard Cromme tatsächlich einen so tollkühnen Plan im Schilde führen? Noch unvorstellbarer war für die beiden Spitzenkräfte des Konzerns, dass sich möglicherweise deutsche Banken an einem derart verwegenen Abenteuer beteiligen würden.

Andererseits wäre ein Übernahmeversuch eine Erklärung für den Höhenflug der Thyssen-Aktie, die seit Januar jenes Jahres unaufhörlich gestiegen war. Und der Zeitpunkt für einen Überraschungsangriff, den Schleußer genannt hatte, die Woche vor dem Osterfest, war nicht schlecht gewählt. Dann würden sich viele Manager, Banker und Wirtschaftsanwälte bereits in Urlaub verabschiedet haben. In vielen Unternehmen, Banken und Kanzleien wäre nur die Stallwache auf dem Posten, eine Abwehrschlacht wäre nur schwer zu organisieren. Thyssen-Chef Vogel informierte seine engsten Mitarbeiter. Schnell war der Entschluss gefasst, dem Angreifer durch eine Vorwärtsstrategie die Tour zu vermasseln. Das restliche Wochenende verbrachten die Manager damit, befreundete Banker, Aufsichtsräte und Journalisten anzurufen und durch geschicktes Fragen auf den drohenden Übernahmekampf aufmerksam zu machen.

Operation »Hammer und Thor«

Am Montag, den 17. März, brach über den Börsenplätzen Frankfurt und Düsseldorf ein Sturm von Gerüchten, Spekulationen und Halbwahrheiten über die beiden Unternehmen los. Erst am Abend konkretisierten sich die Vermutungen, dass Krupp-Hoesch tatsächlich Thyssen übernehmen wolle. Doch noch immer fehlte eine offizielle Erklärung des Krupp-Plans.

Am Dienstag, den 18. März, konnte auch Krupp den Nachfragen nicht mehr standhalten. Krupp-Chef Cromme ließ öffentlich erklären, dass ein Übernahmeangebot vorbereitet werde. Thyssen-Chef Dieter Vogel ließ sofort eine Pressekonferenz einberufen und ging wieder in die Offensive: Vor den anwesenden Journalisten bezeichnete er das Vorgehen von Krupp als »Wildwest-Methoden«. Vogel alarmierte die Düsseldorfer Landesregierung und telefonierte mit dem damaligen Bundeskanzler Helmut Kohl.

Währenddessen wurde im Thyssen-Hauptquartier die Verteidigung organisiert. Vogels engste Mitarbeiter hatten keine Mühe Bundesgenossen zu finden. Krupps Angriff wurde nur von zwei deutschen Banken, allerdings den damals größten Instituten im Lande, der Deutschen Bank und der Dresdner Bank, sowie den

Investmenthäusern Goldman Sachs, der Deutsche-Bank-Tochter Morgan Grenfell und der Dresdner Kleinwort Benson geführt. Seit Dezember des Jahres 1996 hatten sie an dem Plan, der unter dem Codenamen »Hammer und Thor« geführt wurde, gearbeitet.

Besonders pikant an der Situation war, dass im Thyssen-Aufsichtsrat mit Ulrich Cartellieri ein Vorstandsmitglied der Deutschen Bank und mit Wolfgang Röller der Aufsichtsratschef der Dresdner Bank saßen. Cartellieri hatte zudem seine Teilnahme an der Thyssen-Hauptversammlung abgesagt – wegen einer Darmgrippe. Beide beeilten sich zu beteuern, dass sie von dem Geheimplan, der von beiden Banken maßgeblich mitentwickelt wurde, nichts gewusst hätten.

Glaubhaft war das nicht. Vor allem Deutsche-Bank-Vorstand Ulrich Cartellieri geriet unter Druck. Der Banker hatte zu jenem Zeitpunkt mehrere Hüte auf.

Die Investmentbanker des Krupp-Lagers waren ohnehin schon in die Bredouille gekommen. Weil der Plan zur feindlichen Übernahme durch Schleußers Intervention vorzeitig bekannt geworden war, lief ihnen die Zeit davon. Eilig mussten sie nun das Übernahmeangebot zusammenzimmern. Der Übernahmekurs wurde auf 435 DM pro Thyssen-Aktie festgesetzt.

Danach hätte Krupp-Hoesch für die 31,2 Millionen Aktien rund 13,6 Milliarden DM aufbringen müssen, dazu wären noch 3,5 Milliarden DM für die Übernahme der Thyssen-Schulden gekommen. Der Gesamtpreis hätte somit bei 17,1 Milliarden DM gelegen.

Banken wollen Thyssen zerschlagen

In ihrem Plan sahen Deutsche Bank und Dresdner Bank, die die Finanzierung übernehmen wollten, eine Rückzahlung der hohen Schulden durch die Zerschlagung des Thyssen-Konzerns vor. Etwa zwei bis vier Milliarden DM hätte der Essener Konzern wieder hereinholen können durch den Verkauf der 40.000 Thyssen-Wohnungen und -Gebäude sowie durch die Veräußerung des 30-Prozent-Pakets am E-Plus-Mobilfunk-Netz. Der E-Plus-Partner Vebacom, der zusammen mit dem Stromgiganten RWE die Telekommunikationsgesellschaft Otelo gegründet hatte, hätte auch gern den Thyssen-Anteil für drei Milliarden DM übernommen. Nach Abzug von Krediten und Steuern brächte die Telekom-Sparte nach Einschätzung von Branchenkennern noch 2,5 Milliarden DM. Weitere 1,5 Milliarden DM würden Verkäufe von anderen Thyssen-Bereichen einschließlich des Hochhauses abwerfen, in dem die Hauptverwaltung des Düsseldorfer Konzerns saß. Für die restlichen neun bis elf Milliarden DM müsste Krupp-Hoesch Kredite aufnehmen. Die Zinszahlungen ließen sich aber leicht aus den Gewinnen von Thyssen bedienen. Branchenkenner rechneten bereits mit einem Gewinnüberschuss von mindestens 330 Millionen DM, der Krupp-Hoesch jährlich aus der Thyssen-Gruppe zuflösse. Das wäre deutlich mehr als die 208 Millionen, die Cromme 1997 mit seinem eigenen Konzern hätte erwirtschaften können.

Der Krupp-Hoesch-Chef würde zudem von der umfangreichen Rationalisierung profitieren, die der Thyssen-Konzern-Chef Dieter Vogel bereits eingeleitet hatte. Dabei wurde die Belegschaft um 9,3 Prozent abgebaut, Geschäftsbereiche wurden gestrafft, unrentable Firmen für den Verkauf aussortiert.

Eine Fusion würde zudem Spielraum für weitere Kostenreduzierung schaffen. Krupp-Hoesch-Chef Cromme war sicher, dass sich 70 Prozent der Produkte der beiden Konzerne ergänzen. Im Klartext hieß das: Die restlichen 30 Prozent müssten bereinigt werden, Arbeitsplätze abgebaut, Betriebe verkauft oder stillgelegt werden. Ein Kahlschlag von 30.000 Stellen, wie ihn Arbeitnehmer und Betriebsräte beider Konzerne befürchteten, schien keine irreale Größe zu sein. Bereits vor der Übernahmeschlacht hatte Thyssen für 1997 den Abbau von 6.000 Jobs angekündigt; bei Krupp sollten 2.200 Stellen gestrichen werden.

Der Widerstand bei Thyssen formiert sich

Obwohl eine Fusion der beiden Konzerne betriebswirtschaftlich sinnvoll war, weil kostspielige Überkapazitäten beseitigt würden, war sie 1997 politisch kaum zu verkraften.

Im Revier brodelte es ohnehin: Die Kumpel aus den Steinkohlezechen hatten bereits lautstark vor der Landesregierung in

Düsseldorf und im Bonner Regierungsviertel gegen Subventionsabbau und Arbeitsplatzverluste protestiert, einen Aufstand der Stahlkocher wollten Landes- und Bundespolitiker daher unter allen Umständen vermeiden.

Selbst der damalige Regierungschef Nordrhein-Westfalens, Johannes Rau (SPD), der als ein Mitglied der Friedrich-Krupp-Stiftung – wenn auch erst spät – in den Deal eingeweiht worden war, zeigte sich nicht nur »überrascht«, er artikulierte auch offen seinen Unmut über das Vorgehen des Krupp-Chefs und seiner Bankiers. Auch Finanzminister Heinz Schleußer und Wirtschaftsminister Wolfgang Clement sparten nicht mit Kritik an Crommes Coup.

Die Bedenken der Politiker und die Wut der Thyssen-Belegschaft, die sich nicht vom Erzrivalen schlucken lassen wollten, wusste Konzernchef Vogel geschickt zu nutzen. Der Topmanager kündigte schärfsten Widerstand gegen die Übernahme an. Thyssen stand durch den Zeitgewinn ein ganzes Arsenal von Abwehrmaßnahmen zur Verfügung. Da gab es eine bereits genehmigte, aber noch nicht vollzogene Kapitalerhöhung um 500 Millionen DM, die, wenn sie ausgeführt worden wäre, den Übernahmepreis für Krupp um weitere 2,5 bis 4,5 Milliarden DM nach oben getrieben hätte. »Poison pill« nennen angelsächsische Unternehmer diese Waffe, deren Einsatz sich Vogel auf der für den Donnerstag der folgenden Woche einberufenen Hauptversammlung genehmigen lassen wollte.

Fusion statt feindlicher Übernahme

Vor dieser bedrohlichen Kulisse fand am 19. März 1997 ein Gespräch zwischen den beiden Kontrahenten bei Ministerpräsident Johannes Rau statt. Der nordrhein-westfälische Landesvater hatte die Aufsichtsratsvorsitzenden und die Vorstandschefs beider Konzerne in die Düsseldorfer Staatskanzlei einbestellt und versuchte nun Krupp-Chef Cromme die feindliche Thyssen-Übernahme auszureden. Stattdessen sollten Gespräche zur Fusion der Stahlbereiche beider Unternehmen aufgenommen werden.

Am 20. März begannen die von der Landesregierung verordneten Sitzungen an geheimen Orten, meist im Thyssen-

Gästehaus Schloss Landsberg in Essen-Kettwig. Moderatoren waren Nordrhein-Westfalens Wirtschaftsminister Wolfgang Clement und der frühere Mercedes-Benz-Chef Helmut Werner. Beide waren für eine Stahlfusion: Nicht nur wegen der bestehenden Überkapazitäten in der Stahlbranche allgemein, sondern auch wegen der unrentablen Standorte und veralteten Produktionsanlagen bei Krupp, die dazu führten, dass die Kosten für jede Tonne Krupp-Stahl 60 DM über denen der Thyssen-Erzeugnisse lagen. Pro Jahr fielen bei Krupp Verluste von 200 Millionen DM allein im Stahlbereich an. Eine gemeinsame Fertigung könnte dieses Loch stopfen. »So kommt die Stahlindustrie wieder in Form«[27], begründete Werner seine Haltung. Auch Clement sprach sich für die Zusammenlegung aus: »Die Stahlfusion ist längst überfällig.« Sie dürfe aber nicht mit Methoden erkämpft werden, »die das Land explodieren lassen«.[28]

Doch Cromme und Vogel, beide ehrgeizig, beide wegen vergangener Erfolge als Vertreter der neuen Wirtschaftselite gefeiert, mochten so schnell nicht nachgeben. In einem Gespräch unter vier Augen machte der sonst eher leise Vogel seinem Gegner lautstark klar, dass er erst zu Verhandlungen bereit sei, wenn das Übernahmeangebot zurückgezogen werde und Cromme sich schriftlich dazu verpflichte, auch keinen neuen Versuch zu wagen.

Die Fronten bröckeln

Vogel hatte die stärkeren Bataillone auf seiner Seite. Am 21. März fand eine Betriebsratsversammlung bei Thyssen statt, auf der die Arbeitnehmervertreter beschlossen, sich am 25. März auf den »Marsch auf Frankfurt« zur Deutschen Bank zu machen und die Banker unter Druck zu setzen. Diese Drohung löste im feinen Frankfurter Bankenviertel Panikstimmung aus. Die Aussicht auf Tausende wütender Stahlkocher vor den glänzenden Fassaden ihrer Geldtürme erfüllte die Bankmanager mit schierem Entsetzen. So hatten sie sich den Ausflug in die hohen Sphären des globalen Investment Banking, der neuen Königsdisziplin im Bankgewerbe, nicht vorgestellt.

Am darauf folgenden Wochenende bröckelte dann auch die Front der Banker: Die Commerzbank hatte von Anfang an abgewinkt, den Krupp-Angriff zu unterstützen. Seit Bekanntwerden des Plans koordinierte die damals noch drittgrößte private Bank sogar die finanzielle Seite der Thyssen-Verteidigung. Doch auch die Bayerische Hypobank, heute HypoVereinsbank, zog sich zurück. Und selbst bei der Dresdner Bank, die zusammen mit der Deutschen Bank von der Thyssen-Zerschlagung kräftig profitieren wollte, bekamen die Banker kalte Füße und wollten am liebsten die Fronten wechseln.

Machtkampf in der Deutschen Bank

Im Vorstand der Deutschen Bank tobte ein Machtkampf, wie ihn der Geldkonzern wohl noch nie in seiner mehr als 100-jährigen Geschichte erlebt htte. Den Streit vom Zaun gebrochen hatte Deutsche-Bank Vorstand Cartellieri, der sich als Aufsichtsrat bei Thyssen und als Moderator der Stahlindustrie auch bei Krupp bestens auskannte.

Cartellieri fürchtete um seinen Ruf als unbescholtener Banker. Als Kenner des Thyssen-Konzerns durch seine Aufsichtsratstätigkeit und als Beteiligter durch seine Position als Vorstand des Instituts, dessen Tochtergesellschaft den umstrittenen Deal ausführte, stand er im Schussfeld öffentlicher Kritik. Als Cartellieri gegenüber dem Magazin *Der Spiegel* erklärte, er habe vor dem Übernahmeversuch gewarnt, wurde seine Aussage sofort von der Presseabteilung dementiert: »Die Behauptungen zur Rolle von Herrn Cartellieri entsprechen absolut nicht den Tatsachen.«[29] Tatsächlich war der Vorstand der Bank, in dem alle Entscheidungen nach dem Konsensprinzip getroffen werden müssen, über den Übernahmeplan zerstritten. Die Fraktion der Investmentbanker, der damals noch designierte Nachfolger von Hilmar Kopper, Rolf Breuer, der Chef der Deutsche-Bank-Tochter Morgan Grenfell, Michael Dobson, und Bankvorstand Ronaldo Schmitz hatten den Coup zunächst stiekum ohne Wissen der anderen Vorstandsmitglieder ausgeheckt, und, als er nicht länger geheim gehalten werden konnte, ihren Kollegen im obersten Entscheidungsgremium immer wieder versichert, die Übernahme würde letztlich friedlich über die Bühne gehen.

Selbst als sich gegen das rabiate Vorgehen der Widerstand in der Politik, bei der Thyssen-Belegschaft und auch in anderen Unternehmen aufbaute, versuchten die Investmentbanker ihren Kurs zu halten. »Mir liegt sehr daran«, verkündete der künftige Banksprecher Breuer unerschrocken, »dass dieser erste große Fall am Finanzplatz ein Exempel setzt.« Es gehe darum, »Investment Banking am Hochreck«[30] vorzuführen, versuchte er seine Kollegen zu überzeugen.

Interessenkollision bei Morgan Grenfell

Doch auch die Traditionalisten blieben stur. Sie hatten längst begriffen, dass die Personalunion von Cartellieri, der zugleich Thyssen und der Deutschen Bank diente, nicht der einzige Schönheitsfehler war. Auch die Deutsche-Bank-Tochter Morgan Grenfell spielte eine mehr als dubiose Rolle. Im Februar 1997 hatte sie für Thyssen noch eine Roadshow organisiert, mit der die Düsseldorfer in den USA Großinvestoren für ihre geplante Kapitalerhöhung gewinnen wollten. Dabei hatte die Investmentbank auch detailgenaue Kenntnisse über den aktuellen Geschäftsverlauf, über Zukunftspläne, Finanzlage, Investitionen und die Beteiligungspolitik des Konzerns erhalten.

Doch die Deutsche Bank bestritt, dass Krupp aus den Recherchen der Investmentbanker im Hause Thyssen Nutzen gezogen habe. »Selbstverständlich habe ich keine Informationen über Thyssen an Krupp oder umgekehrt gegeben«, schreibt Cartellieri in einer persönlichen Erklärung. Denn eine vorzeitige Unterrichtung des Thyssen-Vorstands »wäre ein unzulässiger Umgang mit Geschäftsinformationen Dritter gewesen«.

Die Behauptung von Morgan-Grenfell-Chef Michael Dobson, bei diesen Informationen handle es sich nur um Daten, die den Marktteilnehmer weitgehend bekannt gewesen seien, taugte nicht einmal als Schutzbehauptung. »Warum«, so fragte nicht nur *Der Spiegel*, »gab es dann die Reisen rund um den Globus?«[31]

Auch amerikanische Investmentbanker wunderten sich über das Vorgehen von Morgan Grenfell: »Solche Interessenkollisio-

nen müssen normalerweise offengelegt werden«.[32] Doch das
wollten die smarten Banker um jeden Preis verhindern. Thyssen
sollte durch einen Überraschungsangriff überwältigt werden.
In den Vorständen deutscher Konzerne ging die Angst um.
Viele Topmanager fragten sich, wann sie wohl von ihrer Hausbank mit so einer linken Tour aufs Kreuz gelegt werden.

Erdnüsse für die Deutsche Bank

Am 24. März entzog die Deutsche Bank Krupp die Unterstützung für die Finanzierung der Thyssen-Übernahme. Damit war
die Operation »Hammer und Thor« geplatzt. Nach langen
Beratungen mit seinen Vorstandskollegen erklärte Krupp-Chef
Cromme schriftlich, dass Krupp den Plan der feindlichen Übernahme aufgibt und auch in Zukunft keinen weiteren Versuch
unternehmen werde.

Am Abend musste der künftige Chef der Deutschen Bank in
den Nachrichtensendungen von ARD und ZDF Stellung nehmen. Schmallippig gab Breuer den Rückzug der Bank bekannt.
Wieder einmal hatte sich der Branchenführer des deutschen
Bankgewerbes gründlich blamiert.

Trotz der Kapitulation machten sich am 25. März 12.000
Arbeitnehmer von Thyssen und anderen Konzerntöchtern auf
den Weg nach Frankfurt. Gemeinsam mit der IG-Metall
demonstrierten sie vor der Hauptverwaltung der Deutschen
Bank. Vor das Portal der Deutschen Bank regnete es in Erinnerung an Hilmar Koppers »Peanuts« im Fall Schneider Erdnüsse.
Außerdem entrollten die Stahlkocher Banner mit Parolen wie
»Aktien kann man nicht essen« und »Die Dealer von der Deutschen Bank machen die Gesellschaft krank«. Auf diese Art und
Weise brachten sie den Herren in den beiden Bürotürmen, die
im Volksmund Soll und Haben genannt werden, ihre Interpreta-
tion des Vorfalls nahe. Auch IG-Metall-Chef Klaus Zwickel
goss weiter Öl ins Feuer: »Wir sind nicht in Las Vegas. Denn
dort sind die Banditen einarmig«, rief er den Zuhörern zu. Die
Stahlarbeiter applaudierten und johlten, konnten sie doch endlich einmal ihrer Wut auf die vornehmen Geldmanager freien
Lauf lassen.

Die Stahlsparten werden zusammengelegt

Am 26. März 1997 unterzeichneten Thyssen und Krupp ein Memorandum of Understanding zur Gründung der Thyssen-Krupp Stahl AG, Thyssen würde zu 60 Prozent an der neuen Gesellschaft beteiligt sein, Krupp zu 40 Prozent. Einen Tag später legte Thyssen-Aufsichtsrat Cartellieri sein Mandat nieder und reiste in den Urlaub.

Am 21. August wurde der Vorstand der Thyssen-Krupp Stahl AG berufen: Thyssen besetzte fünf Vorstandsposten einschließlich den des Vorsitzenden, Krupp erhielt drei. Zwei Wochen später wurde Thyssen-Chef Vogel zum Vorsitzenden des neuen Aufsichtsrats der Thyssen-Krupp Stahl AG gewählt.

Obwohl sein ursprünglicher Plan im Desaster endete, fühlte sich Cromme als Sieger. Nachdem man sich auf die Gründung einer gemeinsamen Stahl AG geeignet hatte, wurden zwischen den Aufsichtsgremien beider Konzerne Gespräche über eine Vollfusion vereinbart. Die Verhandlungen über die Zusammenlegung der restlichen Unternehmensteile stockten jedoch schon nach kurzer Zeit. Thyssen-Chef Vogel und Krupp-Lenker Cromme verstrickten sich schließlich in einen über Monate hinweg erbittert geführten Machtkampf um die Vorherrschaft im neuen Konzern.

Im Januar 1998 beschlossen die Thyssen-Aufsichtsräte Heinz Kriwet und Günter Vogelsang zusammen mit Krupp-Herrscher Berthold Beitz, den geschäftsschädigenden Streit der beiden Manager zu beenden – Vogel ging. Schulz und Cromme sollten die Fusion zum Abschluss bringen und den neuen Konzern gemeinsam führen. Ende 1998 stimmten die Anteilseigner von Krupp und Thyssen der Verschmelzung beider Unternehmen zu. Eine Thyssen-Aktionärsgruppe versuchte mit einer Anfechtungsklage die Fusion noch zu verhindern. Sie kritisierten, dass das Umtauschverhältnis der Aktien von zwei zu eins zugunsten Thyssens die tatsächlichen Größenverhältnisse nicht richtig wiedergäbe. Auch die aufwendige Verschmelzung wurde von den Klägern in Frage gestellt, eine Übernahme von Krupp durch die größere Thyssen AG wäre ihrer Meinung nach der bessere Weg gewesen.

Am 1. März 1999 erfolgte die Eintragung der Thyssen-Krupp Stahl AG ins Handelsregister. Geführt wird Deutschlands fünft-

größter Industriekonzern von einer Doppelspitze, dem Inge-
nieur Ekkehard Schulz, der bei Thyssen die Stahlsparte geleitet
hatte, und dem Juristen und Volkswirt Gerhard Cromme, bishe-
riger Chef der Krupp AG. Mit der Fusion endete nun doch
friedlich, was zwei Jahre zuvor als Versuch einer feindlichen
Übernahme begonnen hatte.

Elchtest: Schleuderkurs bei DaimlerChrysler

Am 22. Mai 1996 ging es für Daimler-Chef Jürgen Schrempp
sowie für den Aufsichtsratsvorsitzenden des Schwäbischen Tra-
ditionskonzerns, Deutsche-Bank-Vorstandssprecher Hilmar
Kopper, ums Ganze. Auf der Hauptversammlung des Daimler-
Konzerns mussten sie den Aktionären den schlechtesten Jahresabschluss sowie den höchsten Verlust in der Unternehmensge-
schichte verkünden. Bei einem Umsatz von 103,5 Milliarden
DM hatte Daimler-Benz 1995 den Rekordverlust von 5,7 Milliarden DM eingefahren. Die Luft- und Raumfahrttochter DASA
kam auf ein Minus von 4,2 Milliarden DM und die AEG auf ein
Defizit von 2,3 Milliarden DM. Die Belegschaft war um sechs
Prozent auf 311.000 Beschäftigte gesunken.

Sturz aus der Gewinnzone

Wie auf diesen Jahrestreffen üblich, durften die Anteilseigner
über die Entlastung des Vorstands abstimmen. Im Fall Daimler-
Benz war das im Mai 1996 allerdings keine Routineangelegen-
heit. Denn der Krach war programmiert: Kleinaktionärsvertre-
ter hatten schon vor der Versammlung gedroht, dem Vorstand
die Entlastung zu verweigern. Die drei Großbanken – Deutsche
Bank, Dresdner Bank und Commerzbank – hatten darauf verzichtet, den Kleinaktionären eine Empfehlung zur Stimmabgabe
auszusprechen. Die Depotkunden sollten ihren Banken vielmehr konkrete Anweisungen geben, ob sie der Entlastung des
Vorstands zustimmen wollten. Im Klartext: Ob sie mit der Art
und Weise, wie der Vorstand die Geschäfte im Jahr 1995 geführt
hat, einverstanden waren.

Schon dieser Verzicht der Banken auf die Ausübung des Depotstimmrechts galt als höchst ungewöhnlich. Würde dem Vorstand die Entlastung verweigert, wäre die Daimler-Führung verwundbar – enttäuschte Aktionäre könnten beispielsweise Schadensersatzforderungen gegen sie anstrengen.

Grund für massiven Ärger gab es allemal. Für die Anteilseigner glich das vergangene Geschäftsjahr einer Achterbahnfahrt: Erst hatte ihnen der scheidende Vorstandsvorsitzende Edzard Reuter für 1995 strahlende Gewinne von einer Milliarde DM und eine glänzende Zukunft versprochen, dann sorgte Reuters Nachfolger und Ziehsohn Schrempp dafür, dass die Hoffnungen der Aktionäre auf üppige Dividenden und steigende Aktienkurse wie Seifenblasen zerplatzten. Nur sechs Wochen nach seinem Amtsantritt revidierte er die Ergebnisprognose seines Vorgängers: Statt hoher Gewinne wurde ein Verlust von 300 Millionen DM in Aussicht gestellt, der im Laufe des Jahres immer größere Dimensionen annahm, bis schließlich ein Jahr nach der frohen Botschaft von Reuter der Megaverlust von 5,7 Milliarden DM in den Büchern ausgewiesen wurde.

Wo waren die Kontrolleure?

Spätestens da fragten sich viele: Wer ist der neue Daimler-Chef? Was treibt den Vorstandsvorsitzenden zu einer so brutalen Abrechnung mit seinem Mentor? Wo waren die Aufsichtsräte, als die fatalen Beschlüsse gefasst wurden, die dem Konzern Milliardenverluste bescherten? War Schrempp nicht selbst bis zu seinem Aufstieg an die Spitze des Industriekonglomerats für den hochdefizitären Luft-und-Raumfahrt-Bereich zuständig? Hatte er sich nicht höchstpersönlich für die Mehrheitsbeteiligung des Daimler-Konzerns am maroden niederländischen Flugzeugbauer Fokker, seinem »Love-Baby« eingesetzt?

Auf solche Fragen pflegte Schrempp schlichte, allzu einfache Antworten zu geben: Der Einstieg bei Fokker sei sicher sein Fehler gewesen, den er zwar spät erkannt, dann aber unverzüglich korrigiert habe. Doch bis zum Mai 1995 sei Reuter der Chef gewesen – da hatte er, der Nachfolger, nichts zu sagen. Erst danach habe er seinen eigenen Kurs einschlagen können.

Der Aufsichtsratschef Kopper, der auch den mit einem Anteil von damals noch 22 Prozent größten Einzelaktionär des Konzerns – die Deutsche Bank – repräsentierte, hatte vorgezogen zu den Vorgängen bei Daimler-Benz im Sommer 1995 zu schweigen. Koppers Position wurde aber unerfreulicher, als sich im Laufe des Schreckensjahres die Hinweise verdichteten, dass die Finanzabteilung bei Daimler die aus dem Februar 1995 erstellte Prognose schon Mitte Mai 1995, also deutlich vor Reuters Auftritt auf der Hauptversammlung, bei der er noch einen Milliardengewinn prognostizierte, nach unten korrigiert hatte. In einem internen Papier wurde schon frühzeitig vor einem Verlust von 300 Millionen DM gewarnt. Dies warf unangenehme Fragen für den neuen Chef und seinen Kontrolleur auf: Wie konnte es passieren, dass keiner Reuter in den Arm gefallen war, als er die glänzenden Gewinne in Aussicht stellte?

Der Aufsichtsratsvorsitzende rückte immer mehr ins Schussfeld der Kritik. Immerhin hatte er Reuters Vertrag über die Pensionsgrenze hinaus verlängert, obwohl dessen Politik, den Autokonzern durch die Übernahmen von AEG, MBB, Dornier und Fokker in einen Hightechkonzern zu verwandeln, von Anfang an umstritten und seit Ende des Kalten Krieges und der Wiedervereinigung Deutschlands zum Scheitern verurteilt war.

Koppers Vorgänger Alfred Herrhausen, der im November 1989 von der RAF ermordet wurde, hatte Reuter 1987 noch vor der Übernahme des maroden Luft- und Raumfahrtkonzerns MBB gewarnt, sich aber trotzdem von dem eloquenten Daimler-Chef die Zustimmung abringen lassen. Warum also hatte dann nicht wenigstens Kopper früher interveniert und die horrende Wertvernichtung beendet?

Flucht nach vorn

Im Mai 1996 versuchten Schrempp und Kopper einen Strich unter die Vergangenheit zu ziehen und das Interesse der erbosten Aktionäre auf die Zukunft zu richten. Die würde, wie Schrempp immer wieder betonte, so glänzend sein, dass die Anteilseigner wieder mit Stolz auf ihr Unternehmen blicken könnten. Überhaupt sollte künftig der Gewinn für den Aktionär – neudeutsch als Shareholder Value bezeichnet – die oberste Handlungsmaxime im Konzern sein.

Um den zukünftigen Profit zu sichern wurden unter Schrempps Führung bereits Tausende von Arbeitsplätzen abgebaut, alte Werke im Inland geschlossen und neue Fabriken im Ausland aufgemacht. So wurde ein neues Mercedes-Werk in Brasilien gebaut, weil dort – so rechnete der Hausherr in der Möhringer Konzernzentrale vor – die Montage der Autos um 30 Prozent billiger sei.

Für Schrempp zählten damals nur noch die harten Fakten. Mit übergeordneten Zielen – wie der Verantwortung für Arbeitsplätze in Deutschland, dem Erhalt des sozialen Friedens oder der Zukunft des Industriestandorts Deutschland – durfte ihm keiner mehr kommen. Beim Presseempfang im Mercedes-Museum am Abend vor der Bilanzpressekonferenz im April wurde er fast rabiat: »Mit Deutschland habe ich sowieso nicht mehr viel am Hut«, bekannte der Chef des Konzerns, der damals der größte Subventionsempfänger der deutschen Industrie war.

Und weil der Daimler-Chef an jenem Abend so richtig in Fahrt war, setzte er noch eins drauf: Die Deutschen würden sich noch umgucken, »in zwei, drei Jahren gibt es nicht mehr vier Millionen Arbeitslose, sondern sieben Millionen«. Schneidig fügte er hinzu: Mit Evolution sei Deutschland nicht zu retten, es müsse einen »ganz harten Schnitt geben«. So einen wie er ihn bei Daimler-Benz vollzogen hatte?

Ein kongeniales Duo

Ganz cool, pragmatisch vom Scheitel bis zur Sohle – so sieht sich Jürgen Schrempp am liebsten: als ein standfester Wirtschaftslenker, der jeder Situation auf dem glatten Parkett des internationalen Business gewachsen ist. Ein bisweilen hemdsärmeliger Industriestratege, der auch handfeste Auseinandersetzungen nicht scheut. So gefiel er auch seinem Aufsichtsratsvorsitzenden. Kopper hatte schon früh auf Schrempp gesetzt und dessen Aufstieg an die Spitze des Konzerns stets gefördert und verteidigt. Er kam mit dem Praktiker Schrempp besser aus als mit dem intellektuellen Visionär Reuter.

Das Führungsduo verband neben den gemeinsamen Zielen auch eine ähnliche Karriere. Beide hatten ihr Handwerk von der Pike auf gelernt, als Lehrlinge, der eine bei der Bank, der andere bei Daimler. Theoretische Diskurse, politische Ambitionen oder auch nur eine differenzierte Auseinandersetzung mit der Macht und dem Einfluss, den beide Institutionen schon aufgrund ihrer Größe ausübten, waren beiden gleichermaßen fremd. Kopper beendete solche Diskussionen gern mit dem Hinweis, dass er »beim Thema Macht schon die Bartwickelmaschine im Keller höre«. Am Ende zählte sowieso nur, davon waren die beiden Spitzenkräfte der deutschen Wirtschaft überzeugt, was unter dem Strich herauskommt.

Das war an jenem Maitag wenig genug. Wer beim Amtsantritt von Edzard Reuter eine Daimler-Aktie im Wert von 1.100 DM gekauft hatte, musste bis 1995 bei dessen Abschied von der Konzernspitze einen Verlust von 400 DM hinnehmen. Gemessen an der Entwicklung des Deutschen Aktien Index in diesem Zeitraum betrug der Wertverlust aller Daimler-Aktionäre sogar 36 Milliarden DM.

Geschönte Wahlergebnisse

Viele der geprellten Anteilseigner erinnerten sich noch an die Worte des Aufsichtsratschefs Kopper zum Abschied von Reuter im Mai 1995. Damals hatte der Deutsche-Bank-Chef den Daimler-Vorstandsvorsitzenden, der in der Wirtschaftspresse längst zum Minus-Mann diskreditiert worden war, noch als »treibende Kraft für die Modernisierung des Konzerns« gepriesen und Reuters Wechsel in den Aufsichtsrat des Technologiekonzerns befürwortet.

Auf der Jahreshauptversammlung 1996 verkündete Kopper zu Beginn seiner Rede, was alle Aktionäre längst wussten – dass Reuter den Aufsichtsrat bereits im Februar 1996 verlassen habe. Doch um die gebeutelten Aktionäre zu beruhigen und einen Aufstand der wütenden Kleinanleger zu verhindern, war Kopper kein Trick zu billig. Rund 60 Wortmeldungen lagen vor, doch Kopper verstand es, die kritischen Beiträge unabhängiger Redner und die rhetorisch geschickten, konstruktiven Appelle von Managern aus Konzerntochtergesellschaften der Deutschen Bank wohl zu koordinieren. Das Ergebnis der Abstimmung, die wegen der vielen Anträge erst gegen 23 Uhr stattfand, bescheinigte ihm, wie erfolgreich sein Versammlungsmanagement war: 98 Prozent der Anwesenden hatten Vorstand und Aufsichtsrat entlastet.

Allerdings hat Kopper auch bei diesem Ergebnis, das an Wahlgänge im real existierenden Sozialismus oder im Zentralkomitee der Kommunistischen Partei der Sowjetunion erinnerte, ein wenig nachgeholfen: Die Stimmenthaltungen lagen bei 20 Prozent. Doch bei der Abstimmung über die Arbeit von Vorstand und Aufsichtsrat wurden diese Voten nicht berücksichtigt. Dabei handelte es sich zumeist um Vertreter der Banken, die von ihren Depotkunden keine Anweisung für die Stimmabgabe erhalten hatten.

Machtkampf um Mercedes

Mit der Hauptversammlung war allerdings die Feuerprobe noch nicht zu Ende. Schon bevor sich die Aktionäre über den Jahresabschluss 1995 echauffieren konnten, hatte Schrempp begonnen, den Konzern umzukrempeln. Die Holdingstruktur mit der Dachgesellschaft Daimler-Benz AG, die von Reuter eingeführt worden war, um den integrierten Technologiekonzern, dessen Produktpalette vom Airbus bis zur Kaffeemaschine reichte, führen zu können, wurde zurückgenommen. Schrempp wollte das Konglomerat wieder auf den Kernbereich, die Produktion von Autos und Nutzfahrzeugen zurückführen. Denn dort wurden, wie das Jahresergebnis 1995 zeigte, die Gewinne erzielt, während die AEG und der gesamte Luft- und Raumfahrtbereich dem Konzern nur Verluste und schlechte Presse bescherten.

Der Auflösung der Mercedes-Benz AG stand allerdings Helmut Werner, Chef der Fahrzeugsparte, im Wege. Werner wollte die Selbstständigkeit dieses Bereichs und seinen Posten wahren. Er versuchte sich mit seinen Vorstandskollegen bei Mercedes der Integration der Mercedes Benz AG zu widersetzen.

Doch er hatte Schrempp, der sein erstes Jahr als Daimler-Benz-Chef nur mit erheblichen Blessuren überstanden hatte, unterschätzt. Trotz seiner Eskapaden wie dem nächtlichen Rencontre mit der römischen Polizei – auf dem Weg zur Spanischen Treppe war Schrempp nach einer kleinen Geburtstagsfeier zusammen mit seiner Büroleiterin und seinem Assistenten sowie einer Flasche Rotwein von Polizisten angehalten und, nachdem die Gruppe sich mit Verbalattacken heftig gegen den unfreiwilligen Zwischenstopp wehrte, zur Feststellung der Personalien auf das Revier begleitet worden – und trotz des Fokker-Debakels – erfreute sich der Daimler-Chef noch immer des ungeteilten Wohlwollens seines Aufsichtsratschefs Kopper. Überdies hatte Schrempp seinen Coup geschickt eingefädelt. Er hatte die wichtigsten Männer bei Mercedes, Jürgen Hubbert und Dieter Zetsche, auf seine Seite gezogen. Bereits im Winter 1996 hatten die beiden Spitzenkräfte eindeutige Angebote bekommen: Beide sollten in den neuen Zentralvorstand der Daimler-Benz AG aufrücken, Hubbert als Verantwortlicher für das gesamte PKW-Geschäft, Zetsche als Chef des Vertriebs. Auch den Chef der Nutzfahrzeugsparte Kurt J. Lauk, den Personalvorstand Heiner Tropitzsch und den Topentwickler Klaus-Dieter Vöhringer holte Schrempp in den neuen zehnköpfigen Vorstand der Daimler-Benz AG.

Aufsichtsratschef Kopper eilt zu Hilfe

Aufsichtsratschef Kopper sorgte inzwischen dafür, dass die Umstrukturierung, die monatelang den Flurfunk und die Gerüchteküche im Konzern belebt hatte, im obersten Kontrollgremium keinen Schiffbruch erlitt. Am 23. Januar 1997 sollte der Aufsichtsrat über den neuen Vorstand befinden. Am 17. Januar informierte Kopper die Aufsichtsräte vorab schriftlich, dass der Präsidialausschuss die fünf neuen Vorstandsmitglieder »zur Zustimmung empfiehlt«.

Damit hatte sich der Aufsichtsrat gegen den bisherigen Mercedes-Chef Werner entschieden. Zwar versuchte Schrempp noch – so stellt es zumindest Jürgen Grässlin, Sprecher der Kritischen Aktionär/Innen bei Daimler-Benz und Autor des Buches »Jürgen E. Schrempp«[33] dar – den erfolgreichen Automanager zu halten und bot Werner den eigens geschaffenen Posten des Koordinators des Automobilbereichs an. Damit wäre Werner immerhin der zweite Mann an der Daimler-Spitze gewesen, doch der Mercedes-Chef ging lieber. Die neue Struktur ließ nur Platz für einen Spitzenmanager, der das Sagen hat. Und Werner, der ebenfalls nur Erster sein wollte, sah keine Chance für sich – unter Schrempp wären Führungskonflikte vorprogrammiert gewesen.

Ohne Kopper in seinem Rücken hätte Schrempp die ersten beiden Jahre seiner Amtszeit kaum überstanden: »Er ist ein unglaublicher Gentleman – er regiert nicht in meine Geschichte rein und ist da, wenn ich ihn brauche«[34], lobte der Daimler-Chef seinen obersten Kontrolleur.

Die Fusion mit Chrysler wird eingefädelt

Das blieb auch so, als Kopper im Mai 1997 in den Aufsichtsrat der Deutschen Bank wechselte und dort den Vorsitz übernahm. Sein Nachfolger Rolf Breuer verzichtete auf das Daimler-Mandat. So konnte sich Schrempp, als er im Frühjahr 1998 die Hand nach Chrysler ausstreckte, ganz auf Kopper verlassen. Offiziell eingeweiht wurde der Aufsichtsratschef in die »Mission Gamma« – wie die Fusion von Daimler und Chrysler intern genannt wurde –, als das Projekt kurz vor dem Abschluss stand.

Der Entschluss, mit Chrysler über eine Partnerschaft zu sprechen, wurde bereits im August 1997 gefasst, als die US-Investmentbank Goldman Sachs ein erstes Konzept vorgelegt hatte. Während der Internationalen Automobilausstellung (IAA) in Frankfurt im September 1997 suchte Schrempp den Kontakt zu Bob Lutz, damals noch stellvertretender Vorsitzender des Verwaltungsrats bei Chrysler. Am 12. Januar 1998 unterbreitete Schrempp dem Chrysler-Chef Bob Eaton seinen Plan, die beiden Unternehmen zu fusionieren. Das legendäre Gespräch, das im Firmensitz von Chrysler stattfand, soll nur 17 Minuten gedauert haben. Ende Januar 1998 erklärte Eaton per Telefon sein Einverständnis, mit den Verhandlungen zu beginnen. Am 5. Februar informierte der Chrysler-Chef sogar sein Board, das Kontrollgremium des Autokonzerns, über die Fusionsgespräche mit Daimler.

Schrempp hingegen zog die Mission alleine durch. Erst am 19. April 1998 stattete er zusammen mit Chrysler-Chef Eaton dem Aufsichtsratsvorsitzenden Hilmar Kopper in dessen Privathaus einen Besuch ab. Zu diesem Zeitpunkt hatte ein kleiner Kreis von Spitzenmanagern, die das besondere Vertrauen der jeweiligen Konzernherrn besaßen, alle wesentlichen Fragen der Verschmelzung – die Führung des Konzerns durch eine Doppelspitze, Bewertungsfragen und Firmensitz – geklärt. Dazu zählten auch ausgesuchte Teams von Investmentbankern von Goldman Sachs für Daimler, von der Credit Suisse First Boston (CSFB) für Chrysler sowie Anwälte renommierter Kanzleien Die übrigen Vorstandsmitglieder der beiden beteiligten Konzerne hatten zumindest Hinweise auf das bevorstehende Großereignis erhalten, als endlich auch der oberste Kontrolleur von Daimler und der Repräsentant des Großaktionärs ins Vertrauen gezogen wurde.

Schweigen ist Gold

Dennoch spielte Kopper in den letzten drei Wochen vor der öffentlichen Bekanntmachung der Megafusion eine bedeutende Rolle, berichten die *FAZ*-Journalisten Holger Appel und Christoph Hein in ihrem Buch »Der Daimler-Chrysler-Deal«: »Er hat uns immer vorangetrieben und Mut gemacht, wenn alles zu scheitern drohte«, zitieren die beiden Autoren ein Mitglied aus der Projekt-Gamma-Truppe. »Sein Meisterstück legte Kopper jedoch hin, als die Verhandlungen kurz vor der Unterzeichnung zu kippen drohten. Eaton verlangte eine Absicherung von der deutschen Kapitalseite. Kopper gelang es, Zusagen von den Anteilseignern der Daimler-Benz AG noch vor dem 6. Mai bei zu bringen. ›Ohne Kopper wäre der Deal gescheitert, er hat sich sensationell verhalten‹, sagten Gamma-Projekt-Mitarbeiter.«[35] Kopper wurde für sein Engagement mit dem Aufsichtsratsvorsitz der neuen DaimlerChrysler AG belohnt.

Kopper sorgte aber auch dafür, dass die Deutsche Bank bei diesem Superprojekt doch noch zum Zuge kam. Sozusagen im letzten Augenblick wurden Investmentbanker der Deutsche-

Bank-Tochter Morgan Grenfell ins Team geholt. Immerhin sollen sie für ihren kurzen Einsatz 60 Millionen Dollar erhalten haben. Insgesamt dürften die Investmentbanken knapp 250 Millionen DM für ihre Arbeit kassiert haben.

Dafür wurde aber auch nicht getratscht. Anders als bei Thyssen und Krupp wurde das Zusammengehen der beiden Autokonzerne, das – wie sich später herausstellte – eine Übernahme der Amerikaner durch die Deutschen war, unbemerkt von Presse und Öffentlichkeit bis zur Unterschriftsreife verhandelt. Keiner der 25 beteiligten Daimler- und Chrysler-Manager, der Investmentbanker von Goldman Sachs und Morgan Grenfell hat sich in diesen Monaten zu Indiskretionen verführen lassen. Schrempp und Kopper hatten offenbar die überzeugenderen Argumente als ein Jahr zuvor Krupp-Chef Cromme: Wer beim Quatschen erwischt wird, fliegt, habe beispielsweise der Daimler-Boss seinen Mitarbeitern gedroht.

Katerstimmung nach der Elefantenhochzeit

In den ersten Monaten nach dem spektakulären Deal, der am 7. Mai 1998 unterschrieben wurde, schwärmten die Akteure von ihrem Werk nur in den höchsten Tönen. Als »Hochzeit im Himmel«[36] feierte Daimler-Chef Jürgen Schrempp die Fusion mit Amerikas drittgrößtem Autokonzern. Durch das Zusammengehen von Daimler und Chrysler war der drittgrößte Automobilkonzern der Welt entstanden. Er produzierte mit 421.000 Beschäftigten 4,2 Millionen Fahrzeuge pro Jahr und erzielte einen Umsatz von mehr als 132 Milliarden Dollar.

Die Partnerschaft begeisterte auch die Analysten: Die beiden Konzerne würden sich gut ergänzen. »Mercedes hat einen Marktanteil von gut ein Prozent in den USA, etwas mehr als Chrysler in Europa«, sagte Peter Soliman, Automobilexperte bei der Unternehmensberatung Booz Allen & Hamilton. Die Stuttgarter seien in der Oberklasse zu Hause, aus Detroit werde der Massenmarkt beliefert. Daimler könnte die Türen für Chrysler in Europa und Lateinamerika öffnen und die Amerikaner den Schwaben in ihrem Heimmarkt helfen.[37] »Wenn wir zusammengehen, wer soll uns dann noch schlagen?«[38], prahlte damals auch Chrysler-Vizepräsident Shamel Rushwin siegessicher.

Schrempp ließ gelegentlich – wenn auch eher rhetorisch – etwas Skepsis anklingen: Der »Faktor Mensch« könnte den erfolgreichen Bestand der Elefantenhochzeit noch gefährden. Bewähren musste sich der himmlische Bund schließlich auf der Erde, und da lauerten viele Gefahren. In den Unternehmen begannen die unteren Führungskader gleich nach der Verkündung des Coups um Posten und Pfründe zu rangeln, statt sich, wie vom Vorstandschef gewünscht, um die Integration der Mitarbeiter in das neue deutsch-amerikanische Unternehmen zu kümmern.

Als der erste Jubel verhallt war, begannen auch Experten aus der Autobranche den Megadeal zwischen Daimler und Chrysler, mit dem sich die beiden Unternehmen für die künftigen Herausforderungen in der Automobilbranche wappnen wollten, kritischer zu sehen und als Auftakt für einen tief greifenden Umbruch im weltweiten Automarkt zu begreifen. »Die Fusion hat die Gesetze der Branche weltweit total verändert«, sagte Daniel T. Jones, britischer Autor mehrerer Bücher über die Automobilindustrie. Weitere Fusionen und Übernahmen werden die Zahl der Konzerne in diesem Bereich reduzieren. Die Konzentration werde sich erhöhen.[39] Das war keine leere Prophezeiung: Damals buhlten gerade BMW und VW um den britischen Autokonzern Rolls Royce. Renault hatte die Mehrheit bei Nissan übernommen und Ford baute um die Luxusmarke Jaguar die Premier Auto Group auf.

Vorstoß nach Asien

Schrempp bereitete ebenfalls seinen nächsten Coup vor. Im Herbst 2000 verkündete er die Übernahme von 37,3 Prozent an der Mitsubishi Motor Company. Obwohl die Chrysler-Übernahme noch nicht verdaut war, schickten Kopper und Schrempp den Konzern in ein neues Abenteuer. Mit Mitsubishi sollten nun auch die asiatischen Märkte aufgerollt werden.

Auch dieser Akquisition stimmte der Aufsichtsrat offenbar ohne Zögern zu, obwohl Daimler schon einmal – noch zu Reuters Zeiten – einen Versuch unternommen hatte, mit diesem japanischen Industriekonglomerat zu kooperieren und schließlich gescheitert war. Warum also waren sich Vorstand und Aufsichtsrat im Herbst 2000 so sicher, dass DaimlerChrysler mit Mitsubishi zusammenarbeiten könnte? Schrempp hatte darauf nur eine Antwort: Er beschwor immer wieder seine Vision von einer Welt AG, die in allen Märkten dieser Welt zu Hause ist. Vor allem ging es ihm um die Absicherung der Luxus-Marke Mercedes gegen das Vordringen von Massenherstellern wie VW und Ford in die Oberklasse.

Gleichzeitig sollte der Konzern auch im Massensegment Fuß fassen, ohne das Markenimage zu beschädigen.

Spätestens seit der Elchtest-Panne bei der Einführung der A-Klasse war allen Daimler-Managern klar, dass der Massenmarkt mit der Marke Mercedes allein nicht zu erobern war. Die Kunden erwarteten Qualität und technische Perfektion der S-Klasse zu Preisen eines Astras oder Golfs. Ein rentables Geschäft war das schon wegen der hohen Entwicklungskosten nicht, jedenfalls nicht auf kurze Sicht. Da schien es doch günstiger Hersteller zu übernehmen, die eine Modellpalette für den Massenmarkt entwickelt hatten. Zudem hatte Chrysler mit seinen Jeeps und Minivans ein attraktives Segment besetzt, dessen Bedeutung die europäischen Hersteller, mit Ausnahme von Renault, viel zu spät erkannt hatten. Von der Beteiligung an Mitsubishi versprach sich der Daimler-Manager die Öffnung der Märkte in Japan und Ostasien.

Vom Jäger zum Gejagten

Die Frage, ob Mercedes überhaupt in den Volumenmarkt einsteigen müsste, war seit der Einführung der A-Klasse und des Kleinstwagens Smart beantwortet. Doch seine Wunschträume erfüllten sich nicht. Mit Vollgas startete DaimlerChrysler in die Krise. Statt wachsender Umsätze und glänzender Gewinne bescherten die neuen Töchter Schrempps Welt AG Milliardenverluste und unausgelastete, veraltete Fabriken, die an den stattlichen Profiten zehrten, die der Kernbereich Mercedes Benz erzielte.

Für die Aktionäre waren Schrempps Abenteuer in den USA und in Japan eine herbe Enttäuschung. Der Kurs der Aktie war von einem Höchststand von über 100 Euro im Frühjahr 1998 auf rund 46 Euro im Frühjahr 2002 abgerutscht. Im Herbst 2001, nach den Terroranschlägen von New York und Washington, war der Wertverlust noch dramatischer ausgefallen: Das DaimlerChrysler-Papier war auf 29 Euro durchgesackt. Seit der Chrysler-Übernahme hatte der Konzern im Frühjahr 2002 mehr als die Hälfte seines Börsenwerts eingebüßt und die Marktkapitalisierung betrug nur noch knapp 50 Milliarden Euro. Der mächtige Konzern war vom Jäger zum Gejagten geworden, die Welt AG selbst drohte letztlich zur Beute profitlüsterner Akquisiteure zu werden, die sich von der Zerschlagung von Schrempps Imperium stattliche Profite versprachen.

Doch während DaimlerChryslers Großaktionär, die Deutsche Bank, den Wertverfall ihres Aktienpakets in den 90er Jahren noch ohne offene Kritik hingenommen hatte, rührte sich nun Widerstand. Vor allem die Investmentbanker von Europas größtem Geldhaus wollten die DaimlerChrysler-Papiere liebend gerne loswerden.

Die Kapitalverbindung zwischen der Bank und Europas größtem Autokonzern wurde im Ausland – vor allem in den USA – stets mit Argwohn betrachtet, weil Interessenkonflikte programmiert sind und die Bank durch ihre privilegierte Stellung als Finanzinstitut und Großaktionär des Konzerns auch Zugang zu privilegierten Informationen hat. Das stärkt nicht gerade die Position der Deutschen Bank im internationalen Investment Banking, wo die wirklich großen Deals eingefädelt werden.

Deshalb hat Koppers Nachfolger Breuer immer wieder erklärt, dass sich die Bank aus den Industriebeteiligungen zurückziehen wolle. Doch passiert ist bis Frühjahr 2002 nichts. Erst lag es an der Steuerpolitik der jeweiligen Bundesregierung, die einen Verkauf des Pakets wegen der hohen Abgaben wenig lukrativ erscheinen ließ. Doch seit Januar 2002 sticht dieses Argument nicht mehr. Durch die Steuerreform von Bundeswirtschaftsminister Hans Eichel sind die Veräußerungsgewinne bei Beteiligungsgesellschaften steuerlich begünstigt – Banken und

Versicherungen können ihre Industriebeteiligungen ohne steuerliche Einbußen abstoßen.

Deshalb stellt nun der Aktienkurs das Hindernis für die Abgabe des Pakets dar: Die Bank würde beim gegenwärtigen Wert des Papiers auf Hunderte Millionen Euro verzichten müssen.

Gestörte Beziehungen

Die Banker arbeiteten durchaus mit an dem fortschreitenden Wertverlust. Der größte Fauxpas unterlief dabei dem im Mai 2002 zum Aufsichtsratschef gekürten Rolf Breuer. Auf der Bilanzpressekonferenz vom 1. Februar 2002 stand Breuer den Journalisten auch nach dem Ende der offiziellen Veranstaltung noch Rede und Antwort.

Und weil sich der Deutsche-Bank-Chef in der Rolle des kommunikativen, weltoffenen und modernen Konzernführers rheinischer Provenienz so gut gefällt, zuckte er auch nicht zurück, als Fragen nach einer neuen Aufgabe der Bank bei DaimlerChrysler gestellt wurden. »Ich kann bestätigen, dass die Deutsche Bank ein Mandat hat, DaimlerChrysler bei seiner Verteidigungsstrategie zu beraten«[40], sagte er ohne Zögern auf die Frage eines Journalisten – und hatte wieder einmal für Schlagzeilen in der Tagespresse gesorgt.

Von der *Süddeutschen Zeitung* bis zur *Bild* war Breuers Aussage die Spitzenmeldung des nächsten Tages. Hatte der erste Mann in Deutschlands größtem Geldkonzern doch die schlimmsten Befürchtungen über den Zustand des Konzerns mit seinem Hinweis erst öffentlich gemacht. Schlimmer noch: Breuer hatte mit seinem Statement gegen ein ehernes Gesetz im Bankbetrieb verstoßen – über Kundenbeziehungen wird in der Öffentlichkeit nicht geredet.

Breuers Verhalten warf wieder einmal viele Fragen auf: Was war nur in den Bankchef gefahren? Wollte er dem Daimler-Chef wirklich gezielt eins auswischen oder nur die Bedeutung, die die Deutsche Bank im internationalen Investmentgeschäft einnahm, demonstrieren – eine Rolle, die sie bis zu jenem Zeitpunkt nicht oft spielen durfte? Breuer schwieg über seine Motive, fühlte sich wie üblich in solchen Situationen nur gründlich missverstanden. Über den Medienrummel soll er sich nur gewundert haben, wie *Der Spiegel* in der Woche darauf süffisant berichtete.[41] Schrempp soll den Banker, als die Nachricht über die Agenturen verbreitet wurde, umgehend per Telefon zur Rede gestellt haben.

Insider berichten, das DaimlerChrysler die Geschäftsbeziehungen zur Bank seit der verbalen Entgleisung auf ein Minimum beschränke und die wirklich lukrativen Aufträge, wie die Platzierung von Anleihen oder Aktienpaketen, fast ausschließlich an Goldman Sachs vergebe.

Dass die Chemie zwischen dem ehemaligen Deutsche-Bank-Chef Breuer und dem DaimlerChrysler-Boss Schrempp nicht mehr stimmt, zeigte sich im Februar 2002. Schrempp gab überraschend eine Gewinnwarnung für das laufende Geschäftsjahr heraus und schockte die Börse: Der Kurs der DaimlerChrysler-Aktie gab innerhalb weniger Minuten um sieben Prozent nach. Breuer war nach Angaben einiger Vertrauter »stinksauer« über Schrempps Ankündigung: Im Februar 2001 hatte der Daimler-Chrysler-Chef für 2002 noch einen Gewinn von 5,5 bis 6,5 Milliarden Euro in Aussicht gestellt. Jetzt soll es nur ein Überschuss von deutlich über 2,6 Milliarden Euro werden. Unerwartet kam die neue Prognose vor allem auch deshalb, weil die Manager der drei großen Bereiche Mercedes-Benz, Chrysler und Nutzfahrzeuge kurz zu vor erklärt hatten, sie würden ihre Ziele für 2002 erreichen.

Der Clou an der Geschichte: Die Deutsche Bank würde ihren Anteil von zwölf Prozent an DaimlerChrysler gern verringern – doch allein durch den Kurssturz nach Schrempps jüngster Beichte verlor das Paket fast weitere 240 Millionen Euro an Wert.

Die Illusionisten

Fusionen und Übernahmen haben auch die deutsche Bankenlandschaft verändert. Mit welchem Dilettantismus man hierbei
oft ans Werk ging, zeigen die Vorgänge bei der Entstehung der
HypoVereinsbank oder der versuchten Fusion zwischen Deutscher Bank und Dresdner Bank. Gleichzeitig rücken öffentlich-
rechtliche Banken ins Zwielicht, weil sie zusammen mit Politikern einen wirtschaftlich-politischen Filz bilden, der einerseits
den Instituten und ihren Kunden, andererseits aber auch dem
Steuerzahler schweren Schaden zufügt.

»Die Bank steht in Ihrer Wohnung und ist ein sprachgesteuerter
Computer. Bis zu 90 Prozent aller Standardgeschäfte werden
dann über so ein Gerät abgewickelt. Wenn Sie abends nach Hause kommen, fragen Sie zum Beispiel: ›Hallo SEB, was gibt's
Neues?‹ Und der Computer antwortet: ›Sie haben Rechnungen
von den Stadtwerken und der Telekom.‹ – ›Ist mein Konto
gedeckt?‹ – ›Ja.‹ – ›Okay, dann überweise das Geld ...‹.«[1]
   Mit diesem fiktiven Dialog antwortete SEB-Chef Lars Lund-
quist in einem Interview mit der Wochenzeitung *Die Zeit* auf die
Frage, wie eine typische SEB-Filiale im Jahr 2010 aussehen
könnte.
   Visionen vom automatisierten Bankgeschäft haben Konjunktur im deutschen Bankgewerbe: Die größte Industrienation
Europas gilt seit langem als »overbanked«. Rund 43.800 Bankstellen gibt es in Deutschland, dazu kommen noch einmal 12.800
Postbank-Schalter in den Ämtern des gelben Logistikkonzerns.
   Im internationalen Vergleich steht Deutschland mit knapp
sechs Bankfilialen auf 10.000 Einwohnern in der Spitzengrup-
pe. Manfred Weber, Hauptgeschäftsführer des Bundesverbands Deutscher Banken, weist immer wieder darauf hin, dass
es in Deutschland mehr Bankfilialen als Metzgereien, Bäcke-
reien oder Tankstellen gäbe. Nur in Österreich und der
Schweiz ist die Bankendichte noch größer. In den Niederlan-

den und in Schweden kommen weniger als drei Filialen auf
10.000 Einwohner. Das in Deutschland vertraute Bild, in jedem Zentrum, an
jedem Marktplatz zwei bis drei Bankfilialen zu sehen, soll sich
drastisch ändern. Statt Menschen sollen künftig nur noch Automaten die Kunden bedienen. Denn das weitläufige Filialnetz ist
ein großer Kostenblock, den die Kreditinstitute kräftig ausdün-
nen wollen.
Und selten war die Stimmung für das Filialsterben besser als
jetzt. Der Börsencrash und die zahlreichen Großpleiten wie
Kirch, Holzmann und Hetzel schlagen sich in den Bilanzen der
Banken nieder. Die Gewinne schrumpfen dramatisch und selbst
Großbanken wie die Commerzbank mussten bereits im Jahr
2001 Verluste melden.

Ehrgeizige Zunkunftsvisionen: von der Bank zum Allfinanzinstitut

»Deutschlands Banken und Sparkassen befinden sich in einer
schwierigen Situation«[2], warnte gar Bundesbankpräsident Ernst
Welteke, 2002 könnte für viele Institute ein kritisches Jahr werden. Der frühere Deutsche-Bank-Chef Rolf E. Breuer mahnte
seine Kollegen bereits im Herbst 2001, das Finanzsystem befän-
de sich in »höchster Fragilität«.[3] Für einige der kleineren Geldhäuser kamen diese Warnungen allerdings zu spät. Im Frühjahr
2002 mussten gleich drei Banken dichtmachen, darunter war
auch die altehrwürdige Gontard & Metallbank AG in Frankfurt. Andere Pleitekandidaten wie die SchmidtBank, die Volksbank Stuttgart und das Sorgenkind der Hauptstadt, die Berliner
Bankgesellschaft, konnten gerade noch vor dem Untergang
gerettet werden.
In ihrer Not griffen die Banken zu den altbekannten Rezep-
ten, um die Kostenlast zu drücken: Kahlschlag bei den Arbeitsplätzen. Mehr als 30.000 Stellen sollen in den nächsten Jahren
gestrichen werden. Zum Spitzenreiter in dieser Disziplin dürfte
wohl die Deutsche Bank aufsteigen: Knapp 13.000 Stellen will
der Branchenführer eliminieren. Der neue Chef des Instituts,
Josef Ackermann, will damit die Kosten bis 2003 um zwei Milli-

arden Euro senken. Bei der Commerzbank sollen 4.000 Arbeitsplätze wegfallen und der Beinahepleitier, die Berliner Bankgesellschaft, hat den bevorstehenden Abbau von ebenfalls 4.000
Stellen ankündigt. Mit diesen radikalen Einschnitten soll nun
endlich nachgeholt werden, was die Banken schon seit Jahren
versäumt haben: die gleitende Anpassung ihrer Strukturen an
die herrschenden Marktverhältnisse.

Schon zu Beginn der 90er Jahre schockte der damalige Deutsche-Bank-Vorstand Ulrich Cartellieri seine Kollegen mit einem
drastischen Vergleich: »Die Banken werden die Stahlindustrie
von morgen sein.«[4] Mitte der vergangenen Dekade warnten
dann auch der damalige Commerzbank-Chef Martin Kohlhaussen und der ehemalige Deutsche-Bank-Vorstandssprecher Hilmar Kopper vor einer Krise durch die Bankenschwemme und
forderten einen durchgreifenden Strukturwandel.

Doch das waren damals eher Lippenbekenntnisse, geändert
hat sich lange Zeit wenig. Gerade mal 3.000 Filialen wurden in
den 90er Jahren geschlossen, die meisten davon waren Zweigstellen von Sparkassen und Genossenschaftsbanken.

Die Großbanken verschleppten die dringend erforderliche
Bereinigung des Marktes, teils aus Angst vor öffentlichem
Unmut und Kundenflucht, teils weil sie gerade andere, profitab-
lere Märkte im Auge hatten und deshalb Unruhe im eigenem
Haus um jeden Preis vermeiden wollten.

So erklärte Kopper im November 1996 in dem Nachrichtenmagazin *Der Spiegel*: »Wir selbst haben aber nicht vor, Filialen
zu schließen. Wir sind dabei, unsere Standorte umzustrukturie-
ren und besser auf die Kundschaft auszurichten. Das große Filialsterben wird es bei uns nicht geben.«[5]

Neues Jagdrevier Versicherungswesen

Den Großbanken boten sich Ende des vergangenen Jahrhunderts viele Möglichkeiten, ihre Geschäftsfelder zu erweitern: Da
lockten zum einen die lukrativen Margen, die sich im Investment Banking mit der Beratung von Konzernen bei großen
Kapitaltransaktionen sowie dem Kauf und Verkauf von Unternehmen verdienen ließen. In dieser Sparte hatten die deutschen

Banken bis Ende der 80er Jahre jedoch wenig vorzuweisen. Das Milliardengeschäft der feindlichen und freundlichen Übernahmen, der Zerschlagung ganzer Konzerne und der Fusionen wurde traditionell von amerikanischen und britischen Investmenthäusern dominiert. Zum anderen beobachteten die deutschen Geldkonzerne mit Sorge, wie ihre Kunden Ende der 80er Jahre immer mehr Kapital den Versicherungskonzernen als Beiträge für Lebensversicherungen und für die eigene Altersvorsorge zuschoben. Die Versicherungswirtschaft konnte immer größere Summen von Prämiengeldern verwalten.

Deshalb wurden bereits in den 80er Jahren in den deutschen Großbanken Pläne für die so genannten Allfinanzkonzerne geschmiedet. Hinter diesem Wortungetüm verbirgt sich die Zusammenfassung von Versicherungsangeboten und Bankdienstleistungen in einer Hand. Der Kunde sollte bei seiner Bank nicht nur seine Girokonten und sein Sparbuch haben sowie seine Wertpapiere ordern, sondern auch seine Versicherungen abschließen können. Durch eine solche Ausweitung der Finanzdienstleistungen in Richtung Versicherung und Vorsorge wollten die Banken an dem großen Kapitalreservoir teilhaben, das bis dahin nur den Versicherungskonzernen vorbehalten war.

Doch dieser Markt war nicht einfach zu erobern. Zwar waren die großen deutschen Geldkonzerne – die Deutsche Bank, die Dresdner Bank sowie die beiden kleineren Institute Bayerische Hypobank und Bayerische Vereinsbank – durch gegenseitige Beteiligungen direkt oder über Kreuz mit dem deutschen Versicherungsriesen Allianz und dessen Schwestergesellschaft, der Münchner Rück, verbandelt, doch jetzt ging es um den direkten Einstieg in das Geschäft mit Lebensversicherungen und privater Altersvorsorge. Ein eigenes Engagement in diesem Bereich schien umso lohnender, je offenkundiger die Nöte der gesetzlichen Altersvorsorgekassen und je ungewisser die staatlichen Renten für die nächsten Generationen wurden.

Die Versicherungswirtschaft registrierte die Ambitionen der Banken mit Sorge, wachte sie doch eifersüchtig über ihre Territorien. Ein feindlicher Angriff auf einen größeren Konzern der Branche hätte schwerste Konsequenzen im fein gesponnenen Netzwerk der Deutschland AG, dem undurchdringbaren Dschungel von finanziellen Beteiligungen und personellen Verflechtungen des deutschen Topmanagements, zur Folge gehabt. Jeder branchenfremde Eindringling wäre an dem Versicherungsriesen Allianz gescheitert, der wiederum über Kapitalbeteiligungen und Aufsichtsratsmandate in allen wichtigen deutschen Bank- und Industriekonzernen mitreden kann. Gleichzeitig konnten auch die großen Versicherungskonzerne ihr Interesse an den direkten Kontakten der Banken zu ihren Kunden nicht verbergen. Die Allianz suchte nach kundennahen Vertriebswegen.

So kam Ende der 90er Jahre, als einige Banken ihre Wunschträume in Richtung Allfinanz und Investment Banking umzusetzen begannen, Bewegung in die starre Bankenlandschaft. Dieser Aufbruch ging jedoch nicht ohne Pannen ab. Auch hier boten die deutschen Banken immer wieder Anlass für Heiterkeit und Häme im internationalen Money Business.

Ein dilettantischer Ausflug ins Investment Banking: Deutsche Bank und Morgan Grenfell

Erste Schritte in Richtung internationales Investment Banking unternahm die Deutsche Bank bereits 1989. Für die damals stattliche Summe von rund einer Milliarde DM kaufte das Kreditinstitut unter der Federführung des Vorstandsmitglieds Hilmar Kopper das Londoner Investmenthaus Morgan Grenfell. Doch mit der Integration der Investmentbanker in die Organisation der Muttergesellschaft taten sich die Banker schwer.

Nachdem einige Morgan-Grenfell-Topmanager nach dem Eigentümerwechsel die Firma verlassen hatten, musste sich die Frankfurter Zentrale wohl oder übel auf die Besonderheiten der neuen Mitarbeiter einstellen. Um die ebenso eitlen wie sensiblen Geschäftemacher bei der Stange zu halten und neue Teams anheuern zu können, wurde die Londoner Tochter an der langen Leine geführt. Ihre Spitzenkräfte wurden deutlich besser bezahlt als die Stammbelegschaft in Deutschland, die sich mit dem weniger rentablen Alltagsgeschäft mit Normalverdienern, Handwerksmeistern und mittelständischen Unternehmern abmühen musste. Auch als Vorstandschef der Bank hat Kopper

den Sonderstatus der Morgan-Grenfell-Banker immer verteidigt: »Die Bezüge sind erfolgsbezogen, und da mag es in einem
guten Jahr viele Dutzend geben, die mehr verdienen als ich«[6],
sagte der Bankchef im Jahr 1996 im Interview mit dem Magazin
Der Spiegel.

Die Gefahr, dass hohe Erfolgsprovisionen auch die Zocker
des Gewerbes anlocken und dadurch Kunden und Aktionäre
schädigen könnten, spielte Kopper gern herunter: »Das größte
Risiko ist mangelnde Integrität. Das wissen wir und deswegen
haben wir Vorkehrungen getroffen, um mögliche Schäden durch
Fehlverhalten von einzelnen in engen Grenzen zu halten. Unsere internen Kontrollen sind umfassend und sehr streng.«[7]

Offenbar waren sie nicht streng genug, denn erst im September 1996 – wenige Wochen vor dem *Spiegel*-Gespräch, hatte
einer der Superstars von Morgan Grenfell, der Investmentbanker Peter Young, mit betrügerischen Aktiengeschäften einen
Schaden angerichtet, der die Bank rund 400 Millionen Pfund
gekostet hat.

Insider ließen damals keinen Zweifel, dass diese Panne als
Krönung der Serie von Patzern und Peinlichkeiten in Koppers
Amtszeit zu dessen vorzeitigem Abgang beigetragen, wenn nicht
gar den Ausschlag für die Demission gegeben hatte. Denn die
Börse hatte den Dilettantismus der Bank im Ausland wie im
Inland längst abgestraft: Der Börsenkurs dümpelte bei 40 Euro,
der Börsenwert des gesamten Geldkonzerns war geringer als der
Substanzwert oder wie Kopper es formulierte: »Die Addition
von ausgewiesenem Eigenkapital und Reserven nach Steuern lag
um einige Milliarden über dem Marktwert.«[8] Was den Bankier
im November 1996 aber nicht allzu sehr zu beunruhigen schien:
»Bankaktien waren offenbar nicht der Geschmack des Jahres.«[9]

Der damals auch in Deutschland populären Strategie der
Optimierung des Shareholder Value schien Kopper plötzlich
abgeschworen zu haben: »Dieses Kriterium kann nicht im Ernst
der alleinige Maßstab für die Bewertung eines Managements
sein. Es gibt noch andere Bereiche, um die sich ein Unternehmen kümmern muss: Um Kunden und Mitarbeiter zum Beispiel. Shareholder-Value, zu deutsch Wertsteigerung für Aktionäre, wird nur durch eine mittelfristige Optimierung erzielt,
nicht durch kurzfristiges, nur auf schnelle Gewinne fixiertes

Denken. Den Kurs an der Börse macht nicht das Management. Es schafft nur die Voraussetzungen.«[10]

Doch der schlappe Börsenkurs war in jenen Tagen nicht das einzige Problem der Deutschen Bank: Auch in der Öffentlichkeit hatte ihr Ansehen nach den zahlreichen Pleiten gelitten. In der vom *Manager Magazin* geführten Imagerangliste rutschte Deutschlands Spitzeninstitut von Platz zwei auf Platz 63 ab.

Die HypoVereinsbank: Clinch bei der bayerischen Bankenhochzeit

Der forsche Vorstoß der Deutschen Bank

Im letzten Jahr seiner Amtszeit als Vorstandssprecher, 1997, machte Hilmar Kopper einen entscheidenden Zug, der das gesamte deutsche Banken- und Versicherungswesen für die nächsten Jahre beschäftigte: Die Deutsche Bank hatte sich heimlich, still und leise einen Anteil von 5,2 Prozent an der Bayerischen Vereinsbank zusammengekauft. Als er diesen Coup dem Chef der bayerischen Regionalbank offenbarte, reagierte Albrecht Schmidt nicht gerade erfreut: »Wir wollen eine eigenständige, große deutsche Bank mit Sitz in München bleiben«[11], sagte er dem Chef des größten deutschen Kreditinstituts. Doch auch andere fanden den Vorstoß des Bankmanagers nicht erbaulich: Allianz-Konzernherr Henning Schulte-Noelle gefiel der Einbruch der Frankfurter in sein Territorium überhaupt nicht.

Mit diesem Kauf hatte die Bank eine seit Jahrzehnten etablierte Grenze überschritten, die die Bereiche Versicherungswirtschaft auf der einen und Bankwesen auf der anderen trennt. Die größte deutsche Bank und der größte deutsche Versicherer hatten ihre eigenen Einflusssphären mit gegenseitigen Beteiligungen. Die Repräsentanten beider Konglomerate trafen sich in Aufsichtsräten der großen Konzerne, aber ihre Geschäfte liefen weitgehend getrennt – der eine kümmerte sich um die Konten, Sparbücher, Kredite und Wertpapiere, der andere um die Absicherung von Personen und Unternehmen gegen alle Widrigkeiten des Lebens. Mit dieser Arbeitsteilung kamen sich die beiden Konzerne jahrzehntelang nicht ins Gehege.

Die friedliche Koexistenz der beiden Branchenriesen wurde durch den Vorstoß von Kopper gefährdet, denn die Bayerische Vereinsbank gehörte eindeutig zum Satellitensystem des Allianz-Konzerns. Sie war zudem einer seiner Aktionäre. Mit dem Kauf des Bayerische-Vereinsbank-Aktienpakets hatte sich die Deutsche Bank weit vorgewagt.

Die Allianz schlägt zurück

Die Antwort ließ nicht lange auf sich warten, Vereinsbank-Chef Schmidt und der Vorstandsvorsitzende der ebenfalls in München ansässigen Bayerischen Hypothekenbank, Eberhard Martini, begannen über eine Fusion zu verhandeln – mit Billigung und sogar auf Initiative von Allianz-Chef Henning Schulte-Noelle. Der Versicherungskonzern hielt rund 20 Prozent an der Hypobank. Wie *Der Spiegel* berichtete, suchte der Allianz-Chef seit längerem nach einem starken Partner für das Institut, weil dessen Rentabilität zu jener Zeit durch riskante Kreditengagements sowie durch spekulative Immobiliengeschäfte gefährdet war.[12] Hypobank-Chef Martini trotzte zwar lange dem Begehren seines Großaktionärs, doch im Sommer 1997 musste er der Offerte der Vereinsbank zustimmen.

Die Architektur der bayerischen Bankenhochzeit war schnell skizziert, die beiden Bankchefs der traditionell eher verfeindeten Regionalinstitute einigten sich auf einen »Merger of equals«. Allerdings gab es von Anfang an keinen Zweifel daran, dass die Hypobank von der Vereinsbank geschluckt werden würde. Den Hypobank-Aktionären wurde ein »6:1-Clou« angeboten, für sechs Hypobank-Anteilsscheine gab es eine Allianz-Aktie aus dem Bestand der Vereinsbank. Die bayerische Landesregierung unterstützte die Fusion, die im schlimmsten Fall auch den Abbau von Arbeitsplätzen, die Schließung von Filialen nach sich ziehen und die Konzentration auf weniger Bankinstitute beschleunigen würde, mit einem großzügigen Steuerverzicht. Eigentlich hätte der Wertzuwachs der Allianzaktien bei ihrer Veräußerung versteuert werden müssen. Doch die Landesregierung gewährte für den Aktientausch Steuerbefreiung und verzichtete dadurch auf Steuereinnahmen von fünf Milliarden DM.

Insgesamt übernahm die Vereinsbank 45 Prozent der Hypobank. Deren ehemaliger Chef und früherer Präsident des Bundesverbands deutscher Banken, Eberhard Martini, erhielt ein Aufsichtsratsmandat, sogar ein Teil des Namens wurde übernommen: Das neue Unternehmen hieß Bayerische HypoVereinsbank, geführt wurde es vom Chef der alten Vereinsbank Albrecht Schmidt.

Am 1. September 1998 wurden die beiden Institute offiziell zur zweitgrößten deutschen Privatbank verschmolzen. Der Allianz gehörten an dem neuen Koloss des deutschen Finanzmarktes 17,4 Prozent, der Münchner Rück 6,4 Prozent, der Viag 8,1 Prozent und dem Freistaat Bayern 6,7 Prozent. Die restlichen Anteile befanden sich in Streubesitz. Die Deutsche Bank hatte ihre Beteiligung an der alten Bayerischen Vereinsbank wieder zurückgegeben.

Skandal bei der Hypobank

Doch damit war der Fusionspoker noch lange nicht beendet. Wenige Wochen nach dem glanzvollen Start entdeckte der Chef der neuen Bank, Albrecht Schmidt, dass Eberhard Martini, sein Fusionspartner von der Hypobank, erhebliche Kreditrisiken bei Immobiliengeschäften in Höhe von 3,5 Milliarden DM nicht angegeben hatte. Diese Wertberichtigungen hätten im Jahresabschluss für 1997 berücksichtigt werden müssen. Schmidt war »persönlich tief erschüttert« und machte aus seiner Verärgerung keinen Hehl: »Ich habe eine bittere Enttäuschung erlitten und eine gehörige Wut im Bauch«, erklärte der Bankchef. Er war vor allem bemüht, den Verdacht, er habe von der Schieflage im Immobiliengeschäft schon während der Fusionsverhandlungen erfahren, gar nicht aufkommen zu lassen. »Ein Versagen dieses Ausmaßes« habe er sich nicht vorstellen können, tobte Bankchef Schmidt und forderte vehement »personelle Konsequenzen«.[13]

Allerdings waren die Risiken, die im aus dem Ruder gelaufenen Immobiliengeschäft der Hypobank lauerten, offenbar auch der Wirtschaftsprüfungsgesellschaft Wedit nicht aufgefallen. Der Vorstand habe die entsprechenden Unterlagen nicht herausgegeben, versuchten sich die Prüfer später der Verantwortung zu entziehen.

Am 30. Oktober verkündete Martini forsch: »Der 1997er Abschluss war in Ordnung.«[14] Einen Rücktritt von seinem Aufsichtsratsmandat lehnte er ab. Im November wurde der verbale Schlagabtausch zwischen den beiden Topbankern heftiger, die Angriffe peinlicher. Einen Höhepunkt der Niveaulosigkeit erreichte Martini mit seiner Kritik am neuen Großbankchef: »Schmidts Charakter ist vom Ehrgeiz zerfressen, so ein Mann kann keine Bank führen.«[15]

»Die weitere Eskalation wäre vielleicht noch vermeidbar gewesen, wenn der Aufsichtsrat konsequente Aufklärungsarbeit geleistet hätte«, schrieb das *Manager Magazin* im Mai 1999. Doch dazu konnte sich das Kontrollgremium nicht durchringen, obwohl – wie das Hamburger Wirtschaftsmagazin berichtete – einer der Räte, DaimlerChrysler-Chef Jürgen Schrempp, dringend empfahl »die Angelegenheit transparent aufzuarbeiten. Schließlich wisse er aus eigener Erfahrung was es bedeute, mit unangenehmen Wahrheiten an die Öffentlichkeit zu gehen.«[16] Doch den Mitgliedern des Aufsichtsgremiums ging es offenbar weniger um das Image der Bank als vielmehr um das Ansehen der Banker, genauer der »Hyponesen«, wie die Mitarbeiter der ehemaligen Hypobank von den Vereinsbankern intern genannt wurden. Aufsichtsratschef Klaus Götte suchte einen Kompromiss, der den Hypobankern half das Gesicht zu wahren und dem die verärgerten Vereinsbanker im Vorstand gerade noch zustimmen konnten.

So einigten sich die Räte schließlich darauf, die 3,5 Milliarden-DM-Schieflage als außerordentliche Wertberichtigung des Jahres 1998 auszuweisen, die sich »durch einen Methodenwechsel bei der Risikobewertung«[17] ergeben habe, zitierte das *Manager Magazin*. Danach sprach der Aufsichtsrat, wie es im gehobenen Wirtschaftskreisen üblich ist, dem gesamten Vorstand sein Vertrauen aus.

Im Januar 1999 versuchte Ex-Hypobanker Martini seinen Widersacher Schmidt auszuhebeln. Als über die Verlängerung von Schmidts Vertrag beraten werden sollte, war Martini dagegen und versuchte auch seine Ratskollegen davon zu überzeugen, dass Schmidt nicht der richtige Mann für die neue Bank sei.

Mit dieser Meinung stand Martini allerdings allein – Schmidts Vertrag wurde mit überwältigender Mehrheit von 19:1 Stimmen verlängert.

Bei der Hypobank rollen die Köpfe

Im Februar 1999 stellte die HypoVereinsbank die Ergebnisse des Fusionsjahres 1998 vor. Bankchef Schmidt kündigte einen radikalen Sparkurs an, vor allem die Immobiliensparte und das Kreditgeschäft wurden drastisch zurückgenommen. Der Kampf der beiden Topbanker Schmidt und Martini zog sich hin. Im März beschloss der Aufsichtsrat eine Sonderprüfung des Immobilienbereichs zu veranlassen.

Der Aufsichtsratsvorsitzende Klaus Götte trat schließlich am 20. März 1999 zurück. Als seinen Nachfolger holte der Großaktionär Allianz im April 1999 den Ex-Vize-Präsidenten der US-Investmentbank JPMorgan, Klaus F. Viermetz, ins Boot. Viermetz, einer der wenigen Deutschen, die an der Wallstreet Karriere gemacht haben, kannte Schmidt und die Bank. Er hatte den HypoVereinsbank-Chef 1997 bei der Abwehrstrategie gegen die Deutsche Bank und bei der Übernahme der Hypobank beraten.

Der neue Aufsichtsratsvorsitzende hatte viel zu tun. Die Schutzgemeinschaft der Kleinaktionäre forderte eine Ausgleichszahlung für die früheren Vereinsbank-Anteilseigner. Der Wert der Hypobank sei schließlich geringer gewesen, als bei der Berechnung des Aktientauschverhältnisses angenommen worden war. Auf der Hauptversammlung am 6. Mai machten die privaten Anteilseigner der HypoVereinsbank ihrem Ärger Luft. Seit dem Immobilienskandal im Herbst 1998 hatten ihre Aktien ein Drittel ihres Werts verloren. Gemessen an der Börsenkapitalisierung der Bank waren 17 Milliarden DM vernichtet worden. Zehn Stunden wurde debattiert. Nur dank der geschickten Moderation von Aufsichtsratschef Viermetz konnte der Eklat verhindert und ein Kompromiss erzielt werden: Über die Entlastung von Vorstand und Aufsichtsrat sollte erst entschieden werden, wenn das Ergebnis der Sonderprüfung vorlag, für die die Wirtschaftsprüfungsgesellschaft BDO engagiert wurde.

Als BDO drei Tage vor der Aufsichtsratssitzung, die am 26. Oktober 1999 stattfand, das Gutachten präsentierte, bestätigte sich der Verdacht. Die Risiken aus den Immobiliengeschäften waren noch höher ausgefallen als ursprünglich angenommen: Der Fehlbetrag lag nach Bewertung durch die Prüfer bei insgesamt 3,5 Milliarden DM. Bankchef Schmidt sah sich rehabilitiert und begann eine schonungslose Abrechnung mit den Hypobankern im neuen Bankvorstand. Ex-Hypobank-Chef Eberhard Martini musste in der Folge sein Aufsichtsratsmandat zurückgeben. Sein früherer Finanzchef Werner Münstermann, der für die Bilanz verantwortlich war, wurde ebenfalls seines Amtes, der Leitung der Hamburger HypoVereinsbank-Tochter Vereins- und Westbank, enthoben. Vier weitere ehemalige Hypobank-Vorstände, Peter Hoch, Martin Kölsch, Martin Schütte und Josef Wertschulte, die an den riskanten Immobiliengeschäften nicht direkt beteiligt waren, baten ebenfalls um ihre Entlassung.

»Vor denen muss man den Hut ziehen, denn die haben sich, ohne dass ein eigenes Verschulden vorlag, der Gesamtverantwortung des Vorstands gestellt«[18], bewerteten ehemalige Hypobank-Mitarbeiter den Abgang des Quartetts. In Kreisen der Aktionäre wurde der spektakuläre Abgang für unabwendbar gehalten: »Reinen Tisch zu machen war die einzige Möglichkeit, um die Bank in die Lage zu versetzen, in Zukunft unbelastet nach vorne blicken zu können.«[19]

Vor allem den Großaktionären Allianz, Viag und dem Freistaat Bayern lag daran, die Altlasten aus dem Immobiliendebakel los zu werden. Gelungen ist ihnen das aber nicht, denn seit dem BGH-Urteil vom Frühjahr 2002 können die damals von der Hypobank geprellten Anleger Schadensersatz fordern – sie müssen sich an der neuen HypoVereinsbank schadlos halten.

Erhebliche Nachwirkungen hatte der Skandal auch auf die Mitarbeiter der Bank. Durch den Machtkampf an der Spitze wurde die Belegschaft gespalten. Bis heute ist noch nicht zusammengewachsen, was seit 1998 eigentlich zusammengehören sollte. Die Wunden, die der Clinch in der Führung der Bank aufgerissen hat, sind bis heute nicht verheilt. Noch immer wird fein unterschieden, wer »Hyponese« war und wer von der Vereinsbank kam.

Der Kampf um die Dresdner Bank

Frischer Wind für die Deutsche Bank: Bankers Trust

Während in München noch die Fetzen flogen, hatte der Deutsche-Bank-Chef Rolf E. Breuer seinen größten Coup schon gelandet. Im November 1998 kündigte Breuer stolz die Übernahme des US-Investmenthauses Bankers Trust an. Der Preis: die Rekordsumme von 9,2 Milliarden Dollar. Damit legte die Frankfurter Bank 93 Dollar für jede ausstehende Aktie auf den Tisch. Die Börse honorierte den Abschluss der Übernahme im Juni 1999 mit leichten Kursgewinnen. Breuer hatte die beiden Geldhäuser zum größten Finanzinstitut der Welt zusammengebracht, mit 95.847 Beschäftigten und einer Bilanzsumme von 840 Milliarden Euro. Dass Bankers Trust in der Vergangenheit immer wieder durch riskante Deals mit hohen Verlusten aufgefallen war, konnte Breuer nicht bremsen. Mit dem Zukauf würde Deutschlands größtes Geldhaus endlich auch in der Königsdisziplin des Geldgewerbes – im Investment Banking – ganz oben mitspielen können.

»Es wird eine neue Deutsche Bank geben«, verkündete er stolz auf der Welcome-Party für die neuen Mitarbeiter, die unter dem viel versprechenden Motto »Let's go global« am 4. Juni 1999 in der Frankfurter Konzernzentrale mit Konfetti und Miller-Bier gefeiert wurde. »Wir sind weltweit führend in allen wichtigen Bereichen der Finanzdienstleistungen.« Breuer versprach auch die »fugenlose« Integration der rund 20.000 Bankers-Trust-Mitarbeiter.

Doch das durften die Neuankömmlinge nicht allzu wörtlich nehmen: 5.500 Mitarbeiter in New York und London waren nicht erwünscht. Abteilungen, die riskante Geschäfte abgeschlossen hatten, wurden dichtgemacht. Nicht einmal den Namen des Instituts wollten die Frankfurter übernehmen, nur die Bankers-Trust-Tochter Alex Brown durfte weiterleben. Mit dem Name-Dumping wollten die Frankfurter die schillernde Vergangenheit ihrer 103 Jahre alten Neuerwerbung auslöschen. Bankers Trust war zum Zeitpunkt der Übernahme kein lupenreiner Edelstein. Zu Beginn der 90er Jahre hatten die New Yorker Investmentbanker schwere Verluste im Handel mit Derivaten – das sind hochkomplizierte Finanzwetten – erlitten und 1997 mit hohen Risikopositionen für Aufregung an der Wallstreet gesorgt.

Selbst als in Frankfurt die Übernahme-Party gefeiert wurde, war noch ein Gerichtsverfahren gegen die alte Bankers-Trust-Führung anhängig. Das Management der Investmentbank stand in den USA wegen Bilanzfälschung unter Anklage. Namenlose Kundenkonten im Wert von 19 Millionen Dollar waren als Eigenkapital verbucht worden. Die Strafe in Höhe von 60 Millionen Dollar, die den Managern ihrer neuen Tochter für dieses Vergehen auferlegt wurde, musste die Deutsche Bank zahlen.

Dennoch ließen sich die Stars unter den neuen amerikanischen Deutsch-Bankern den Wechsel kräftig vergolden. Rund 335 Millionen DM garantierten die Frankfurter den fünf Spitzenmanagern von Bankers Trust, wenn sie wenigstens fünf Jahre dabei blieben. Doch der Topfinanzmanager, nach Bankers-Trust-Chef Frank Newman der wichtigste Mann des Investmenthauses, schlug das Angebot aus, das ihm neben einem Jahreseinkommen von 4,5 Millionen Dollar einen Treuebonus von neun Millionen Dollar beschert hätte.

Als Breuer sich im Juli 1999 wegen des Bilanzfälschungsskandals von dem bisherigen Chef seiner Neuerwerbung trennen wollte, kostete die Bank der Abschied von Newman noch einmal rund 100 Millionen Dollar. Auch mit der Höhe dieser Abfindungssumme sorgte der Deutsche-Bank-Chef zumindest hierzulande für einen neuen Rekord. Sogar im Vorstand gab es einen Aderlass. Die Übernahme-Kritiker Michael Endres und Jürgen Krumnow mussten gehen: Endres wurde in den Ruhestand geschickt, Krumnows Vertrag nicht verlängert. Breuers Kommentar zu dem für die Deutsche Bank eher seltenen Vorgang: »Auch für Vorstände gibt es keine Garantie für eine lebenslange Beschäftigung mehr«.[20]

Fürstlich wurden die entlohnt, die geblieben waren. Weil die Bank im ersten Halbjahr 1999 ein grandioses Ergebnis erwirtschaftet hatte, war Breuer nicht kleinlich. Die Wertpapierhändler allein kassierten Boni von 935 Millionen Euro – das war fast die Hälfte des Handelsgewinns, der allerdings in diesem Zeitraum um knapp 80 Prozent auf 2,3 Milliarden Euro gestiegen war. Die Aktionäre der Deutschen Bank spürten jedoch wenig von Breuers Shoppingtour. Wegen der Erstkonsolidierung von Bankers Trust und dem Wachstum des Geschäfts sei der Verwaltungsaufwand von 10,1 Milliarden Euro 1998 um rund 55 Prozent gestiegen, erklärte die Deutsche Bank zum Ergebnis des Jahres 1999. Die Anteilseigner wurden mit einer auf 1,15 Euro je Aktie erhöhten Dividende abgespeist. 1998 hatte die Ausschüttung je Anteilsschein 1,12 Euro betragen.

Mit der Übernahme von Bankers Trust änderte sich allerdings auch für die Mitarbeiter der Deutschen Bank vieles. Plötzlich gaben die Investmentbanker den Ton an. Allen voran Breuer machte aus seiner Abneigung gegen das Traditionsgeschäft der Bank keinen Hehl mehr. Weder die Industriebeteiligungen, die die Bank seit Jahrzehnten zur Absicherung ihres Kreditgeschäfts mehr oder weniger erfolgreich gepflegt hatte, noch das Retailbusiness mit den Kleinkunden oder das Firmenkundengeschäft mit den mittelständischen Unternehmern fanden Gnade vor den Augen des Bankchefs: »Wir haben an faulen Krediten mehr als an allen Marktturbulenzen zusammen verloren«[21], rechnete Breuer seinen Mitarbeitern kühl vor und erklärte knapp, dass die Bank künftig an einer Ausweitung dieser Geschäfte nicht interessiert sei.

Privatkunden mit Durchschnittseinkommen wurden von September 1999 an zur Deutsche Bank 24 abgeschoben – rund 900 Millionen Euro ließ sich Breuer diesen Transfer kosten, den sein Nachfolger Ackermann jetzt wieder rückgängig machen will.

Für jede Sparte wurden Profitcenter gegründet: Die Industriebeteiligungen wurden in der DB Investor AG zusammengefasst, die Privatkunden betreut die Deutsche Bank 24. Die technischen Dienste werden in der European Transaction Bank AG verselbstständigt, die Deutsche-Bank-Tochter Morgan Grenfell wurde in Deutsche Asset Management umfirmiert und das Firmenkundengeschäft als eigenständiger Bereich organisiert.

Zusammengehalten wurde der neue Konzern im Vorstand, der als Holdinggesellschaft fungierte, und an der Basis. Der klassische Deutsche-Bank-Berater musste als Vermittler den Spagat zwischen den einzelnen Bereichen üben. So sollten die Schalterangestellten die Kunden an die jeweiligen Spezialabteilungen weiterleiten: Privatkunden dem Aktienhändler zuführen, Jungunternehmer den Expertenteams für Börsengänge und die Mittelständler den Spezialisten für Unternehmensverkäufe und Fusionen.

Damit die Mitarbeiter diese neuen Aufgaben auch erfüllten, wurde ein ausgeklügeltes Belohnungssystem eingeführt. Für jede erfolgreiche Vermittlung wurde dem Kundenberater ein gewisser Prozentsatz der daraus resultierenden Leistung, die dann die Spezialisten erbringen mussten, gutgeschrieben – rein virtuell natürlich. Die Schattenbuchhaltung sollte ja vor allem dokumentieren, ob die Mitarbeiter bei der Reorganisation mitzogen oder sie blockierten.

Doch bevor die bankinterne Kulturrevolution greifen konnte, plante Breuer schon den nächsten Coup. Diesmal ging es ihm darum, das für die Deutsche Bank wenig profitable Massenkundengeschäft und das kostenintensive Filialnetz der Bank loszuwerden. Um dieses Ziel zu erreichen, strebte Breuer den ganz großen Wurf an: eine Fusion mit dem Rivalen und Branchenzweiten – der Dresdner Bank.

Die Frankfurter Verlobung

Als sich Breuer im Februar 2000 mit dem Vorstandssprecher der Dresdner Bank, Bernhard Walter, zu ersten Sondierungsgesprächen traf, geschah dies mit Wissen und Billigung des größten europäischen Versicherungskonzerns. Allianz-Chef Henning Schulte-Noelle hatte durchaus Interesse daran, sich am gemeinsamen Filialnetz der beiden Banken zu beteiligen, um dort seine Versicherungspolicen zu verkaufen. Dadurch könnte auch die Rendite des Retail Banking erheblich verbessert werden. Vorausgesetzt die beiden Banken würden ihre Niederlassungen deutlich reduzieren. Das schien zunächst kein Problem, denn überall dort, wo sich Filialen der Dresdner Bank und der Deutschen Bank in enger Nachbarschaft Konkurrenz machten, könnte eine Filiale geschlossen werden. Auf diese Weise würde man 17.000 Mitarbeiter einsparen. Außerdem wollte sich die Allianz an der Deutschen Bank 24 beteiligen und der Deutschen Bank die Deutsche Herold Versicherung abnehmen, die erst 1992 gekauft worden war, als der Branchenerste im Geldgewerbe seine Zukunft noch im Allfinanzbereich gesehen hatte.

Breuer hatte gegen diesen Vorschlag nichts einzuwenden, denn unter seiner Führung marschierte die Deutsche Bank längst in Richtung Investmentbank. Des weiteren hätte Schulte-Noelle gerne noch die Fondsgesellschaft DWS von der Deutschen Bank übernommen – mit einem Anlagevermögen von 175 Milliarden DM schon damals eine der größten in Deutschland. Das Plazet der Allianz war allerdings auch aus einem anderen Grund wichtig. Dem Versicherungsriesen gehörten 21,7 Prozent an der Dresdner Bank, ohne dessen Zustimmung ging gar nichts.

Als sich Breuer und Walter im Februar 2000 trafen, waren sich die beiden Banker schnell einig über die grobe Struktur des Deals. Die Details sollten kleine Teams von Vertrauten erarbeiten. Es wurde strikte Geheimhaltung vereinbart. Noch bevor Breuer seine Kollegen im Vorstand der Bank voll ins Bild setzte, hatte er schon auf eine Perle des Imperiums der Deutschen Bank verzichtet – die Fondsgesellschaft DWS war der Allianz zugesprochen worden. Erst am 27. Februar wurden die Vorstände der Deutschen Bank über das Geschäft umfassend informiert. Breuer hatte einen »Merger of equals« vorgeschlagen. Dieses Wort hatte seit dem Zusammenschluss von Daimler und Chrysler Konjunktur – es klang unverfänglich und kaschierte den Umstand, dass einer der beiden Fusionäre eben doch gleicher war als der andere und das Sagen hatte.

Bei diesem Bankencoup waren die Gewichte von Anfang an klar verteilt: Die Besitzverhältnisse an der neuen Gesellschaft hätten nach Ansicht von Investmentbankern anderer Institute auf 70:30 lauten müssen. Doch Breuer wollte seinen neuen, kleineren Partner nicht zu ärmlich aussehen lassen und so wurde das Verhältnis auf 62:38 zugunsten der Dresdner Bank leicht angehoben. Im Aufsichtsrat der Deutschen Bank musste Breuer für seine barmherzige Geste später heftige Kritik einstecken.

Beim Namen des neuen Instituts ging Breuer keine Kompromisse ein: Auch das neue Unternehmen würde Deutsche Bank heißen, aber die Hausfarbe Blau gegen das Grün des Juniorpartners getauscht werden. Die Begeisterung hielt sich in Grenzen, aber es legte sich auch kein Vorstand quer. Die in der Bank gebotene Einstimmigkeit bei Vorstandsentscheidungen wurde eingehalten, Breuer durfte weiter verhandeln. Etwas mehr Enthusiasmus schien Walter bei seinen Vorstandskollegen in der Dresdner Bank geweckt zu haben. Einige meinten damals noch, dass es »ein schöner Deal werden könnte«[22], zitierte *Der Spiegel* einen der Beteiligten.

Ein Juwel wird zum Stolperstein: Kleinwort Benson

Am 9. März 2000 stellten sich die beiden Dealmaker im Atrium der Deutschen Bank der Presse. Gerüchte über die bevorstehende Fusion waren allerdings längst durchgesickert. Alle großen Tageszeitungen inklusive Bild spekulierten bereits über den bevorstehenden Megadeal. Sie stellten die Fragen, die Breuer und Walter selber noch nicht abschließend geklärt hatten: welche Filialen geschlossen, wie viele Arbeitsplätze gestrichen werden sollten und wie der Koloss geführt werden sollte. Der drängendsten Frage aber ging die *Financial Times* nach, die versuchte, die Zukunft der Investmenttochter der Dresdner Bank, Kleinwort Benson, auszuloten. Dieses Institut mit seinen rund 7.000 Mitarbeitern wurde in der Dresdner Bank – und nicht nur dort – als Juwel geschätzt. Die Hälfte der Gewinne der Muttergesellschaft erwirtschaftete Kleinwort Benson.

In den Fusionsverhandlungen war das Schicksal der Investmenttochter offenbar weitgehend ausgeklammert worden. Die *Financial Times* berichtete nun jedoch, dass Kleinwort Benson dichtgemacht werden sollte. Damit war der Eklat perfekt, bevor der Deal öffentlich angekündigt worden war.

Um die ob der Zeitungsmeldung verprellten Investmentbanker bei der Stange zu halten, ging Rolf E. Breuer auf der Pressekonferenz in die Vollen: »Wir sind froh, dass wir durch unsere Transaktion ein solches Juwel zu dem vorhandenen Investment Banking hinzuaddieren können. Es wird weder geschlossen noch verkauft. Und alles, was dazu heute Morgen geschrieben oder gesagt wurde, ist blanker Unsinn.«[23]

Dieses Dementi, das Breuer den Journalisten in die Mikrophone und Blöcke diktiert hatte, löste bei den Investmentbankern der Deutschen Bank blankes Entsetzen aus. Edson Mitchell, der Chef der Abteilung Global Markets in London, aber auch die Truppe um den Deutsche-Bank-Vorstand Joseph Ackermann in Frankfurt hatten längst ihr Urteil über den Konkurrenten gefällt. Kleinwort Benson passe nicht zur Deutschen Bank, eine Integration des Investmenthauses sei nicht zu machen. Nach der Übernahme von Bankers Trust habe man gerade erst wieder homogene Teams zusammengestellt, die jetzt nicht wieder gestört werden dürften; von den rund 7.000 Mitarbeitern könnten bestenfalls ein paar Hundert – die eigentlichen Topbanker mit ihren engsten Mitarbeitern – übernommen werden, der Rest der Belegschaft sei überflüssig, lautete die Botschaft an den Vorstandschef.

Um ihren Worten die angemessene Bedeutung zu verschaffen, sorgten die Investmentbanker dafür, dass ihre Meinung als Indiskretionen gestreut in Zeitungen und Branchendiensten auch publiziert wurde und die Gegenseite erreichte. Dort lösten sie immer wieder Schockwellen aus und schürten Aversionen gegen die Fusion. Die Deutsche Bank wurde von vielen Mitarbeitern der Dresdner Bank immer mehr als arroganter Raider gesehen, der den ungeliebten Rivalen niedermachen will.

Breuer war in eine Sackgasse geraten. Auf der einen Seite stand er bei Walter im Wort, das er unvorsichtiger Weise auch noch in aller Öffentlichkeit gegeben hatte, andererseits war klar, dass er gegen die Mauer der Ablehnung im eigenen Haus Kleinwort Benson nicht würde halten können.

Die Position von Walter war nicht komfortabler. Auch im Vorstand der Dresdner Bank wuchs der Widerstand gegen die Fusion, die sich im Laufe der Verhandlungen als brutale Übernahme entpuppte. Kleinwort Benson wurde zur alles entscheidenden Frage für das »Make or Break«. Vor allem Leonhard Fischer, Investmentbanker im Führungsgremium und nach Walter der zweitwichtigste Vorstandsmann, bestand auf dem Erhalt der profitablen Tochter.

Der Kampf um Kleinwort Benson fand vor einer zunehmend feindlicheren Kulisse statt. Nicht nur die Wirtschaftsjournalisten vermochten keinen echten Nutzen in der Fusion zu entdecken, weil sich beide Institute in allen Bereichen zu sehr ähnelten, auch die Analysten und Investmentbanker fanden keinen Gefallen an der Fusion. Blitzschnell wurde der eigentliche Sieger dieses Supercoups, der schon bald nach einem Megadebakel aussah, ermittelt: die Allianz. Die Versicherung sollte den Zugriff auf wesentliche Teile des Privatkundengeschäfts beider Banken erhalten und dazu noch die Pfründe, die die größte deutsche Fondsgesellschaft DWS mitbringen würde, als Zugabe obendrauf.

Kursverluste und Imageschäden

Der Aktienkurs der Allianz stieg, die Notierungen der Anteilsscheine der beiden Banken fielen: Innerhalb weniger Tage sackten die Kurse um 25 Prozent ab. Bei den Mitarbeitern in den Investmentabteilungen heizte der Kursverfall die Stimmung gegen die Fusion an: Die Topshots werden nach Leistung bezahlt und der Kurs der Aktie ist dabei ein wichtiger Gradmesser.

Trotz dieser Widerstände liefen die Verhandlungen weiter: Integrationsteams wurden gebildet, die entscheiden sollten, welche Stellen man streichen würde und wer bleiben durfte. Die Aufsichtsräte beider Banken wurden informiert und die Mehrheit entschied sich für die Fusion. Nur die Arbeitnehmervertreter mochten nicht mit machen: Sie stießen sich an dem drastischen Verlust von 16.000 Jobs.

Dann passierte ein weiterer folgenschwerer Fehler, der das ohnehin fragile Fusionsgebäude zum Wanken brachte. Der Dresdner-Bank-Vorstand Joachim von Harbou, der das Privatkundengeschäft betreute, plauderte öffentlich über den künftigen Umgang mit den Privatkunden nach der Fusion: Wer weniger als 200.000 DM mitbringt, könne dann nicht mehr mit individueller Beratung rechnen, sagte der Banker[24]. Mit dieser Enthüllung der geplanten Geschäftspolitik trat Harbou einen Sturm der Entrüstung los. Medien und Kunden hielten sich an den beiden Banken schadlos. Die Deutsche Bank 24, zu der nach der Fusion auch die Kleinkunden der Dresdner verlagert werden sollten, war zum Billigheimer verkommen. Die Kunden, die von der Deutschen Bank erst wenige Monate zuvor dorthin transferiert worden waren, fühlten sich betrogen. Die Glaubwürdigkeit der Banker, die immer beteuert hatten, der

Kundenservice würde besser, nicht schlechter werden, war schwer erschüttert worden.

Alle Bemühungen der Presseabteilungen, den Imageschaden abzuwenden, schlugen fehl. Der eilends von den Banken ausgerechnet am 1. April organisierte Tag der offenen Tür in den Frankfurter Zentralen, mit Würstchen, Grüner Sauce und den beiden Vorstandschefs, die den erbosten Kunden Rede und Antwort stehen sollten, forderte vor allem die Konkurrenz heraus – zu Hohn und Spott.

Damit stand fest: Der größte Deal im deutschen Bankgewerbe, mit dem Deutsche-Bank-Chef Breuer auch international punkten und aller Welt zeigen wollte, wie gekonnt in Deutschland Megafusionen durchgezogen werden, war gescheitert – an nachlässiger Vorbereitung und schwacher Führung. In der internationalen Finanzwelt hatte sich die Deutsche Bank gründlich blamiert. Am 5. April wurde der Spuk endgültig durch die Erklärung der Dresdner Bank beendet. Der Chef der Bank, Bernhard Walter, legte mit sofortiger Wirkung sein Amt nieder, der Vorstand bestimmte umgehend Bernd Fahrholz zu seinem Nachfolger.

Bei der Deutschen Bank hingegen blieb alles beim Alten. In einem Brief an die Mitarbeiter dankte der Vorstand der Belegschaft der Bank »für das große Engagement, das Sie alle während der vergangenen schwierigen Wochen gezeigt haben. (...) Wir werden unsere erfolgreiche Geschäftspolitik in allen Geschäftsfeldern konsequent weiter umsetzen und damit unsere Position im globalen Wettbewerb gezielt stärken. Der Vorstand mit Herrn Breuer als seinem Sprecher will die Dynamik dieses Erfolgs gemeinsam mit Ihnen bewahren und die Deutsche Bank zum führenden Finanzdienstleister der Welt weiterentwickeln. Dabei hat er die uneingeschränkte Unterstützung des Vorsitzenden des Aufsichtsrats.«[25] Unterzeichnet wurde dieses Schreiben von allen Vorstandsmitgliedern und dem Chef des Aufsichtsrats Hilmar Kopper.

Der Schulterschluss sollte den Vorstandssprecher vor vernichtender Kritik von innen und außen schützen – mit Erfolg: Konzernchef Breuer war zwar angeschlagen, wurde aber nicht verstoßen. Er blieb bis Mai 2002 in seinem Amt, danach übernahm er den Vorsitz im Aufsichtsrat.

Noch ein versuchter Partnerwechsel: die Commerzbank

Den größten Schaden aus der geplatzten Fusion trug die Dresdner Bank davon. Ihre Investmenttochter Kleinwort Benson war bereits gefleddert worden, Wettbewerber hatten Spitzenkräfte abgeworben, selbst die Deutsche Bank hatte noch während der Fusionsverhandlungen ein Team des Verhandlungspartners angeheuert, die Mitarbeiter waren ebenso verunsichert wie die Kunden, der Imageverlust unabschätzbar.

Obwohl der neue Chef Fahrholz öffentlich beteuerte, dass die Bank nun aus eigener Kraft wachsen wolle, ging die Suche nach einem künftigen Partner weiter. Als nächster logischer Kandidat bot sich die Commerzbank an, die bisher aus Überzeugung, Übermut oder auch Vorsicht allen Fusionsmoden widerstanden hatte. Nach dem Zusammenschluss der Münchner Regionalbanken, der Bayerischen Hypobank und der Bayerischen Vereinsbank zur HypoVereinsbank, war sie in der Rangliste der größten deutschen Bankhäuser immer weiter zurückgefallen.

Überdies hatte sich die Bank in einem Netz von Beteiligungen an europäischen Geldinstituten verheddert, ohne an Einfluss und Marktpräsenz zu gewinnen. Man hatte versucht das Investmentgeschäft aus eigener Kraft aufzubauen und zu diesem Zweck Investmentbanker anderer Institute angeheuert. Doch eine schlagkräftige Einheit wurde die zusammengewürfelte Truppe nicht. Die Folge: Bei den großen Deals kam die Commerzbank kaum zum Zuge und im traditionellen Retail Banking liefen ihr die Kosten davon. Von jedem Euro Ertrag wurden 77 Cents von den Kosten aufgefressen. Andere europäische Geldhäuser kommen auf eine Kostenquote von 50 bis 60 Prozent.

Solange die Kapitalmärkte boomten, konnte die Commerzbank, die sich gern als Institut für Privatkunden und den Mittelstand anbot, ihre Strukturschwächen noch kaschieren, im Superjahr 2000 wurde sogar ein Gewinn von 1,3 Milliarden Euro eingefahren. Doch seitdem die Börsen auf Talfahrt programmiert sind, fehlen die Erträge, mit denen die Ausgaben ausgeglichen werden könnten. Hinzu kam, dass die Commerzbank in der Vermögensverwaltung, wo Banken eigentlich immer verdienen, in schlechten Jahren mehr ausgab als sie einnahm.

Zudem versuchte ein Großaktionär, die Cobra-Gruppe, die Bank zu dominieren, was die Führung des Geldhauses nicht gerade einfacher werden ließ.

Als Dresdner-Bank-Chef Fahrholz im Sommer 2000 mit dem Frankfurter Nachbarn ins Gespräch über ein Zusammengehen der beiden Konzerne kommen wollte, waren die gravierenden Schwächen der Commerzbank nur Insidern bekannt. Der auslaufende Aktienboom sorgte noch für glänzende Erträge, die vorwiegend aus dem Börsengang der Commerzbank-Tochter comdirect stammten. Trotzdem war von Anfang an klar, dass die angeschlagene Dresdner Bank, einst die ewige Zweite im deutschen Bankgewerbe, in diesem Fusionspoker die Spielregeln vorgeben würde. Daran scheiterte der Deal denn auch bevor er überhaupt in seinen Grundzügen skizziert worden war. Die Commerzbank, allen voran Commerzbank-Chef Martin Kohlhaussen, mochten sich nicht dem Diktat der Dresdner beugen. Die Gespräche wurden abgebrochen.

Freie Bahn für die mächtige Allfinanz-Allianz

Nach dem erfolglosen Fusionsversuch der beiden Banken war der Weg nunmehr frei für einen neuen Vorstoß der Allianz. Ihr Vorstandschef Henning Schulte-Noelle wollte die alte Branchenordnung endlich aufbrechen: »Versicherer und Banken taten in der Vergangenheit gut daran, ihre Geschäfte sauber zu trennen. Aber die Zeiten haben sich geändert, und das liegt vor allem an der Altersvorsorge, bei der wir alle uns nicht mehr allein auf den Staat verlassen können. Die Folge: Versicherungen und Banken bieten schon heute nebeneinander ihre Produkte an, diese Überlappungen werden weiter zunehmen. Die Trennung von gestern ist damit längst aufgehoben«[26], erklärte der Chef der größten europäischen Versicherungsgruppe in einem Interview mit dem Magazin *Der Spiegel*.

Im April 2001 schufen die beiden Spitzenmanager Schulte-Noelle und der Vorstandssprecher der Dresdner Bank, Bernd Fahrholz, das neue globale Powerhaus: ein Konzern der Superlative mit weltweit 68 Millionen Kunden in mehr als 80 Ländern, knapp 180.000 Mitarbeitern, einer Bilanzsumme von 943

Milliarden Euro und einer Marktkapitalisierung von 135 Milliarden Euro.

Um diesen Deal realisieren zu können, musste die Allianz ihre Beteiligungen in der Bankenszene neu ordnen. Der HypoVereinsbank-Anteil wurde an den Konkurrenten Münchner Rück abgetreten. Im Gegenzug bekam man deren Dresdner-Bank-Paket von fünf Prozent sowie gut 40 Prozent der Allianz Lebensversicherung, die die Münchner Rück hielt. Gleichzeitig bauten die beiden Versicherungen ihre gegenseitigen Beteiligungen um rund fünf Prozent auf 20 Prozent ab.

Danach wurde den Aktionären der Dresdner Bank ein kombiniertes Angebot von Seiten der Allianz und der Special Purpose Vehicle (SPV) gemacht, einer Gesellschaft, die eigens für diesen Zweck von der Deutschen Bank und den Gesellschaftern des Bankhauses Oppenheim initiiert worden war. Die Offerte bestand in einem Tausch, bei dem für zehn Dresdner Bank-Aktien eine Allianz-Aktie und zusätzlich 200 Euro in bar ausgegeben wurden.

Auch die Mitarbeiter der Dresdner Bank haben von der Übernahme bisher eher profitiert: Sie bekamen erst einmal einen Bonus von 25 Prozent ihres Monatsgehalts und die Zusicherung, dass es keinen Stellenabbau geben werde. Der Name der Bank blieb erhalten, er wurde nur durch den Schriftzug der Allianz in der Unterzeile ergänzt. Selbst die Hausfarbe Grün durfte die Dresdner als Tochtergesellschaft des Blauen Versicherungsriesen behalten.

Für einige Bankvorstände hat die Allianz sogar drei Posten in ihrem Exekutivorgan geschaffen: Fahrholz wurde stellvertretender Vorstandsvorsitzender des Versicherungskonzerns, Leonhard Fischer leitete die Investmentbank und Horst Müller soll von der Vorstandsebene aus die Integration der beiden Konzerne überwachen. Das behutsame Vorgehen der neuen Eigentümer, die so ganz anders auftraten als die arrogante Herrentruppe von der Deutschen Bank im Jahr zuvor, beeindruckte sogar die sensiblen Investmentbanker. Bisher verzichteten sie offensichtlich auf die in diesem Gewerbe übliche Fahnenflucht, noch mehr dürfte sie allerdings die Zusage motiviert haben, dass die Investmentbank Dresdner Kleinwort Wasserstein rechtlich abgetrennt und in nicht allzu ferner Zukunft an die Börse gebracht werden soll.

»Im Prinzip konnte uns nichts besseres passieren,«[27] sagte der Gesamtbetriebsratschef der Bank, Peter Haimerl zu dem – vorläufigen – Happyend im deutschen Bankgewerbe. Wenige Monate später verkündete jedoch auch die Dresdner Bank, dass 183 der 986 Filialen im Jahr 2001 geschlossen und 7.800 Arbeitsplätze abgebaut werden sollten – bis Ende 2001 waren bereits 4.000 Stellen weggefallen. Der Stellenabbau resultierte allerdings nicht aus der Übernahme, sondern war eine Reaktion auf die sehr schlecht laufenden Geschäfte der Dresdner Bank. Immerhin verzeichnete die Bank im Übernahmejahr einen Gewinneinbruch um 89,3 Prozent. Der Jahresüberschuss betrug nur noch magere 186 Millionen Euro – ein Jahr zuvor waren es noch 1,74 Milliarden Euro gewesen.

Nun ist es an der Allianz zu beweisen, dass sie den neuen Koloss so managen kann, dass mehr Wert entsteht als nur die Summe der beiden Großunternehmen.

Die Klüngelwirtschaft der WestLB

Wann immer in Deutschland Firmen verkauft, Beteiligungen verschachert, junge Unternehmen an die Börse gebracht, Milliardenkredite organisiert oder marode Unternehmen gerettet werden sollen – schlicht: Wann immer in Deutschland Kapital gebraucht wird oder angelegt werden soll – mischen neben den privatrechtlichen Großbanken meist auch die öffentlich-rechtlichen Landesbanken mit. Sie sind natürlich auch dabei, wenn etwas schief geht. Die Bayerische Landesbank ist der größte Gläubiger der Kirch-Gruppe und auch beim Berliner Pleitier Hetzel im Boot.

Doch keines der regionalen Institute drehte in den vergangenen zehn bis 15 Jahren ein größeres Rad als die Westdeutsche Landesbank Girozentrale, die WestLB. An der Bank mit Hauptsitzen in Düsseldorf und Münster lief bisher keine bedeutende Kapitaltransaktion des bevölkerungsreichsten Bundeslands – oder meist auch der Bundesrepublik – vorbei.

Am 21. August 2001 trat eine der umtriebigsten und schillerndsten Figuren aus der deutschen Bankenszene in den Ruhestand: »Ein Eckpfeiler der sozialen Marktwirtschaft in

Deutschland«, nannte Nordrhein-Westfalens Ministerpräsident Wolfgang Clement den Pensionär auf dem Abschiedsempfang im WestLB-Schloss Krickenbeck und lobte den Banker als einen Mann, der die »Spielregeln der internationalen Finanzmärkte beherrscht« und »die Bank zu einem sehr starken Stück Nordrhein-Westfalen gemacht« habe. In seinen Augen, so der Landesvater, habe der Chef der Landesbank, »einen unanfechtbaren, leidenschaftlichen Einsatz für das Land gezeigt«. »Friedel Neuber hat das Steuer der Bank auch dann auf Kurs gehalten, wenn die See einmal rauer war.«

So viel Lob zum Abgang mag manchen der anwesenden Gäste verwundert haben, denn das Verhältnis zwischen dem sozialdemokratischen Chef der Landesregierung und seinem Topbanker war längst nicht mehr das Beste. Zu viele Affären und Skandale, die sich in den letzten Jahren seiner Amtszeit um den hünenhaften Banker mit dem »Hans-Albers-Lächeln« rankten, hatten Clement längst auf Abstand gehen lassen. Im Netz von gegenseitigen Gefälligkeiten und Verpflichtungen, das Neuber in den 20 Jahren seiner Amtszeit an der Spitze der Landesbank geknüpft hatte, drohte sich auch Wolfgang Clement zu verfangen. Der rote Filz zwischen der Bank und der Regierung bot der Opposition im Düsseldorfer Landtag immer wieder eine breite Angriffsfläche.

Im Reich des roten Paten

Neuber verfügte nicht nur über glänzende Beziehungen in die Zentralen der nordrhein-westfälischen Konzerne, sondern als ehemaliger Abgeordneter der SPD im Düsseldorfer Landtag auch in die Politik. Doch nicht nur seine Gefolgsleute wurden von Neuber bedacht, er sorgte dafür, dass auch die Gegner nicht zu kurz kamen. Und so manchem Politiker und Wirtschaftsmann war sein persönliches Fortkommen schon mal einen Kotau vor dem mächtigen Financier wert. Gegen den Willen des roten Paten lief lange Jahre nichts in Nordrhein-Westfalen, gegen sein Veto konnte nicht einmal beim Energieversorger RWE ein Führungsposten besetzt werden.

Doch in der zweiten Hälfte der 90er Jahre hatte auch der oberste Landesbanker sein Konto überzogen. Im September 1996 fielen in der WestLB-Zentrale 600 Steuerfahnder ein. Zweck der Razzia war die Beschlagnahme von Aufzeichnungen, Akten und Dokumenten, mit denen der Verdacht auf Steuerhinterziehung erhärtet werden sollte. Zu ihrer Überraschung fanden die Beamten allerdings polierte Schreibtische und leere Aktenordner vor.

Offensichtlich war die Bank gewarnt worden. Es dauerte nicht lange, bis die Suche nach dem Tippgeber auf Neubers Vertrauten, den nordrhein-westfälischen Finanzminister und Verwaltungsratsmitglied der WestLB, Heinz Schleußer, stieß. Doch Schleußer, den mit dem Banker eine enge Freundschaft verband, wies jeden Verdacht von sich und bewiesen werden konnte ihm nichts. 1999 durchkämmten Steuerfahnder auch Neubers Privathaus. Gegen den Bankchef und einige seiner Vorstandskollegen wurde ebenfalls ermittelt.

Im November 1999 enthüllt ein Bericht in dem Magazin *Der Spiegel*, wie großzügig Neuber sich gegenüber seinen politischen Freunden gezeigt hatte. Die SPD-Spitzen wurden jahrelang von der Düsseldorfer Flugfirma Privat-Jet-Charter transportiert. Ob der damalige Ministerpräsident Johannes Rau oder sein Finanzminister Schleußer geschäftlich oder privat unterwegs waren, ein Anruf in Neubers Vorstandssekretariat genügte und der Flieger stand bereit – die Bank zahlte. *Der Spiegel* konnte die »Flugaffäre« mit Hilfe der Aufzeichnungen, die der 1997 verstorbene PJC-Chefpilot Peter Wichmann angefertigt hatte, aufdecken.[28]

Monatelang beschäftigten die Reisegewohnheiten von Rau, Schleußer und seltener auch des damaligen Leiters der Staatskanzlei, dem heutigen Ministerpräsidenten Wolfgang Clement, die deutsche Politszene und die Öffentlichkeit. Rund 200 Mal pro Jahr waren die PJC-Flieger 1995 und 1996 im Dienste der Landespolitiker unterwegs gewesen.

Für die Flüge wurden der Bank zwischen 15.000 und 60.000 DM in Rechnung gestellt – ein Businessflug der Lufthansa hätte in den meisten Fällen nicht einmal 1.000 DM gekostet. Aus seinen Aufzeichnungen, die der PJC-Chef Wichmann erst nach seinem Tod zur Veröffentlichung freigegeben hatte, und den

Aussagen seiner Witwe, ging allerdings auch hervor, dass die Bank von ihrem Chefpiloten kräftig abgezockt wurde. Wichmann hatte oft nachträglich die Flugzeiten verlängert und so einen satten Zuschlag kassiert. Doch das war den Bankern offensichtlich nicht aufgefallen, die Rechnungen wurden einfach abgezeichnet.

An manchen Tagen hoben die PJC-Flieger sogar mehrmals ab, um die viel beschäftigten SPD-Oberen pünktlich zu ihren dringenden Terminen in andere Landeshauptstädte zu bringen. Bei so vielen Flugbewegungen im Dienst der Bürger und Wähler war dann auch mal ein privater Zwischenstopp oder ein kleiner Urlaubsflug drin.

Vor allem Schleußer nutzte die private Flugbereitschaft der Bank gerne, um sich für ein paar Ferientage nach Kroatien zu seiner Yacht fliegen zu lassen. Das war allemal bequemer als eine Reise mit der Lufthansa, weil der Bootsbesitzer ja auch immer wieder größere Ersatzteile fürs Schiff mitnehmen musste, was sich die Lufthansa als Übergepäck gerne extra bezahlen lässt.

Auch der mittlerweile zum Bundespräsidenten aufgestiegene ehemalige Landesvater Rau gehörte zu den Vielfliegern der von der Bank gecharterten Fluggesellschaft. Unrechtsbewusstsein war bei den Spitzen der SPD-Connection eher selten: »Die WestLB ist ja zu über 40 Prozent unser Laden«[29], zitierte *Der Spiegel* im Herbst 1999 einen führenden Politiker der Düsseldorfer SPD. Das Reisebusiness kam erst zum Erliegen, als die Steuerfahndung die Büros von PJC filzte und wenig später auch der Chefpilot verhaftet wurde, als er gerade seinen Hauptauftraggeber Neuber nach Frankfurt fliegen wollte.

Die Folgen der Düsseldorfer Flugaffäre

Im Zuge der Ermittlungen kamen dann noch einige delikate Details aus dem Umgang der Düsseldorfer SPD-Prominenz mit ihrer Bank ans Tageslicht. So hatte Schleußer einige Trips in weiblicher Begleitung angetreten, ohne die Kosten für den Passagier, der nicht seine Frau war, zu begleichen. Da hatte sich der Ministerpräsident an seinem Wohnort Wuppertal Geburtstagsempfänge von der WestLB ausrichten lassen – allein die Party zu seinem 65. Wiegenfest soll die Bank 150.000 DM gekostet haben. Und dann gab es bei der WestLB noch einen speziellen Investmentclub, in dem die Spitzengenossen durch geschickte Geldanlagen unter der Aufsicht von Bankexperten ihr Vermögen mehren konnten.

Im Düsseldorfer Landtag wurde schließlich im Januar 2000 ein Untersuchungsausschuss eingesetzt, der die Vielflieger vernehmen sollte. Vor allem Schleußer verstrickte sich immer tiefer in Ausflüchte und Widersprüche. Noch im selben Monat trat der nordrhein-westfälische Finanzminster, ein SPD-Urgestein, von seinem Amt zurück. Rau kam glimpflich davon, weil er die meisten Flüge als Dienstreisen deklarieren konnte und die häufigen Empfänge zu seinen Repräsentationspflichten als oberster Landesvater zählten. Doch das Ansehen des Bundespräsidenten hatte schweren Schaden genommen. Auch Clement überstand die Affäre mit nur geringen Blessuren, er wurde jedenfalls bei seiner Wiederwahl im darauf folgenden Frühjahr in seinem Amt bestätigt.

Den größten Schaden trug – nicht überraschend – Neuber selbst davon. Mit seinen großzügigen Angeboten hatte der Pate die sich aufopfernden Politiker schließlich erst in die Bredouille gelockt. Die Düsseldorfer Flugaffäre mobilisierte auch andere Gegner des mächtigen WestLB-Chefs. Bei den Frankfurter Großbankern hatte sich Neuber schon lange unbeliebt gemacht. Die feinen Herrschaften der großen Geldhäuser irritierte weniger sein barocker Lebensstil, seine Trinkfestigkeit und seine Nähe zu den Sozialdemokraten in Nordrhein-Westfalen als vielmehr der Nutzen, den der gewiefte Finanzmann Neuber aus dem Status seiner Bank als öffentlich-rechtliches Institut ziehen konnte.

Unter Neubers Führung war die WestLB zu einem der größten Kreditinstitute Deutschlands aufgestiegen. Die Bilanzsumme wuchs in den 20 Jahren seiner Regentschaft von 124 Milliarden auf 782 Milliarden DM. Damit hatte die WestLB sogar den ewigen Dritten in der deutschen Bankenlandschaft, die Commerzbank, überholt. Während Neubers Amtszeit hatte sich die Regionalbank zu einem der großen Powerhäuser mit eigener Investmentbank gemausert. Die nordrhein-westfälischen Landesbanker haben Zweigstellen und Repräsentanzen in 18 europäischen Staaten eröffnet und sind auf der ganzen Welt in 35 Ländern vertreten.

In Asien finanziert die Bank den Bau von Hafen- und Kraftwerken, in Nordamerika sind es Projekte im Energiebereich, in Europa engagiert sich die Bank im Telekommunikationssektor, bei Infrastrukturprojekten sowie im Tourismus und im Flugverkehr. In Großbritannien führt sie das Konsortium, das den geplanten Neubau des Londoner Wembleystadiums mit einem Gesamtkostenvolumen von 1,1 Milliarden Euro finanzieren will. Die WestLB soll dabei ein Finanzierungspaket für rund die Hälfte der Kosten schnüren.

So richtig in seinem Element war der Banker Neuber, wenn er über Beteiligungen im großen Stil Industriepolitik betreiben konnte. Die WestLB erweiterte ihr Imperium durch das Zusammengehen mit anderen Landesbanken. Jahrelang herrschte Neuber zudem über die Chartergesellschaft LTU und den größten europäischen Reiseveranstalter TUI. Mit diesen Engagements hat Friedel Neuber die Entwicklung des Tourismusmarktes entscheidend beeinflusst und beim Umbau des Maschinen- und Anlagenbauer Preussag zum Ferienveranstalter TUI kräftig nachgeholfen.

Die Großbanken versuchten den Macht- und Geschäftszuwachs des Düsseldorfer Powerhauses mit allen Mitteln zu bremsen. Der Weg führte die Neuber-Gegner nach Brüssel. Bei der EU-Kommission beschwerten sie sich über die Wettbewerbsverzerrungen, die im deutschen Markt durch die öffentlich-rechtlichen Landesbanken entstünden. Weil sie nicht den Haftungsbedingungen und Mindestreserveauflagen der privaten Bankwirtschaft unterliegen, könnten sie sich günstiger refinanzieren und billigere Kredite vergeben. Für die Schieflagen der Landesbanken muss die jeweilige Landesregierung (und damit der Steuerzahler) einspringen.

Nach jahrelangem Streit einigten sich die EU und die Landesbanken darauf, bis zum Jahr 2005 ihre Organisation zu teilen: Die Finanzierung der landespolitischen Strukturpolitik soll künftig die öffentlich-rechtliche Muttergesellschaft Landesbank NRW übernehmen, die kommerziellen Bankgeschäfte die Tochter WestLB AG.

Bei der alten WestLB war die EU-Kommission aber noch auf ein spezielles Problem gestoßen. Die Übertragung von Wohnungseigentum des Landes auf die WestLB zu Beginn der 90er Jahre wurde nach Ansicht der EU-Wettbewerbshüter zu einem Zinssatz vollzogen, der deutlich zu niedrig gewesen war. Nach langer Prüfung der Umstände deklarierte Brüssel diese Zuwendung 1999 als unzulässige Beihilfe und forderte die WestLB auf, Zinsen in Höhe von mehr als 800 Millionen DM nachzuzahlen. Um diese Rückerstattung stritten sich WestLB und EU-Kommission noch im Sommer des Jahres 2002 vor dem Europäischen Gerichtshof.

Das sind aber längst noch nicht alle Altlasten, die Neubers Nachfolger Jürgen Sengera abarbeiten muss. Zu den weniger gelungenen Deals der WestLB zählt auch das Engagement der Bank im Formel-1-Rennsport. So hatte sie 1998 als Konsortialführerin eine Anleihe über 1,4 Milliarden Dollar für die Formel-1-Tochter Formula One Finance BV auf den Markt gebracht. Weil die Anleihe jedoch nicht zu platzieren war, musste die WestLB Papiere im Wert von rund einer Milliarde Euro ins eigene Portfolio nehmen, gut die Hälfte davon liegen da noch immer. Seit dem Konkurs der Kirch-Gruppe, der der Rennzirkus mehrheitlich gehörte, dürfte auch bei diesem Posten der Wertberichtigungsbedarf schnell steigen. Dazu könnten noch Schadensersatzforderungen von geprellten Infomatec- und EM.TV-Anteilseignern kommen. Denn auch am Neuen Markt hatte die Bank in den letzten Jahren des Paten kräftig mitgemischt und wie die Beispiele von EM.TV und Infomatec gezeigt haben, nicht immer eine glückliche Hand bei der Auswahl ihrer Börsendebütanten bewiesen.

Dauerkrise in der Hauptstadt: Bankgesellschaft Berlin

Die EU-Kommission hat nicht nur die WestLB ins Visier genommen, sondern 2002 auch die schwer angeschlagene Bankgesellschaft Berlin. Das Berliner Institut, an dem das Land Berlin mit einem Anteil von 56,6 Prozent Mehrheitsaktionär ist, soll Zinsen aus der Übertragung von Wohnungsbaugesellschaften aus dem Eigentum des Landes Berlin an die Bank nachzahlen. Damit trifft die EU-Kommission eine Bank, die nach jahrelangem Missmanagement am Rande der Pleite steht.

Hochfliegende Erwartungen am Start

Entstanden ist die Hauptstadtbank 1994 durch den Zusammenschluss der damals schon schwächelnden Berliner Bank AG, der Berlin-Hannoverschen Hypothekenbank AG und der Landesbank Berlin-Girozentrale. Die Bankgesellschaft wurde als Muttergesellschaft mit Holdingfunktionen ausgestattet. Schon diese Konstruktion war ein Missgriff: Die drei Tochterbanken entwickelten in den folgenden Jahren ein hochriskantes Eigenleben und schotteten sich gegen die Eingriffe der Muttergesellschaft ab. Doch für solche Feinheiten betriebswirtschaftlicher Organisationslehre hatten die Gründerväter der Bank, allen voran der Berliner Bürgermeister Eberhard Diepgen (CDU) und sein Parteifreund Klaus Landowsky, wenig Interesse. Die beiden Unionspolitiker träumten vielmehr von einer mächtigen Hauptstadtbank, die im internationalen Wettbewerb der großen Finanzinstitute mithalten kann. Auch der Berliner SPD gefiel die Vision, sie half kräftig mit, das Projekt einer Großbank für die neue Weltmetropole Berlin anzuschieben. Zum ersten Aufsichtsratschef wurde der überzeugte Berliner und damalige Daimler-Benz-Vorstandschef Edzard Reuter ernannt.

Doch schon bald verstrickten sich die drei Institute unter dem Dach der Berliner Bankgesellschaft in Grabenkämpfe. Gleichzeitig waren sie aber jeder für sich genommen zu schwach, um die hohen Erwartungen zu erfüllen. Durch die Expansion um jeden Preis türmten sich immer höhere Risiken auf. Besonders die Immobilientochter Berliner Hyp ging immer waghalsigere Immobiliengeschäfte ein. Die Banker finanzierten alles – Neubauten, Platte und jedes Prestigeobjekt, für das sich die Berliner Politiker begeisterten.

Zwei Jahre nach der Gründung, im Herbst 1996, fielen bereits Wertberichtigungen von zwei Milliarden DM an. Die beiden

Vorstandssprecher Wolfgang Steinriede und Hubertus Moser mussten Ende des Jahres gehen. Aufsichtsratchef Reuter setzte daraufhin den früheren BHF-Banker Wolfgang Rupf an die Spitze der Bankgesellschaft. Rupf hatte zwar keinerlei Erfahrung im Management einer öffentlich-rechtlichen Bank, fand aber dafür größten Gefallen an den Größenfantasien, die die Berliner Politik der Bank in die Wiege gelegt hatte. Auch Rupf wollte den Expansionskurs fortsetzen und die Bank zu einem der größten Immobilienfinanzierer Deutschlands machen. Darüber hinaus ließ Rupf durchblicken, dass er für die Berliner Bankgesellschaft an eine Übernahme der BHF, also seinen früheren Arbeitgeber, oder aber der BfG-Bank denke. Auch einen Zusammenschluss der Sparkassen von Berlin, Hannover, Hamburg und Potsdam hielt der neue Bankchef für eine attraktive Alternative.

Riskante Immobiliengeschäfte

Aus dem Aufschwung der Bank wurde jedoch nichts. Schon 1996 geriet die Konjunkturentwicklung im Osten ins Stocken. Die Insolvenzen erreichten Rekordhöhen, die Zahl der Arbeitslosen ebenfalls. Die Bankgesellschaft bekam die negative Seite des Strukturwandels in Berlin voll zu spüren.

Im Mai 1997 schien sich die Konjunktur in der Hauptstadt wieder etwas zu stabilisieren, der zaghafte Aufschwung ließ die Banker allerdings wieder leichtsinnig werden – in der Erwartung eines neuen Booms am Immobilienmarkt reduzierten sie die Kreditvorsorge kräftig und besserten dadurch ihr Jahresergebnis auf. In diesem Jahr begannen auch die Gespräche mit der Nord/LB über ein Zusammengehen beider Häuser. Ein Jahr lang wurde verhandelt, im März 1998 stimmten die Anteilseigner, vor allem die niedersächsische Landesregierung und der Berliner Senat, dem Fusionskonzept zu: Danach sollte das gesamte Stammkapital der Nord/LB per Sacheinlage in die Bankgesellschaft Berlin AG eingebracht werden. Darüber hinaus hatte sich die Bankgesellschaft zur Zahlung von zusätzlich 1,3 Milliarden DM an die Nord/LB-Eigner verpflichtet. Weitere 1,5 Milliarden DM sollten an das Land Berlin gezahlt werden, das im Gegenzug auf alle ihm zustehenden zukünftigen Gewinne der Landesbank Berlin verzichten wollte. Doch bevor der Plan umgesetzt werden konnte, kippte die Konjunktur und die Bankgesellschaft musste wieder neue Wertberichtigungen ihrer dramatisch gestiegenen Immobliengeschäfte vornehmen.

Die Nord/LB hielt diese Risiken für nicht mehr vertretbar und sagte im Oktober 1998 den Zusammenschluss ab, der zum 1. Januar 1999 hätte in Kraft treten sollen. Bankgesellschafts-Chef Rupf musste alleine weiter machen. Er verkündete ein umfangreiches Restrukturierungsprogramm um den Konzern zu straffen. Im Mai 1999 legte Reuter den Aufsichtsratsvorsitz nieder. Neuer Chef des Kontrollgremiums wurde der Frankfurter Rechtsanwalt Dieter Feddersen.

Gut ein Jahr später brach die Krise mit voller Wucht über den Vorstand und seine Räte herein: Die Immobiliendienstleistungstochter IBG hatte einen Verlust von rund 750 Millionen Euro angehäuft. Dieses Defizit war aufgelaufen, weil die Immobilientochter Mietgarantien bei den zahlreichen Immobilienobjekten ausgleichen musste. Die Bankgesellschaft hatte ein großes Rad gedreht, das Volumen ihrer geschlossen Immobilienfonds hatte sich seit Rupfs Amtsantritt auf neun Milliarden Euro verdreifacht. Weil aber die Objekte kaum die den Anlegern versprochenen Garantiemieten einbrachten, musste die IBG die Differenz zahlen.

Von da an ging es steil bergab, im Monatstakt kamen neue Risiken hoch: Im Januar 2001 meldete die Berliner Hyp, bei der der Unionspolitiker und langjährige Vorsitzende der CDU-Fraktion im Berliner Abgeordnetenhaus, Klaus Landowsky, den Vorstand führte, eine Schieflage bei einem Kredit an die Wohnungsbaufirma Aubis in Höhe von 300 Millionen Euro. Die Aubis gehörte Landowskys alten Parteifreunden Klaus Hermann Wienhold und Christian Neuling. Als wenig später auch noch bekannt wurde, dass Landowsky eine Barspende von der Aubis für die CDU angenommen hatte, brach ein Sturm der Empörung in der Berliner Presse los, der schnell ein bundesweites Echo fand. Weitere Enthüllungen über Landowskys Kreditvergabe folgten. So habe der CDU-Politiker gern auch seinen Parteifreunden mit Krediten der Bankgesellschaft ausgeholfen und diese auch schon mal abgeschrieben, wenn die Kreditnehmer klamm waren. Oder er sponserte mit dem Geld der Bank den Promitennisclub LTTC Rot-Weiss in Grunewald, in dem er selbst Mitglied war.

Milliardenverluste kippen die Berliner Koalition

Im Mai 2001 trat Klaus Landowsky als Fraktionsvorsitzender der Berliner CDU schließlich zurück. Die Bankgesellschaft schockte ihre Anteilseigner mit neuen Horrorzahlen, Kredite in der Höhe von fünf Milliarden DM seien »beobachtungswürdig«[30]. Zudem rügte die Bankenaufsicht die Vergabepraxis, die bei der Berliner Bankgesellschaft bei Immobilienfinanzierungen üblich war. Im April war bereits im Berliner Abgeordnetenhaus ein Untersuchungsausschuss eingesetzt worden, nachdem der Finanzsenator Peter Kurth den Verlust auf drei bis fünf Milliarden DM beziffert hatte. Um den Bankkonzern zu retten, musste der Senat eine Patronatserklärung abgeben. Der zusätzliche Kapitalbedarf der Bankgesellschaft wurde vom Bundesaufsichtsamt für das Kreditwesen mit insgesamt vier Milliarden DM angegeben.

Und so musste der Berliner Senat einen rigorosen Sparkurs beschließen, um überhaupt einen Etat für die Bundeshauptstadt aufstellen zu können. Darüber zerbrach schließlich die große Koalition zwischen CDU und SPD. Der SPD-Politiker Klaus Wowereit wurde Regierender Bürgermeister von Berlin an der Spitze eines rot-grünen Übergangssenats.

Immer wieder melden sich Interessenten, die den angeschlagenen Bankkonzern ganz oder in Teilen übernehmen wollen. Zu den ersten Bewerbern, die noch im Sommer des Jahres 2001 ein Angebot angekündigt hatten, gehörte auch der US-Investor Christopher Flower. Im Juli gab der Deutsche Sparkassen- und Giroverband eine Offerte für das Sparkassengeschäft der Bankgesellschaft ab.

Auf der Hauptversammlung der Bankgesellschaft im August 2001 musste sich Vorstandschef Rupf wütenden Anlegern stellen. Der Aufsichtsrat verzichtete darauf, den Antrag auf Entlastung des Vorstands vorzulegen. Im Oktober begann die Staatsanwaltschaft auch gegen den früheren Berliner-Hyp-Vorstand

Landowsky wegen Untreue zu ermitteln, seine Immunität als Abgeordneter wurde jedoch nicht aufgehoben.

Wenig später musste die Immobilientochter IBAG eine Schieflage von 1,22 Milliarden DM melden, im Sommer war diese Summe noch mit 500 Millionen beziffert worden.

Im November sagte dann die Nord/LB, die einen zweiten Anlauf unternommen hatte, zusammen mit der Hamburger Sparkasse die Berliner Bankgesellschaft zu übernehmen, alle weiteren Gespräche ab. Die Informationen über die wirtschaftliche und finanzielle Lage des Schuldenkonzerns seien nicht ausreichend.

Nun endlich trennte sich der Aufsichtsrat von Vorstandschef Rupf. An seine Stelle setzte die damalige Interimsfinanzsenatorin Christiane Krajewski den Immobilienfachmann Hans-Jörg Vetter. Allerdings entschied sie sich für den forschen Manager mit seinem im deutschen Geldadel unüblich ruppigen Auftreten erst, nachdem zwei prominente Vertreter aus dem deutschen Bankgewerbe wegen zu hoher Gehaltsforderungen von sechs bis acht Millionen DM – wie das *Manager Magazin* berichtete – ausgeschieden waren.[31] Der neue Vorstandschef Vetter erkor sich einen hochkarätigen pensionierten Banker zum Berater: Michael Endres, einst Vorstandsmitglied der Deutschen Bank, soll dem Neuling helfen, die Bank zu retten.

Die Bilanz dieses mehr als acht Jahre währenden Missmanagements von Bankern und Politikern ist verheerend: 4.000 Arbeitsplätze wurden gestrichen, die Aktionäre konnten dem Verfall ihrer Wertpapiere zuschauen: Von knapp 26 Euro im Jahr 1997 sank das Papier auf 1,91 Euro im Juni 2002. Das Land steckte nach den Finanzspritzen und der Übernahme von Milliarden Risiken in einer schweren Finanzkrise, die Berliner müssen unter der Finanznot leiden und Abstriche in vielen Bereichen hinnehmen. Am Ende wird der Steuerzahler die Zeche zahlen.

Wirklich profitiert hat eigentlich nur der Ex-Bankchef Rupf: Er bekam noch Ende 2000 einen neuen Fünf-Jahres-Vertrag.

Die Schattenmänner

Bevor 1993 in Deutschland die Zinsabschlagsteuer eingeführt wurde, halfen deutsche Banken zahlreichen Steuerzahlern bei der Kapitalflucht in nahe liegende Steueroasen wie Luxemburg, die Schweiz oder Liechtenstein. Sogar öffentlich-rechtliche Banken, die vom Staat protegiert werden, haben sich nicht davor gescheut, den Fiskus um dreistellige Millionenbeträge zu bringen. Aber auch bei der Versteuerung ihrer eigenen üppigen Gehälter nahmen es manche Bankmanager nicht so genau.

Die Steuersünder

»Für mich ist es Ökonomie im Kopfstand, wenn den Banken der Vorwurf gemacht wird, sie seien zu einem Teil für den Kapitalexport deutscher Anleger ins Ausland verantwortlich. Die Mobilität des Kapitals hat zugenommen, der Kunde ist zum Grenzgänger geworden«[1], erklärte der frühere Dresdner-Bank-Chef Wolfgang Röller 1989.

Als der damalige Bundesfinanzminister Theo Waigel zum 1. Januar 1993 die Zinsabschlagsteuer von 30 Prozent auf alle Kapitaleinkünfte einführen ließ, nahm die Zahl dieser Grenzgänger dramatisch zu. Um fast jeden Preis versuchten Sparer und Kapitalanleger zu verhindern, dass ihnen die Bank bei jeder Zinsgutschrift 30 Prozent der Erträge abzieht und diesen Obolus dem Finanzamt überweist. Erst später bei der Einkommensteuererklärung hätten sie diese Abgabe mit dem tatsächlich anfallenden Steuersatz verrechnen können. Bleibt der Steuersatz des Anlegers am Jahresende unter 30 Prozent, bekommt er Geld vom Finanzamt zurück, liegt er darüber, muss er die Differenz nachzahlen. Steuerfrei waren damals nur Zinseinkünfte bis 6.100 DM für Ledige und 12.200 DM bei Ehepaaren. Mittlerweile wurden auch diese Sätze noch halbiert. Um einen Abzug durch die Bank zu vermeiden, müssen die Steuerzahler ihrem Kreditinstitut aber einen entsprechenden Freistellungsauftrag erteilen.

Hilfe bei der Steuerflucht

Schon im November 1991, bei der Ankündigung der in Fachkreisen kurz Zast genannten Zinsabschlagsteuer, begannen die ersten Steuermuffel ihr Erspartes über die deutschen Grenzen zu schaffen. Im Laufe des Jahres 1992 schwoll der Geldstrom immer weiter an. Liquide Werte, vor allem Aktien- und Geldvermögen, wurden eilends in Steuerparadiese ausquartiert.

Steueroasen gab es zu Beginn der 90er Jahre mehr als genug. Zahlreiche Broschüren und Bücher gaben den Steuermüden Orientierungshilfe und zeigten die Vor- und Nachteile der einzelnen Länder und Inseln auf.

Auf den Cayman-Inseln, drei flachen Koralleninseln in der Karibik, mussten Einheimische wie Ausländer überhaupt keine Steuern zahlen. Dort registrierte Firmen, die aber keine Geschäftstätigkeit im Land ausübten, entrichteten nur eine jährliche Gebühr von umgerechnet 430 DM.

Auf den Niederländischen Antillen vor der Küste Venezuelas kamen Ausländer mit einer Einkommensteuer zwischen 2,4 und drei Prozent weg, Kapitalerträge waren völlig steuerfrei. Investmentgesellschaften, Finanzierungsunternehmen oder Reedereien wurden mit einer reduzierten Gewinnsteuer von ebenfalls zwischen 2,4 und drei Prozent belastet.

Auf den vor der französischen Küste gelegenen britischen Kanalinseln Guernsey, Alderney und Jersey konnten Ausländer ihr Vermögen in einen Trust oder eine Stiftung nach liechtensteinischem Recht einbringen und dann die Erträge steuerfrei kassieren. Einkünfte aus dem Ausland sowie Geschäftsführergehälter an Ausländer waren steuerfrei.

In der Schweiz erhoben zwar Bund, Kanton und Gemeinde von den ansässigen Eidgenossen Einkommensteuern von 18 bis 33 Prozent auf Kapitalerträge. Reiche Ausländer, die in der Schweiz leben, konnten aber eine Pauschalsteuer aushandeln.

Auf Gibraltar mussten sehr wohlhabende Ausländer, so genannte »High Net Worth Individuals« maximal 19.500 Pfund

Einkommensteuer zahlen, wenn sie einen Wohnsitz auf dem Felsen vor der spanischen Küste hatten und sich dort mindestens 30 Tage im Jahr aufhielten. In der britischen Kronkolonie waren Mitte der 90er Jahre noch rund 55.000 Briefkastenfirmen registriert, deren Gewinne sowie Geschäftsführergehälter steuerfrei waren.

Im Großherzogtum Luxemburg waren Kapitalerträge von Ausländern ohne Wohnsitz in dem Zwergstaat steuerfrei. Obendrein konnten sich die Anleger auf das Bankgeheimnis verlassen, das nur in besonders schweren Fällen der Steuerhinterziehung, wie Urkundenfälschung und Betrug, aufgehoben wurde.

Im Fürstentum Monaco mussten nur Franzosen und Monegassen Steuern zahlen, andere wohlhabende Zeitgenossen, die sich dort niederließen, konnten ihre Einkünfte so gut wie steuerfrei einstecken.

Selbst in Österreich kamen die Piefkes besser weg als daheim in Deutschland. In der Alpenrepublik wurde Ausländern nur eine Kapitalertragsteuer von 25 Prozent abgeknüpft, andere Abgaben wie Einkommensteuer auf Erträge oder Vermögen- und Erbschaftsteuer fielen dann nicht mehr an.

Neben den bekannten Fluchtorten boten sich den Steuervermeidern aber auch Belgien und Dänemark als Steuerhäfen an – auch dort konnten Ausländer ihre Zinserträge steuerfrei kassieren. Sogar in Schottland kamen deutsche Anleger besser weg. Die Bank of Scotland umwarb deutsche Kunden mit der Anzeigenschlagzeile »Wanna be my Schotterboy?« und 7,15 Prozent Zinsen auf DM-Einlagen – natürlich ohne Zinsabschlag.

Die meisten Deutschen wollten bei ihrer Flucht vor dem Fiskus aber nicht auf das vertraute Ambiente ihrer heimischen Kreditkonzerne verzichten. Nur zu gern waren die Geldkonzerne ihren Kunden bei der Ausreise in die einschlägig bekannten Steueroasen behilflich. Sie scheuten sich auch nicht mit dem speziellen Service zu werben: »Reisen bildet – Kapital«, lockte beispielsweise die Deutsche Bank. »Ihre Tafelpapiere können Sie uns gern zur Verwahrung übergeben. Wir informieren Sie über Ablauf und Vorteile«, informierte die Landesbank Rheinland-Pfalz aus Luxemburg. Die drohende Einführung der Zinsabschlagsteuer wirkte 1992 auf das deutsche Bankengewerbe wie ein Konjunkturprogramm.

Alle größeren Geldinstitute Deutschlands – darunter auch öffentlich-rechtliche Landesbanken sowie Regionalbanken – wollten von dem Kapitaltransfer profitieren. Wer noch keine Niederlassung in Luxemburg, der damals beliebtesten Steueroase, hatte, beeilte sich den Rückstand schleunigst aufzuholen, um die vermögende Kundschaft nicht an die Konkurrenz abgeben zu müssen. Allein im Jahr 1992 gründeten deutsche Kreditinstitute – darunter waren sogar einzelne Sparkassen und Volksbanken – 23 neue Dependancen in Luxemburg. In dem Kleinstaat brach ein regelrechter Bauboom aus. Die Banker versuchten sich gegenseitig mit prunkvollen Glaspalästen und gediegenen Geschäftsräumen zu übertrumpfen.

Den Steuerflüchtigen boten die deutschen Kreditinstitute vielfältigen Service, den sie sich über deftige Gebühren gut bezahlen ließen. So wurden vermögende Kunden, die sich auf der Flucht vor dem deutschen Fiskus an die Banken wandten, von den Kundenberatern mit zahlreichen Tipps und Ratschlägen für den sicheren Transfer ihrer Vermögen versorgt.

Die Vermögensberater der Schweizer Tochtergesellschaft der Deutschen Bank beruhigten manche ängstliche Geldanleger aus Deutschland schon am Telefon: »In Zürich«, so die Botschaft, »ruhen Ihre Anlagen sicher wie in einem Safe.«[2] Geschulte Verkäufer rieten Bankkunden, die über größere Bargeldbestände oder Wertpapiere im Schließfach verfügten, ihre Habe einfach in einen Koffer zu packen und sie bei der nächsten Reise in die Schweiz oder nach Luxemburg bei der Bank ihres Vertrauens abzugeben.

Bedenken, dass dieser Kapitaltransfer möglicherweise nicht ganz legal sei, zerstreute so mancher Kundenberater mit dem Hinweis auf die Steuerquote, die in Deutschland einfach viel zu hoch sei. Daher wäre es nur legitim, wenn viele Bundesbürger ihr hart erarbeitetes Geld durch geschickte Kapitalanlage im Ausland vor dem Zugriff des gierigen Finanzministers retten würden. Nach so viel einfühlsamer Bestätigung ihres Tuns hatten die meisten Steuersünder auch kein Unrechtsbewusstsein mehr. Ihre Welt war wieder in Ordnung.

Und die DM rollte: Allein die Berliner Bank International SA in Luxemburg registrierte einen Zuwachs bei ihrem Anlagekapital von mehr als zwei Milliarden DM. Die Dresdner Bank im

Großherzogtum konnte sechs Milliarden DM für Direktanlagen einsammeln.

Die große Zahl der Bareinzahler unter den Kapitalflüchtlingen verursachte den Luxemburger Banken allerdings auch erhebliche Probleme – die Kreditinstitute mussten schließlich für den Rücktransport der angelieferten Bargeldmengen sorgen. In den ersten Monaten nach der Steuereinführung zum 1. Januar 1993, als sich vor allem in Bankgeschäften weniger versierte Zahnärzte, Schlachtermeister und Klempner auf den Weg in die Steueroase machten, verkehrten regelmäßig Geldtransporter im kleinen Grenzverkehr, die die DM-Exporte in die nächste Filiale des jeweiligen Geldkonzerns zurückbringen mussten.

Zu den privaten Steuerhinterziehern kamen noch die Unternehmen – auch dort suchte so mancher Finanzchef nach Möglichkeiten, die deutsche Steuer zu umgehen.

Trotz aller Anstrengungen waren die deutschen Kreditinstitute weder personell noch technisch auf den Ansturm vorbereitet. Bei manchen Instituten hatte sich die Zahl der Depots innerhalb eines knappen Jahres fast verzehnfacht. Jeden Monat kamen weit über 1.000 Kunden dazu.

Nachdem der erste Ansturm der Kunden, die persönlich in Augenschein nehmen wollten, wo ihr Geld verwaltet wurde, vorbei war, stiegen viele Steuersünder auf den bargeldlosen Zahlungsverkehr um. Auch hier kamen die Banken ihrer Kundschaft entgegen. In vielen Zweigstellen gab es Formulare für die Eröffnung eines Kontos oder Depots bei einer Tochtergesellschaft oder einer Partnerbank in den Steuerparadiesen. Unter der Anleitung ihrer Kundenberater zahlten die Steuerflüchtlinge dann ihr Anlagekapital ein, das auf ihre jeweiligen Auslandskonten überwiesen wurde. Damit bei möglichen Steuerprüfungen die Beamten nicht auf den Namen des Steuersünders stoßen, wurde überdies empfohlen, auf die Banküberweisung nur die Kontonummer, nicht aber den Namen des Kunden zu schreiben.

Das erleichterte auch den Banken die Verwaltung des anvertrauten Geldes. Per Computerstandleitung wurde das Kapital virtuell ins Ausland transferiert und dort ebenso virtuell investiert. Gekauft wurden die Wertpapiere nämlich in Deutschland, im Namen der ausländischen Tochter, die auch die Depotauszüge – je nach Kundenwunsch – versandte oder aufbewahrte.

Nur die Schweizer Banken bevorzugten weiterhin die bewährte Bareinzahlung an ihren Schaltern. Notfalls auch per Kurierdienst – für 500 bis 1.000 DM pro Sendung. Wem das zu viel war, konnte seine Ersparnisse als so genannten Wertbrief auch mit der Post schicken. Wer richtig viel Geld ins Ausland transferieren wollte, konnte sich an private Vermögensberater wenden, die bei Anlagevolumen ab einer Million DM auch einen Hausbesuch abstatteten und dabei das Schwarzgeld gleich mitnahmen.

Das Ergebnis der neuen Steuer war für den Finanzminister ein Jahr nach ihrer Einführung verheerend: Rund 300 Milliarden DM hatten seit November 1991, als die Zast angekündigt wurde, das Land verlassen. Selbst die Bundesbank hatte das Ausmaß der Kapitalflucht überrascht. Dass so viel Geld noch in Küchenschränken, unter Matratzen und in privaten Safes aufbewahrt und am Fiskus vorbei geschmuggelt worden war, hatten die obersten Währungshüter offenbar nicht erwartet.

Offiziell gingen den Finanzämtern allein im Jahr 1993 rund zehn Milliarden DM verloren. Nach Schätzungen des Münchner Ifo-Instituts wurden dem Fiskus jedoch Kapitalerträge von etwa 30 bis 40 Milliarden DM verheimlicht. Das entsprach – so berichtete *Die Woche* – bei einer sechsprozentigen Verzinsung etwa 650 Milliarden DM Schwarzgeld.[3] Als die Zast-Pleite nicht mehr zu verheimlichen war, begannen Waigels Truppen damit zurückzuschlagen.

Die Banken im Visier der Steuerfahnder

Von 1994 an fanden sich bei den Banken immer häufiger ungebetene Besucher ein, die nicht nur die Aktenablagen der Kreditinstitute durcheinanderbrachten, sondern bei den Mitarbeitern Existenzängste auslösten und Tausende von Anlegern in Angst und Schrecken versetzten: Die Banken waren ins Visier der Steuerfahnder geraten.

Den Anfang machte im Januar 1994 die Dresdner Bank: Die Düsseldorfer Staatsanwaltschaft leitete eine spektakuläre Durchsuchung der Hauptstelle der Dresdner Bank in der nordrhein-westfälischen Landeshauptstadt ein. Der Verdacht: Beihilfe zur Steuerhinterziehung. Anfang 1996 gibt die Staatsanwaltschaft bekannt, dass sie in 112 Fällen gegen Kunden und Mitarbeiter Ermittlungen aufgenommen hat.

Im Februar 1994 fielen über 100 Steuerfahnder in elf Büros der Hypo-Bank-Tochter Hypo Capital Management ein. Auch in diesem Fall ging es um den Verdacht der Beihilfe zur Steuerhinterziehung.

Ein Jahr später, im Juni 1995, beschlagnahmten 25 Fahnder bei der Deutschen Bank in Saarbrücken die Daten von rund 10.000 Kunden. Dabei sollen, wie später bekannt wurde, 30 so genannte steuerauffällige Delikte aufgedeckt worden sein. Gegen sechs Mitarbeiter der Bank wurde wegen Beihilfe zur Steuerhinterziehung ermittelt.

Im Februar 1996 filzten knapp 200 Steuerfahnder die Filialen und die Zentrale der Commerzbank, einschließlich der Vorstandsetage. Ausgelöst wurde diese Razzia durch eine Datenliste von 1.600 Kunden der Luxemburger Commerzbank-Tochter Cisal, die ihnen bei einem ganz anderen Delikt in die Hände gefallen war. Mit diesen Aufstellungen hatte ein ehemaliger Commerzbank-Mitarbeiter versucht, fünf Millionen DM von seinem ehemaligen Arbeitgeber zu erpressen.

Doch die Unterlagensammlung, die die Steuerfahnder mitnahmen, enthielt noch wesentlich brisanteres Material. Kurze Zeit später erhielt das Frankfurter Finanzamt ein Schreiben aus der Vorstandsetage, in dem »Unrichtigkeiten« in den Jahresabschlüssen der viertgrößten deutschen Bank seit 1984 korrigiert werden sollten. Mit dieser »Korrektur«, die nicht ganz einer Selbstanzeige entsprach, versuchte der Commerzbank-Vorstand noch einen Ausweg aus einem peinlichen Verfahren zu finden. Denn aus den Dokumenten, die die Fahnder einkassiert hatten, ging auch hervor, dass die Bank bei den Wertberichtigungen gemogelt und falsche Steuererklärungen abgegeben hatte.

Die Woche schilderte den Fall in der Ausgabe vom 15. März 1996 ausführlich: In den 70er Jahren hatte die Commerzbank Kredite von mindestens fünf Milliarden DM an lateinamerikanische Staaten, vor allem an Argentinien, vergeben. Im Zuge der Schuldenkrise Mitte der 80er Jahre wurden diese Kredite notleidend, die Banken hätten ihre Forderungen eigentlich in den Bilanzen abschreiben müssen.

Das war nicht einfach, weil die Commerzbank die Darlehen sowohl aus Frankfurt als auch aus New York vergeben hatte. Die New Yorker Filiale, die eine eigene Bilanz erstellt und amerikanischem Steuerrecht untersteht, konnte die notwendigen Wertberichtigungen damals noch nicht vornehmen, weil die US-Steuerbehörden zur fraglichen Zeit Wertberichtigungen auf Lateinamerika-Kredite noch nicht anerkannten. Im Gegensatz zum deutschen Recht, das eine Wertberichtigung erlaubt, wenn der Kredit gefährdet erscheint, gestatten die amerikanischen Steuerbehörden die Abschreibung erst dann, wenn der Ausfall von Zins und Tilgung fast unabwendbar ist.

Die Commerzbanker unter dem damaligen Vorstandschef und späteren Aufsichtsratsvorsitzenden Walter Seipp übernahmen die Wertberichtigungen aus den USA direkt in ihre Frankfurter Bilanz. Damit umgingen sie die Anerkennungsschwierigkeiten und konnten dadurch die in Deutschland zu versteuernde Gewinne mindern.

Nach deutschem Steuerrecht war dieser Trick allerdings nicht zulässig: Forderungen dürfen nicht über Ländergrenzen hinweg verschoben werden, sondern müssen dort abgeschrieben werden, wo sie bestehen. Die von New York vergebenen Kredite hätten also in den USA wertberichtigt werden müssen.

Das wäre aber nicht so lukrativ gewesen: 100 Millionen DM Kreditausfall brachten damals in Deutschland 57 Millionen DM Steuerersparnis, in den USA aber nur 32 Millionen DM.

Den Steuervorteil nutzte die Bank: Über fünf Jahre hinweg – von 1984 bis 1988 – wurden durch steigende Wertberichtigungen auf die notleidenden Darlehen stille Reserven gebildet. Die Länderrisiken sollten über die Jahre voll abgeschrieben werden.

Nach 1988 hat die Commerzbank – wie ihr Sprecher Ulrich Ramm 1996 gegenüber der Hamburger Wochenzeitung *Die Woche* erklärte – »die Wertberichtigungen wieder nach New York transferiert.« Die stillen Reserven im Inland wurden also wieder aufgelöst und in New York neu gebildet. »Damit stieg der zu versteuernde Gewinn im Inland entsprechend«, so Ramm. Der wirtschaftliche Effekt der zuwenig gezahlten Steuern sei weitgehend ausgeglichen worden.[4]

Die Frankfurter Finanzbehörden sahen das anders. Schließlich einigte man sich 1998 auf einen Kompromiss: Die Commerzbank zahlte mehr als eine halbe Milliarde DM an Steuern sowie Hinterziehungszinsen nach. Aufsichtsratschef Seipp und zwei ehemalige Führungskräfte überwiesen 1,2 Millionen DM an gemeinnützige Einrichtungen und die Bank bekam noch eine Geldbuße von sechs Millionen DM aufgebrummt. Dafür wurde das Ermittlungsverfahren eingestellt.

Im September 1996 nahmen sich Steuerfahnder und Staatsanwälte die WestLB vor. Obwohl die Fahnder nach ihrem Eindruck damals in eine »chemisch gereinigte« Landesbank kamen, beschlagnahmten sie kistenweise Akten und Kontounterlagen, die – wie sich später herausstellte – genügend Indizien für den Vorwurf der organisierten Steuerhinterziehung brachten. Kundenkapital »in dreistelliger Millionenhöhe« wurde zu den WestLB-Töchtern in der Schweiz und nach Luxemburg transferiert, um das Geld dem Fiskus vorzuenthalten.

Mit Hilfe von Decknamen und Zahlencodes seien die Vermögen getarnt und die Geldbewegungen verschleiert worden.

Unter allen Umständen sollte verhindert werden, berichtete damals *Die Woche*, »dass die vermögende Kundschaft zu anderen Geldinstituten abwandert. So schaltete die Landesbank – wie andere Banken auch – vor Inkrafttreten des Zinsabschlagsteuergesetzes großflächige Anzeigen, in denen ungeniert mit Geldanlagen in Steuerparadiesen geworben wurde. Die Anlageberater der WestLB wurden auf Seminaren in Zürich eigens für die dubiosen Transaktionen geschult«.[5]

Nach Ansicht des Oberstaatsanwalts Johannes Pütz sei ein System der Steuerhinterziehung entwickelt worden, das »erheblicher krimineller Energie bis hinauf in den Vorstand«[6] bedurft hätte.

Im März 1997 begannen die Ermittlungen gegen die DG-Bank wegen Beihilfe zur Steuerhinterziehung. Ein Jahr später gingen Staatsanwälte in einer umfassenden Durchsuchungsaktion landesweit gegen Volks- und Raiffeisenbanken vor, die im Verdacht standen, über die Frankfurter DG-Bank Kundengelder ins Ausland, vor allem nach Luxemburg, transferiert zu haben.

Fast als letztes der großen Bankhäuser ist im Juni 1998 auch die Deutsche Bank an der Reihe. An der Razzia nahmen 300 Steuerfahnder und sieben Staatsanwälte teil, durchsucht wurden aufgrund des Verdachts der Beihilfe zur Steuerhinterziehung die Zentrale der Deutschen Bank in Frankfurt sowie die Filialen in Freiburg, Düsseldorf, Kassel und das Rechenzentrum in Eschborn. Die Bank hatte allerdings Vorkehrungen für diesen Fall getroffen, mit dem Besuch des Staatsanwalts musste sie schließlich seit 1995 rechnen. »In Freiburg etwa erschienen die Arbeitsplätze den Ermittlern am Montag gründlich präpariert. ›Die Hüllen kamen einem furchtbar neu vor‹, grummelt ein Beamter«, so ein Bericht des Magazins *Der Spiegel*. Weiter schrieb das Hamburger Wochenmagazin: »Die Rechtsabteilung hatte eine mehrseitige ›Checkliste Durchsuchung‹ verteilt. Punkt 1: ›Pforte vorbereiten, die unverzüglich die vorgesehenen Kontaktpersonen informiert.‹ Auch auf ›gegenseitiges Einvernehmen‹ legen die Bankjuristen Wert – die Fahnder sollen ordentliche Verpflegung sowie Kopierer und Lesegeräte für verfilmte Dokumente erhalten. In einer am Montag ausgegebenen Mitarbeiterinformation heißt es: ›Wir weisen ausdrücklich darauf hin, dass keine Unterlagen vernichtet werden dürfen – auch dann nicht, wenn die gesetzliche Aufbewahrungsfrist abgelaufen ist.‹«[7] Dennoch war das beschlagnahmte Material so ausführlich, dass die Staatsanwaltschaft ein Jahr später gegen den Chef des Konzerns, Rolf Breuer, und fünf weitere Vorstandsmitglieder – darunter auch ehemalige Mitglieder der obersten Konzernführung – Ermittlungsverfahren wegen des Verdachts der Beihilfe zur Steuerhinterziehung von Kunden der Bank einleitete. Nach Auskunft der Presseabteilung der Deutschen Bank war das Verfahren im Sommer 2002 noch nicht abgeschlossen.

Dennoch konnten die Fahnder in diesem Fall einen Erfolg verbuchen. 100 Mitarbeiter der Bank und 400 Kunden erstatteten Selbstanzeige wegen Beihilfe zum Steuerbetrug beziehungsweise wegen dieses Delikts.

Zum Zeitpunkt der Razzia hatten auch clevere Sparkassenmitarbeiter in Monheim bereits ein Modell entwickelt, das Kunden und Mitarbeiter mit einigermaßen heiler Haut der Rache des Fiskus entkommen ließ: Die zwischen Bankberater und Kunde koordinierte Selbstanzeige. Nachdem die Steuerfahnder bereits die Räume und Büros der Sparkasse durchsucht hatten, überredete die Bank ihre steuermüde Kundschaft, ihrerseits über eine Selbstanzeige nachzudenken, um großen Unannehmlichkeiten aus dem Weg zu gehen. Gleichzeitig versprachen die Mitarbeiter gegenüber den Steuerbehörden Fehler bei der Kundenberatung einzuräumen.

Als sich 150 Kunden und 29 Mitarbeiter bei den Steuerbehörden gemeldet hatten, wurden die Ermittlungen gegen die Bankmitarbeiter eingestellt. Die Kunden kamen mit Steuernachzahlungen und Strafzinsen davon.

In einem Gespräch mit der Zeitung *Die Woche* erklärte der Sparkassenchef Wolfgang Ufers die Aktion: »Wir mussten schnell was tun: Hier sind 38 Leute von der Steuerfahndung reinmarschiert. Für sie ist das ein Riesenevent, vergleichbar nur mit einem Betriebsausflug. Da kann man hinterher keine defensive Verteidigungsstrategie fahren. Und unsere Kunden kommen dabei ohne Anklage und ohne Strafzuschlag weg.

Wir haben damals bloß unseren Job gemacht. Schuld an der Kapitalflucht war die mangelnde Informationspolitik der Bundesregierung. Sie hat mit der Zinsabschlagsteuer den Eindruck erweckt, dass den Steuerpflichtigen ein Teil ihres Vermögens weggenommen werden sollte. Da darf man sich dann auch nicht wundern, wenn die Betroffenen ihr Geld nehmen und damit wie die Lemminge ins Ausland rennen.«[8]

Im Frühjahr 1999 einigte sich die Dresdner Bank mit Staatsanwaltschaft und Steuerbehörden: Sechs leitende Mitarbeiter übernahmen die Verantwortung für die Beihilfe zur Steuerhinterziehung. Gegen den ehemaligen Vorstandssprecher des Bankkonzerns, Jürgen Sarrazin, und den Leiter der Luxemburger Tochter Friedrich Otto Wendt wurden einjährige Haftstrafen auf Bewährung verhängt. Sarrazin musste eine Geldbuße von 1,5 Millionen DM akzeptieren, Wendt 500.000 DM Strafe zahlen. Gegen die damals noch amtierenden Vorstandsmitglieder Hans-Jörg Platzek und Gerhard Eberstadt sowie den ehemaligen Vorstand Hans-Günther Adenauer und den früheren Bankchef Wolfgang Röller wurde das Verfahren gegen Geldauflagen von je 500.000 DM eingestellt.

Die Bank bekam eine Geldbuße von 37 Millionen DM aufgebrummt. Selbstverständlich übernahm der Konzern auch die Bußgelder für seine leitenden Angestellten. Sarrazin, der sein Amt bereits Ende 1997 niedergelegt und die Bank verlassen hatte, machte seine Einwilligung in den Deal zudem von der Zahlung mehrerer Millionen DM Entschädigung abhängig. Erst als ihm auch dieses äußerst großzügige Dankeschön nach langen Verhandlungen fest zugesagt worden war, stimmte der ehemalige Bankchef dem Befreiungsschlag für den Bankkonzern und seine Mitarbeiter zu.

Im Gegenzug hatte die Staatsanwaltschaft versprochen die Ermittlungen einzustellen, rund 500 Mitarbeiter der Bank, die nach der Aktenlage bei den Ermittlungsbehörden mit Anklagen hätten rechnen müssen, konnten endlich aufatmen.

Die Bank kam so mit einem blauen Auge davon, denn nach Schätzungen der Steuerfahndung wurden zwischen 1992 bis 1996 Zinseinkünfte auf 5,1 Milliarden DM angelegtes Vermögen nicht der Besteuerung zugeführt. Allein durch Kunden der Dresdner Bank habe sich hierdurch ein Steuerausfall bei der Einkommensteuer von schätzungsweise mehreren hundert Millionen DM ergeben.

Im September 1999 durchsuchten die Fahnder, die den Steuervergehen bei der WestLB nachgingen, schließlich sogar die Privatwohnung des damaligen Bankchefs Friedel Neuber und beschlagnahmten dort Akten, Unterlagen und Dokumente als Beweismaterial. Bei einem anderen Weggefährten Neubers waren die Ermittler ebenfalls fündig geworden. Gegen den ehemaligen Düsseldorfer CDU-Finanzexperten Theodor Schwefer hatte die Staatsanwaltschaft bereits Anklage wegen Steuerhinterziehung erhoben. Mit Unterstützung eines Anlageberaters der WestLB soll Schwefer Kapital in Höhe von 2,2 Millionen DM unter dem Codewort »Dompfaff« am Finanzamt vorbei in die Schweiz überwiesen haben. Dem deutschen Fiskus sollen dabei rund 1,4 Millionen DM an Einkommensteuer entgangen sein. Im Juli 2001 konnte auch die WestLB und ihr damaliger Chef Friedel Neuber einen Schlussstrich unter die Steueraffäre ziehen: Gegen die Manager der größten deutschen öffentlich-rechtlichen Bank wurden Geldbußen von insgesamt 15 Millionen DM verhängt.

An seinem 65. Geburtstag im Oktober 1994 war Dresdner-Bank-Aufsichtsratschef Wolfgang Röller bester Dinge. Nun könne er auch einräumen, plauderte der Jubilar damals leutselig, dass er seinerzeit nur zur Dresdner Bank gekommen sei, weil er Geld gebraucht habe, um Schulden aus seiner Studentenzeit zurückzahlen zu können. Der Entschluss sei aber ein Glücksfall für ihn gewesen.

Sicher hatte der frühere Chef der zweitgrößten deutschen Bank im Laufe seiner steilen Karriere nicht nur alte Schulden begleichen können, sondern mit seinen Bezügen auch so manche Wohnung und ein schmuckes Heim finanziert und sicher auch noch ein paar Millionen fürs Alter zurücklegen können.

Die Herren des Geldes zählen zu den Wohlhabenderen in diesem Lande. Der ehemalige Deutsche-Bank-Chef Rolf Ernst Breuer gab sein Einkommen auf der Hauptversammlung des Geldkonzerns im Mai 2002 bekannt: Bezüge von acht Millionen Euro habe er 2001 erhalten. Eine stolze Summe für einen Bankchef in einem Jahr, das den Aktienbesitzern unter seinen Bankkunden als Horrorjahr in Erinnerung bleiben wird. So üppig dürften Röllers Bezüge zu seiner Amtszeit noch nicht ausgefallen sein. Aber auf zwei Millionen DM per annum dürfte nach Recherchen des Magazins *Der Spiegel* auch Wolfgang Röller gekommen sein. Danach haben seine beiden Vorstandskollegen bei der Dresdner Bank, Hans-Günther Adenauer und Hansgeorg Hofmann auch schon 1,5 Millionen DM pro Jahr kassiert.[9] Und natürlich hatten Röller, Hofmann und Adenauer alle Möglichkeiten ausgeschöpft, die das Bankhaus seinen Kunden bietet, um ihre Einkommensmillionen gewinnbringend anzulegen.

Warum auch nicht: Ein Bankier, der seine eigenen Finanzen nicht zu mehren weiß, ist auch kein kompetenter Gesprächspartner für seine Kundschaft. Doch die Herren waren in eigener Sache wohl allzu geschäftstüchtig.

Als erster bekam der Großneffe des ersten Bundeskanzlers der Bundesrepublik Deutschland kalte Füße. Ende 1996, nachdem die Steuerfahnder längst die Dresdner Bank gefilzt hatten, erstattete Adenauer Selbstanzeige wegen Steuerhinterziehung und bot freiwillig eine Nachzahlung von 400.000 DM an. Die übrigen Vorstandskollegen machten mit dem Steuervermeider kurzen Prozess: Um Schaden von der Bank abzuwenden, wurde Adenauer zum Rücktritt gedrängt, widerstrebend leistete der Banker dieser unmissverständlichen Aufforderung Folge und schied Ende 1997 aus.

Gegen Wolfgang Röller ermittelte die Steuerfahndung 1997 nach einer anonymen Anzeige. Darin wurde der frühere Vorstandssprecher der Dresdner Bank beschuldigt, mehrere Millionen DM über Liechtensteiner Stiftungen am Fiskus vorbeigemogelt zu haben. Behilflich soll ihm dabei der prominenteste Treuhänder des Fürstentums, Herbert Batliner, gewesen sein. Der Mann mit der feinen Nase für Steuerschlupflöcher hatte vielen Prominenten die Türen zur Steuerfreiheit geöffnet. Er hatte es aber auch immer verstanden mit den Regierenden des Staates, den er um seine Einnahmen brachte, gut Freund zu sein. Den ehemaligen deutschen Bundeskanzler Helmut Kohl, unter dessen Parteivorsitz die CDU Konten im Steuerparadies führte, schätzte der Helfershelfer der deutschen Steuersünder als Wanderkamerad. Batliner selbst trat auch als Spender für die Stiftung von Hannelore Kohl zugunsten von Patienten und Unfallopfern mit schwersten Schädigungen des zentralen Nervensystems auf. Das Verhältnis zwischen dem Helfershelfer der deutschen Steuersünder und dem damaligen deutschen Bundeskanzler Helmut Kohl wurde später, als auch die CDU ihre Konten im Steuerparadies nicht mehr verheimlichen konnte, als durchaus freundschaftlich beschrieben.[10]

Im Fall Röller blieb die deutsche Öffentlichkeit noch von den delikaten Details gekonnter Steuerflucht verschont. Zwar gab es Hinweise auf Immobilien in den USA und andere Investments, deren Erträge der Bankchef dem deutschen Fiskus nicht vollständig angegeben haben soll. Bevor aber diese pikanten Gerüchte sich zur Gewissheit verdichten konnten, trat Röller von seinem Amt als oberster Kontrolleur der Bank zurück und bot der Finanzbehörde eine stattliche Nachzahlung von zwei Millionen DM an. Die Bank nahm die Schadensbegrenzung ihres langjährigen Chefs dankbar an und ernannte ihn zum Ehrenaufsichtsrat.

Hansgeorg Hofmann, der damals noch Chef der Investment-Banking-Sparte und daher schon aus Berufsgründen für die Anlage der ganz großen Vermögen zuständig war, hatte bei der Verwaltung seines eigenen Vermögens den Überblick über die Einkünfte verloren, die er der Steuer hätte melden müssen. Wie *Der Spiegel* berichtete, erstattete der Banker 1997 Selbstanzeige im Finanzamt von Bad Homburg.

Als die Deutsche Bank von den peinlichen Offenbarungen bei der Konkurrenz erfuhr, verfügte Bankchef Hilmar Kopper, dass jeder seiner Vorstandskollegen darauf vorbereitet sein müsste, seine privaten Vermögensverhältnisse innerhalb von 15 Minuten umfassend und vollständig offen zu legen. Wer das nicht schaffe, habe ein ernstes Problem. Ein Skandal wegen persönlicher Steuerhinterziehung ist den Vorständen bei der Deutschen Bank bisher erspart geblieben.

Die Geldwäscher

Im weiten Reich der Banker und Broker, der Großaktionäre und Kleinanleger, der Zocker und Spekulanten geht die Sonne nicht mehr unter: Rund um die Uhr und den Globus kann an irgendeinem Kapitalmarkt, an irgendeiner Börse, im Internet oder am Telefon Geld hin- und hergeschoben, angelegt oder abgezogen werden. Das große Monopoly kennt keine Grenzen, es ist räumlich und zeitlich total globalisiert – und total außer Kontrolle geraten.

Der gigantische Geldstrom, der ständig rund um die Erde gejagt wird, vermengt die Spargroschen braver Bürger mit dem Kapital der großen Konzerne und den Drogendollars lateinamerikanischer Kokainkartelle. Die Gelder aus den kriminellen Geschäften der japanischen Yakuza fließen ebenso ein wie die Einnahmen der chinesischen Triaden, die Euros osteuropäischer Schmugglerbanden und Waffenschieber, der Mafiaorganisationen Italiens und Russlands sowie der zahllosen Terrororganisationen in aller Welt. Die großen Kapitalströme kennen nur ein Ziel – wie die Lemminge streben sie den Anlagen mit den höchsten Renditen und geringsten Risiken zu.

Auf dem Weg zu diesen Anlagen müssen allerdings viele Dollars, Euros und Yen einen teuren Umweg machen: Das Geld aus schmutzigen und kriminellen Geschäften, aus Drogendeals und Waffenschiebereien, aus Raubzügen, Erpressung und Schmuggel muss durch eine Waschanlage der besonderen Art geschickt werden. Schwarzgeld soll als weiße Ware in dem offiziellen Geldkreislauf gewinnbringend für die Organisationen von Kriminellen, Halunken, Erpressern, Mördern und Attentätern arbeiten und überall dort verfügbar sein, wo es gebraucht wird.

In den USA und Deutschland wurde versucht den Schwarz-geldwäschern durch restriktive Bargeldannahme bei Banken und im Handel das Handwerk zu erschweren. Wer Summen von mehr als 10.000 Dollar in den USA anlegen will, muss seit Ende der 80er Jahre nachweisen, dass er das Geld auf legalem Wege erworben hat. In Deutschland gilt ein ähnliches, allerdings deut-lich schwächeres Gesetz – die Banken müssen die Einzahlung von mehr als 10.000 Euro zwar melden, doch dann liegt die Beweislast bei den Justizbehörden, die dem Einzahler nachwei-sen müssen, dass dieses Kapital bei einem Strafvergehen erwor-ben wurde.

Das unheilige Bankgeheimnis

Viele Bundesbürger brachte allerdings auch dieses deutlich wei-chere deutsche Geldwäschegesetz in schwere Gewissensnöte: Vor der Einführung der Euro-Münzen und -Banknoten zum 1. Januar 2002 brach plötzlich große Hektik an den internation-alen Devisenmärkten aus. In den zwölf Monaten vor dem magi-schen Datum stieg die Kapitalmenge, die aus den europäischen Landeswährungen, vor allem aber von der DM in Dollars gewechselt wurde, dramatisch an. Ein Grund für den Run auf die amerikanische Währung war die kurze Umtauschfrist von nur zwei Monaten, während der die Europäer ihre alten Bar-geldbestände gegen das neue Gemeinschaftsgeld wechseln konnten. Wer noch große Bestände von schwarzem Baren hatte, musste sich sputen seine Kohle loszuwerden. Die illegalen Geldvorräte privater Haushalte beschertem dem Einzelhandel im obersten Luxussegment, den Spitzenjuwelieren, Yachtbauern und Anbietern sonstiger teurer Prestigeobjekte ein glänzendes Weihnachtsgeschäft.

Vor allem die Schweiz profitierte von der drohenden Einfüh-rung des Euros. Die Banken und Finanzdienstleister Helvetiens verwalten rund ein Drittel des globalen Geldvermögens – im Alpenstaat selbst werden 3,4 Billionen Franken (im Juni 2002 entsprach die Summe rund 2,5 Billionen Euro) betreut. Davon dürften 300 bis 400 Millionen Franken an den zuständigen Finanzämtern vorbei in die Schweiz geschmuggelt worden sein.

Zwar gibt es auch in der Eidgenossenschaft und im angrenzenden Fürstentum Liechtenstein strenge Gesetze gegen die Annahme von Geld aus Drogenhandel und anderen kriminellen Delikten, doch der einfache Betrug ausländischer Fiskalbehörden fällt nicht darunter.

Geschützt werden die in der Schweiz gewaschenen Gelder, die meist aus Schwarzarbeit und anderen Steuerdelikten stammen, durch das noch immer bestehende strenge Schweizer Bankgeheimnis. Zwar gibt es immer wieder Versuche auch von Schweizer Gruppen diesen Schutzparagraphen für Steuersünder zu kippen, doch bisher ohne erkennbaren Erfolg.

Das Privileg, bei Anfragen ausländischer Steuerbehörden die Schotten dicht zu machen und jede Auskunft zu verweigern, ist den eidgenössischen und Liechtensteiner Banken heilig und wird mit allen Mitteln verteidigt: »Der Anteil nicht versteuerter Vermögen ist für uns substanziell«[11], zitierte die Nachrichtenagentur Reuters den Chef des größten Schweizer Bankhauses UBS Marcel Ospel. Gern droht die Banklobby vor den Folgen eines solchen Gesetzes: Das Schwarzgeld würde abgezogen und in andere Steueroasen transferiert werden. Dadurch würden den Schweizer Banken Kommissionen und Gebühren in Milliardenhöhe entgehen. Arbeitsplatzabbau wäre eine ebenso unvermeidbare Folge wie eine tiefe Wirtschaftskrise, denn der Finanzsektor macht in der Schweiz 14 Prozent des Bruttoinlandprodukts aus und erhält mehr als 220.000 Arbeitsplätze.

Die Pfade der Geldwäscher

Im Herbst 2002 schafften viele Euro-Flüchtlinge, vor allem aus Deutschland, ihre schwarzen Spargroschen und Steuersparmillionen persönlich über die schweizerischen Grenzen, um sie unter dem Schutz des Bankgeheimnisses dem Zugriff des deutschen Fiskus zu entziehen.

Etliche dieser schwerbeladenen Grenzgänger riskierten dabei ihr Vermögen. Sie liefen den Zollfahndern geradewegs in die Arme: Ab Oktober 2001 wurden die Zollkontrollen an den Grenzen zu Luxemburg, der Schweiz und Österreich deutlich verschärft – offensichtlich nicht ganz ohne Erfolg. Die deutschen Grenzbehörden fanden dabei seltsame Geldverstecke: In einem Skistiefel wurde beispielsweise Bares im Wert von 160.000 DM entdeckt.

Mit solch amateurhaften Verstecken geben sich professionelle Devisenschmuggler und Schwarzgeldwäscher gar nicht erst ab. So hatten kleinasiatische Drogendealer gleich nach der Einführung des Geldwäschegesetzes zu Beginn der 90er Jahre ganze Truppen von ärmlich gekleideten Landsleuten mit ein paar Tausend DM in die deutschen Postämter geschickt, um das Geld, das aus dem Verkauf von Heroin, Crack und Kokain stammte, auf bestimmte Postsparkonten einzuzahlen. Doch dieser simple Trick funktionierte nicht lange. Das Äußere der Kunden, ihre schlechten Sprachkenntnisse, die Frequenz und die Höhe der Einzahlungen passten irgendwie nicht zusammen. Der Geldwäschering, der sich im Hamburger Umland etabliert hatte, flog schnell auf.

Erfolgversprechender war da schon die Gründung von Tarnfirmen in Branchen, die wie die Gastronomie und der Einzelhandel traditionell einen hohen Bargeldumsatz haben. Da wurden Umsätze vorgetäuscht und die Erlöse, die aus illegalen Geschäfte stammten, ganz offiziell auf die Geschäftskonten der Scheinbetriebe bei den Banken eingezahlt. War das Kapital erst einmal im offiziellen Geldkreislauf angekommen, konnte es mit ein paar Überweisungen schnell in völlig legale Anlagen umgewandelt werden.

Das Risiko, dass diese Waschanlagen entdeckt wurden, nahm aber zu und deshalb mussten immer wieder neue Möglichkeiten in anderen Märkten ausgespäht werden. Da bot sich der Diamantenhandel zur Reinigung schmutzigen Geldes an oder die Geschäfte in der gehobenen internationalen Kunstszene. In den vornehmen Galerien, die mit teuren modernen Gemälden und Objekten handeln, wird der Preis eines Kunstgegenstandes oft willkürlich festgesetzt – ideale Bedingungen für Geldwäscher.

Oft wird aber auch der Umweg über Osteuropa gewählt. In Russland und Polen finden sich immer wieder kleine Banken und Finanzinstitute, die gegen hohe Provisionen große Summen Schwarzgeld aus dem Westen annehmen. Dabei bleibt zwischen ein Drittel und die Hälfte des heißen Geldes in den Maschen der Banken hängen.

Im Dickicht der internationalen Bankverbindungen landet die schwarze Kohle oft genug gut gereinigt bei Banken in der Schweiz und in Deutschland. Wie gut die Zusammenarbeit zwischen deutschen, schweizerischen und luxemburgischen Finanzinstituten klappt, zeigten die Enthüllungen im Finanzskandal des nigerianischen Abacha-Clans. In die internationale Korruptionsaffäre des nigerianischen Diktators Sani Abacha waren 19 schweizerische Banken, eine deutsche und zwei britische Geldinstitute verwickelt.

Aufgedeckt wurden die Kapitaltransaktionen des Terrorregimes der Abachas nach dem Sturz des Machthabers 1998. Die neue nigerianische Regierung versuchte über eine Genfer Anwaltskanzlei den Verbleib von Geldvermögen in Höhe von 4,3 Milliarden Dollar aufzuspüren, die der Clan während seiner fünfjährigen Schreckensherrschaft dem rohstoffreichen Land geraubt und ins Ausland transferiert hatte.

Die Eidgenössische Bankenkommission nahm die Ermittlungen auf: Zum ersten Mal in der Geschichte des eidgenössischen Bankwesens veröffentlichte sie die Namen prominenter schweizerischer Finanzinstitute, die einem Diktator, der sein Land finanziell und wirtschaftlich ruiniert hatte, geholfen hatten, seine Beute in Sicherheit zu bringen. An erster Stelle auf der Liste der Helfershelfer stand nach Erkenntnissen der Kommission die Credit Suisse Group und die schweizerische Tochtergesellschaft der deutschen M.M.Warburg Bank.

Die Zürcher CSG-Zentrale hat für die Abacha-Brüder Ibrahim und Mohammed rund 214 Millionen Dollar auf diversen Konten und Depots angelegt. Die Warburg-Tochter in Zürich hat von den Abachas knapp 300 Millionen DM angenommen, die dann »zum großen Teil über die Schwesterbank in Luxemburg weitergeleitet«[12] wurden, zitierte *Der Spiegel* aus dem Bericht der Untersuchungskommission. Auch liechtensteinische Institute, die LGT Bank und die Verwaltungs- und Privatbank wurden in die gigantische Waschaktion einbezogen. Sie schickten 120 Millionen Dollar an den Luxemburger Warburg-Ableger. 450 Millionen Dollar wurden bei britischen Banken, der Hongkong Schanghai Banking Corporation (HSBC) und bei der Barclays Bank untergebracht – und zum Teil wieder in die Schweiz überwiesen. 660 Millionen Dollar haben die Schweizer Justizbehörden seit Beginn der Ermittlungen 1998 arretiert. In ungewöhnlich scharfer Form kritisierte die Eidgenössische Bankenkommission die Arbeit der Geldinstitute im Auftrag des Diktators: Den Banken wurden »gravierende Mängel und grobes individuelles Versagen« sowie die »krasse Fehleinschätzung einer Kundenbeziehung bzw. Ignorieren von Anhaltspunkten für eine möglicherweise dubiose Herkunft der anvertrauten Gelder«[13] vorgeworfen, so der Bericht des Nachrichtenmagazins *Der Spiegel*.

Allein bei der Luxemburger Warburg-Bank summierte sich das im Namen der räuberischen Familie angelegte Geld auf weitere 1,3 Milliarden DM.

Nach diesen Enthüllungen wurden zwar in der Schweiz und in Liechtenstein neue Regelungen für den Umgang mit ausländischer Kundschaft eingeführt, doch die Altlasten, die andere Machthaber und Potentaten in den Tresoren der schweizerischen Banken liegen haben, werden nur zögerlich und meist auf Druck neuer Regierungen ans Licht gebracht.

So musste beispielsweise der kroatische Regierungschef Stjepan Mesic beim Schweizer Außenminister Joseph Deiss persönlich vorsprechen, um die Suche nach Millionen von Dollars zu unterstützen. Diese soll der Sohn des früheren kroatischen Diktators Franjo Tudjman für Familie und Freunde in schweizerische Banken angelegt haben. Mit Waffenhandel und Geldwäsche für die russische Mafia soll der Tudjman-Clan eine Milliarde Dollar erbeutet haben.

Der gestürzte jugoslawische Staatschef Slobodan Milosevic, der sich vor dem UN-Kriegsverbrecher-Tribunal wegen Völkermord verantworten muss, soll nach Informationen von Geheimdiensten mindestens eine eiserne Reserve von 100 Millionen Dollar in der Schweiz zurückgelegt haben.

Auch der frühere peruanische Geheimdienstchef Vladimiro Montesino, dem Menschenrechtsorganisationen Völkermord, Folter, Korruption und Waffenhandel vorwerfen, soll Gelder in Höhe von mindestens 50 Millionen Dollar über israelische und kanadische Banken in die Schweiz geschafft und auf mehreren Konten deponiert haben.

238

Solche Enthüllungen wundern in der Schweiz eigentlich niemanden mehr, sie bestätigen nur noch einmal deutlich, was der bekannteste Kritiker der verschwiegenen eidgenössischen Bankerzunft, Jean Ziegler, schon immer gesagt hat: »Die Schweiz bleibt der größte Offshore-Platz der Welt, dessen Institute noch immer das Vertrauen von Diktatoren, Mafia-Fürsten und korrupten Staatsdienern genießen.«[14]

Da wundert es schon eher, wenn Banker selber mit dem schmutzigen Blutkapital nichts mehr zu tun haben wollen. »Wir brauchen solche Gelder von Diktatoren nicht«[15], erklärte ein Spitzenmanager der Credit Suisse unter dem Druck der öffentlichen Kritik an dem Geschäftsgebaren der Banken.

Auch für das deutsche Bankgewerbe war der Fall Abacha keine Ausnahmeerscheinung. Die bislang wohl heißeste Spur nahm die Düsseldorfer Staatsanwaltschaft im Jahr 1997 bei der WestLB auf. Danach soll das öffentlich-rechtliche Institut für die Trans-World-Gruppe (TWG), einen internationalen Rohstoffkonzern, der seit Jahren verdächtigt wird, Geld für die russische Mafia zu waschen, mehrere Konten eröffnet haben. Nach Ermittlungen der Staatsanwaltschaft sollen seit 1997 3,7 Milliarden DM des Konzerns, der zu den größten Aluminiumproduzenten der Welt gehört, über die WestLB-Konten geflossen sein.

Vermittelt haben soll die Bankverbindung ein früherer Manager der WestLB, der sich aber Anfang 1997 zu einer Bank auf die Bahamas abgesetzt habe. Allerdings wird auch dieses Institut dem Einflussbereich der TWG zugerechnet, die als weltweit operierendes Konglomerat aus mehr als 100 Firmen besteht. Nach der Entdeckung der dubiosen Bankverbindung wurde die WestLB 1999 von der Staatsanwaltschaft gebeten, die Konten weiterzuführen. Diese kontrollierte Geldwäsche ist zwar unter Experten höchst umstritten, doch die Ermittler erhofften sich dadurch Erkenntnisse über die Geschäfte des Bankkunden.

Als die WestLB im November 1999 die Konten der TWG schließlich kündigte, betrug das Guthaben noch insgesamt eine Milliarde DM, der größte Teil dieses Geldes soll dann nach Israel transferiert worden sein. Und damit wurde es dem Zugriff der deutschen Staatsanwaltschaft entzogen, denn Israel gilt bei Geldwäschedelikten als unkooperativ.

Die Financiers des Terrors

Seit dem 11. September 2001 ist auch in der Welt des großen Geldes alles anders – zumindest für die großen Finanzinstitute in den westlichen Industrieländern. Die verheerenden Anschläge auf das New Yorker World Trade Center haben ihnen nicht nur vor Augen geführt, wie verwundbar ihr dicht geknüpftes Netz weltweiter Kapitalverbindungen ist, sondern sie mussten auch erkennen, dass sie längst die Übersicht über ihre weitläufigen Imperien verloren haben und nicht mehr wissen, mit wem sie eigentlich ihre Milliardengeschäfte abwickeln.

Nur kurze Zeit nach den Terroranschlägen wandte sich US-Präsident George W. Bush mit einem dringenden Appell an die internationale Hochfinanz: Banker und Broker sollten ihn weltweit bei seinem Krieg gegen den internationalen Terrorismus unterstützen. Eilig verteilten Bushs Beamte eine Liste von Personen, Firmen und Organisationen, deren Konten sofort eingefroren werden sollten. Darunter waren – erwartungsgemäß – die ersten Adressen der islamistischen Terrorszene zu finden: Al-Qaida, die Basistruppe des mutmaßlichen Topterroristen Osama Bin Laden; die ägyptische Al-Djihad-Organisation; die algerische GIA; die philippinische Abu Sayyaf; drei islamistische Wohlfahrtsorganisationen; eine Im- und Exportfirma sowie alle Konten, die Bin Laden und seinen Gefolgsleuten namentlich zugeordnet werden konnten.

»Helft uns in diesem Kampf«, drohte Bush der Finanzwelt, »oder wir werden euch dafür bestrafen, dass ihr denjenigen die Mittel gegeben habt, die diese grauenvollen Anschläge erst möglich gemacht haben.«[16] Das klang ganz anders als vor den Anschlägen in New York und Washington. Damals hatten die Republikaner im US-Kongress noch eine Gesetzesvorlage in Bausch und Bogen abgelehnt, die die Banken zur Zusammenarbeit gegen den Terrorismus verpflichten sollte.

Dabei fehlte es schon damals nicht an Hinweisen, dass die international operierenden islamistischen Terrorbanden über ein weit verzweigtes finanzielles Netzwerk gebieten und ihr Vermögen global gestreut haben. Bei ihren Kapitaltransfers nutzen die Terroristen auch die weltweiten Verflechtungen der gro-

ßen Finanzinstitute der westlichen Industriestaaten – und oft
wurden diese Operationen so diskret vollzogen, dass die großen
Bankkonzerne kaum Verdacht schöpfen konnten.

Das finanzielle Netzwerk des Terrors

Nur wenn sich wie bei den Terrorangriffen vom 11. September
konkrete Hinweise ergeben, können die Spuren solcher Transaktionen aufgenommen werden. Oft führen sie auch nach
Deutschland.

So wurde, knapp drei Tage nach den Anschlägen in den
USA, in einem kleinen Gremium der Deutschen Bank eine
dubiose Kundenbeziehung aufgedeckt. Es ging um Ausleihungen und Beteiligungen an die Firma Cambridge Engineering
Systems Limited mit Sitz auf den Cayman-Inseln. Haupteigen-
tümer der Firmengruppe in der karibischen Geldwäscher-
Oase, so hatte ein Bankmanager entdeckt, ist die saudi-arabische Familie Bin Laden. Aber auch die Deutsche Bank zählte
zu den Aktionären.

Wem in der weit verzweigten Dynastie der Bin Ladens mit
ihrem eng verschachtelten Firmengeflecht was gehört, konnten
die Banker kaum erkennen. Bei den zahllosen Halbbrüdern
oder Neffen von Terroristenchef Osama Bin Laden und ihren
vielfältigen Geschäften mussten die Finanzmanager schnell pas-
sen. Nicht einmal die Frage, ob die Deutsche Bank Geschäfte
mit Kriminellen macht oder ob er nur Partner der bislang unbe-
scholtenen Saudi Binladin Group (SBG) ist, die der Vater Osama Bin Ladens einst gegründet hatte, ließ sich klären.

Die Deutsche Bank steht mit ihrem Verdacht nicht allein: Alle
großen Institute in den USA, in Europa und in Japan haben
Dutzende von Mitarbeitern damit beauftragt, verdächtigen
Kunden- und Kontenverbindungen nachzuspüren. Akribisch
suchen hausinterne Experten, so genannte Compliance Officers,
jeden Hinweis, der zu den Attentätern führen könnte.

US-Präsident George W. Bush hatte »drakonische Sanktionen« angekündigt, falls Staaten und Banken nicht mit den Amerikanern kooperierten: »Wer Terroristen unterstützt«, müsse
damit rechnen, dass seine Konten in den USA eingefroren wür-

den. Notfalls müssten die Staaten, in denen die betroffenen Finanzinstitute ihren Sitz haben, ihre Gesetze ändern.

So lief zwischen Washington und Zürich, London und Tokio eine Fahndungsaktion von ungeahnten Ausmaßen an. Die Banker wurden in ein weltweites System staatsanwaltschaftlicher Ermittlungen eingebunden. Stapelweise lieferten sie Verdachtsmeldungen an die Fahnder. Die offensichtlichen Spekulationsgeschäfte kurz vor dem Anschlag, die Bewegungen auf den Konten der Selbstmordattentäter und das finanzielle Treiben zahlreicher islamischer Banken – alles wurde gemeldet.

Doch die Ergebnisse der weltweiten Aktion blieben mager. In Deutschland sind derzeit gerade mal 160 Konten im Gesamtwert von 600.000 Euro eingefroren worden, bei denen der Verdacht bestehe, dass sie von terroristischen Organisationen genutzt würden, erklärte Alfred Tacke, Staatssekretär im Bundeswirtschaftsministerium, im Juni 2002 in der Tageszeitung *Die Welt*.[17] Vor einigen Monaten war noch die Rede von über 200 gesperrten Konten gewesen – mit Guthaben von 4,5 Milliarden Euro. Später stellte sich dann heraus, dass zu den konfiszierten Konten auch Staatskonten Afghanistans gehörten, die unter dem Taliban-Regime gesperrt, aber nach der Vertreibung des islamistischen Regimes wieder freigegeben worden waren.

Nicht viel besser erging es den Fahndern in den USA. Zwar wurden schnell lange Listen von verdächtigen Personen und Organisationen produziert, doch bei näherem Hinsehen zeigte sich, dass viele der arabischen Namen durch unterschiedliche Schreibweisen mehrfach aufgeführt waren. Manche der gelisteten Personen waren außerdem bereits verstorben.

Das angesehene britische Wirtschaftsmagazin *Economist* berichtete, dass nach Angaben der UN einige Transferkanäle, die terroristische Organisationen benutzt hätten, trocken gelegt wurden.[18] So konnten bisher neun Wohlfahrtsorganisationen, die vor allem für islamistische Terroristen Geld eingetrieben haben, enttarnt werden. Die wirklich großen mutmaßlichen islamistischen Unterstützungsverbände konnten von den Fahndern aber noch nicht untersucht werden – sie haben ihren Sitz in Saudi-Arabien und stehen unter dem Schutz dieses Staates. Frustriert mussten die Ermittler erkennen, dass nicht einmal in den USA alle Schlupflöcher im Finanzsystem geschlossen wurden. So sind zwar die Banken, nicht aber Versicherungen, Aktienhändler und Wechselstuben dazu verpflichtet, verdächtige Geldtransfers zu melden.

Die Geldquellen der Terroristen

Doch auch ohne diese Pannen ist das Aufspüren des finanziellen Netzwerks der Terroristen ausgesprochen mühsam. Milliarden von Finanztransaktionen werden jeden Tag ausgeführt. Allein die Menge des Geldes, das jährlich gewaschen wird, beläuft sich nach Schätzungen der OECD auf etwa 1,5 Billionen Dollar.

Wer die Verstrickung des Global Banking in die dunklen Machenschaften des internationalen Terrors aufdecken will, muss deshalb erst einmal die Geldquellen und Transfernetze der organisierten Kriminalität erkennen.

Schon bei der Summe des weltweit im Umlauf befindlichen Terrorgeldes gibt es nur grobe Annäherungswerte. »Terroristische Organisationen verfügen über ein sofort abrufbares Kapital von 30 bis 50 Milliarden Dollar«[19], schätzt der österreichische Finanzwissenschaftler Friedrich Schneider, der zu den ganz wenigen Experten zählt, die die Kapitalbeschaffung von Terrorgruppen untersucht haben.

Die islamistischen Bewegungen zählen nach Erkenntnissen Schneiders zweifellos zu den reichsten: Ihnen rechnet der Terrorismusexperte rund 60 Prozent des Terrorkapitals zu. Weitere 20 Prozent entfallen nach seiner Analyse auf rechtsextremistische Vereinigungen wie die Grauen Wölfe in der Türkei, die Grauen Wikinger in Skandinavien, rechtsextreme Gruppen in den USA und in Deutschland. Den Rest teilen sich die deutlich »ärmeren« lateinamerikanischen Guerillabanden in Kolumbien, Peru und Bolivien sowie Organisationen wie die baskische ETA oder die irische IRA.

Je nach Schwerpunkt der politischen Ziele stammen die Einnahmen aus dem Drogenhandel, aus Spenden und Schutzgelderpressung, Entführung und Raub. »Bei ihrer Kapitalbeschaffung unterscheiden sich terroristische Organisationen nicht wesentlich von den kriminellen Vereinigungen«[20], erklärte Ricco Koslowski von der Sicherheitsberatung Control Risks in Deutschland in der Zeitung *Die Woche*. Nur ein kleiner Anteil der Einnahmen dürfte aus legalen Geschäften, Baufirmen, Farmen sowie Im- und Exportfirmen stammen, wie sie der Topterrorist Osama Bin Laden im Sudan aufgebaut hat.

Islamistische Gruppen wie die 1988 gegründete Al-Qaida verdienen vor allem am Rauschgifthandel. So soll Bin Laden von der afghanischen Hezb-i-Islami den Drogenhandel übernommen haben und den Export der Ware in den Westen kontrollieren. Derzeit stammen 80 Prozent der weltweiten Heroinproduktion aus Afghanistan. Neben Bin Ladens Leuten war auch das Taliban-Regime an den Drogengeschäften beteiligt. Den Anbau von Mohn hatten die ehemaligen afghanischen Machthaber ursprünglich aus Glaubensgründen verboten, später aber gegen Zahlung hoher Steuern wieder zugelassen. Zu den Profiteuren am Heroingeschäft zählen auch die algerische GIA, die enge Verbindungen zur Al-Qaida-Organisation unterhält, sowie – nach Erkenntnissen westlicher Geheimdienste – die kurdische PKK und die UCK im Kosovo. Terrorismusexperte Schneider schätzt, dass rund die Hälfte der Einnahmen der großen Terrororganisationen aus dem Drogenhandel stammt.[21]

Die ärmeren europäischen Organisationen wie die baskische ETA oder die IRA sind vorwiegend auf Spenden aus der Bevölkerung und von Sympathisanten angewiesen. Die baskischen Separatisten pflegen jedoch enge Kontakte zu Libyen, Nicaragua, Kuba und zum Libanon. Islamistische Gruppierungen werden auch von einzelnen arabischen Staaten unterstützt: Syrien, Sudan, Irak oder der Libanon greifen den Fundamentalisten immer wieder unter die Arme.

Undurchsichtig ist aber auch die Rolle der Vereinigten Arabischen Emirate, die sich dem Westen gegenüber gern als moderner und liberaler arabischer Staat präsentieren. Doch alle 19 Attentäter, die an den Anschlägen in den USA beteiligt waren, sollen Geld aus dem Ölstaat am persischen Golf erhalten haben, um ihre Flugstunden und den Aufenthalt in den USA zu finanzieren. Der mutmaßliche Attentäter Marwan al-Shehi, der den Jet in den Südturm des World Trade Centers steuerte, war Staatsbürger der VAE und soll für sein Studium an der Hamburger TU ein Stipendium von den Vereinigten Arabischen

Emiraten erhalten haben. 100.000 Dollar wurden ihm zudem ratenweise über eine Geldwechselstube im Emirat Shardja zugesandt. Der mutmaßliche Anführer der Terroristen von New York und Washington, Mohammed Atta, soll nach Angaben der US-Terrorismusfahnder mehr als 100.000 Dollar von verschiedenen Banken aus den Vereinigten Arabischen Emirate erhalten haben.

Unterstützt werden die radikal-islamistischen Bewegungen aber auch von einflussreichen arabischen Familien in den Golfstaaten, Algerien und Ägypten. Diese geben die großzügigen Spenden an die Fundamentalisten in der Hoffnung, dass die Gotteskrieger die »Amerikanisierung« ihrer Kultur verhindern. Davon profitieren vor allem Bin Ladens Al-Qaida, die algerische GIA, die palästinensische Hamas, die ägyptische Gama'a und die libanesische Hisbollah.

Dazu kommen Gaben der Gläubigen im Ausland. Nach dem Freitagsgebet wird in vielen Moscheen zur Kasse gebeten. Das Geld leiten lokale Wohlfahrtsorganisationen an einen der 20 islamischen Wohltätigkeitsverbände weiter, deren bekanntester die International Islamic Relief Organisation (IIRO) ist. Es besteht der Verdacht, dass hinter der Fassade frommer Mildtätigkeit in manchen Organisationen oft auch der Nahkampf und der Umgang mit Waffen trainiert werden. Nach Erkenntnissen der Geheimdienste zählt auch das Al-Kifah-Zentrum im New Yorker Stadtteil Brooklyn, dessen Konten auf Anweisung von Präsident Bush eingefroren wurden, zu diesen verdächtigen Organisationen. Die philippinische Rebellenorganisation Abu Sayyaf, die durch spektakuläre Entführungen von europäischen und amerikanischen Touristen immer wieder Aufmerksamkeit erregte, soll Geld aus den Golfstaaten oder Südostasien erhalten haben.

Online-Transfers und Underground Banking

Nicht immer zahlen arabische Geschäftsleute freiwillig: Schutzgelderpressung ist ebenfalls eine weit verbreitete Methode der Kapitalbeschaffung. Der amerikanische Geheimdienst entdeckte 1999, dass fünf saudi-arabische Topmanager drei Millionen

Dollar auf Konten der International Islamic Relief Organisation, die von Bin Ladens Al-Qaida kontrolliert wird, überwiesen hatten. Sie gaben damals zu, dass es sich um Schutzgeldzahlungen handele, um Attacken gegen ihre Unternehmen abzuwenden. Aufgedeckt wurde dieser Transfer bei einer Prüfung des saudi-arabischen Staatshaushalts auf Druck der USA. Das Geld floss von der größten Bank des Königreichs an Institute in New York und London.

So viel Glück haben Ermittler selten. Denn Terroristen wissen ihre Kapitaltransfers gewöhnlich gut zu tarnen: Sie können höchst effizient die Errungenschaften modernster Internet-Technologie mit archaischen Übermittlungsmethoden kombinieren. Online-Transfers sind ebenso üblich wie das seit Jahrhunderten bewährte Underground Banking, bei dem vertrauenswürdige Geschäftsleute als inoffizielle Bankiers fungieren. Sie nehmen Geldbeträge in einem Land entgegen und veranlassen ihren Partner in einem anderen Staat, diesen Betrag auf ein bestimmtes Zeichen hin auszuzahlen. Mit diesem auch Hawala Banking genannten Verfahren werden alle Devisenkontrollen und Meldeverfahren ausgehebelt.

Allein in den sieben Teilemiraten der Vereinigten Arabischen Emiraten gibt es neben 47 Banken auch 105 offiziell zugelassene Geldwechselstuben. Wie viele Hawala Banker es tatsächlich gibt, lässt sich nicht einmal ahnen. Denn dieses Verfahren wird selten mit offiziellen Finanzgeschäften kombiniert, sondern vielmehr von Hinterzimmern aus gesteuert.

Über das Transfervolumen dieses Kapitalverkehrs, der kaum Spuren hinterlässt, existieren nur grobe Schätzungen, die der Finanzwissenschaftler Schneider 2001 durch Umfragen unter Schattenbankern gewonnen haben will. Danach sollen seit 1995 im Iran, in Pakistan, Afghanistan und auf der arabischen Halbinsel 20 bis 30 Milliarden US-Dollar im Hawala-Verfahren bewegt worden sein.[22] Doch auch im offiziellen Kapitalverkehr schlagen die »Finanzminister« der Terrorgruppen so viele Haken und gehen so geschickte Umwege, dass jede Ermittlungsbehörde die Spur des Geldes nur schwer verfolgen kann. »Da müssen Ermittler Zigtausende von Konten überprüfen, die Tausende von Anwälten, Treuhänder und Wirtschaftsprüfer anlegen«[23], sagt Control-Risks-Ermittler Koslowski.

Der Baseler Strafrechtsexperte Mark Pieth hat die einzelnen Stufen des Kapitaltransfers analysiert: Auf der untersten Stufe stehen die Insider der Organisation, die auf die Ideologie eingeschworen sind, selbst aber keine Ahnung von Finanzen haben. Sie suchen sich die Bankiers ihres Vertrauens meist unter den Finanziers im Libanon oder auf Zypern, die als Mittelsmänner das Terroristengeld übernehmen, um es in den weltweiten Kapitalstrom einfließen zu lassen. Diese Arbeit erledigen Treuhänder, Berater, Steueranwälte oder Wirtschaftsprüfer, die oft mit den Geschäftsbanken unter dem Vorwand, Steuersparmodelle zu entwickeln, spezielle Geldanlagen aushandeln. Solche Anlageberater gibt es an allen großen Finanzplätzen dieser Welt – natürlich auch in Frankfurt.

Oft nutzen Terroristen aber auch Offshore-Institute. Viele Bankhäuser in den Schwarzgeld-Paradiesen werden ausschließlich zum Zweck der Geldwäsche gegründet. »Für 2.000 Dollar kriegt jeder dort eine Banklizenz«[24], weiß Koslowski. Und wenn es dort brenzlig wird, ist die Bank dicht und das Geld weg. Die Spur versandet am Strand von Nauru, einem der zahlreichen Geldwäsche-Paradiese im Pazifik.

Noch größer werden die Probleme, wenn es sich gar nicht um Schwarzgeld handelt, sondern um zunächst legal erworbene Profite von Firmen oder Stiftungen. Strohmänner können das Geld dann auf getarnte Konten von Terrororganisationen überweisen, ehe es auf Umwegen bei den aktiven Terroristen landet.

Deshalb ist es längst nicht damit getan, die Namen der Verdächtigen in die zentralen Kundendateien der Banken einzugeben. Denn selbst wenn die Namen gefunden werden, wie etwa bei der Hamburger Sparkasse, wo einer der im Zusammenhang mit dem New Yorker Attentat Gesuchten ein Konto hatte, dann bleibt das Problem, den Weg des Geldes zu den Finanziers des Terrors zurückzuverfolgen.

Die Krisengewinnler

Ob Lateinamerika, Afrika, Asien oder Russland – mit Hilfe der internationalen Banken wurden viele Staaten der Dritten Welt und Schwellenländer in eine ausweglose Schuldenfalle gelockt und dann von gewissenlosen Spekulanten auf den internationalen Kapitalmärkten in den Ruin getrieben. Die schweren Folgen des wirtschaftlichen Zusammenbruchs muss die Bevölkerung tragen, die globale Finanzindustrie verdient immer – an den Zinsen für Staatsanleihen und Kredite, an Umschuldungsaktionen und am Wiederaufbau der zerstörten Strukturen.

Am 15. Juni 2001 schob sich ein Zug von 1.100 Demonstranten durch das Frankfurter Bankenviertel. Auf ihren Transparenten standen Sätze wie »zehn Gebote auch für Banken« und »Freie Menschen sind wichtiger als freie Märkte«. Andere Spruchbänder forderten den Schuldenerlass für die Dritte Welt und die Besteuerung von Devisentransaktionen. Vor dem Portal der deutschen Börse zeigten die Teilnehmer, größtenteils Kirchentagsbesucher, Gewerkschafter und Studenten, ein Goldenes Kalb, das über Leichen ging. Vor den Türmen der Deutschen Bank brannten die Teilnehmer des Marsches, der unter dem Motto »Die Macht des Geldes durchkreuzen« stand, Löcher in Geldscheine, um den Zinsanteil zu markieren.

Auf der Kundgebung vor den Türmen des mächtigsten deutschen Bankkonzerns appellierte die Theologin Dorothee Sölle an die Zuhörer sich »einer neuen, großen antikapitalistischen Bewegung« anzuschließen. Das Geld töte mehr Kinder als durch Kriege umkommen, erklärte die Rednerin. Die Verantwortung für die Schwächeren sei mit dem Neoliberalismus immer stärker zurückgedrängt worden. Die Ökonomie herrsche immer totalitärer, nur sei sie dabei »viel geschickter, netter, softer als frühere Systeme mit Absolutheitsanspruch«[1], warnte Sölle die Zuhörer, die dem Aufruf der Initiative »Kirche von unten, Pax Christi Limburg«, des DGB Frankfurt und der Initiative »Ordensleute für den Frieden« gefolgt waren.

Im Rückblick war der Auftritt der Kirchentagsbesucher im Frankfurter Bankenviertel nur eine von vielen Aktionen, mit denen vorwiegend junge Menschen, Studenten und Arbeiter, aber auch Gewerkschafter und Hausfrauen begannen, sich gegen die bedingungslosen Globalisierungsstrategien von Finanzgiganten und Industriekonzernen zur Wehr setzten. Damit wollten sie auf das Elend, das die Finanzkonzerne der Ersten Welt in den Entwicklungsländern angerichtet hatten, aufmerksam machen. Begonnen hatte die Demonstration des kollektiven Unmuts gegen die Allmacht der westlichen Finanzinstitutionen allerdings schon früher. Im November des Jahres 1999, während der Beratungen der Welthandelsorganisation (WTO) in Seattle, sollte die totale Liberalisierung aller Märkte beschlossen und freier Handel zwischen allen Staaten der Welt vereinbart werden. Doch es kam ganz anders. 50.000 Menschen aus den unterschiedlichsten Bevölkerungsschichten und unterschiedlicher Nationalitäten demonstrierten während dieser Veranstaltung gegen die Globalisierungspolitik der westlichen Industriestaaten.

Fasziniert verfolgten Millionen von Fernsehzuschauern dieselben Bilder: Die Protestbewegung, der amerikanische Gewerkschaftler, mexikanische Saisonarbeiter, Pazifisten, Umweltschützer, Studenten und Hausfrauen angehörten, sperrte mit Straßenblockaden und Menschenketten den Zugang zu dem Kongresszentrum ab und störte den Ablauf der Milleniumsveranstaltung nachhaltig.

Dieser unerwartete Ansturm, die schiere Größe der Protestbewegung überforderte alle: Die Veranstalter, die auf einen derartigen Auflauf von protestierenden Menschen nicht vorbereitet waren; die Polizeikräfte, die vor dem Chaos, das die Straßensperren der Demonstranten verursachten, schließlich kapitulierten und auch die amerikanischen und internationalen Medien. Journalisten aus aller Welt, die über den Durchbruch des Freihandels und seinen Segnungen für alle Erdenbürger berichten sollten, sahen sich plötzlich einer Massenbewegung gegenüber, von deren Existenz und Anliegen die meisten der Berichterstatter nichts mit bekommen hatten.

Die Konferenz wurde schließlich ohne Ergebnis abgebrochen. An dem vorzeitigen Ende waren allerdings nicht die Demonstranten Schuld, wie die US-Regierung zunächst behauptete, sondern die Teilnehmerstaaten selbst, weil sie sich nicht einigen konnten. Weder die USA noch die Europäer waren bereit, die totale Marktöffnung, die sie von Entwicklungsländern und Schwellenstaaten bedingungslos forderten, auch im eigenen Land umzusetzen. Die Industriestaaten konnten sich nicht über die Subventionen an ihre Bauern einigen und die Franzosen wollten ihre Filmindustrie nicht dem gnadenlosen Wettbewerb mit Hollywood ausliefern. Aber auch die Entwicklungsländer bestanden auf Änderungen des WTO-Abkommens.

Dennoch war mit Seattle ein Durchbruch geschafft – ein ganz anderer allerdings, als ihn sich die Regierungen, Konzerne und internationalen Institutionen der westlichen Welt vorgestellt hatten. Die Anhänger der Globalisierung werden ihre Gegner nicht mehr los: Im Januar 2000 demonstrierten 1.000 Menschen beim Weltwirtschaftsforum im beschaulichen Schweizer Skiort Davos. Im April 2000 versammelten sich in Washington 20.000 Globalisierungsgegner während der Frühjahrstagung von Weltbank und Internationalem Währungsfonds vor den Gebäuden dieser beiden Institute, deren Politik in den vergangenen Jahren das Elend in den Schwellenländern und Entwicklungsländern erst noch verschärft hatte.

9.000 Demonstranten trafen sich im September 2000 während der Herbsttagung von IWF und Weltbank in Prag. 60.000 Menschen protestierten beim Treffen der EU-Regierungschefs in Nizza gegen die fortschreitende Liberalisierung in Europa, 20.000 beim EU-Gipfel im schwedischen Göteborg. Der bisherige Höhepunkt der Protestbewegung gegen die Globalisierung wurde im Juli 2001 in Genua erreicht: 200.000 Demonstranten protestierten in der norditalienischen Hafenstadt beim Treffen der Regierungschefs der acht wichtigsten Industriestaaten dieser Welt, zu denen neben den USA, Kanada, Großbritannien, Frankreich, Deutschland, Italien und Japan auch Russland gehört.

Trotz zunehmender Gewalttätigkeit kleinerer militanter Gruppen, die die Ziele der Massenbewegung für heftige Scharmützel mit Polizei und Ordnungshütern missbrauchten, war den Regierungen der westlichen Industriestaaten spätestens seit Genua klar geworden, dass sie sich mit den Anliegen der Globalisierungsgegner, die sich unter dem Dach der Attac zusammengefunden haben, auseinandersetzen müssen. Der Name ist ein französisches Kürzel und steht für »Association pour une Taxation des Transactions Financières pour l'Aide aux Citoyens«, zu deutsch eine Vereinigung zur Besteuerung der Finanztransaktionen zum Nutzen der Bürger.

Der Name ist Programm und weist auf die eigentlichen Verursacher von Armut und Elend in vielen Staaten dieser Welt hin: Die internationalen Finanzkonzerne, die mit ihren gigantischen Kapitalströmen die in Jahrzehnten mühsam errungenen Erfolge in der Wirtschaftsentwicklung und Armutsbekämpfung vernichtet und viele Staaten in Lateinamerika und Asien in den Staatsbankrott getrieben haben.

Das erste Opfer dieser maßlosen Spekulationswelle wurde Anfang der 80er Jahre Mexiko.

Die Schuldenkrise in Mexiko

1973 wurden auf dem Treffen der Finanzminister der wichtigsten Industriestaaten in Bretton Woods im US-Bundesstaat New Hampshire das seit 1944 geltende System fester Wechselkurse aufgegeben und der internationale Kapitalverkehr liberalisiert. Danach begannen die Banken der Industriestaaten – zunächst die Finanzinstitute in den USA, später auch europäische und japanische Banken – die Schwellenländer mit Anlagekapital in Höhe von Milliarden von Dollars zu überschwemmen. Hauptadressaten für den Geldsegen waren die Diktaturen Afrikas und Lateinamerikas – dort finanzierten die westlichen Banken unter dem Schutz der Militärregime mit Milliardensummen gigantische Infrastrukturprojekte, Herrscherpaläste und Industriekomplexe. Welchen Nutzen diese riesigen Prestigeprojekte für die Bewohner der betroffenen Staaten haben sollten, wie es um ihre Wirtschaftlichkeit, geschweige denn ihre Umweltverträglichkeit bestellt war, spielte für die Banken keine Rolle. Hauptsache die Schulden wurden mit hohen Zinszahlungen bedient. Dass sich diese Staaten immer tiefer verschuldeten und in der

Folgezeit immer mehr Geld leihen mussten, um die alten Kredite bedienen zu können, schien ebenfalls keine Besorgnis im Westen auszulösen. Dass die Potentaten oft Gelder für Staatsprojekte auf ihre eigenen Konten oder die ihrer Freunde und Helfershelfer in der Schweiz umleiteten, war ebenfalls lange kein Grund, den üppigen Geldfluss zu stoppen. Rund eine Billion Dollar flossen in diese oft korrupten Staaten, doch zur Bevölkerung drang davon kaum etwas durch.

Im August 1982 kam es dann zum Knall: Mexiko, das Niedriglohnland im Hinterhof Amerikas konnte seinen Zahlungsverpflichtungen nicht mehr nachkommen. Die Staatskasse war leer, die Wirtschaft lag danieder, das einst aufstrebende Land, das mit dem Export seiner Ölvorkommen solide Wachstumsraten und den Aufbau von Industriestrukturen erzielt hatte, war am Ende.

Zinsschock durch die Fed

Ausgelöst wurde die Liquiditätskrise in dem mittelamerikanischen Staat allerdings in den USA: Zu Beginn seiner Amtszeit hatte US-Präsident Ronald Reagan den damaligen Chef der US-Notenbank Paul Volcker dabei unterstützt, zur Bekämpfung der hohen Inflationsraten in den USA die Zinsen auf 20 Prozent hoch zu setzen. Durch den dadurch ausgelösten Zinsschock hoffte die Federal Reserve Bank die überhitzte amerikanische Konjunktur abkühlen zu können. Die Expansion der Wirtschaft auf Kredit sollte eingedämmt und den Konsumenten das Leben auf Pump abgewöhnt werden.

Doch die Zinserhöhung hatte weit dramatischere Folgen: Während in den USA durch den Zinsanstieg »nur« eine Rezession ausgelöst wurde, war die geldpolitische Maßnahme für die Schuldnerstaaten in der Dritten Welt fatal. Ihre Zinszahlungen verdreifachten sich und diesen Schuldendienst konnte kein Land finanzieren.

Gleichzeitig begann ein Ansturm auf den Dollar, weil Anleger in aller Welt von den hohen Zinsen profitieren wollten. Die Folge: Der Wechselkurs des Dollars schnellte nach oben. Die anderen Zentralbanken mussten ebenfalls ihre Zinsen erhöhen, um

253

zu verhindern, dass über die teureren Importe aus dem Dollar-raum – vor allem die Rohöleinfuhren – auch in ihren Ländern die Inflationsraten stiegen. Die Schuldnerländer, die sich das Geld an den internationalen Kapitalmärkten in der US-Währung geliehen hatten, mussten nun in ihrer heimischen Währung noch höhere Beträge für den Schuldendienst aufbringen.

Neben Mexiko gerieten auch Brasilien und Argentinien in Zahlungsschwierigkeiten, weite Teile Afrikas waren praktisch zahlungsunfähig und verkamen zum Armenhaus der Welt.

Um den drohenden Kollaps des gesamten Weltfinanzsystems abzuwenden, holte die US-Regierung den Internationalen Währungsfonds zu Hilfe. Die Beamten des internationalen Instituts sollten das Schuldenmanagement für die ausgelaugten Entwicklungsländer übernehmen und ihnen frisches Geld von den Zentralbanken der reichen Staaten besorgen. Die neuen Kredite sollten allerdings nur zum Schuldendienst der Altkredite dienen und nur gegen strenge Auflagen vergeben werden. Die Empfängerländer mussten sich dazu verpflichten, einen scharfen Sparkurs einzuschlagen, ihre Märkte zu öffnen, ihre Staatsausgaben erheblich zu reduzieren, ihre Staatsbetriebe zu privatisieren und ihre Kapitalmärkte zu liberalisieren.

Dieser Maßnahmenkatalog wurde später als Washingtoner Konsens bezeichnet. Er diente ausschließlich dazu, die Kreditgeber, die großen Banken in den USA, Europa und Japan vor Ausfällen zu schützen und den multinationalen Konzernen freie Bahn für Investitionen in den ruinierten Volkswirtschaften Lateinamerikas und Asiens zu schaffen, wo sie noch lernfähige und billige Arbeitskräfte rekrutieren konnten.

Staaten wie Brasilien, die sich nicht dem Joch des IWF und der internationalen Bankenwelt beugen mochten, wurde offen mit dem Abzug aller ausländischen Gelder und einem Boykott der dringend benötigten Importwaren gedroht.

Schuldenerlass als Fremdwort

Profitiert haben von der Wende in der Hochzinspolitik der Amerikaner und dem auf Druck der US-Regierung schärferen Vorgehen des IWF nur die Finanzmärkte, wie der Politologe

Richard Barnet und der Globalisierungsexperte John Cavanagh in einem Aufsatz für das Schwarzbuch Globalisierung schildern: »Von einem Tag auf den anderen verwandelte sich der Bondsmarkt von einem ruhigen Plätzchen in ein Kasino. Das Kaufen, Verkaufen und Verleihen von Währungsprodukten weltweit wurde zu einem eigenen Geschäftszweig. Das meiste hatte wenig oder gar nichts mit Investitionen in die Produktion oder den Handel zu tun. Die Direktinvestitionen in den Entwicklungsländern gingen zurück, weil die großen Geschäftsbanken sahen, dass sie mit Provisionen, Gebühren und Zinsen beim ›Recycling‹ von zigmilliarden so genannter Petrodollars, die aus den Schatztruhen in Kuwait und Saudi-Arabien an die Regierungen und Unternehmen in den ärmeren Ländern flossen, mehr verdienen konnten.«[2]

Erst 1987 schien sich zaghaft eine Wende in der Schuldenkrise anzubahnen. Der damalige Chef der US-Citibank John Reed und Alfred Herrhausen, der Vorstandssprecher der Deutschen Bank, hatten einen Plan ausgearbeitet, der den Schuldnerländern etwas mehr Spielraum beim Schuldendienst einräumen und in hoffnungslosen Fällen auch den Erlass der Schulden vorsehen sollte. Als Herrhausen diesen Plan jedoch ein Jahr später während der IWF- und Weltbanktagung in Berlin 1988 den Damen und Herren der internationalen Hochfinanz präsentierte, applaudierte vor allem die liberale Presse. Seine Bankerkollegen ließen den Vordenker der Industrie glatt auflaufen. Der damalige Commerzbank-Chef Walter Seipp sagte dazu knapp: »Im Vokabular eines Privatbankers kommt das Wort Schuldenerlass nicht vor.«[3]

Ein Jahr später – auf der IWF- und Weltbanktagung in Washington im Herbst 1989 – wurde bereits deutlich, dass sich die Vorreiter eines humaneren Umgangs mit den Schuldnerländern nicht würden durchsetzen können. Wenige Wochen später fiel die Berliner Mauer und die Wiedervereinigung Deutschlands drängte die Nöte der Entwicklungsländer an den Rand des politischen Interesses. Alfred Herrhausen, der prominenteste deutsche Fürsprecher eines teilweisen Schuldenerlasses für die Schuldnerländer, fiel zudem Ende November 1989 einem Anschlag der RAF zum Opfer. Zwar wurde in den folgenden Jahren immer wieder mal in äußersten Notfällen den ärmsten der armen Länder die Rückzahlung von Teilschulden erlassen, doch fester Bestandteil der IWF-Politik ist der Schuldenerlass wahrlich nicht geworden. Das Gegenteil war der Fall, wie die Bewältigung des wirtschaftlichen Zusammenbruchs Russlands und der Asienkrise Ende der 90er Jahre zeigen sollten.

Der Tanz mit dem russischen Bären

Der Zusammenbruch der Sowjetunion 1992 bescherte den Beratern, Bankern und Investoren die lang ersehnte Gelegenheit, dem früheren »Reich des Bösen«, wie US-Präsident Ronald Reagan die UdSSR einst nannte, eine Lektion in westlicher Marktwirtschaft zu erteilen. Die Botschaften, die die zahllosen Experten zum Umbau der Wirtschaft der kollabierten Supermacht verkündeten, führten das Land auf schnellstem Wege in die Katastrophe. Allerdings nicht ohne den großen Finanzinstituten eine fette Beute zu bescheren. Dabei kamen in Russland vor allem die amerikanischen Investmentbanken Goldman Sachs, Merrill Lynch und Salomon Brothers zum Zuge.

Wie das russische Roulette organisiert wurde, schildern die Autoren Christiane Grefe, Matthias Greffrath und Harald Schumann in ihrem Buch: »Attac – was wollen die Globalisierungsgegner«[4]. Große Wirtschaftskrisen, die ganze Volkswirtschaften an den Rand des Bankrotts treiben, haben in aller Regel nicht nur einen Auslöser. Im Falle Russlands gab es sogar eine ganze Kette von Ursachen und Fehlsteuerungen. Als die Berater von IWF und der US-Regierung 1992 in Russland eintrafen, hatten sie bereits ihren üblichen Maßnahmenkatalog im Gepäck. Auch das Riesenreich mit seinen maroden Industrieunternehmen und seinem verschwenderischen Umgang mit den enormen Rohstoffvorkommen sollte nach 08/15-Schema auf den rechten Weg zur Marktwirtschaft gebracht werden.

Aus diesem Grund wurde die Regierung des damaligen Präsidenten Boris Jelzin dazu gedrängt, die großen Staatsbetriebe zu privatisieren. Danach mussten die Märkte für ausländische Investoren geöffnet und alle Einfuhrzölle sowie die Preiskontrollen abgeschafft werden. Als dann Milliarden von Rubel aus der Zeit der früheren Planwirtschaft freigesetzt wurden, stieg durch den dramatischen Anstieg der Geldmenge auch die Inflationsrate besorgniserregend, wodurch in kurzer Zeit ein großer Teil der Ersparnisse der einfachen Bevölkerung vernichtet wurde.

Um die Geldentwertung zu stoppen, erhöhte Jelzins Regierung auf Empfehlung des Internationalen Währungsfonds die Zinsen und koppelte den Rubel an den Dollar. Danach würde der Wert der russischen Währung steigen, wenn der des Greenback stieg, und wenn der Dollar durchhing, würde auch der Kurs des Rubels fallen. Eine fatale Entscheidung mit schweren Folgen für das Land, aber glänzenden Aussichten für die Banken. Denn damit wurde zwar die Inflation gebremst, aber gleichzeitig auch die Wirtschaftsentwicklung abgewürgt. Wegen der hohen Zinsen konnten die russischen Firmen keine Kredite mehr aufnehmen und daher auch nicht mehr investieren oder ihre Produktion aufrecht erhalten. Viele Betriebe konnten nicht einmal mehr die Löhne zahlen. Die Wirtschaft sank in eine tiefe Rezession.[5]

Satte Gewinne mit dubiosen Rubel-Anleihen

Doch die neuen Reichen der russischen Gesellschaft konnten ihre Vermögen, die meist aus dubiosen Privatisierungsgeschäften stammten, ungehindert außer Landes in die bekannten Kapitalfluchtburgen bringen. Die westlichen Banken konnten dafür der Regierung des maroden Riesenreiches immer mehr Geld borgen. Das brauchte die Jelzin-Administration auch dringend, um die Löcher in der Staatskasse zu stopfen, die durch die Privatisierung der Staatsbetriebe entstanden waren. Deren Erträge kassierten jetzt die neuen Eigentümer, ausländische Konzerne oder russische Investoren – die nicht selten zu den Weggefährten des Präsidenten zählten.

Den ganz großen Reibach aber machten die US-Investmentbanken mit kurzfristigen Staatsanleihen auf Rubelbasis, den so genannten GKOs. Aufgrund der rasch anwachsenden Staatsverschuldung stiegen die Zinsen für diese auch Junkbonds genannten Anleihen sprunghaft auf 150 Prozent. Damit waren sie für die

Zeichner ein höchst lukratives, aber ebenso riskantes Geschäft. Denn die Chancen, dass die russische Regierung diese Anleihen je würde bedienen können, ohne neue Schulden aufzunehmen, war gleich null. Doch wer sich im internationalen Schuldenmanagement auskannte wusste, dass die prominenten Käufer dieser Junkbonds sowohl mit heiler Haut als auch mit dicken Gewinnen aus der russischen Schuldenkrise hervorgehen würden.

Als die russische Zentralbank im Juli 1992 ihre Reserven zur Stützung des Rubelkurses aufgebraucht hatte, sprang der IWF als Retter der westlichen Kapitalinteressen in die Bresche und gewährte eine Finanzspritze von 23 Milliarden Dollar. Zwischen der US-Investmentbank Goldman Sachs als Konsortialführer der Staatsanleihen, dem IWF und der russischen Regierung wurde ein Deal über das »Umrubeln«, das heißt die Umschuldung der GKOs, geschlossen. Im Wert von sechs Milliarden Dollar konnten die Investoren ihre wertlosen Rubel-Junkbonds in langfristige Dollar-Papiere tauschen.

»Mit der Umtauschofferte können sie nun ihre riesigen Rubel-Zinseinnahmen kassieren und trotzdem wieder in Dollar-Papiere gehen«[6], zitieren Grefe, Grefrath und Schumann einen Frankfurter Bankenanalysten. Goldman Sachs habe dabei auf einen Schlag mehr Geld eingefahren als die deutschen Großbanken zusammen seit dem Ende des Kommunismus verdient hätten. Die russische Bevölkerung hingegen ging unvorstellbar harten Zeiten entgegen: Die Regierung ließ den Rubelkurs um 60 Prozent absacken und versuchte das vom IWF verordnete Sparprogramm umzusetzen. Die Folge: Die Wirtschaftsleistung schrumpfte um 40 Prozent. Innerhalb eines Jahrzehnts stieg die Zahl der Menschen, die mit weniger als vier Dollar am Tag auskommen müssen, von zwei Millionen auf 60 Millionen.[7] Und wieder einmal hatte der IWF den Interessen der Großfinanz trefflich in die Hände gespielt und gleichzeitig ein Land in den finanziellen Kollaps geführt.

Die Jagd auf die Tigerstaaten

Als die russische Wirtschaft im Herbst 1998 ihrem Kollaps entgegentaumelte, brannte es in einer anderen Region der Welt schon lichterloh. Auch Thailand, Malaysia, Indonesien und Südkorea waren in eine schwere Krise gestürzt worden.

Zu Beginn der 90er Jahre hatten viele Politiker der westlichen Industriestaaten sehnsüchtig auf diese ostasiatischen Schwellenländer geblickt. In den so genannten Tigerstaaten hatte sich ein beeindruckender wirtschaftlicher Wandel vollzogen. Mit zweistelligen Wachstumsraten, Preisstabilität, niedrigen Löhnen und hohen Exportüberschüssen schienen die asiatischen Musterknaben in dieser Zeit auf dem besten Wege zu sein, zu den Industriestaaten aufzuschließen.

Aus der Sicht der westlichen Finanzinstitutionen und der US-Regierung hatten die ostasiatischen Emerging Markets Ende der 80er Jahre nur einen Makel: Ihre Kapitalmärkte waren streng kontrolliert, ausländische Banken hatten keine Chance an dem Wirtschaftswunder dieser Region zu partizipieren.

Deshalb wurde der Druck auf die Regierungen der Schwellenländer erhöht, den Kapitalverkehr zu liberalisieren und auch Ausländern den Handel mit Wertpapieren an den Börsen der aufstrebenden Tigerstaaten zu gestatten. Als zu Beginn der 90er Jahre ausländische Investoren endlich Zugang zu den begehrten Finanzmärkten erhielten, wurden die Länder mit ausländischem Kapital überschwemmt, obwohl die Staaten dank der hohen Sparquote eigentlich kein zusätzliches Geld für ihre Infrastrukturinvestitionen brauchten. Ihre Notenbanken hielten die Wirtschaft an der kurzen Leine, um eine Überhitzung der Konjunktur zu verhindern. Das Geld für Investitionen war absichtlich knapp, die Zinsen wurden weiterhin hochgehalten.

Für die ausländischen Finanzkonzerne waren das ideale Bedingungen. Sie kamen in Scharen, allen voran die deutschen Kreditinstitute Dresdner Bank, Commerzbank und die öffentlich-rechtlichen Banken wie die WestLB. Wichtigste Anlaufstelle war von 1994 an zunächst Südkorea. Das Land hatte die größten Fortschritte in der Industrialisierung gemacht. Die großen Chaebol, die Industrie-Konglomerate Südkoreas, konkurrierten bereits erfolgreich mit den westlichen Unternehmen – beispielsweise im Schiffbau und in der Stahlerzeugung.

Wie in anderen Tigerstaaten war auch die koreanische Notenbank der Politik des knappen Geldes gefolgt und hatte versucht, mit hohen Zinsen das Wachstumstempo zu zügeln und die Inflationsraten niedrig zu halten.

Expansion mit westlichem Geld

Doch nun kamen die ausländischen Finanzinstitute und lockten die knapp gehaltenen Unternehmer mit Krediten, die gerade mal 0,3 Prozent über den in Europa üblichen Sätzen und damit deutlich unter den koreanischen Raten lagen. Pro Monat lenkten die westlichen Finanzkonzerne zwei Milliarden Dollar nach Korea. Bereits 1996 waren mehr Dollars im Land, als die Wirtschaft überhaupt investieren konnte. Die Westdeutsche Landesbank allein hatte bis zum Jahr 1997 zwei Milliarden US-Dollar in Korea investiert.[8]

Die meisten Kredite wurden nur mit kurzen Laufzeiten von ein bis drei Monaten vergeben, wurden aber automatisch verlängert. Deshalb glaubten die koreanischen Unternehmen das billige Geld auch für langfristige Projekte, den Bau neuer Fabriken oder den Kauf teurer Anlagen verwenden zu können. Was in Korea begann, passierte bald auch in Thailand, Indonesien und Malaysia. »Die Ausländer drängten uns Kredite geradezu auf«[9], zitierte *Der Spiegel* die Vizepräsidentin der Bangkok Bank, Vongthip Chumpani.

Der westliche, billige Geldsegen verführte die Unternehmen zur massiven Expansion auf Pump, jedes Projekt wurde finanziert ohne Prüfung auf seine Rentabilität. So wurden riesige Immobilienanlagen gebaut, Bürotürme, Industriekomplexe – alles teure Prestigeobjekte, die vielleicht den Bauherren eines Tages Ehre machen könnten, aber eigentlich nicht wirklich gebraucht wurden. Die ausländischen Kreditinstitute machten alles mit. Allein an indonesische Unternehmen liehen die deutschen Banken 16 Milliarden DM aus. Insgesamt sollen deutsche Banken rund 100 Milliarden DM in die Tigerstaaten gepumpt haben.

Die großzügige Kreditvergabe an die ostasiatischen Schwellenländer gestaltete sich allerdings schon Mitte der 90er Jahre viel riskanter als die Finanzkonzerne in Europa und in den USA dies wahrhaben wollten. Als China 1994 seine Landeswährung

Yuan um ein Drittel abwertete, um die wachsenden Handelsbilanzdefizite auszugleichen, begannen die Exportüberschüsse der vier Schwellenländer zu schrumpfen.

Weil ihre Währungen bei der Öffnung der Kapitalmärkte an den US-Dollar gekoppelt worden waren, um die Ängste der ausländischen Investoren vor Währungsverlusten zu zerstreuen, konnten die Zentralbanken der Tigerstaaten die Kurse ihrer Währungen nun nicht abwerten – was aber zur Stützung ihrer Exportwirtschaft dringend notwendig gewesen wäre. Dadurch wurden ihre Erzeugnisse auf den Weltmärkten zu teuer, Preissenkungen, um die Wettbewerbsfähigkeit zu erhalten, gingen zu Lasten der Produzenten. Gleichzeitig entstand neue Konkurrenz in Vietnam, China und auf den Philippinen, wo T-Shirts und Turnschuhe billiger produziert werden konnten als in den bereits höher entwickelten, aber nun auch hoch verschuldeten Schwellenländern.

Anfang 1997 warnte die US-Investmentbank Goldman Sachs in einer Länderstudie vor den Währungsrisiken in Thailand. Der Baht müsse abgewertet werden, weil die Wirtschaftsleistung des Landes rückläufig sei. Viele der mit Dollar-Krediten finanzierten Immobilienprojekte und Infrastrukturmaßnahmen seien nicht rentabel.[10]

Die Stunde der Spekulanten

Wegen der hohen Abhängigkeit von den ausländischen Krediten wagte die thailändische Notenbank nicht den notwendigen Währungsschnitt vorzunehmen. Im Rückblick war das einer der schweren Fehler, den sich die Regierungen Thailands, Indonesiens und Malaysias anrechnen lassen müssen. Denn genau diese Unterlassung zog eine neue Klientel an: Devisenspekulanten und so genannte Hedgefonds-Manager, die wissen, wie an einer drohenden Wirtschaftskrise Geld zu verdienen ist. Die Methode klingt einfach: Die Spekulanten verkaufen Devisen, Aktien oder andere Wertpapiere, die sie zum Zeitpunkt des Geschäftsabschlusses nicht besitzen, sondern sich bei anderen Investmentgesellschaften borgen. Wenn dann die Kurse fallen, können sie sich die Papiere an der Börse zu einem für sie günstigeren Kurs besorgen und an den ursprünglichen Besitzer zum vorher vereinbarten höheren Preis zurückgeben. Die Differenz zwischen dem Verkaufspreis und dem niedrigen Kaufkurs stecken die Zocker als Profit ein. So wird aus dem an und für sich sinnvollen Instrument des Hedgefonds, mit dem unter anderem Währungsrisiken im Außenhandel eingegrenzt werden sollen, ein reines Spekulationsgeschäft. Sinken die Kurse, profitiert der Spekulant, steigen die Kurse, verliert er. Bei einer drohenden Krise, wie in Asien am Ende der 90er Jahre, waren Hedgefonds ein bombensicheres Geschäft.

Zu den erfolgreichsten Spielern der Hedgefonds-Szene gehörte in jenen Jahren der Anglo-Amerikaner George Soros, der sich seit Ende der 60er Jahre mit seinen Hedgefonds-Gesellschaften Quantum und Quota ein Milliarden-Vermögen zusammenspekuliert hatte. Berühmt wurde Soros 1992 als er gegen die Bank von England antrat und den Kurs des britischen Pfunds so unter Druck setzte, dass Großbritannien aus dem Europäischen Währungssystem ausscheiden musste, weil die Notenbank nicht mehr in der Lage war, die britische Währung in der von den EU-Währungshütern vorgeschriebenen Bandbreite zu halten. Soros hatte indes sein Ziel erreicht: Sein Profit aus dem Angriff betrug eine Milliarde Dollar – gewonnen in nur einer Woche.

Als am 14. und 15. Mai 1997 der Run auf die thailändische Währung begann, war auch Soros' Quantum-Fonds mit dabei. Insgesamt zwei Milliarden Dollar soll der gebürtige Ungar eingesetzt haben. Um den Angriff der Zocker abzuwehren, warf die Notenbank mehrere Milliarden Dollar auf den Markt, um die eigene Währung aufzukaufen und den Verfall zu stoppen. Doch damit war die Schlacht noch nicht vorbei, der scheinbar erfolglose erste Angriff lockte weitere Spekulanten an: Selbst eine deutsche Bank setzte 200 Millionen Dollar auf einen Kursverfall der thailändischen Währung.

Während die Banken wie Haie das bereits angeschlagene Land umkreisten, versuchte die thailändische Notenbank durch Zinserhöhungen die Kapitalflucht der Investoren aus den westlichen Industriestaaten, denen sich die einheimische Geldelite eilig angeschlossen hatte, zu stoppen. Ohne Erfolg: Am 2. Juli 1997 musste der Kurs des Baht freigegeben werden, die Dollarreserven der Zentralbank hatten sich erschöpft. Die Folgen waren verheerend, bis zum Abend jenes Tages war der Wert der Währung um 20 Prozent gefallen.

Nach diesem Blutbad zog die Karawane der Devisenhändler und Hedgefonds-Manager weiter, als nächstes wurde gegen die malaysische, die indonesische und die koreanische Währung spekuliert. Binnen weniger Wochen waren die Dollarreserven der jeweiligen Zentralbanken vernichtet, die Kurse der heimischen Wertpapiere an den Aktienbörsen im freien Fall, die ausländischen Kredite gekündigt, 15 bis 20 Jahre erfolgreicher Wirtschaftsentwicklung fast ausgelöscht.

Die Regierungen Thailands, Indonesiens und Südkoreas waren wie gelähmt, nur Malaysias Staatschef Mahathir Mohamad begehrte auf, Schuld an der asiatischen Krise seien die internationalen Spekulanten, allen voran George Soros: »Der Devisenhandel ist unnötig, unproduktiv und unmoralisch, er sollte gestoppt und illegal gemacht werden«[11], zitierte *Der Spiegel* den Regierungschef. In späteren Interviews bestritt der Topspekulant allerdings, dass er mit Leerverkäufen gegen die malaysische Währung spekuliert hätte.

Im Würgegriff des IWF

Dann schritt der IWF ein – mit insgesamt 95 Milliarden Dollar versuchten der Währungsfonds und die G7-Staaten den Wechselkurs-Verfall zu stoppen. Thailand erhielt 17 Milliarden Dollar, Indonesien 33 Milliarden Dollar und Südkorea 55 Milliarden Dollar. Nur Malaysia ging wegen der unbotmäßigen Haltung seines Regierungschefs den ausländischen Kreditinstituten gegenüber leer aus.

Mit diesen Finanzhilfen sollte auf den internationalen Märkten Vertrauen in die bereits abgewerteten Währungen geschaffen und den Spekulanten suggeriert werden, dass sich weitere Angriffe auf die bereits abgewerteten Währungen nicht lohnen würde, weil die Staaten wieder genug Geld in den Kassen hätten, um sich erfolgreich zu verteidigen, erklärte der frühere Vizepräsident der Weltbank Joseph Stiglitz das Vorgehen des Währungsfonds.[12] Doch das Kalkül ging nicht auf: Die unter Druck geratenen Staaten gaben das Geld des Währungsfonds an ihre Unternehmen weiter, damit sie die Kredite der ausländischen Banken zurückzahlen konnten. Außerdem nutzten reiche Inländer den Dollarzufluss, um ihre Vermögen in Dollar zu tauschen und außer Landes zu bringen. Innerhalb kürzester Zeit war der Geldsegen des IWF wieder dort, wo er hergekommen war: in den reichen Industriestaaten.

Dann bekamen die nachhaltig geplünderten Tigerstaaten die harte Hand der IWF-Ökonomen zu spüren, denn die so schnell und zweckwidrig verbrauchten Milliardenbeträge waren nur gegen strengste Auflagen gewährt worden. Die Staaten mussten sich verpflichten, die Privatisierung der staatlichen Unternehmen energisch voranzutreiben, die am schwersten überschuldeten Banken zu schließen, die Märkte für ausländische Investoren zu öffnen. Zudem wurden Zinserhöhungen und strikte Ausgabendisziplin der öffentlichen Haushalte verordnet sowie Steuererhöhungen.

Um zu verhindern, dass auch andere Schwellenländer eine ähnlich zügellose Schuldenpolitik mit dem Geld der Großfinanz aus den Industriestaaten betreiben könnten, wurden – im Sinne einer Abschreckung gemäß des viel zitierten »moral hazard« – noch weitere Auflagen erlassen. Die Beamten des Fonds verlangten grundlegende Reformen, eine bessere Regulierung der Finanzmärkte sowie Offenheit und Transparenz der gesamten Wirtschafts- und Finanzpolitik. Es ging darum, so scheinen es die Notenbank-Chefs der westlichen Industriestaaten zu wollen, ein Exempel zu statuieren, eine Abschreckung für andere Staaten aufzubauen, um sie von zügelloser Schuldenpolitik abzuhalten.[13]

Das Ergebnis dieser Rosskur ist bekannt, die einst prosperierenden Tigerstaaten verarmten zusehends. Die Folgen schildert Stiglitz: »Die Arbeitslosenrate vervierfachte sich in Südkorea, verdreifachte sich in Thailand und verzehnfachte sich in Indonesien.«[14] Vor allem im indonesischen Inselstaat führte die Schließung überschuldeter Banken zu Volksaufständen und Unruhen. Die Regierung des Diktators Suharto stürzte zwar, doch auch seine mehr oder weniger demokratisch gewählten Nachfolger konnten der ruinierten Wirtschaft des Landes keinen neuen Auftrieb geben.

Nur Malaysia, wo sich der Autokrat Mahathir gegen den Rat und die Drohung aller westlichen Wirtschaftsexperten die Einmischung des IWFs verboten hatte und, statt den Kapitalmarkt weiter zu liberalisieren, strikte Kapitalverkehrskontrollen eingeführt hatte, konnte die verheerende Krise besser durchstehen. Anders als von den Finanzexperten des IWF prophezeit, kamen sogar ausländische Investoren in das Land zurück. Drei Monate nach der Finanzkatastrophe konnte Malaysia wieder eine Milliarde Dollar an Auslandsinvestitionen verbuchen. Und lange vor den Nachbarn wies Malaysia wieder Wachstumsraten auf – wenn auch sehr bescheidene.

Dort, wo der IWF jedoch sein hartes Regime hatte ausüben können, entstand, so Stiglitz, »der Eindruck – den ich teile –, dass der IWF, statt an der Lösung mitzuwirken, selbst zu einem Teil des Problems der Länder geworden war.«[15]

Diese Meinung teilen seither immer mehr Wirtschaftswissenschaftler, auch in den USA. So kritisierte der Harvard-Professor Jeffrey Sachs, dass der IWF durch seine Politik der wirtschaftlichen Enthaltsamkeit die Panik in den Tigerstaaten vergrößert und der Region insgesamt mehr geschadet als genutzt habe.[16]

Tango korruptivo: Argentinien

Im Dezember 2001 versammelten sich Tausende von Menschen im Zentrum von Buenos Aires auf der Plaza de la mayo, wo früher – unter der mörderischen Diktatur der Generäle – sich die Mütter trafen, um gegen die Verschleppung und Ermordung ihrer Söhne und Töchter zu protestieren. Wie damals, in den letzten Tagen des Militärregimes, hatten sie Kochtöpfe, Trillerpfeifen und Sirenen mitgebracht.

Mit der schrillen Kakophonie wollten die Demonstranten auf ihre katastrophale wirtschaftliche Lage aufmerksam machen. Nach vier Jahren Rezession waren die Menschen in einer hoffnungslosen Situation: Jeder dritte Argentinier im erwerbsfähigen Alter war arbeitslos, das öffentliche Gesundheitswesen kollabierte, die Gehälter von Staatsbediensteten sowie die Renten waren gekürzt worden. Viele Familien lebten bereits unterhalb der Armutsgrenze. Die Preise für Lebensmittel und andere

Waren des täglichen Bedarfs stiegen immer schneller. Als dann noch die Regierung des angeschlagenen Präsidenten Fernando de la Rúa am 1. Dezember 2001 die Sparguthaben einfrieren ließ und jedem Argentinier nur Barabhebungen von 1.500 Pesos (952 Euro) pro Monat gestattete, schlug der Frust der Menschen in Wut um. Der Generalstreik, zu dem am 12. und 13. Dezember 2001 die Opposition und die Gewerkschaften aufgerufen hatten, der achte innerhalb von zwei Jahren, eskalierte. Bankfilialen und Autos gingen in Flammen auf, Straßenblockaden legten den gesamten Verkehr lahm.

Seitdem gab es mehr als 1.600 solcher Blockaden und im Juni 2002 weitere Tote. Die Polizei hatte zwei arbeitslose Demonstranten beim Errichten einer Straßensperre erschossen.

Doch an der verzweifelten Situation des Landes hat sich nichts geändert. Argentinien ist pleite, Staatsschulden von 142 Milliarden Dollar haben de la Rùa und sein Vorgänger Carlos Menem angehäuft. Die Wirtschaft schrumpft seit 1999. Allein in diesem Jahr wird sich das Bruttoinlandsprodukt um wenigstens zehn Prozent verringern, prognostizieren Konjunkturforscher vom Institut der Deutschen Wirtschaft. Der argentinische Peso verlor im Verhältnis zum Dollar im ersten Halbjahr 2002 rund 75 Prozent seines Wertes.

Fatale Wechselkursbindung

Begonnen hatte der Abstieg Argentiniens jedoch schon vor zehn Jahren, als der ehemalige Wirtschafts- und Finanzminister Domingo Cavallo, ein Absolvent der renommierten amerikanischen Harvard Universität, auf Empfehlung des Internationalen Währungsfonds die argentinische Landeswährung, den Peso, an den Dollar koppeln ließ. Fortan entsprach ein argentinischer Peso einem US-Dollar. Dank dieser Verankerung konnte der Wechselkurs der Währung des Schwellenlandes Argentinien zunächst stabilisiert und die Inflation gebremst werden. Der IWF bestand aber auch auf den Abbau der Zollschranken und der Öffnung des argentinischen Marktes bei einem anhaltend hohem Zinsniveau und Liberalisierung des Kapitalverkehrs. Dieses Maßnahmebündel zur Strukturanpassung an die internationale Finanzwelt führte das südamerikanische Land schnell in eine schier endlose Abwärtsspirale. Nachdem Argentinien durch die Dollarbindung zum Hochwährungsland geworden war, wurden die Märkte mit billigen Importen aus den Nachbarstaaten überschwemmt. Die einheimischen Produzenten waren nicht mehr wettbewerbsfähig und mussten ihre Betriebe schließen, die Investitionen gingen zurück, die Arbeitslosenrate stieg, die Steuereinnahmen des Staates schrumpften und die Ausgaben für Bildung und Sozialleistungen wurden immer stärker zusammengestrichen. Die Sparquote, die in den lateinamerikanischen Staaten schon in normalen Zeiten deutlich unter der ostasiatischen lag, fiel weiter zurück, Regierung und Wirtschaft wurden immer abhängiger von Geldzuflüssen aus dem Ausland.

Zudem schafften die Wohlhabenden ihre Vermögen, die sie im Verhältnis eins zu eins in Dollar tauschen konnten, ins Ausland. Mittlerweile sollen argentinische Guthaben im Wert von 100 bis 150 Milliarden Dollar auf Konten jenseits der argentinischen Landesgrenzen liegen, »das Geld urlaubt in Miami, vermutlich für immer«[17], kommentierte der MIT-Ökonom Rüdiger Dornbusch die Kapitalflucht der argentinischen Geldelite. Das entspricht nach groben Schätzungen ungefähr der Summe, mit der der Staat bei ausländischen Geldgebern verschuldet ist.

Beschleunigt wurde Argentiniens Talfahrt allerdings noch durch die im Land grassierende Korruption und Günstlingswirtschaft. So wurden zwar den IWF-Rezepten folgend die früheren Staatsbetriebe privatisiert, doch zum Zuge kamen entweder enge Freunde der amtierenden Regierungschefs oder aber – wie im Fall der staatlichen Telefongesellschaft ENTel – ausländische Wettbewerber, die französische Télécom und die spanische Telefónica. Unter den neuen Eigentümern teilte die argentinische Regierung den Markt so auf, dass jeder wie ein Monopolist seinen Bereich beherrschen kann. Die Genehmigung für Tariferhöhungen lieferte die Regierung gleich mit.

Doch nicht einmal die Privatisierungserlöse sollen in voller Höhe der Staatskasse zu Gute gekommen sein. Was dort abgeliefert wurde, war so wenig, dass die für die Privatisierung verantwortlichen Minister entweder besonders dilettantisch verhandelt hatten, oder aber nur ein Teil des Verkaufserlöses offiziell ausgewiesen wurde, der Rest dürfte – so vermuten argentinische Journalisten – in die Taschen der Regierenden oder ihrer Beamten geflossen sein.

Gegen etliche Politiker und Funktionäre ermittelt die Staatsanwaltschaft, in manchen Fällen mit Unterstützung des amerikanischen FBI.

Erhöhter Rückstellungsbedarf

Die seit Jahren offenkundigen Missstände und die Ausbeutung der Bevölkerung durch ihre eigene politische Klasse haben ausländische Banken in der Vergangenheit offenbar nicht davon abgehalten, die rücksichtslose Wirtschaftspolitik des korrupten Staates mit hohen Krediten zu unterstützen. Jetzt müssen sie ihre Engagements abschreiben. Zu den größten Geldgebern des Landes gehören amerikanische Institute wie die Citigroup (bisherige Verluste: rund 2,2 Milliarden Dollar), die Fleet Boston Banking Corporation (1,1 Milliarden Dollar), die als eigenes Tochterinstitut die Bank Boston in Argentinien unterhält, JPMorgan (411 Millionen Dollar) und die Kanadische Bank of Nova Scotia (540 Millionen Dollar). Von den europäischen Banken zählen die spanischen und italienischen Institute zu den größten Verlierern: Die Banco Bilbao Vizcaya Argentaria hat Wertberichtigungen von 947 Millionen Dollar vornehmen müssen, die Banco Santander Central Hispano bereits 1,2 Milliarden Dollar abgeschrieben. Die Credit Suisse Group versenkte in Argentinien 213 Millionen Dollar.

Die deutschen Banken sitzen in Argentinien nach eigenen Angaben zwar nicht in der ersten Reihe. Genaue Ziffern werden auch nicht genannt, aber die Rückstellungen zur Risikovorsorge wurden in diesem Jahr bereits deutlich erhöht – bei der Deutschen Bank sogar verdoppelt. Grund dafür sei neben der Argentinienkrise allerdings auch – wie der Geldkonzern mitteilte – die gestiegene Anzahl von Firmenpleiten in Deutschland.[18]

Einen Ausfall der besonderen Art hat allerdings die Hypo-Vereinsbank zu beklagen. Ihre Tochtergesellschaft im Steuerparadies Cayman Islands ist zahlungsunfähig. Für 400 Anleger in Argentinien, Investoren in den USA sowie einige Banken, hatte die BII Creditanstalt International über ihre Tochter Banco B.I.

Creditanstalt in Buenos Aires insgesamt 400 Millionen US-Dollar in argentinische Staatsanleihen und Unternehmenskredite investiert, diese Investments sind jetzt wertlos. Doch mit dem Totalverlust ihres Einsatzes wollen sich die Investoren nicht ohne weiteres abfinden. Sie werfen der Bank vor, sie habe keine ausreichende Risikostreuung vorgenommen, und lassen in Europa derzeit schon mal eine Klage gegen die HypoVereinsbank prüfen.

Die deutsche Muttergesellschaft weist die Vorwürfe zurück: »Jeder Anleger wusste genau, welches Risiko mit seinen Hochzinsanleihen verbunden ist«[19], erklärte die Presseabteilung der bayrischen Bank. Über einen Konkursverwalter ließ die Hypo-Vereinsbank aber einen Kapitalabschlag von 40 Prozent und eine Rückzahlung über fünf Jahre anbieten. Damit sei es der BII gelungen, »ihre Anleger vor einem Totalschaden zu schützen, was nicht viele argentinische Kreditinstitute von sich behaupten können[20]«, ließ die Bank dazu erklären.

Das mag wohl stimmen, denn auch in Deutschland bangen viele Investoren um ihr Kapital, dass sie in Argentinien-Anleihen investiert haben. Rund 72 Prozent der Auslandsschulden des argentinischen Staates sollen als Bonds ausgegeben worden sein. Und diese Geldanlagen wurden vielen Investoren wegen der hohen Zinsen besonders empfohlen. Rund 20 Milliarden Euro seien allein in Deutschland ausgegeben worden, erklärt Stefan Engelsberger, der bereits die Interessengemeinschaft Argentinien (IGA) für frustrierte Anleger gegründet hat.[21] Die IGA fordert nun die Argentinische Regierung auf, unverzüglich den Schuldendienst wieder aufzunehmen. Außerdem verlangt sie vom Internationalen Währungsfonds, dass er sicherstellen solle, dass auch die privaten Anleihebesitzer berücksichtigt werden. Hilfen für Argentinien sollte der IWF nur dann gewähren, wenn sich die dortige Regierung zu einer geordneten und transparenten Schuldenumstrukturierung verpflichte. Per Brief bat der IGA-Gründer Engelsberger auch den deutschen IWF-Gouverneur, Bundesbank-Präsident Ernst Welteke, und Bundesfinanzminister Hans Eichel, sich für die Belange der deutschen Argentinien-Anleger beim IWF einzusetzen. Auch ein Rechtsgutachten hat die Interessengemeinschaft der geprellten Anleger bereits in Auftrag gegeben.

Doch längst geht es Banken und IWF nicht nur um das zerrüttete Tango-Land. Es wächst die Angst, dass die gesamte Region, allen voran Brasilien, in den Strudel der Argentinien-Krise hineingezogen werden und untergehen könnte. Mit erheblich schwereren Folgen für die internationale Finanzwelt. Auch deshalb wächst der Druck auf den Währungsfonds, die Argentinier wieder »on track« – wie es im Jargon des Fonds heißt – zu bekommen. Noch im Juli 2002 konnte IWF-Chef Horst Köhler, der vor seinem Wechsel nach Washington Präsident des deutschen Sparkassenverbands und davor als Staatssekretär im Finanzministerium einer der wichtigsten Berater des ehemaligen Bundeskanzlers Helmut Kohl war, nur berichten, dass die jüngsten Gespräche mit der argentinischen Regierung »ermutigend« verlaufen seien. Die vier wesentlichen Bedingungen des Fonds seien aber noch nicht erfüllt. Noch immer gebe es keine Lösung, wie die weitgehend autonomen Provinzregierungen in die Konsolidierung des Staatshaushalts eingebunden werden sollen und Fortschritte bei rechtlichen Problemen, beispielsweise beim Insolvenzrecht, seien auch nicht erzielt worden. Außerdem sei die Handlungsfähigkeit der Banken noch nicht wieder hergestellt und die Unabhängigkeit der argentinischen Zentralbank nicht gesichert.[22] Um weiteren Druck zu machen bat der deutsche IWF-Chef Horst Köhler seinen ehemaligen Ziehvater, den Ex-Bundesbank-Präsidenten Hans Tietmeyer, in Buenos Aires nach dem Rechten zu sehen. Begleitet wurde Tietmeyer, der sich in seiner Amtszeit als oberster deutscher Währungshüter einen Namen als »Tightmeyer«, als strikter Stabilitätspolitiker, gemacht hatte, von dem Chef der Internationalen Ausgleichsbank Andrew Crockett und den ehemaligen Notenbankpräsidenten Kanadas und Spaniens, John Crow und Angel Rojo.

Selbst wenn es dem in der Finanzwelt angesehenen Seniorenquartett gelingen sollte die argentinische Regierung auf IWF-Kurs zu bringen, eine Besserung der Lage für die darbende Bevölkerung ist nicht in Sicht. Auch dem neuen Beratergremium wird es in erster Linie um die Sicherung der Interessen der internationalen Banken und Finanzinstitute gehen. Die Nöte der Bevölkerung haben auf der Agenda des Fonds schon lange keinen Platz mehr. Da können die Argentinier pfeifen und trommeln so viel sie wollen.

Missetäter ohne Richter?

Immer mehr Betrugsfälle von Unternehmen und Managern, die mit gezielten Falschmeldungen die Aktienkurse in die Höhe trieben, beschäftigen die Gerichte. Doch der Weg durch alle Instanzen ist langwierig und so gibt es noch kein höchstrichterliches Urteil, das dem Schutz der Anleger Nachdruck verleiht. Und das vierte Finanzmarktförderungsgesetz verbessert den Anlegerschutz nur sehr geringfügig.

Ob Anleger nun durch internationale Schuldenkrisen, Pleiten an den deutschen Aktienmärkten oder Bilanzkosmetik krimineller Vorstände um ihr Vermögen gebracht wurden – die geschröpften Investoren beginnen sich zu wehren: Schadensersatzforderungen beschäftigen Anwälte und immer häufiger auch die Gerichte, in vielen Fällen ermitteln aber auch die Staatsanwälte. Vor allem gegen Unternehmen, die am Neuen Markt notiert sind oder waren, versuchen die geprellten Anteilseigner mit Hilfe der Justiz zu ihrem Recht zu kommen.

Die Liste der Firmen, die von Börsenaufsicht, Staatsanwaltschaft und oder von Anlegern verfolgt werden, liest sich wie der Kurszettel des Neuen Marktes – zu seinen besten Zeiten:

Gegen das Allgäuer Unternehmen Amatech leitete das Bundesaufsichtsamt für Wertpapierhandel (BAWe) eine so genannte Marktanalyse ein, in der überprüft werden soll, warum das Handelsvolumen der Amatech-Papiere unmittelbar vor der Veröffentlichung der Gewinnwarnung vom 13. März 2002 so stark angestiegen war.

Eine Strafanzeige sowie Schadensersatzforderungen von Anlegern laufen gegen die Software-Firma Biodata. Den Grund lieferte eine Ad-hoc-Mitteilung des Unternehmens vom 24. August 2000, in der das Unternehmen einen Großauftrag aus Australien meldete. Danach sollte die Software-Firma, die sich auf Sicherheitslösungen für den elektronischen Datenverkehr spezialisiert hatte, 6.000 Firewalls gegen monatliche Pauschalen installieren. »In der Endstufe bedeutet dies zusätzliche jährliche Umsätze von rund 20 Millionen Euro«, erklärte Biodata in der Mitteilung. Doch der Deal wurde nie abgeschlossen. Am 5. Oktober 2001 musste Biodata eine Gewinnwarnung für das dritte Quartal und das gesamte Geschäftsjahr 2001 herausgeben.

Die Münchner Anwaltskanzlei Klaus Rotter hat im Auftrag einiger Anleger im Oktober 2001 Strafanzeige gegen Biodata erstattet, die Begründung: Kursmanipulation und falsche Angaben sowie Verstoß gegen die Publizitätspflicht von Aktiengesellschaften, die kursrelevante Tatsachen unverzüglich, wahrheitsgemäß und vollständig veröffentlichen müssen. Am 23. November 2001 stellte die Firma Antrag auf Eröffnung eines Insolvenzverfahrens. Die Aktie, die im Frühjahr 2000 noch Spitzenwerte von 130 Euro erreicht hatte, wurde im Juli 2002 nur noch mit 0,87 Euro gehandelt und wurde vom Neuen Markt ausgeschlossen.

Absturz der Börsenlieblinge

Bei dem Stuttgarter Spezialisten für Fahrzeugkommunikation und mobile Informationssysteme, der CAA AG, ermittelt die Staatsanwaltschaft Stuttgart gegen den Aufsichtsratsvorsitzenden Peter Ladwig, der auch Vorstandsmitglied der Stuttgarter Börse ist, wegen Verdacht auf Insiderhandel. Ladwig hatte im Februar 2001 noch 1.000 CAA-Aktien aus seinem Bestand verkauft, am 6. April 2001 gab CAA eine Gewinnwarnung heraus: Der Umsatz im Jahr 2000 werde nicht 27 Millionen DM betragen sondern nur 8,5 Millionen DM. Der CAA-Oberkontrolleur verteidigte sich gegen den Verdacht auf Insiderhandel mit dem Hinweis, dass er seine Verkaufsabsichten dem BAWe »frühzeitig« mitgeteilt und außerdem erst im April unmittelbar vor der Gewinnwarnung von der Umsatzkorrektur erfahren habe.[1] Das BAWe erstattete Strafanzeige, daraufhin nahm die Staatsanwaltschaft die Ermittlungen auf. Auch die Schutzgemeinschaft der Kleinaktionäre erstattete Strafanzeige, die sich allerdings gegen die zurückgetretenen Firmengründer, das Ehepaar Hans-Peter Schmidt und Gabriele Müller, richtet. Die Schutzgemeinschaft wirft den ehemaligen Chefs des Unternehmens Kursbetrug,

272

Insiderhandel und Verstoß gegen die Vorschriften für Ad-hoc-Mitteilungen vor. Schmidt und Müller sollen noch im März 2001 jeder 7.500 CAA-Papiere zum Kurs von 28 Euro verkauft haben. Im Mai 2002 war die Aktie nicht einmal mehr einen Euro wert.

Arbeit für den Staatsanwalt gibt es auch bei dem insolventen Bielefelder Softwareproduzenten Ceyoniq AG. Den Vorständen des Spezialisten für Archivierungssoftware wird vorgeworfen, Lizenzverträge in der Höhe von vier Millionen Euro gefälscht zu haben. Die Firma soll Forderungen für die manipulierten Lizenzverträge gegenüber Kunden an eine Bank verkauft haben. Jürgen Brintrup und Thomas Wenzke wurden wegen Betrugsverdachts in Untersuchungshaft genommen.

Noch im August 2001 hatte die Firma ihr neues Verwaltungsgebäude in Bielefeld bezogen, 14 Millionen Euro hatte der Firmensitz gekostet. Im Geschäftsjahr 2001 hatte das Unternehmen, das am Neuen Markt notiert ist, allein Verluste in Höhe von 90 Millionen Euro angehäuft, im Jahr 2000 gab es noch einen Gewinn von 8,7 Millionen Euro. Am 12. April 2002 musste die Firma, die weltweit 850 Mitarbeiter beschäftigte, das Insolvenzverfahren beantragen. Die Aktie war von einem Höchststand von 35 Euro im Sommer 2000 auf 0,022 Euro Mitte Juli 2002 gefallen. Am 14. Juli wurde sie vom Neuen Markt verbannt. Für die Anleger ein Totalverlust.

Gegen den Discount-Broker Consors wurden im Dezember 2001 beim Landgericht Nürnberg zwei Schadensersatzklagen über insgesamt 600.000 DM eingereicht. Darin wird dem Discount-Broker vorgeworfen, zwei Kleinanlegern Wertpapierkredite eingeräumt zu haben, ohne sie über die besonderen Risiken informiert zu haben. Der Gießener Rechtsanwalt Claus Schmidt, der die beiden Anleger vertritt, sieht darin einen Verstoß gegen Paragraph 31 des Wertpapierhandelsgesetzes. Consors sei bei der Vergabe von Wertpapierkrediten den Informationspflichten, die Wertpapierdienstleister gegenüber Kunden haben, nicht nachgekommen. Consors berufe sich dabei nach Angaben des Anwalts auf den so genannten Beratungsausschluss für Discount-Broker. Anwalt Schmidt verwies darauf, dass nur Vermittlungsgeschäfte von der Informationspflicht ausgenommen seien, nicht aber direkt vergebene Wertpapierkredite.

Betrugsverdacht bei Intershop

Gegen den einstigen Börsenliebling Intershop AG ermittelt der Staatsanwalt – die Softwarefirma soll gegen die gesetzlich vorgeschriebene Meldepflicht verstoßen haben. Gegen den Unternehmenschef Stephan Schambach läuft zudem ein Ermittlungsverfahren wegen Kurs- und Prospektbetrug. Untersucht werden die Vorgänge um die Gewinn- und Umsatzwarnung, die in der Nacht zum 2. Januar 2001 herausgegeben wurde. Darin reduzierte Intershop die Umsatz- und Ertragserwartungen für das vierte Quartal 2000. »Gemäß der vorläufigen und ungeprüften Quartalsergebnisse wird jetzt ein Umsatz zwischen 28 und 30 Millionen Euro sowie ein Nettoverlust zwischen 30 und 32 Millionen Euro erwartet. Dies entspricht einem Nettoverlust je Aktie zwischen 0,36 und 0,38 Euro.«

Die Meldung löste einen Kurssturz aus – vor allem in den USA, dort fiel das Papier von 15 Dollar auf unter fünf Dollar. Die Rechtsanwaltskanzlei Tilp & Kälberer, die Anleger vertritt, wirft dem Management von Intershop vor, die Anleger zu spät über die Situation bei Intershop informiert zu haben. Außerdem sei eine Ad-hoc-Mitteilung vom Oktober 2000 nicht vollständig gewesen. Die Münchner Kanzlei Rotter geht über eine New Yorker Partner-Kanzlei gegen Intershop in den USA vor.

Das Bundesaufsichtsamt für den Wertpapierhandel, das die Vorgänge zunächst auch wegen des Verdachts auf Insiderhandel untersucht hatte, konnte bei einer ersten Prüfung kein gesetzwidriges Verhalten feststellen, doch eine weitere Prüfung verstärkte den Verdacht auf Verstoß gegen die Publizitätspflicht. Der Fall wurde schließlich an die Hamburger Staatsanwaltschaft weitergereicht. Dort werden auch zwei der vier bereits eingegangenen Strafanzeigen bearbeitet, die anderen beiden wurden an die Staatsanwaltschaft in Gera weitergeleitet.

Falsches Spiel mit dem Moorhuhn

Der Moorhuhn-Erfinder Phenomedia ist ebenfalls ins Visier von Staatsanwaltschaft und BAWe geraten. Der Quartalsbericht der Gesellschaft zum 30. September 2001 sowie der vorläufige

Jahresabschluss 2001 sollen unrichtig sein. Dies erklärten die Erfinder eines der populärsten Computerspiele im April 2002 ihren Anlegern in einer Pflichtmitteilung. Noch am 27. März hatte Phenomedia eine Umsatzsteigerung von 58 Prozent auf 25,8 Millionen Euro für das zurückliegende Geschäftsjahr gemeldet. Das Ergebnis vor Steuern – so hatte die Firma gewarnt – würde mit 1,6 Millionen Euro (Vorjahr: 6,2 Mio Euro) hinter den Erwartungen zurückbleiben. Schuld an dem Gewinnrückgang seien Zahlungsausfälle von zwei Kunden und Verzögerungen bei der Entwicklung neuer Spiele. Die Schutzgemeinschaft der Kleinaktionäre vermutet indes, dass der Münchner Telematikanbieter nicht existierende Geschäfte verbucht und dadurch fast den kompletten Umsatz für 2001 nur vorgetäuscht habe.[2]

Als Folge der Korrekturen vom April sackte der Kurs der Aktie zeitweise um mehr als 65 Prozent auf ein Rekordtief von 0,85 Euro ab. Nachdem das Moorhuhn-Papier bereits in den acht Wochen vor Bekanntgabe der Bilanzmanipulationen rund 93 Prozent seines Wertes verloren hatte, ohne dass es dafür nachvollziehbare Gründe gegeben hätte, ging das BAWe einem Verdacht auf Insiderhandel nach.

Der Vorstandsvorsitzende Markus Scheer, der im April 2002 seines Amtes enthoben wurde, ist auch Großaktionär des Unternehmens. Vor dem Börsendebüt am 22. November 1999 hatte Scheer noch einen Anteil von 5,45 Prozent an der Phenomedia AG. Doch Ende 2001 hatte er mitgeteilt, dass er seinen Bestand verringert habe: Am 5. Dezember 2001 verkaufte er 38.500 Aktien im Wert von 548.625 Euro. Am 19. Dezember 2001 wurden 174.286 Anteile im Gesamtwert von 1.864.860 Euro veräußert.[3]

Die Aktie von Phenomedia war am 22. November 1999 zu einem Ausgabepreis von 22,50 Euro am Neuen Markt platziert worden. Zum Konsortium, das den Börsengang vorbereitet und begleitet hatte, gehörten Delbrück & Co. Privatbankiers, Dresdner Bank AG, net.IPO AG, Westdeutsche Genossenschafts-Zentrale eG und die Gontard & Metallbank, die die Führung des Konsortiums übernommen hatte. Bei der Zuteilung wurden die Anteilseigner von Gontard & Metallbank, die Aktionäre der Goldzack AG bevorzugt, sie erhielten 250.000

Aktien. Weitere 100.000 Papiere wurden an Geschäftsfreunde der Moorhuhn-AG verteilt. Im April 2002 meldete Phenomedia Konkurs an.

Unruhiger Alterssitz: die Refugium-Pleite

Phenomedia ist allerdings nicht der einzige Pleitefall unter den Firmen, die die mittlerweile insolvente Gontard & Metallbank aufs Börsenparkett gebracht hatte. Auch die Refugium Betriebsmanagement GmbH, die als Holdinggesellschaft bundesweit 57 Seniorenheime mit 6.000 Betten betreibt, musste bereits Insolvenz anmelden. Vor dem Landgericht Bonn mussten sich zudem vier ehemalige Vorstände wegen Verdachts auf Bilanzfälschung verantworten. Die Refugium Holding hatte sie auf über zwölf Millionen Euro (23,4 Millionen DM) Schadensersatz verklagt. Zudem ermittelte die Bonner Staatsanwaltschaft gegen den Chef der Gontard & Metallbank, Lothar Mark, wegen des Verdachts auf Insiderhandel mit Refugium-Aktien. Die Aktie des Unternehmens notierte zum Zeitpunkt des Insolvenzantrages unter einem Euro. Bei der Börseneinführung am 18. März 1999 waren die Papiere noch rund 40 Euro wert gewesen.

Insolvenz bei SER Systems und Sunburst Merchandising

Gegen den Softwareanbieter SER Systems haben Kleinaktionärsschützer Strafanzeige gestellt und eine Sonderprüfung beantragt. Die Vorwürfe lauten auf Untreue, Insolvenzverschleppung und betrügerischen Konkurs. Im Kern geht es um den Verkauf der US-Tochtergesellschaften des nach eigenen Angaben fünftgrößten deutschen Softwareanbieters an die amerikanische Firma KES Acquisitions, an der der ehemalige Vorstandschef von SER, Carl Mergele, beteiligt sein soll. Als Kaufpreis sollen 20 Millionen US-Dollar vereinbart worden sein. Doch im Notarvertrag wurden nur 50.000 Euro ausgewiesen. Überdies war die Veräußerung von Tochtergesellschaften und Vermögensteilen der CER per einstweiliger Verfügung vom Landgericht

Koblenz untersagt worden, weil die Finanzlage der Firma schon länger sehr angespannt war.

Dennoch hatte der SER-Vorstand in einer Ad-hoc-Meldung am 12. Juni 2002 den Verkauf der US-Töchter bekannt gegeben. Daraufhin haben die Banken ihre Kreditlinien gekündigt. Als dann noch der US-Käufer der dringenden Bitte um Zahlung des Kaufpreises nicht nachgekommen sei, mussten die SER Systems AG und die SER SoftTech GmbH Anfang Juli 2002 Insolvenzantrag stellen.

Zahlunsunfähig ist seit November des Jahres 2001 auch der Lizenzrechtehändler Sunburst Merchandising AG. Der einstige Überflieger am Neuen Markt hat 25 Mitarbeiter beschäftigt und mit seinen Geschäften Schulden von 40 Millionen Euro aufgetürmt. Die Aktionäre des Unternehmens, das Comicfiguren und Devotionalien vermarktet hat, müssen einen Wertverlust von 95 Prozent verzeichnen.

Gegen den Firmengründer und ehemaligen Vorstandschef Hero Alting ermitteln Staatsanwaltschaft und BAWe wegen Betrugsverdacht und Insidergeschäften. Der frühere Sunburst-Chef soll unmittelbar vor einer Gewinnwarnung in großem Stil Aktien verkauft haben. Obendrein wird ihm vorgeworfen, Bilanzen und Ad-hoc-Mitteilungen gefälscht zu haben. Die Münchner Rechtsanwaltskanzlei Rotter hat im Auftrag von 25 Anlegern der mittlerweile insolventen Sunburst Merchandising AG Strafanzeige gegen die Firma erstattet – wegen falscher Darstellung der Unternehmenssituation.

Spektakuläre Bilanzfälschungen bei Comroad

Für einen der größten Skandale sorgte im Frühjahr 2002 der Telematikanbieter Comroad. Das einstige Vorzeigeunternehmen, das sogar im Nemax 50 notierte, hat in großem Stil seine Bilanzen gefälscht. Statt eines Umsatzes von 93,6 Millionen Euro, wie der Gründer und Vorstandschef Bodo Schnabel noch am 15. Januar 2002 gemeldet hatte, erzielte Comroad im Jahr 2001 nur 1,3 Millionen Euro Umsatz. Mehr als 98 Prozent der gemeldeten Geschäftstätigkeit waren Luftbuchungen, also Scheingeschäfte mit Partnern, die es nicht gab. Schnabel wurde bereits Ende März 2002 in Untersuchungshaft genommen. Die Staatsanwaltschaft München ermittelt wegen Kursbetrug, Bilanzfälschung – auch gegen Schnabels Ehefrau, die der Beihilfe bezichtigt wird. Das Ehepaar besitzt noch immer die Mehrheit an dem Unternehmen und Frau Schnabel ist Mitglied des Aufsichtsrats.

Die Wirtschaftsprüfer der Gesellschaft Rödl & Partner wurden mit einem Sondergutachten beauftragt, das auf die Jahre 1996 bis 2000 ausgeweitet wurde. In die Kritik ist jedoch auch die Wirtschaftsprüfungsgesellschaft KPMG geraten, die Comroad seit 1997 geprüft hatte, sich aber erst im Februar 2002 geweigert hatte, den Geschäftsbericht für 2001 zu testieren. Das Mandat wurde damit niedergelegt.

An der Börse wurden diese Enthüllungen mit großem Entsetzen aufgenommen. Der Fondsmanager vom Bankhaus Sal. Oppenheim, Peter Guntermann sagte daraufhin: »Ich frage mich, was die Prüfer heutzutage machen. Das Unternehmen ist seit ein paar Jahren an der Börse; es hat Ergebnisse veröffentlicht, die vermutlich ebenfalls falsch sind, und die sind alle von den Prüfern testiert worden.«[4]

Aktionärsschützer halten die Bilanzmanipulationen bei Comroad für den schwersten Betrugsfall in der Geschichte des Neuen Marktes. »So etwas krasses habe ich noch nie erlebt«[5], sagte Daniela Bergdolt von der Deutschen Schutzvereinigung für Wertpapierbesitz gegenüber dem *Manager-Magazin-Online*. Klaus Nieding von der DSW forderte Schadensersatz für die Anleger. Bei Comroad müsse von der vorsätzlichen Verbreitung falscher Tatsachen ausgegangen werden. Deshalb müsste die Schadensersatzpflicht aus dem Bürgerlichen Gesetzbuch (BGB) angewendet werden.[6]

Mittlerweile hat auch das BAWe eine Voruntersuchung wegen Verdachts auf Insiderhandel begonnen. Unmittelbar vor der Ad-hoc-Mitteilung vom 20. Februar 2002, als Comroad melden musste, dass die Wirtschaftsprüfer von KPMG ihr Mandat abgegeben haben, sollen auffällig viele Aktien verkauft worden sein.[7] Der Kurs der Comroad-Aktien, die im November 1999 von der Privatbank Hauck & Aufhäuser und Concord Effekten zu 20,50 Euro an die Börse gebracht worden waren, notierten im April 2002 bei 0,30 Euro.

Doch nicht nur die Wackelkandidaten am Neuen Markt werden von wütenden Anlegern und ihren Schutzgemeinschaften verfolgt, selbst Großunternehmen wie die Deutsche Telekom oder DaimlerChrysler wollen die frustrierten Aktionäre vor den Kadi zerren. Bei der Deutschen Telekom klagen Rechtsanwälte im Auftrag frustrierter Volksaktionäre wegen Bilanzmanipulation und Kursbetrug durch die Überbewertung des Immobilienbesitzes der größten europäischen Telekommunikationsgesellschaft. Gegen DaimlerChrysler sind Verfahren wegen der Fusion mit dem US-Autokonzern anhängig. Weil das Zusammengehen der beiden Unternehmen in der Öffentlichkeit zwar als Fusion unter Gleichen dargestellt, tatsächlich aber von DaimlerChrysler-Chef Jürgen Schrempp in Form einer Übernahme durchgezogen wurde, fühlt sich der Chrysler-Großaktionär Kerk Kerkorian getäuscht und verlangt Schadensersatz in Milliardenhöhe.

Für neue Aufregung und Turbulenzen an der Börse sorgte im Juli 2002 der Finanzdienstleister MLP, der erst vor wenigen Monaten in die Oberliga des deutschen Aktienmarktes, den DAX, aufgenommen worden war. Die Staatsanwaltschaft ermittelte wegen Bilanzfälschung und ließ die Büros der Firma filzen. Körbeweise schleppten die Beamten die Akten aus den Kontoren. Sollte sich der Verdacht bestätigen, werden auch die MLP-Anleger auf Entschädigung dringen, denn das Papier der einstigen Börsenrakete steht schon seit langem unter Druck und von dem Höchststand von 167 Euro im Spätsommer 2000 waren am 24 Juli 2002, dem Tag nach der Razzia, gerade mal 18,60 Euro übrig geblieben.

Die langsamen Mühlen der Justiz

Der Weg zum Schadensersatz ist gerade für die neuen Börseninvestoren mit bescheidenen Mitteln und Möglichkeiten sehr lang und dornig. »Wer ein Auto kauft und merkt, dass es statt der vom Hersteller angegebenen 180 nur 120 PS hat, kann es zurückgeben. Wer aber die Aktie einer Firma kauft, die einen Gewinn von 600 Millionen DM angekündigt hat und dann 2,6 Milliarden DM Verlust erwirtschaftet, hat kaum eine Chance, sein Geld wieder zu bekommen«[8], stellte *Der Spiegel* im Juni 2001 fest. So dauert es Monate bis Jahre ehe überhaupt gegen ein Unternehmen vorgegangen werden kann. Vor allem wenn die Staatsanwaltschaft ermittelt, was je nach Ausgang der Untersuchung die Chancen der Privatanleger auf Entschädigung erhöht, vergehen Jahre, bis tatsächlich etwas passiert. Mühsam müssen Anwälte und Ermittlungsbeamte das Beweismaterial zusammenstellen. Und dann müssen die zuständigen Richter Zeit finden, sich der komplizierten Materie zu widmen. So wundert es wenig, dass es trotz der großen Welle von anhängigen Klagen nach Auskunft der Münchner Anwaltskanzlei Rotter noch in keinem Fall ein endgültiges Urteil zugunsten eines Aktionärs gibt.[9]

Wie stockend die Mühlen der Justiz mahlen, zeigen die Verfahren, die Anleger gegen EM.TV, Infomatec und den Seniorenheim-Betreiber Refugium angestrengt hatten. Allein vier Klagen gegen den Geldvernichter EM.TV, bei denen es insgesamt um eine Schadenssumme von mehr als zwei Millionen DM ging, wurden von den zuständigen Gerichten abgewiesen. Die Richter des Landgerichts München konnten die Kausalität zwischen falschen oder übertriebenen Jubelmeldungen und dem Kauf der Aktien durch die Anleger nicht zu erkennen. Im Klartext: Sie hielten es nicht für erwiesen, dass der Kläger erst aufgrund der geschönten Meldungen zum Kauf der Papiere animiert worden sei. Mit dieser Begründung wurden auch zwei Verfahren gegen den Seniorenheim-Betreiber Refugium niedergeschlagen.

In beiden Fällen hatte die Schutzvereinigung der Kleinanleger für insgesamt 15 Mitglieder des Vereins, die eine Schadenssumme von mehr 230.000 DM zurückforderten, vor dem Landgericht Bonn geklagt. Von den insgesamt neun Verfahren, die gegen die Softwarefirma Infomatec und ihre Gründer angestrengt wurden, wurden vier – drei vom Landgericht Augsburg, eines vom Landgericht München – abgewiesen. Auch hier vermissten die Richter den schlüssigen Beweis, dass die Jubelmeldungen über Großaufträge den entscheidenden Ausschlag für den Aktienkauf gegeben hätten. Immer wieder vertraten die

Gerichte die Ansicht, dass die Ad-hoc-Meldungen ausschließlich für Analysten und andere professionelle Börsen-Anleger verfasst würden, die dann auch wüssten, wie sie die Inhalte der Mitteilungen zu interpretieren hätten.

Bei dieser Misserfolgsquote war es ein spektakuläres Ereignis, als die 6. Kammer des Augsburger Landgerichts im August 2001 dem Infomatec-Anleger Frank P. den vollen Schadensersatz von knapp 100.000 DM zusprach. P., der von der Kanzlei Rotter vertreten wurde, konnte mit Hilfe von Zeugen klar darlegen, dass die Firma wider besseren Wissens und gegen die Warnung von Mitarbeitern, die Jubelmeldung verfasst hatte. Zudem konnte er sich als einen gewissenhaften Anleger darstellen, der auch bei seinen vorangegangenen Börseninvestments deutlich gezeigt hatte, dass er nicht auf die schnelle Mark aus war, sondern langfristige Anlagen bevorzugte.

Doch auch dieses Verfahren ist noch nicht abgeschlossen. Die beklagten Infomatec-Gründer Gerhard Harlos und Alexander Häfele legten Berufung gegen das Urteil ein und beantragten eine Revision. Darüber wird im Oktober 2002 vom Oberlandesgericht München entscheiden. Sollte sein Mandant in diesem Verfahren unterliegen, will Anwalt Rotter mit dem Fall zum Bundesgerichtshof gehen. Rotter: »Wir brauchen auch bei Kursanlagebetrug und falschen Ad-hoc-Meldungen endlich eine höchstrichterliche Entscheidung.«[10]

Gleiches Recht für alle?

Ein anderer Kläger, den Rotter im Fall Infomatec vertreten hatte, kam indes mit seiner Forderung nicht zum Zuge. Der Fernsehtechniker Adam E. hatte einen verhängnisvollen Fehler begangen. Er hatte – als die Kursmanipulationen der Infomatec-Gründer offenkundig wurden und der Kurs abzustürzen begann – von den beiden Chefs des Softwareanbieters weitere Aktien als Entschädigung für die Vermögenseinbuße gefordert. Dies nahmen der Richter als Beweis für das große Interesse des Aktionärs an den Zocker-Papieren und unterstellten dem geprellten Kläger, dass er eigentlich nur Profit aus dem Fall schlagen wolle.

Für Verwirrung unter den Kleinanlegern sorgte auch ein Urteil der 6. Zivilkammer des Augsburger Landgerichts vom Januar 2002, in dem die Schadensersatzforderungen gegen Infomatec von vier Klägern abgewiesen wurden. Nach Ansicht des Gerichts sei den beiden Infomatec-Chefs Harlos und Häfele kein vorsätzliches Fehlverhalten nachzuweisen.

Der Kanzlei Rotter gelang es aber für ihre Mandanten knapp eine Milliarde DM aus dem Vermögen der Infomatec-Gründer einfrieren zu lassen und mittels vier Arreste der Verfügungsgewalt der Herren Häfele und Harlos zu entziehen. Auf diese Weise wurde auch der Geldanspruch abgesichert, den der Infomatec-Kläger P. erstritten hatte, aber bis zur endgültigen Entscheidung nur gegen Sicherheitsleistung hätte vollstrecken können.

Neue Hoffnung für die abgewiesenen Anleger könnten jetzt die von den Staatsanwaltschaften in Augsburg und München gegen die Infomatec-Gründer Harlos und Häfele sowie die EM.TV- Pioniere Thomas und Florian Haffa vorgebrachten Anklagen bringen. Nach mehr als zweijähriger Ermittlungsarbeit hat die Staatsanwaltschaft Augsburg im Mai 2002 gegen die Infomatec-Manager Anklage erhoben – wegen Kapitalanlage- und Kursbetrug sowie Verstoß gegen das Insiderverbot.

Im Fall EM.TV. hat die zuständige Richterin der Wirtschaftsstrafkammer am Landgericht München I, Huberta Knöringer, die bereits im November 2001 eingereichte Anklage der Staatsanwaltschaft gegen die Brüder Thomas und Florian Haffa »in vollem Umfang zur Hauptverhandlung« zugelassen. Auch bei diesem Prozess geht es um Kapitalanlage- und Kursbetrug sowie Insiderhandel. Doch auch hier wird es noch lange dauern, bis Kleinanleger – wenn überhaupt – zu ihrem Recht kommen. Im Falle einer Verurteilung werden die Haffa-Brüder vermutlich den Weg durch alle Instanzen antreten.

Mit welchen Zeiträumen geprellte Anleger rechnen müssen, zeigt das Urteil des Bundesgerichtshofs im Fall der Immobiliengeschäfte der früheren Bayrischen Hypobank. Die Kläger, ein Münchner Ehepaar, die jetzt vor dem BGH obsiegt haben, hatten die überteuerte Wohnung mit Hilfe von Hypobank-Krediten bereits 1993 erworben und gleich danach versucht, das Geschäft, das ihnen von einem Mitarbeiter eines Strukturvertriebs im Auftrag der Hypobank vermittelt worden war, wieder rückgängig zu machen. Doch erst nach neun Jahren erbitterter Auseinandersetzung und nach Ausschöpfen aller juristischen Instanzen sind sie ihrem Ziel näher gekommen. Jetzt können sie mit der Nachfolgerin der Hypobank, der HypoVereinsbank, über die Modalitäten der Rückabwicklung streiten.

Der lange Weg zur Entschädigung

Anleger, die Anleihen gekauft haben, stehen in der Regel etwas besser da als Aktionäre. Im Falle der Zahlungsunfähigkeit des Schuldners zählen sie zu den Gläubigern, die, solange noch Vermögenswerte vorhanden sind, wenigstens auf die Rückzahlung eines Teil ihres Investments hoffen dürfen. Wenn der Anleihenemittent völlig Pleite ist, müssen allerdings auch sie mit erheblichen Einbußen bis hin zum Totalverlust rechnen. Dieser Abschlag heißt im Börsenjargon »Haircut«.

Doch auch hier brauchen die Investoren oft einen langen Atem und einen versierten Rechtsanwalt. In den meisten Fällen müssen sich die Anleger mit den Banken auseinandersetzen, die ihnen diese Wertpapiere verkauft haben. So haben Investoren, die bei der Commerzbank und der Dresdner Bank Anleihen des niederländischen Flugzeugherstellers Fokker gezeichnet hatten, sogar den Rechtsweg bis zum Bundesgerichtshof ausschöpfen müssen. Im Jahr 1996, nach der Pleite des Flugzeugbauers, der wenige Jahre zuvor von der DaimlerChrysler-Tochter Dasa übernommen worden war, waren auch ihre Wertpapiere ein Totalausfall. Doch weil die Banken es versäumt hatten, den Anlegern, die nach Geldanlagen für die Altersvorsorge gefragt hatten, die großen Risiken dieser hochverzinsten Investments klar zu machen, müssen sie ihren Kunden Schadensersatz zahlen.

So entschied auch das Berliner Kammergericht in zweiter Instanz im Falle eines Rentners, dem die Landesbank Berlin statt sicherer Rentenpapiere Aktienanleihen aufgeschwatzt hatte. Diese riskanten Anlageformen, die eine Kombination von Anleihen und Aktienoptionen darstellen, waren bei vielen Anlegern sehr beliebt: Sie boten Zinsen von bis zu 20 Prozent. Doch viele Privatinvestoren vergaßen dabei offensichtlich, dass hohe

Zinsen immer auch hohe Risiken beinhalten. Als bei Fälligkeit statt Geld Aktien in ihre Depots gelegt wurden, waren viele unbedarfte Anleger schlicht wütend. Doch auch in diesen Fällen gilt: Nur wer nachweisen kann, dass die Bank beim Verkauf der Papiere nicht ausreichend über die Risiken hingewiesen hat, kann auf Entschädigung hoffen. Anlegerschützer wollen durchsetzen, dass die Käufer von Aktienanleihen schriftlich über die Risiken belehrt werden müssen.

Die Opfer der internationalen Finanzkrisen

Auch bei den internationalen Finanzkrisen mussten viele Anleger, die Anleihen von Schwellenstaaten in Asien und Lateinamerika gezeichnet hatten, tüchtig Federn lassen. Vor allem die Argentinien-Krise dürfte für viele Privatanleger zu einem Debakel werden, denn die argentinische Regierung hat sich vor allem über Anleihen Geld an den internationalen Kapitalmärkten beschafft. Mehr als 70 Prozent des Schuldenbergs von 142 Milliarden Dollar wurden als Bonds ausgegeben – über die internationalen Großbanken. Seit die argentinische Regierung den Schuldendienst eingestellt hat, werden diese Obligationen – wenn überhaupt – mit einem Abschlag von 80 Prozent gehandelt. Im Klartext bedeutet dieser »Haircut«, dass die Anleger bestenfalls 20 Prozent ihres Investment zurückbekommen, wenn sie einen Käufer für diese Papiere finden.

Der Anlegerschutzverein DSW hat bereits eine Arbeitsgruppe gegründet, um die Interessen der geschröpften Investoren zu vertreten. Daneben hat sich auch die Interessengemeinschaft Argentinien – »the first German Society of Bondholders« gebildet, die unter der Leitung des Vereinsgründers Stefan Engelberger mit Hilfe der Anwaltskanzlei Rotter versuchen will, den argentinischen Staat zur vollständigen Rückzahlung seiner Schulden zu zwingen.

Auf die Hilfe der deutschen Banken – allen voran der Deutschen Bank – wollen Engelberger und Co. lieber verzichten. Sie fürchten, dass die Großbank vor allem die eigenen Interessen im Auge hat und nur zu gern einer Umschuldung zustimmen würde, auch wenn dabei die alten Bondholder kräftig geschoren werden. Die Bank verdient schließlich glänzend an solchen Kreditgeschäften. Da wunderte es Engelberger und Anwalt Rotter auch nicht, dass sie bei einem Besuch im Büro des leitenden Angestellten in der argentinischen Vertretung in Washington eine Einladung der Deutschen Bank zu einem Skiwochenende in Argentiniens Nobelwintersportort Bari Loce liegen sahen. Mit solchen exklusiven Aufmerksamkeiten, das wussten die deutschen Besucher sofort, verwöhnt die Bank gerne ihre wirklich vermögende Kundschaft und lukrative Geschäftspartner.

Engelsberger und seine Vereinsmitglieder suchen nach Wegen, wie sie an ihr Geld kommen könnten. Ihre Strategie beschreibt die Interessengemeinschaft auf ihrer Homepage: »Mit dem Ziel, Voraussetzungen für eventuelle Vollstreckungsmaßnahmen zu schaffen, überlegt die IGA auch das Erwirken vollstreckbarer Titel.«[11] Dr. Engelsberger zur Strategie der IGA: »Wir verfolgen eine Politik der Nadelstiche. Zwar können wir nicht 100 Milliarden Euro pfänden, aber Vollstreckungsmaßnahmen würden den Aktionsradius der Argentinier in der Welt empfindlich einengen und zu einem langfristigen Imageverlust auf den Kapitalmärkten führen.«[12] Ralph M. Stone, Partner der Kanzlei Rotter in New York, verfolgt deshalb die bei einem New Yorker Gericht eingereichten Klagen und bereitet sich auf etwaige Rechtsschritte vor. Zu den Maßnahmen gehört auch die Einreichung einer Sammelklage geschädigter Bondbesitzer gegen die argentinische Regierung in den USA.

Verfahren in den USA günstiger

Nicht nur die Opfer der Argentinien-Krise versuchen ihre Verfahren in den USA zu führen. Die Aktionäre dort sind deutlich besser geschützt als die Anteilseigner in Deutschland. Wesentlicher Unterschied ist die Beweislage. »In Deutschland gibt es keine einzige Beweiserleichterung für den Kläger«[13], sagt Anwalt Rotter. Wer gegen seine Bank oder das Management gerichtlich vorgehen will, muss selber auch die Belege für die Klagegründe präsentieren. In den USA muss dagegen das beklagte Unternehmen versuchen, die Vorwürfe zu entkräften. Dafür wird das Discoveryverfahren eingeleitet, in dem die beklagte Firma ihre Bücher offenlegen muss. »Diesen Enthüllungsprozess versuchen die Firmen zu vermeiden, lieber wird ein Vergleich geschlossen«[14], sagt Bernd Jochem, Rechtsanwalt in der Kanzlei Rotter. Hinzu kommt, dass die Verjährungsfristen für alle Betroffenen ausgesetzt werden, wenn ein Anleger Klage eingereicht hat. Außerdem müssen Investoren, die durch falsche oder übertriebene Ad-hoc-Meldungen zum Aktienkauf animiert wurden, nicht im Detail die Kausalität zwischen einer Falschmeldung und dem Investment nachweisen, an der viele Gerichtsverfahren in jüngster Zeit gescheitert sind. Vielmehr gilt die Fraud-on-the-market-theory, nach der angenommen wird, dass die vermeintliche Jubelmeldung bereits in dem Kurs der Aktie, den der Anleger zahlen muss, eingepreist ist.

Zudem ist in den USA die so genannte Class action üblich – das sind Sammelklagen, bei denen sich eine Gruppe von Geschädigten zusammenfindet und gemeinsam gegen die Firma vorgeht. Der Erfolg des Verfahrens kommt dann allen betroffenen Anlegern zugute, auch denen, die nicht selbst geklagt haben. Dieses Vorgehen hat auch Vorteile für die Kläger, da sie nicht allein die Verfahrenskosten zahlen müssen. Die Anwälte werden nach US-Recht nicht nach einer Pauschale bezahlt, sondern nur bei Erfolg des Verfahrens. Dann allerdings erhalten sie ein Viertel bis ein Drittel der Schadenssumme.

Obendrein neigen die amerikanischen Gerichte eher dazu, dem geschröpften Anleger Recht zu geben, als das Management des Unternehmens davon kommen zu lassen.

Diese anlegerfreundliche Rechtslage versuchen auch deutsche Anwälte zu nutzen. Wann immer möglich werden Klagen in die USA verlegt. So will die Münchner Rechtsanwaltskanzlei Rotter zusammen mit einer New Yorker Kanzlei eine Sammelklage gegen die Hugo Boss AG in den USA einreichen. Dem Unternehmen und zwei ehemaligen Managern wird vorgeworfen, die Anleger durch unterdotierte Rückstellungen und Bestandsdifferenzen im US-Geschäft über den tatsächlichen Umsatz der Firma getäuscht zu haben. Bei einer Inventur wurde ein Fehlbetrag von acht Millionen Euro festgestellt. Die Gewinnerwartungen für 2002 mussten erst von 107 auf 95 Millionen Euro und dann auf 70 Millionen Euro zurückgenommen werden. Klagen könnten nach Ansicht der Münchner Anwälte alle Anleger, die zwischen dem 5. November 2001 und dem 28. Mai 2002 Aktien von Hugo Boss erworben hatten.

Der Vergleich als Lösungsweg

Auch gegen die mittlerweile insolvente Frankfurter Gontard & Metallbank versuchen deutsche und amerikanische Investoren per Sammelklage in den USA vorzugehen. Vorgeworfen wird der Bank, die sich auf Wertpapiergeschäfte spezialisiert hatte und viele der späteren Flops an den Neuen Markt gebracht hat, Prospektbetrug bei dem Börsendebüt der Aktien von Team Communications am Neuen Markt im Jahr 1999. Die Kanzlei Rotter hat zusammen mit den US-Sozietäten Shalov Stone & Bonner und Milberg Weiss Bershad Hynes & Lerach et al. am 30. Juli 2001 als Vertreter von 15 deutschen Anlegern eine Sammelklage mit einem Streitwert von 100 Millionen DM gegen die Bank, das Unternehmen sowie den früheren Team-Communications-Chef Drew S. Levin eingereicht. Darin wird den Verantwortlichen vorgeworfen, sie hätten den Kurs der Aktie durch Falschinformationen auf ein künstlich hohes Niveau getrieben. Als dann die Angaben korrigiert werden mussten, sei der Kurs der Aktie kollabiert. Die Gontard & Metallbank hätte als Konsortialführerin bei dem Börsendebüt die Schieflagen des Unternehmens, die sich schon damals abgezeichnet hätten, erkennen müssen, wenn sie die Unternehmensberichte besser geprüft hätte. »Die Klage wurde der Gontard & Metallbank dann aber nicht mehr zugestellt«[15], sagte Rechtsanwalt Bernd Jochem, nachdem Team Communications Vergleichsverhandlungen zugestimmt habe, die dann zum Jahreswechsel 2001/2002 aufgenommen wurden.

Im Mai 2002 wurde mit der Firma Team Communications Group und den Haftpflichtversicherungen, bei denen die beklagten Manager versichert waren, eine vorläufige Einigung (Memorandum of Understanding) über einen Vergleich abgeschlossen. Danach sollen alle Aktionäre, die zwischen dem 19. November 1999 und dem 16. März 2001 Aktien der Gesellschaft erworben haben, für ihre Vermögenseinbußen entschädigt werden. Insgesamt beträgt die Summe 12,5 Millionen US-Dollar, davon werden noch 20 bis 30 Prozent Honorar für die New Yorker Anwälte abgezogen. Wie viel Geld die einzelnen Anleger erhalten, hängt von der Anzahl der Geschädigten ab, die sich bis August 2002 bei Team Communication melden und ihre Ansprüche vorlegen müssen. Im Schnitt dürften wohl ein bis zwei US-Dollar pro Aktie übrig bleiben.

Das vierte Finanzmarktförderungsgesetz

Von solch schnellen Entscheidungen, wie sie in den USA herbeigeführt werden, können Investoren deutscher Firmen nur träumen. Anlegerschützer und Anwälte drängen deshalb darauf, dass auch in Deutschland die Umkehr der Beweislast eingeführt wird, die Unternehmen und Banken zwingen würde, ihre Bücher zu öffnen. Diese Forderungen wurden schon bei der Vorbereitung des vierten Finanzmarktförderungsgesetzes laut, doch dazu konnte sich das Bundesjustizministerium offenbar nicht durchringen. Im vierten Finanzmarktförderungsgesetz, das am 1. Juli 2002 in Kraft getreten ist, wurde die rechtliche Position der Anleger kaum verbessert.

Die Bundesregierung erklärte, dass mit dem Gesetz drei Hauptziele verfolgt werden: »den Anlegerschutz durch Erhöhung der Marktintegrität und der Markttransparenz zu verbessern, die Handlungsmöglichkeiten der Marktteilnehmer zu erweitern und zu flexibilisieren sowie Lücken im Abwehrsystem gegen die Geldwäsche zu schließen und das Aufspüren von Geldern zu erleichtern, die der Finanzierung terroristischer Vereinigungen dienen. Auf diese Weise werden die Wettbewerbsfähigkeit des Finanzplatzes Deutschland gestärkt und die Funktion des Kapitalmarkts als Motor für Wachstum und Beschäftigung fortentwickelt.«[16]

Bei näherem Hinsehen zeigt sich jedoch, dass nicht die Schutzbedürfnisse der Kleinanleger den Inhalt des Gesetzes bestimmten, sondern die Interessen der Banken und Großinvestoren: »Erreicht wurde zweifellos, dass die Börsen, Immobilienfonds und Hypothekenbanken jetzt flexibler handeln können. Die Börsen dürfen ihre Kurse jetzt auch nur elektronisch feststellen, Immobilienfonds praktisch unbegrenzt auch Objekte außerhalb der EU erwerben und Hypothekenbanken in den USA, Kanada und Japan Kredite vergeben. Gerade für Immobilienfonds werden damit angesichts der aktuell hohen Mittelzuflüsse dringend benötigte Anlagemöglichkeiten geschaffen,«[17] kommentierte die Börsenzeitung.

Wie die Banken ihr Revier verteidigen

Wie die Großfinanz die Debatte um das Gesetz bestimmte, zeigten die Anhörungen zum Entwurf des Gesetzes im Februar 2002. In der ursprünglichen Fassung wollte Bundesfinanzminister Hans Eichel auch »Leerverkäufe von inländischen Aktien« untersagen lassen, »wenn eine erhebliche Marktstörung droht, die schwerwiegende Gefahren für die Gesamtwirtschaft oder das Finanzsystem erwarten lässt«.[18]

Bei Leerverkäufen werden Papiere veräußert, die der Verkäufer zum Zeitpunkt des Verkauf noch nicht besitzt oder geliehen hat, sondern die bis zur Übergabe zu einem späteren Zeitpunkt an den Käufer erst einkaufen muss. Fallen zwischen dem Verkauf und der Auslieferung die Kurse der Aktien, dann kann der Leerverkäufer die Wertpapiere zu einem günstigeren Preis einkaufen, als er sie vorher verkauft hat. Die Differenz ist sein Profit. Durch das Verbot von Leerverkäufen sollten diese spekulative Eingriffe von großen Hedge-Fonds unterbunden werden, die die Abwärtstrends an den Börsen durch derartige Aktienverkäufe auf Termin erheblich verstärken und beschleunigen können.

Außerdem wollte die Bundesregierung die Anti-Geldwäsche-Bestimmungen verschärfen sowie durch Kontenscreening und Zugriff auf die Kundendaten der Banken terroristische Organisationen leichter aufspüren können. Die Maßnahmen zur Terrorbekämpfung wie das Verbot von Leerverkäufen stieß allerdings auf Widerstand bei der Kreditwirtschaft, die für ihre Anliegen auch den Bundesrat mobilisieren konnte. Darüber hinaus wollte die Kreditwirtschaft noch weitere Liberalisierungen durchsetzen: Im Hypothekenbankengesetz sollte das Geschäftsvolumen von Grundstücksbeleihungen in Japan, den USA und Kanada statt auf das Dreifache des haftenden Eigenkapitals auf das Fünffache ausgedehnt werden. Obendrein sollte der Einsatz von Derivaten im öffentlichen Pfandbriefgeschäft den Regelungen für Hypothekenbanken angeglichen werden.

Gegen die Leerverkäufe wehrten sich die Banker mit dem Hinweis, dass diese Geschäfte dann verstärkt im Ausland abgewickelt würden und der Börsenplatz Deutschland geschwächt würde, erklärte der Bundesverband Öffentlicher Banken Deutschlands (VÖB).[19] Auch der Bundesverband der Deutschen Volks- und Raiffeisenbanken (BVR) warnte, dass bei einer deutschen Insellösung die Marktteilnehmer auswichen.[20] Der Bankenexperte Professor Wolfgang Gerke von der Universität Nürnberg hielt das Verbot von Leerverkäufen als Steuerungsinstrument für untauglich und wandte ein, dass die Börsen in der kritischen Situationen die Kurse aussetzen, den Handel unterbrechen könnten.[21]

Noch heftiger erregten die geplanten Maßnahmen zur Terrorismusbekämpfung die Branche. Kontenabruf und Kontenscreening seien »bedenkliche Eingriffe« in die Kreditinstitute und deren Kundendaten, erklärte das geschäftsführende Vorstandsmitglied des Deutschen Sparkassen- und Giroverbands, Holger Berndt. Die Kreditwirtschaft dürfe nicht zum »Hilfssheriff der Strafverfolgungsbehörden« werden.[22]

Der Zentrale Kreditausschuss (ZKA), in dem die Verbände der Kreditwirtschaft zusammengeschlossen sind, lehnte es ab, immer neue Daten liefern zu müssen, die den Strafverfolgungsbehörden keine brauchbaren Ergebnisse liefern würden, aber den Banken zusätzliche Kosten aufbürdeten. Nach Schätzungen des ZKA würde der automatische Kontenabruf durch die Aufsichtsbehörden die Kreditwirtschaft rund zwei Milliarden Euro kosten. Billiger wäre es, wenn die Banken auf Anfragen von Aufsichtsamt oder den Strafverfolgungsbehörden reagieren könnten.

Jochen Sanio, der Präsident des Bundeaufsichtsamtes für das Kreditwesen, hielt die Kostenkalkulationen für viel zu hoch. Schätzungen anderer Experten hatten Mehrkosten in Höhe von rund einer Milliarde Euro für die gesamte Branche ergeben. Sanio begründete seine Forderung nach den von der Bundesregierung geplanten Überwachungsmaßnahmen mit der bisher nur wenig erfolgreichen Zusammenarbeit mit den Geldinstituten. Nach dem 11. September 2001 hätte sich herausgestellt, dass die Banken Anfragen von Aufsichtsamt und BKA bisweilen nur zögerlich bearbeiteten. Manche Kreditinstitute verfügten nicht einmal über entsprechende Datenbanken. Aber auch Landeszentralbanken ließen derartige Anfragen schon einmal liegen. Ein Abfragesystem für die Aufsichtsbehörde sichere zudem Vertraulichkeit und biete höchstmöglichen Grundrechtsschutz.[23]

Sieg der Banken im Vermittlungsausschuss

Das Gesetz passierte zwar den Bundestag, doch der Bundesrat verweigerte die Zustimmung. Ein Vermittlungsausschuss wurde eingesetzt, dies war zum ersten Mal bei der Verabschiedung von Finanzmarktförderungsgesetzen der Fall. Die ersten drei Gesetze von 1990, 1994 und 1998 gingen in beiden Häusern des Parlaments glatt durch. »Der Vermittlungsausschuss folgte dem Anrufungsbegehren des Bundesrates, die im Gesetz vorgesehene Untersagungsmöglichkeit von ›Leerverkäufen‹ zu streichen. Wegen des Sachzusammenhangs soll darüber hinaus auch die Regelung über die Meldepflicht von Leerverkäufen entfallen, da die Aufsicht durch das Entfallen der Untersagungsmöglichkeit keine Eingriffsmöglichkeiten bezüglich getätigter Leergeschäfte mehr hat.«[24]

Auch bei anderen Punkten folgte der Vermittlungsausschuss bei seiner Entscheidung den Einwänden der Banken und des Bundesrates: »Das Pfandbriefgesetz soll an die Änderungen des Hypothekenbankgesetzes hinsichtlich der Möglichkeiten der Durchführung von derivativen Geschäften angepasst werden, wobei die Kreditinstitute die Funktion des Treuhänders übernehmen würden. Die Beschränkung des Geschäftsvolumens von Grundstücksbeleihungen durch Hypothekenbanken in Japan, Kanada und den USA wird vom bisher vorgesehenen Dreifachen des haftenden Eigenkapitals für die USA und Kanada auf das Fünffache angehoben, während das Geschäftsvolumen für Japan auf das Dreifache beschränkt bleibt.«[25]

Bei den Maßnahmen, die gegen Geldwäsche und Schattenbanking eingesetzt werden sollen, konnte die Kreditwirtschaft allerdings nur einen Teilerfolg erzielen: »Das im Kreditwesengesetz neu geregelte Datenabrufsystem zur Bekämpfung des Terrorismus, der Geldwäsche und des Untergrundbankenwesens soll beibehalten werden. Die bei den Banken für den Abruf im Online-System bereitzuhaltenden Kontostammdaten werden auf das zur Identifizierung und Zuordnung von Konten Unerlässliche reduziert. Deshalb sieht die vom Vermittlungsausschuss vorgeschlagene Neufassung vor, auf die Aufnahme des Geburtsorts des Kontoinhabers in diesen bankinternen Dateien vollständig zu verzichten.«[26]

Durchsetzen konnte sich die Bundesregierung lediglich bei dem »Kontenscreening«, dabei sollen mit den Methoden der Rasterfahndung ungewöhnliche Kontenbewegungen erfasst werden. Diese Überwachung müssen die Banken selbst organisieren und Abweichungen den Aufsichtsbehörden melden.

Die Kreditwirtschaft war mit dem Ergebnis zufrieden: »Der Finanzplatz ist gut aufgestellt«[27], sagte Thomas Weisgerber, Mitglied der Geschäftsführung des Bundesverbandes deutscher Banken der *Börsen-Zeitung*.

Verärgert waren nur Anlegerschützer und Verbraucherverbände. »Der vorgelegte Regierungsentwurf bleibt hinter den Erfordernissen eines verbesserten Anlegerschutzes weit zurück«[28], so Prof. Dr. Edda Müller, Vorstand der Verbraucherzentrale Bundesverband e. V. Das Heraufsetzen der sechsmonatigen Verjährungsfrist um ein halbes Jahr sei halbherzig und im Hinblick auf das Vertrauen des Verbrauchers als Anleger in den Kapitalmarkt nicht zielführend.«[29]

Gefordert hatten die Anlegerschützer eine Frist von drei Jahren. So viel Zeit ist auch nötig, um bei Kapitalanlagedelikten die notwendigen Ermittlungen und Recherchen vornehmen zu können. Denn auch die von Aktionärsschützern immer wieder geforderte Beweisumkehr zugunsten geschädigter Anleger wurde in diesem Gesetz nicht berücksichtigt. Tatsächlich wurden nur die Vorschriften für Ad-hoc-Mitteilungen verschärft. Unternehmen, deren Manager künftig falsche oder unvollständige

Angaben zur Geschäftsentwicklung machen, müssen mit Geldbußen bis zu 500.000 Euro rechnen und obendrein den geprellten Anlegern den Schaden ersetzen. Auch dies ist nach Ansicht
von Anlegerschützern eine höchst unbefriedigende Regelung.
Danach müssten sich die Anteilseigner ihren Schaden von den
Firmen, an denen sie beteiligt sind, erstatten lassen. Die Manager
hingegen, die den Schaden angerichtet haben, kommen unge-
schoren davon. Schadensersatzansprüche müssten sich vielmehr
gegen Vorstände und Aufsichtsräte richten, kritisierte Klaus
Nieding, Präsident des Deutschen Anleger-Schutzbundes
(DASB) und Geschäftsführer der Deutschen Schutzvereinigung
für Wertpapierbesitz.[30]

Die Finanzmarktförderungsgesetze:
mehr Freiraum für die Banken

Das vierte Finanzmarktförderungsgesetz fügt sich nahtlos in die
Reihe seiner Vorgänger, die den Börsen, Banken und Unternehmen mehr Freiheiten verschafften, ohne die Position des Anlegers zu stärken. In der Börsennovelle 1989 wurde der Compu-
terhandel zugelassen, die Rechte der Kurs- und Freimakler
erweitert und der Börsenterminhandel mit Wertpapieren und
Edelmetallen liberalisiert. Das erste Finanzmarktförderungsgesetz von 1990 schaffte die Börsenumsatzsteuer ab und führte zur
Senkung von Wechsel- und Gesellschaftssteuer. Gleichzeitig
wurden den Kapitalanlagegesellschaften mehr Geschäftsfelder
eröffnet. Dadurch sanken die Transaktionkosten für die Banken
und in geringerem Maße auch die der Anleger, gleichzeitig
konnten die Kapitalanlagegesellschaften in neue, riskantere
Bereiche vorstoßen. Das zweite Finanzmarktförderungsgesetz
schuf 1994 das Bundesaufsichtsamt für den Wertpapierhandel.
Zudem wurde der Insiderhandel – bis dahin eher ein Kavaliers-
delikt und eine gute Gelegenheit zum Abzocken – nicht zuletzt
auf Druck großer internationaler Fondsgesellschaften nun endlich verboten. Wie die zahlreichen Beispiele gezeigt haben, zeigte auch dieses Verbot keine große Wirkung, weil der Nachweis,
dass Insiderhandel stattgefunden hat, offenbar kaum von den
Gerichten anerkannt wird.

Auch das 3. Finanzmarktförderungsgesetz von 1998 eröffnete vor allem Großanlegern, Fondsgesellschaften und Banken neue Möglichkeiten zur Geldvernichtung: Investmentgesellschaften wurde gestattet mit Terminanlagen zu handeln und Fondsgesellschaften durften neue Fondstypen auflegen. Selbst die Mitteilungspflicht für Emittenten, die ebenfalls 1998 geregelt wurde, erwies sich als Bumerang für die Anleger. Die Verschärfung der Publizitätspflicht führte zu einer Flut von irrelevanten oder bewusst falschen Meldungen, die eher verwirrten als Klarheit schafften.

In einem Punkt haben sich die Väter des vierten Finanzmarktförderungsgesetzes dann doch ein wenig nach vorne gewagt: Seit 1. Juli 2002 darf das Bundesaufsichtsamt für den Wertpapierhandel bei Insiderhandel und bewusster Herbeiführung von Kursschwankungen, selber Sanktionen gegen die Täter verhängen. Dies gilt allerdings nur für kleine Delikte, die mit Bußgeld bestraft werden. Die großen Fälle muss das BAWe dann an die zuständige Staatsanwaltschaft weiterleiten. Doch trotz dieses Kompetenzzuwachses wirkt das BAWe im Vergleich zur großen Schwester in den USA, der Securities Exchange Commission, noch immer wie ein zahnloser Tiger: Die SEC darf Bußgelder bis zu einer Milliarde US-Dollar verhängen und hat auch deutlich mehr Kompetenzen bei der Ermittlung von Straftatbeständen im amerikanischen Wertpapierhandel. Bei Verdachtsfällen kann sie zum Beispiel Telefone abhören und gezielt Konten überprüfen.

Wie wenig selbst strenge Strafen und großzügige Ermittlungskompetenzen gegen die Gier und den »Raubtierkapitalismus«[31] ausrichten können, der seit dem Beginn der Börsenbaisse im Sommer 2000 das Geschehen auf den Weltkapitalmärkten beherrscht, zeigten die Vorgänge im Sommer 2002 in den USA. »Raubtierkapitalismus« ausrichten können, der seit dem Beginn der Börsenbaisse im Sommer 2000 das Geschehen auf den Weltkapitalmärkten beherrscht, zeigten die Vorgänge im Sommer 2002 in den USA.

Epilog: Wo die Gier herrscht, stirbt die Moral zuerst

Frustrierte deutsche Aktionäre, die lange neidisch nach Amerika geblickt hatten, erspähten dort im Frühjahr 2002 eine Räuberhöhle unvorstellbaren Ausmaßes. In großem Stil hatten scheinbar renommierte Konzerne ihre Bilanzen gefälscht, Milliardengewinne ausgewiesen, die es gar nicht gab, und zudem mit einem Höchstmaß an krimineller Energie die Kurse ihrer Aktien manipuliert. Banken und Wirtschaftsprüfer hatten diese kriminellen Vereinigungen in den Konzernzentralen von Enron, Worldcom und anderen einst soliden US-Adressen kräftig unterstützt.

Spätestens seit November 2001, seit der US-Energie-Riese Enron offenbaren musste, wie er im Verein mit den Wirtschaftsprüfern der einst angesehenen Sozietät Arthur Andersen die Bilanzen fälschte, mit Hilfe von angesehenen US Banken wie Citicorp und JPMorgan Kreditbetrug in Milliardenhöhe beging und erfundene Profite meldete, ist es mit der ehrfürchtigen Bewunderung der amerikanischen Börsenkultur vorbei.

Als sich dann im Laufe des Jahres 2002 herausstellte, dass die Enron-Manager keineswegs die einzigen waren, die ihre Gewinne betrügerisch aufgeblasen und damit im großen Stil ihre Anleger betrogen hatten, war das Vertrauen der Investoren nachhaltig zerstört worden. Zu den Übeltätern gehörten so namhafte Unternehmen wie der Bürogerätehersteller Xerox, der Elektrokonzern Tyco, der Pharmakonzern Merck & Co und sogar der Telekommunikationsgigant Worldcom mit dem Moralapostel und Firmengründer Bernhard Ebbers an der Spitze, der penibel alles kontrollierte – sogar die Spesenabrechnungen seiner Manager. Als Worldcom im Juli 2002 das Insolvenzverfahren beantragte, brach an den Kapitalmärkten weltweit Panik aus.

Der Verlust an Glaubwürdigkeit lässt sich an Rekordverlusten ablesen. Der Dow Jones – kaum dass er sich von der Baisse des Jahres 2001 und dem Crash nach den Terroranschlägen vom 11. September 2001 erholt hatte, sank auf das Niveau des Jahres 1997, die US-Wachstumsbörse Nasdaq schnurrte innerhalb eines Jahres auf weniger als die Hälfte ihres Wertes zusammen. Noch schlimmer erwischte es die deutschen Märkte, der DAX fiel innerhalb eines Jahres von rund 5.500 Punkten auf unter 3.500 Punkte und der Nemax von 1.300 Anfang Juli 2001 auf Allzeittiefstand von weniger als 450 Punkten. Innerhalb weniger Tage wurden 130 Milliarden Euro allein an den Börsen vernichtet – eine Summe, die dem Bruttosozialprodukt des Landes Norwegen entspricht.

Bei der Suche nach den Ursachen der Betrugsskandale kommen erstaunliche Erkenntnisse ans Licht: Die von vielen so geschätzte US-Wertpapieraufsicht Security and Exchange Commission zehrt seit langem nur noch vom Ruhm vergangener Tage, dem turbulenten Börsengeschehen ist sie längst nicht mehr gewachsen. Allein die Menge an Quartalsberichten und Papieren, die die gelisteten Unternehmen und Börsendebütanten einreichen müssen, hat sich in den vergangenen zehn Jahren mehr als verdoppelt. Die schockierten Anleger fragen sich jetzt, ob diese je geprüft worden sind. Sonst hätten beispielsweise die sonderbaren Umsatzsprünge beim Pharmakonzern Merck auffallen müssen, kritisiert die US-Wirtschaftszeitung *The Wall Street Journal*.[1]

Zur Überforderung der SEC-Beamten trug auch bei, dass sich in der vergangenen Dekade das Handelsvolumen vervielfacht hat und ständig neue Finanzierungsinstrumente und Anlagemodelle entwickelt wurden, die an den Börsen angeboten werden und von der SEC überwacht werden müssten. Dafür fehlt der Behörde allerdings das Personal. Wegen der mageren Gehälter wechseln die besten Mitarbeiter schnell auf die andere Seite, zu den Brokerhäusern und Investmentbanken.

Doch eine Aufstockung der Belegschaft und eine Erhöhung der Einkommen war nicht drin, erst kürzlich hat US-Präsident George W. Bush eine Budgeterhöhung für die überlastete Behörde abgelehnt.

Erst nachdem sich der Börsenskandal zu einer massiven Krise der US-Wirtschaft und der Weltkapitalmärkte auszuweiten drohte, hat Bush die Strafen für Anlagebetrug und Bilanzfälschung verschärfen lassen. Seit 14. August 2002 müssen die Chefs von Amerikas Konzernen jeden Geschäftsbericht selbst abzeichnen und für die Richtigkeit selbst und mit ihrem meist nicht unbeträchtlichen Vermögen haften. Unrichtige Angaben werden nun mit hohen Haftstrafen geahndet. Die Chancen, dass die Missetäter entlarvt werden, sind damit zwar nicht gestiegen, denn von einer Aufrüstung der Aufsichtsbehörde war nicht die Rede, doch die Regierung hat, wie es scheint, endlich einmal durchgegriffen.

Den deutschen Aufsichtsbeamten und Kontrolleuren kommt die Entzauberung der US-Börsenwächter nicht ungelegen. Die oft unterstellte Überlegenheit des US-Systems in Unternehmensführung, Bilanzierung und Aufsicht sei, so Thyssen-Krupp-Aufsichtsratschef Gerhard Cromme, durch die jüngsten Vorgänge in den USA widerlegt.[2] Unter Crommes Vorsitz hatte eine im September 2001 von Bundeskanzler Gerhard Schröder beauftragte Regierungskommission einen neuen Kodex für die Führung von börsennotierten Unternehmen, den »Deutschen Corporate Governance-Kodex«, erarbeitet. »Der Kodex ist ein vernünftiger Weg und es wird die Aufgabe sein, ihn so zu entwickeln, dass solche Fehler nicht passieren.«[3] Doch als dieser Verhaltenskodex im Februar 2002 präsentiert wurde, musste Cromme Kritik von allen Seiten einstecken. Den Unternehmen gingen die Vorschläge zu weit, den Anlegerschützern nicht weit genug.

Tatsächlich hat die Kommission Schritte in die richtige Richtung gemacht, sich aber nicht allzu weit vorgewagt. Der wichtigste Punkt des neuen Verhaltenskatalogs für die Führungskräfte ist: Nicht mehr als zwei ehemalige Vorstandsmitglieder eines Unternehmens sollen in dessen Aufsichtsrat gewählt werden. Doch an der von deutschen Konzernherren besonders geschätzten Regelung, nach dem Vorstandsvorsitz auch die Leitung des Aufsichtsrats zu übernehmen, um weiter ins Unternehmen hinein regieren zu können, wurde nicht gerüttelt.

Das ist auch kein Wunder, denn zwei der Kommissionsmitglieder haben genau diesen Wechsel erst kürzlich vollzogen. Der Kommissionsvorsitzende Cromme war bis November 2001 Chef von Thyssen-Krupp und leitet jetzt den Aufsichtsrat des Konzerns, Ex-Deutsche-Bank-Chef Rolf Breuer hat im Mai 2002 die Führung des Kontrollgremiums in dem Geldkonzern übernommen.

Der Kodex will jedoch die Zahl der von einer Person eingenommenen Kontrollposten beschränken. Vorstandsmitglieder börsennotierter Aktiengesellschaften sollen nicht mehr als fünf Aufsichtsratsmandate gleichzeitig halten – nach dem Aktienrecht gelten noch zehn Ratsposten in konzernunabhängigen Unternehmen als Obergrenze. Die Gehälter von Vorstandsmitgliedern und die Bezüge der Aufsichtsräte sind laut Kodex künftig einzeln aufzuführen. Zur Verbesserung der Diskussionskultur sollen zudem mehr Ausschüsse gebildet werden.

Die Umsetzung der insgesamt rund 50 Empfehlungen des so genannten Comply-or-explain-Regelwerks soll den Unternehmen nicht zwingend vorgeschrieben werden, aber wer die hier aufgeführten Vorschläge nicht befolgt, müsste künftig erklären, warum er es nicht tut. Kommissionsvorsitzender Cromme erwartet, »dass der Druck der internationalen Finanzmärkte und auch der Öffentlichkeit so stark wird, dass kaum ein Konzern es sich leisten kann, diese simple Forderung nach mehr Transparenz bei der Bezahlung der Spitzenmanager auf Dauer zu ignorieren.«[4]

Wer die Entwicklung der vergangenen Jahre Revue passieren lässt, dürfte sich über das Vertrauen des Topmanagers in die Rationalität der Märkte und deren heilsamen Einfluss auf die künftige Unternehmensentwicklung eher wundern. Dass »die Märkte« mehr hinrichten als richten, haben die vorangegangenen Kapitel deutlich gezeigt. Das gilt sowohl für Unternehmen als auch für ganze Volkswirtschaften. Das Feuer, das enttäuschte Kleinanleger, institutionelle Investoren und die Bundesregierung als Großaktionär bei der Deutschen Telekom entfacht haben, kann sich zu einem Flächenbrand entwickeln, in dem mehr als die Karriere eines Herrn Sommer zerstört wird. Es geht auch nicht nur um die Ersparnisse von Zigtausenden kleiner Anteilseigner. Das Debakel um die Aktien eines Unternehmens, auch wenn es sich dabei um einen der größten Konzerne Deutschlands und die Volksaktie der Deutschen handelt, kann mit dazu beitragen, die politische Landschaft zu verändern und einen Regierungswechsel zu beschleunigen. Das mag man bedauern oder nicht. Den Märkten und den Finanzjongleuren ist es gleichgültig, wer die Politik in einem Land bestimmt. Wenn ihnen die Richtung nicht passt, zieht die Karawane eben in ein anderes Land.

Erschreckend ist vielmehr, dass sich die Politik immer mehr den Märkten und den mächtigen Finanzinstitutionen unterordnen muss und dass dies nicht in einer korrupten Bananenrepublik geschieht, sondern in zivilisierten Ländern wie zum Beispiel Deutschland und der Schweiz. Und wenn »die Märkte« schon solche Wirkung in gefestigten Demokratien entfalten können, dann müssten Strukturen geschaffen werden, die ihren Einfluss begrenzen, nicht erweitern.

»Die Märkte sind amoralisch«[5] – das sagt nicht ein weltfremder Moralist, sondern einer der Scharfschützen der internationalen Hochfinanz, George Soros. In einem Interview mit dem Magazin *Der Spiegel* im Jahr 1998 plädierte der einstige Freibeuter der Finanzmärkte für strenge Aufsicht und Kontrollen: »Märkte und Privateigentum sind unentbehrlich für eine offene Gesellschaft. Aber so wie es jetzt funktioniert, ist das System nicht in Ordnung. Finanzmärkte brauchen Aufsicht und Kontrollen. Es gibt soziale und kollektive Bedürfnisse, die nicht auf den Märkten ihren Ausdruck finden. Und wir haben in der repräsentativen Demokratie einen Mechanismus, der dem Allgemeinwohl dient. Den gibt es in der globalen Wirtschaft nicht.«[6]

Längst kommen die Warnungen vor der Allmacht der Banken und Finanzinstitute nicht mehr aus der Kuschelecke unverbesserlicher Sozialromantiker, sondern von renommierten Wirtschaftswissenschaftlern, Nobelpreisträgern und Politologen. Wie die breite bürgerliche Bewegung der Attac suchen auch sie nach Wegen, wie die destruktive Kraft der globalen Geldindustrie, die nicht nur ganze Volkswirtschaften in Asien und Lateinamerika verwüstet hat, sondern durch ihre häufigen Fehlurteile und Manipulationen auch Kahlschläge in den Arbeitsmärkten der Industriestaaten hinterlässt, gebremst werden kann. In Deutschland hat der frühere SPD-Vorsitzende und kurzzeitige Finanzminister Oskar Lafontaine vor den fatalen Folgen der Globalisierung gewarnt und schärfere Kontrollen der Kapitalmärkte gefordert. Im Juni 2002 legte eine Enquete-Kommission des deutschen Bundestags, die unter dem Vorsitz von Ernst von Weizsäcker seit 1999 die Chancen und Risiken der Globalisierung beraten hat, einen 600 Seiten umfassenden Bericht vor.

Sogar Bundeskanzler Gerhard Schröder hat Verständnis für die Anliegen der Globalisierungskritiker geäußert.

Topbanker wie der frühere Deutsche-Bank-Vorstand Thomas Fischer melden mittlerweile Zweifel an der bisherigen Globalisierungsstrategie der internationalen Konzerne und Finanzinstitute an: »Eigentlich hält doch kaum noch jemand den Globalisierungsprozess für gut«[7], sagte Fischer, der 2001 seinen Job in der Deutschen Bank aufgegeben hat, in einem Interview mit dem Nachrichtenmagazin *Der Spiegel*. »Wir müssen endlich darüber reden, was überhaupt globalisiert werden soll. Globalisierung muss viel mehr sein als die Gründung von Filialen internationaler Konzerne ... Wir dürfen auch nicht nur den Waren- und Kapitalverkehr globalisieren, sondern müssen auch den Rechtsstaat, die Demokratie, überprüfbare Institutionen verbreiten.«[8]

Es ist an der Zeit, dass auch die Regierenden in aller Welt ernsthaft darüber nachdenken, wie dem Streben der internationalen Banken und Finanzinstitute nach globaler Größe und unbeschränkter Macht Grenzen gesetzt werden können. Dem unkontrollierbaren Einfluss der unüberschaubaren Finanzimperien auf Gesellschaft, Politik und Wirtschaft muss Einhalt geboten werden.

Anhang

Quellennachweis

Kapitel 1: Die Abzocker

[1] »Die Kleinen werden bestraft«, in: Die Woche Nr. 51/1993.
[2] Geschäftsbericht Deutsche Bank AG 2001; www.deutschebank.de.
[3] Zitiert in: »Haste mal 'ne Mark«, in: Die Woche Nr. 51/1993.
[4] Schutzgemeinschaft für Bankkunden e. V.; www.schutz-vor-banken.de.
[5] www.kommunalwahlrecht.de/start-spezialrecht.htm.
[6] »Bankgebühren abschaffen!«, in: Die Woche Nr. 51/1993.
[7] Ebd.
[8] »Haste mal 'ne Mark«, in: Die Woche Nr. 51/1993.
[9] »Verbraucherschützer kritisieren unzulässige Bankgebühren«, dpa Nr. 234, 6.8.2001.
[10] Ebd.
[11] dpa Nr. 0013, 11.2.1997.
[12] Ebd.
[13] »Haste mal 'ne Mark«, in: Die Woche Nr. 51/1993.
[14] »Verbraucherschützer kritisieren unzulässige Bankgebühren«, dpa Nr. 234, 6.8.2001.
[15] Ebd.
[16] »Kartellamt lehnt neue Gebühren beim Kauf mit EC-Karte ab«, dpa Nr. 181, 11.3.2001.
[17] Ebd.
[18] »Haste mal 'ne Mark«, in: Die Woche Nr. 51/1993.
[19] »Heimlich kassieren«, in: Die Woche Nr. 2/2002.
[20] »Verbraucherschützer warnen Anleger vor überhöhten Bankgebühren«, dpa Nr. 339, 14.9.2000.
[21] »Billigbroker auf Kundenfang«, in: Die Woche Nr. 9/2001.
[22] Ebd.
[23] Ebd.

Kapitel 2: Die Kredithaie

[1] Frontal 21 vom 29.4.2001, Autor: Stefan Härtig, Prod.-Nr. 432/10550.
[2] Ebd.
[3] Ebd.
[4] Ebd.
[5] Ebd.
[6] Plusminus vom 7.5.2002, Autor: Nicolas Peerenboom; www.das-erste.de/plusminus/popup2.asp?http://www.ndrtv.de/plusminus/20020507/1_archiv.html.
[7] www.zdf.de/ZDFde/91986,181431,00.html.
[8] Ebd.

Kapitel 3: Die Geldvernichter

[1] Bruno Wagner: Burn Rate – Wie Fondsmanager unser Geld verbrennen. München 2001, S. 16 ff.
[2] Frank Lehmann: Wie stehen die Aktien? München 2001, S. 59.
[3] »Ausgetrickst und Abgezockt«, in: Die Woche Nr. 3/2001.
[4] Ebd.
[5] Ebd.
[6] »Alles abgedeckt?«, in: Die Woche Nr. 27/2001.
[7] Ebd.
[8] Ebd.
[9] Ebd.
[10] »Der Neue Markt hat versagt«, in: Die Woche Nr. 29/2001.
[11] Ebd.
[12] Ebd.
[13] Wolfgang Ballwieser »Gutachten zur Bewertung von Untermehmen der Infomatec-Gruppe durch Haarmann, Hemmelrath & Partner am 8. Mai 1998« vom 31.4.2002, S. 46.
[14] Ebd., S. 39.
[15] Ebd., S. 40 ff.
[16] Ebd., S. 40.
[17] Quelle liegt der Autorin vor.
[18] »Alles abgedeckt?«, in: Die Woche Nr. 27/2001.
[19] Ebd.
[20] »Moderne Form der Geldvernichtung«, in: Die Woche Nr. 23/2001.
[21] »Ausgetrickst und Abgezockt«, in: Die Woche Nr. 3/2001.
[22] Zitiert in: »Showdown in München«, in: Die Woche Nr. 9/2001.
[23] Ebd.
[24] Ebd.
[25] »Der Primus hat gepatzt«, in: Die Woche Nr. 34/2001.
[26] Ebd.

[27] Ebd.
[28] Ebd.
[29] Ebd.
[30] Der Rechtfertigungsbrief der Compliance-Abteilung kann nachgelesen werden unter www.spiegel.de in der Sparte Dokumentationen.
[31] Ebd.
[32] Ebd.
[33] »Der Fall des Gurus«, in: Die Woche Nr. 16/2001.
[34] Ebd.
[35] Ebd.
[36] »Milliarden zu Konfetti«, in: Die Woche Nr. 13/2001.

Kapitel 4: Die Plattmacher

[1] »Die Pleite gehört dazu«, in: Die Woche Nr. 2/2001.
[2] dpa Nr. 175, 3.2.2002.
[3] Axel Nitschke: »Achillesverse des deutschen Mittelstands«, DIHK-Dokumentennr. B3.02.2001.145.
[4] Ebd.
[5] Welt am Sonntag, 3.2.2002; www.welt.de/daten/2002/02/03/0203wi311830.htx.
[6] Heiner Brockmann: »Chancen und Risiken für den Mittelstand«, DIHK-Dokumentennr. W3.02.2002.32.
[7] »Mittelstand: Tickende Zeitbombe«; www.t-online.de, 2.4.2002.
[8] Durch die 1999 in Kraft getretene Insolvenzordnung sollen Unternehmen, die zahlungsunfähig oder überschuldet sind, möglichst erhalten, die verbliebenen Vermögenswerte gesichert und die Ansprüche von Gläubigern bestmöglich bedient werden. Dabei werden alle Vermögenswerte, Geld, Material, Immobilien und Anlagen in die Insolvenzmasse aufgenommen, jeder, der noch eine Forderung gegen das Unternehmen hat, kann seinen Anspruch beim zuständigen Amtsgericht anmelden. Nach Eingang des Insolvenzantrags wird, wenn genügend Vermögenswerte vorhanden sind, vom Gericht ein vorläufiger Insolvenzverwalter eingesetzt, der zusammen mit dem Management das Unternehmen weiterführt. Er übernimmt die Kontrolle über das Unternehmen und alle damit verbundenen Geschäfte. Er ist für die Bezahlung der Mitarbeiter zuständig und darf Forderungen von Unternehmensschuldnern eintreiben. Erst wenn sichergestellt ist, dass genügend Vermögenswerte vorhanden sind, wird das Insolvenzverfahren eröffnet. Danach kann das Unternehmen zerschlagen werden, dann werden aus der Vermögensmasse alle Gläubiger zu gleichen Teilen befriedigt. Meistens haben sich jedoch die Banken schon vorab Rechte an Maschinen oder Grundbesitz eingetragen oder sich Forderungen an Kunden des insolventen Unternehmens abtreten lassen, so dass sie vor den anderen Gläubigern bedient werden. Das verbliebene Vermögen kann aber auch auf eine Auffanggesellschaft übertragen werden, die auch die überlebensfähigen Teile eines Unternehmens übernimmt und weiterführt. Gelegentlich wird aber auch

ein Insolvenzplan aufgestellt, wenn die Gläubiger bereit sind, einen Sanierungsversuch mit neuem Geld und Forderungsverzicht zu begleiten.

9 »Insolvenzverwalter sieht für Herlitz noch Chancen«, in: Frankfurter Allgemeine Zeitung, 4.4.2002.

10 »Kirch ist ein rein banktechnischer Fall«, in: Frankfurter Allgemeine Zeitung, 13.4.2002.

11 Ebd.

12 »Leben nach dem Tod. Geheimpapier über Kirch«, in: Süddeutsche Zeitung, 6.6.2002.

13 »Blitzpartie«, in: Frankfurter Allgemeine Zeitung, 23.5.2002.

14 »Blitzeblank«, in: Süddeutsche Zeitung, 24.5.2002.

15 »Der ganze Schutt«, in: Süddeutsche Zeitung, 18.5.2002.

16 »Leben nach dem Tod. Geheimpapier über Kirch«, in: Süddeutsche Zeitung, 6.6.2002.

17 dpa Nr. 572, 1.10.2001.

18 dpa Nr. 245, 3.10.2001.

19 Zitiert in: dpa Nr. 70, 3.10.2001.

20 Zitiert in: dpa Nr. 245, 3.10.2001.

21 »Das verkaufte Land«, in: Die Woche Nr. 45/1999.

22 Ebd.

23 Ebd.

24 Ebd.

25 Michael Jürgs: Die Treuhänder. München 1997, S. 160 ff. und 174.

26 »Das Zinswunder im Osten«, in: Der Spiegel Nr. 10/1994.

27 Ebd.

28 Ebd.

29 Jürgs, ebd., S. 172 f.

30 »Das Zinswunder im Osten«, in: Der Spiegel Nr. 10/1994.

31 »Seid verschlungen, Millionen«, in: Die Woche Nr. 17/1994.

Kapitel 5: Die überforderten Kontrolleure

1 »Die Pannen AG«, in: Die Woche Nr. 4/1997.

2 Ebd.

3 »Riskante Rettung«, in: Der Spiegel Nr. 48/1999.

4 Ebd.

5 »Von nun an: Jeder für sich«, in: Die Zeit Nr. 14/2002.

6 »Prozess gegen Deutsche Bank verzögert«, in: Handelsblatt, 18.6.2002.

7 Ebd.

8 »Die späten Einsichten des Rolf-E. Breuer«;
www.manager-magazin.de/geld/artikel/0,2828,154848,00.html.

9 »Glattes Parkett für die Börse«, in: Die Woche Nr. 6/2001.

10 Zitiert in: »Rasputins Rache«, Die Woche Nr. 3/1994.

11 Hans Martin Bury und Thomas Schmidt: Bankenkartell. München 1996, S. 153.

[12] Ebd., S. 156.
[13] Ebd., S. 159.
[14] Ebd., S. 158.
[15] Ebd., S. 162.
[16] Ebd.
[17] »Verkauft oder geschlossen«, in: Die Woche Nr. 33/1999.
[18] »Seid verschlungen Millionen«, in: Die Woche Nr. 17/1994.
[19] Ebd.
[20] Auch Wunder gibt es manchmal«, in: Der Spiegel Nr. 41/1997.
[21] »Seid verschlungen Millionen«, in: Die Woche Nr. 17/1994.
[22] Pressekonferenz Deutsche Bank vom 21.4.1994, zitiert in: »Ich lass mich nicht beirren«, in: Der Spiegel Nr. 31/1996.
[23] »Auch Wunder gibt es manchmal«, in: Der Spiegel Nr. 41/1997.
[24] Ebd.
[25] »Ohnmacht der Räte«, in: Die Woche Nr. 24/1996.
[26] Ebd.
[27] »Die Krupp-Front stand nicht«, in: Der Spiegel Nr. 14/1997.
[28] Ebd.
[29] »Sprecher ohne Mandat«, in: Der Spiegel Nr. 15/1997.
[30] Ebd.
[31] »Intime Einblicke«, in: Der Spiegel Nr. 14/1997.
[32] Ebd.
[33] Jürgen Grässlin: Jürgen E. Schrempp. München 1998, S. 188f.
[34] Ebd., S. 175.
[35] Holger Appel und Christoph Hein: Der Daimler-Chrysler-Deal. Stuttgart 1998, S. 68.
[36] »Auf Brautschau«, in: Die Woche Nr. 38/1998.
[37] Ebd.
[38] Ebd.
[39] Ebd.
[40] »Glasnost in Frankfurt«, in: Der Spiegel Nr. 7/2001.
[41] Ebd.

Kapitel 6: Die Illusionisten

[1] »Eine Bank in jeder Wohnung«, in: Die Zeit Nr. 05/2002.
[2] »Die Kunden müssen's büßen«, in: Die Zeit Nr. 26/2002.
[3] Ebd.
[4] »Wer ist der Nächste?«, in: Der Spiegel Nr. 48/2001.
[5] »Ich lass mich nicht beirren«, in: Der Spiegel Nr. 31/1996.
[6] Ebd.
[7] Ebd.
[8] Ebd.
[9] Ebd.
[10] Ebd.

[11] »Ein genialer Coup«, in: Der Spiegel Nr. 31/1997.
[12] Ebd.
[13] »Kredit verspielt«, in: Manager Magazin Nr. 12/1998.
[14] Spiegel online, 26.10.1999; www.spiegel.de/wirtschaft/0,1518,49379.html.
[15] »Eiserner Besen«, in: Der Spiegel Nr. 45/1998.
[16] »Kampf der Kulturen« in: Manager Magazin Nr. 5/1999.
[17] Ebd.
[18] Spiegel online, 26.10.1999; www.spiegel.de/wirtschaft/0.1518.49379.00.html.
[19] Ebd.
[20] »Amerikanische Sitten«, in: Der Spiegel Nr. 25/1999.
[21] Ebd.
[22] »Das blau-grüne Desaster«, in: Der Spiegel Nr. 15/2000.
[23] Ebd.
[24] Ebd.
[25] Spiegel online, 11.4.2000; www.spiegel.de/wirtschaft/0,1518,72580.html.
[26] »Bist du auf dem richtigen Weg?«, in: Der Spiegel Nr. 15/2001.
[27] »Operation Regenschirm«, in: Der Spiegel Nr. 14/2001.
[28] »Freiflüge vom Paten«, in: Der Spiegel Nr. 50/1999.
[29] Ebd.
[30] »Bankgesellschaft Berlin: Die Chronik einer Pleite«;
      www.manager-magazin.de/unternehmen/artikel/0,2828,152395,00.html.
[31] »Die Spielbank«;
      www. manager-magazin.de/unternehmen/artikel/0,2828,189835,00.html.

Kapitel 7: Die Schattenmänner

[1] »Ein Riss geht durch die Bank«, in: Der Spiegel Nr. 39/1997.
[2] »Service für Steuersünder«, in: Der Spiegel Nr. 22/1993.
[3] »Bares verwurstet«, in: Die Woche Nr. 3/1996.
[4] »Wenn Banken tricksen …«, in: Die Woche Nr. 12/1996.
[5] »Mit krimineller Energie«, in: Die Woche Nr. 17/2000.
[6] Ebd.
[7] »Geldfluss ins Chateau«, in: Der Spiegel Nr. 26/1998.
[8] »Lemminge in Not«, in: Die Woche Nr. 33/1998.
[9] »Ich habe nichts zu verschweigen«, in: Der Spiegel Nr. 7/2000.
[10] Ebd.
[11] »Berufsgeheimnis minderen Rechts«,
      www.manager-magazin.de/unternehmen/artikel/0,2828,201372,00.html.
[12] »Charmanter Mohammed«, in: Der Spiegel Nr. 37/2000.
[13] Ebd.
[14] »Mort programmée du secret bancaire suisse«, in:
      Le Monde diplomatique 02/2001.
[15] »Peinliche Klientel«, in: Der Spiegel Nr. 47/2000.
[16] »Die Spur des Geldes«, in: Die Woche Nr. 40/2001.

[17] »160 Konten wegen Terror-Verdacht gesperrt« in: Die Welt, 10.6.2002; www.welt.de/daten/2002/06/10/0610wi337220.htx.
[18] Zitiert in: »Terror-Finanzierung: Der Frust der Fahnder«, www.spiegel.de/wirtschaft/0,1518,200200.html.
[19] »Die Spur des Geldes«, in: Die Woche Nr. 40/2001.
[20] Ebd.
[21] Ebd.
[22] »Löchrige Daten«, in: Der Spiegel 45/2001.
[23] »Die Spur des Geldes«, in: Die Woche Nr. 40/2001.
[24] Ebd.

Kapitel 8: Die Krisengewinnler

[1] Evangelischer Kirchentag, Pressezentrum Nachrichtenredaktion, Meldung Nr. 128.
[2] Richard Barnet und John Cavanagh: »Elektronisches Geld und die Kasinoökonomie«, in: Schwarzbuch Globalisierung. Jerry Mander, Edward Goldsmith (Hrsg.), München 2002, S. 103.
[3] Ebd.
[4] Christiane Grefe, Matthias Greffrath, Harald Schumann: Attac – was wollen die Globalisierungsgegner? Berlin 2002, S. 39 ff.
[5] Ebd., S. 42.
[6] Ebd., S. 41.
[7] Ebd., S. 42.
[8] Ebd., S. 46.
[9] »Schockwellen aus Fernost«, in: Der Spiegel Nr. 4/1998.
[10] Grefe et al., S. 47.
[11] »Schockwellen aus Fernost«, in: Der Spiegel Nr. 4/1998.
[12] Joseph Stiglitz: Die Schatten der Globalisierung. Berlin 2002, S. 115 f.
[13] Ebd., S. 116.
[14] Ebd., S. 118.
[15] Ebd., S. 117.
[16] »Schockwellen aus Fernost«, in: Der Spiegel Nr. 4/1998.
[17] »Die Lage in Lateinamerika wird sich weiter zuspitzen«, in: Die Welt, 28.6.2002.
[18] Deutsche Bank, Zwischenbericht zum 30.6.2002.
[19] »Pleite unter Palmen«, www. spiegel.de/wirtschaft/0.1518.199559.00.html.
[20] »Abfindung für Investoren«; www.manager-magazin.de/unternehmen/artikel/0,2828,199574,00.html.
[21] www.ig-argentinien.org.
[22] »IWF rechnet mit Erholung der Weltwirtschaft«, in: Handelsblatt, 4.7.2002.

[1] www.manager-magazin.de/geld/artikel/0,2828,149668,00.html.
[2] www.manager-magazin.de/geld/artikel/0,2828,141903,00.html.
[3] Ebd.
[4] www.manager-magazin.de/geld/artikel/0,2828,191096,00.html.
[5] Ebd.
[6] Ebd.
[7] Ebd.
[8] Der Spiegel Nr. 25/2001.
[9] Gespräch der Autorin mit Rechtsanwalt Klaus Rotter und seinen Kollegen am 19.7.2002.
[10] Ebd.
[11] www.ig-argentinien.org.
[12] Ebd.
[13] Gespräch der Autorin mit Rechtsanwalt Klaus Rotter und seinen Kollegen am 19.7.2002.
[14] Ebd.
[15] Gespräch der Autorin mit Rechtsanwalt Bernd Jochem am 25.7.2002.
[16] www.bundesregierung.de/dokumente/Berichte/ix 87472.html.
[17] Börsenzeitung, 2.7.2002.
[18] Börsenzeitung, 2.10.2001.
[19] Börsenzeitung, 21.2.2002.
[20] Ebd.
[21] Ebd.
[22] Börsenzeitung, 27.4.2002.
[23] Börsenzeitung, 21.2.2002.
[24] Bundestagsdrucksache 14/9096, Financial Times Deutschland; www.ftd.de/pw/de/1014399153763.html.
[25] Ebd.
[26] Ebd.
[27] Börsenzeitung, 10.10.2001.
[28] Pressemitteilung der Verbraucherzentrale Bundesverband e. V. (vzbv), 13.2.2002.
[30] Ebd.
[31] www.manager-magazin.de/geld/artikel/0,2828,177975,00.html.
[32] Der Spiegel Nr. 28/2002.

Epilog: Wo die Gier herrscht, stirbt die Moral

[1] www.manager-magazin.de/geld/artikel/0,2828,202778,00.html.
[2] www.manager-magazin.de/geld/artikel/0,2828,203735,00.html.
[3] Ebd.
[4] www.manager-magazin.de/unternehmen/artikel/0,2828,194037,00.html.
Für den vollen Wortlaut des Kodex siehe: www.corporate-governance-code.de.
[5] Der Spiegel Nr. 51/1998.
[6] Ebd.
[7] www.spiegel.de/politik/debatte/0,1518,187895.html.
[8] Ebd.

Register

311

313

317